입문자를 위한

최소한의 경제학

홍기훈, 류지예 지음

FUNDAMENTAL
ECONOMICS

지은이 **홍기훈** khhong@hongik.ac.kr

영국 케임브리지대학에서 박사 학위를 수료했다. 자본시장연구원과 시드니공과대학 경영대학에서 근무했고, 현재 홍익대학교 경영대학 교수로 재직 중이다. 대학자산운용펀드, 투자은행, 중앙은행 등에 근무하며 금융 실무경력을 쌓았으며, 금융위원회 테크자문단, 글로벌 ESG, 한국탄소금융협회 ESG금융팀장을 포함해 현업 및 정책에서 다양한 자문 활동하고 있다. JTBC 〈차이나는 클라스〉 출연, 〈한국경제신문〉와 〈동아일보〉 외 다수 일간지 칼럼 연재 등 대중들에게 경제학을 쉽고 재미있게 전달하는 중이다. 주요 저서로는 『GPT 사피엔스』, 『NFT 미래수업』, 『위대한 경제학 고전 30권을 1권으로 읽는 책』 등이 있다.

지은이 **류지예** rjy1524@naver.com

홍익대학교 문화예술경영학과 박사 학위를 수료했다. 아트파이낸스그룹에서 미술시장 분석과 연구를 담당하고 있으며, 홍익대학교 메타버스금융랩 연구위원을 겸하고 있다. 주 연구주제는 미술시장, 예술품 거래데이터분석이며 조각투자, 메타버스, NFT 등 예술산업 관련 신기술 또한 연구하고 있다. IT조선에서 예술금융 칼럼을 기고하고 있다.

입문자를 위한 최소한의 경제학

초판발행 2024년 4월 25일

지은이 홍기훈, 류지예 / **펴낸이** 전태호
펴낸곳 한빛아카데미㈜ / **주소** 서울시 서대문구 연희로2길 62 한빛아카데미㈜ 2층
전화 02-336-7112 / **팩스** 02-336-7199
등록 2013년 1월 14일 제2017-000063호 / **ISBN** 979-11-5664-024-0 93320

총괄 김현용 / **기획** · **편집** 김민송
디자인 표지 박정우 내지 이아란 / **전산편집** nu:n / **제작** 박성우, 김정우
영업 김태진, 김성삼, 이정훈, 임현기, 이성훈, 김주성 / **마케팅** 길진철, 김호철, 심지연

이 책에 대한 의견이나 오탈자 및 잘못된 내용에 대한 수정 정보는 아래 이메일로 알려주십시오.
파본은 구매처에서 교환하실 수 있습니다. 책값은 뒤표지에 표시되어 있습니다.
홈페이지 www.hanbit.co.kr / 이메일 question@hanbit.co.kr

Published by HANBIT Academy, Inc. Printed in Korea

입문자를 위한

최소한의 경제학

홍기훈, 류지예 지음

FUNDAMENTAL ECONOMICS

한빛아카데미
Hanbit Academy, Inc.

지은이 머리말

일반적으로 서양에서 교육과정이란 읽기, 쓰기, 셈하기 세 가지를 의미한다. 이는 개인이 사회 구성원으로서의 적응과 생존에 가장 필수적인 기초 역량이기 때문이다. 우리나라의 초중고 교육도 이와 유사하게 국어, 영어, 수학을 중심으로 이루어지고 있다. 그러나 현대 사회의 복잡성이 증가하면서, 사회 구성원의 역할과 책임이 더 다양해지고 있다. 이에 따라, 2024년 현재 사회에서 요구되는 기본 자질 중 하나로 경제학적 이해가 크게 주목받고 있다.

세계 각국의 경제가 점점 더 밀접하게 연결됨에 따라, 경제 현상들이 우리의 일상에 미치는 영향은 더욱 커지고 있다. 1970년대에 대한민국에서 살았던 사람들은 미국의 중앙은행인 연방 준비은행(연준)의 금리 인상과 인하에 큰 관심을 두지 않았다. 그러나 2024년을 살고 있는 우리는 거의 매일 연준의 행동에 대한 정보를 접하게 되었다. 연준이 발표하는 기준금리가 개인의 월급, 소비, 저축, 그리고 일상생활에 큰 영향을 미칠 수 있다는 것을 알게 되었다.

미국의 경제학자이자 노벨상 수상자인 제임스 토빈은 경제학을 배워야 하는 이유를 다음과 같이 설명한다.

"학교를 졸업한 사람들은 일생 동안 경제 참여자, 소비자, 그리고 시민과 유권자의 사회적 역할을 맡게 된다. 이러한 역할을 수행할 때, 사람들은 많은 의사결정을 해야 하는데, 이러한 의사결정에는 올바른 경제적 정보뿐만 아니라 잘못된 정보도 수두룩하다. 따라서 올바른 의사결정을 위해서는 이러한 정보를 비판적으로 평가할 수 있는 능력이 필요하다. 이러한 능력을 제공하는 것이 바로 경제학 학습이다."

그래서 많은 사람들이 경제학을 배우고자 한다. 또한 어릴 때부터 경제학을 배워야 한다고 말한다. 경제 교육에 대한 수요는 그 어느 때보다 높다. 그러나 경제학을 배우기 위해 서점에 가서 책을 펼쳐보면 그래프와 숫자의 향연이 펼쳐진다. 어디서부터 어떻게 시작해야 할지 감이 오지 않는다. "아, 이래서 대학에서 경제학을 전공하는구나"를 깨닫고 더 쉽게 설명해 준다고 이야기하는 동영상을 찾아본다. 동영상의 제목을 보면 모두 다 쉽게 가르쳐 준다고 주장하지만, 실제 영상을 보면 내용이 어렵거나 가르쳐 주는 내용이 없거나 둘 다인 경우가 너무 많다.

결국 우리는 다시 원점으로 돌아온다. 경제학을 배우고 싶은데 어디서부터 어떻게 이해해야 할지 감이 오지 않는다. 대부분 우리가 접하는 콘텐츠들이 현재의 이슈에 지나치게 집중하기 때문에 이런 문제가 발생한다. 현재 인플레이션이 심각한 것은 알겠다. 지금 금리가 오르는 것도 알겠다. 그런데 둘의 관계를 조금 더 근본적으로 이해시켜줄 수는 없는 것일까? 기본과 맥락에 관한 이야기를 해주지 않고 현재 경제 현상에 대해 말하다 보니 모든 것이 피상적이다.

경영대에서 기초 경제학을 가르치며 유사한 문제점에 직면했다. 많은 학생들이 경제학을 두려워한다. 경제학은 어려운 학문이 맞기 때문에 딱히 학생들이 경제학을 어려워하는 것은 이상하지 않다. 그리고 어려움은 배움으로 해결할 수 있다. 그러나 경제학 입문에 있어 학생들이 마주하는 가장 큰 진입 장벽은 바로 두려움이다. 그리고 여기에는 경제학 입문용 교과서들의 무미건조함이 아주 크게 작용한다고 생각한다. 여기에 더해 경제학에 쓰이는 언어들이 일상생활에 쓰이는 언어와 다르다는 것도 두려움을 키우는 요소이다.

이러한 문제에 대한 해결책은 의외로 단순하다고 생각한다. 경제학 입문서에 대한 두려움을 없애고 경제학에 대한 진입 장벽을 낮추기 위해 개념들을 쉽게 풀어서 공부하는 것이다. 경제 개념들을 먼저 공부하는 것이 상대적으로 쉽다. 그리고 이러한 개념들을 익힌 후에는 대학교 경제학의 기초 과정을 배우는 데 큰 도움이 될 수 있다.

이 책은 경제학을 배우고자 하는 사람들이 경제학 개념들을 먼저 쉽게 접해 익숙해지도록 하는 데 그 목적이 있다. 어린아이들이 언어를 배움에 있어 단어부터 배우는 것과 마찬가지로 경제학의 단어들을 먼저 배우는 것이다. 경제학 입문자들이 이 책을 통해 경제학을 배우는 마음을 먹을 수 있길 바란다.

2024년 4월

저자 일동

PART 01 경제학의 기초

PART 02 시장과 경제

PART 03 경제학과 금융

PART 04 최신 경제학

PART

01 경제학의 기초

Chapter 01 경제학의 기본 개념

Chapter 02 시장의 작동원리

Chapter 03 수요 공급과 정부정책

경제학의 기본 개념

Chapter

01

"냉철한 머리, 따뜻한 가슴"

-알프레드 마샬-

I 경제학

01 경제학이란?

경제학은 한마디로 '희소한 자원의 효율적 분배를 공부하는 학문'이라고 설명할 수 있다. 경제를 뜻하는 'Economy'가 살림하는 사람이라는 의미를 가진 그리스어 'Oikonomos'에서 유래한 것에서도 알 수 있듯이 경제학은 개인, 가정, 집단, 기업 더 나아가서는 국가의 살림에 대해 연구하는 학문이다.

일반적으로 사회 구성원들이 충분히 소비할 수 있는 자원을 확보하기는 어렵다. 자원은 항상 한정되어 있고 이를 나누는 과정에서 경쟁과 분쟁이 발생한다. 과거에는 사회가 소유하고 있는 자원을 경제주체인 사회 구성원들에게 배분할 때 특정한 사람이 결정권을 갖지 않았다. 대신에, 사회의 경제주체들로 이루어진 가계와 기업 간의 상호작용을 통해 구성원 간에 자원을 어떻게 배분할지 결정했다. 예를 들면, 노동자와 기업은 상호 동의하에 계약을 통해 노동자가 노동력을 기업에 제공하고 약속된 임금을 받는 것과 같은 방식으로 작동했다.

이런 맥락에서 경제학은 사회의 경제주체들이 의사결정을 내리는 과정을 연구하는 학문이라고 볼 수 있다. 경제학자들은 구성원들이 얼마나 일하고 어떻게 소비하며 자신의 소득 중 어느 정도를 저축하고 그 저축을 어떻게 투자할지 결정하는 과정을 연구한다. 이처럼 경제학은 경제주체들 간의 상호작용을 중심으로 연구하는 학문이다.

예를 들어, 미시경제학자는 시장의 균형을 연구한다. 이들은 구매자와 판매자가 제품을 거래하는 시장에서 어떻게 상호작용하며, 이 과정에서 제품의 가격과 거래량이 어떻게 결정되는지를 연구한다. 반면에 거시경제학자는 경제사회 전체의 메커니즘을 분석한다. 이들은 한 국가에서 생산된 재화와 서비스의 부가가치를 나타내는 GDPGross Domestic Product가 어떻게 변화하는지 또는 일자리가 부족한 사람의 비율을 나타내는 실업률이 국가의 경제성장에 어떤 영향을 미치는지를 연구한다.

02 경제학의 짧은 역사

경제학의 아버지라고 불리는 애덤 스미스Adam Smith는 물건이나 서비스의 가치가 어느 정도인지 가늠하는 가치척도로써 노동 가치에 주목했다. 애덤 스미스가 태어난 17세기 이전에는 금을 사용하여 가치를 측정했지만, 17세기에 들어서면서 금의 가치가 불안정해졌다. 남아메리카에서 유입된 다량의 금과 유럽 내 지속되는 전쟁으로 인해 금의 수요가 늘어났기 때문이다. 수요와 공급에 대한 변동성이 높아지자 애덤 스미스는 금이 아닌 다른 안정적인 기준으로 국가 간 생산물의 가치를 비교해야 한다고 주장했다. 이러한 애덤 스미스의 주장은 현대 경제학과는 사뭇 다른 접근을 보였다.

현대 경제학은 이론과 수학을 기반으로 경제학 가설을 검증하는 방식을 채택하고 있다. 그러나 애덤 스미스, 토머스 맬서스Thomas Malthus, 데이비드 리카도David Ricardo, 존 스튜어트 밀John Stuart Mill, 칼 마르크스Karl Heinrich Marx로 이어지는 경제학자들의 계보는 19세기 이전에는 자신의 사고를 통해 논리를 펼치는 철학에 더 가까운 방법을 취했다. 경제학이 현재의 사회과학으로 자리 잡게 된 계기는 1903년 알프레드 마샬Alfred Marshall이 케임브리지대학교에 세계 최초로 경제학과를 개설하고 '한계효용'이라는 개념과 함께 수학적 방법론을 경제학에 도입하면서부터라고 볼 수 있다. 이렇게 알프레드 마샬은 경제학을 철학에서 사회과학으로 발전시키는 데 기여했다.

03 경제학에서의 선택

경제학을 공부하는 사람에게 있어서 선택에 대한 이해는 매우 중요하다. **선택**이란 하나를 선택하면 다른 선택지를 포기해야 한다는 의미를 가진다. 따라서 경제학을 배우는 것은 최선의 선택을 하는 방법과 포기하는 선택지 중 가장 가치가 높은 선택지의 가치를 최소화하는 방법을 배운다는 의미이다. 경제학에서는 포기하는 선택지 중 가장 가치가 높은 선택지를 기회비용이라고 부른다. 기회비용에 대한 자세한 내용은 이후 나오는 절에서 상세하게 다룰 예정이다.

04 경제학의 다양한 분야

경제학에는 다양한 세부 분야가 있다. 일반적으로 경제학은 전미경제학회American Economic Association에서 발표하는 JELJournal of Economic Literature코드에 따라 분류한다. 주류 경제학은 경제 활동을 영위하는 개개의 주체, 즉 소비자(가계) · 생산자(기업)의 행동 분석을 통하여 경제 현상을 설명하는 미시경제학과 국민소득 이론에 입각한 소비 · 투자 · 저축 등을 통하여 국민소득의 결정을 설명하는 거시경제학으로 크게 분류할 수 있다. 실증분석 방법론을 연구하는 계량경제학은 미시경제학과 거시경제학 두 분야 모두 사용한다. 조금 더 깊게 들어가면 국제금융론, 산업조직론, 화폐금융론, 국제무역론, 정치경제론, 재무경제학, 노동경제학, 후생경제학 등 주요 경제학 분야가 있다.

미시경제학	거시경제학
• 국제금융론	• 게임이론
• 산업조직론	• 재정학
• 화폐금융론	• 국제무역론
• 경제발전론	• 정치경제론
• 노동경제학	• 경제사학
• 재무경제학	• 행동경제학

경제학의 분류

상식 넓히기 **무엇을 선택하고 무엇을 포기해야 한다는 것의 의미**

앞에서 설명한 대로 경제학은 잘 선택하고 잘 포기하는 방법을 배우는 학문이다. 선택과 포기는 인간의 욕망을 자극하므로 우리는 선택과 포기에 얼마나 큰 대가가 따르는지 역사적으로 경험해 왔다. '파리스의 심판'은 그리스 신화에 나오는 트로이의 영웅 파리스가 아테나, 헤라, 아프로디테를 놓고 심판하는 내용으로 인간이 무엇을 선택하는지에 따라 어떤 영향을 미치는지를 보여준다.

자료: 페테르 파울 루벤스, 파리스의 심판(1635년, 런던 내셔널 갤러리 소장)

파리스의 심판은 트로이 전쟁의 원인이 되는 사건이다. 바다의 님프인 테티스와 프티아의 왕 펠레우스의 결혼을 축하하는 축제에 불화의 여신 에리스를 제외하고 모든 신이 초대되었다는 것을 에리스가 알게 되면서 사건이 발단했다. 화가 난 에리스는 초대받지 못한 연회장에 찾아가 '가장 아름다운 여신에게 주는' 황금 사과를 던지며 갈등을 일으켰다. 이 사과를 두고 가장 아름다운 3대 여신인 결혼과 가정의 여신 헤라, 지혜의 여신 아테나, 사랑과 미의 여신 아프로디테가 서로 다투게 되었다. 갈등을 중재하기 위해 신들의 왕인 제우스는 트로이아 왕 프리아모스의 아들인 양치기 파리스에게 가장 아름다운 여신을 선택하라고 하였다.

여신들은 파리스에게 선택받기 위해 선택의 대가로 다양한 선물을 약속했다. 헤라는 '아시아의 군주'의 자리를, 아테나는 '전쟁에서의 승리'를 약속했다. 그러나 결국 파리스는 '가장 아름다운 여자'를 약속한 아프로디테를 선택했다. 하지만 아프로디테가 약속한 '가장 아름다운 여자'는 스파르타의 왕 메넬라오스의 아내인 헬레네였다. 결국 파리스의 선택이 트로이 전쟁의 원인이 되었다.

트로이 전쟁이 발발하자 파리스에게 선택받지 못해 앙심을 품은 헤라와 아테나는 그리스의 편에 섰다. 파리스의 선택은 트로이와 스파르타뿐만 아니라 더 나아가서는 그리스 전체와의 전쟁을 일으킨 결과를 가져왔다.

이처럼 선택은 매우 중대한 결과를 초래할 수 있기 때문에 선택과 포기는 충분히 심사숙고하고 분석이 수반되어야 한다. 이것이 바로 경제학이 치열하고 엄격한 학문인 이유이다.

"인간은 타인의 욕망을 욕망한다."

–자크 라캉–

II 희소성

01 희소성이란?

희소성은 자원의 제한된 양 또는 부족으로 인해 인간의 물질적인 욕구를 충족시키는 것이 제한되는 상태를 말한다. 이러한 정의에서 알 수 있듯이 희소성을 정의할 때, 자원의 제한성과 함께 인간의 욕구라는 주관적인 요소도 중요하다. 희소성은 한 사회에서 사용할 수 있는 자원이 유한함을 의미한다. 다시 말해, 세상에 존재하는 모든 것들은 양이 한정되어 있으므로 사람들이 원하는 만큼 다 가질 수 없다.

여기서 더 나아가서 존재하는 양 자체만으론 많음과 적음을 구분할 수 없다. 희소성을 정의하기 위해서는 인간의 욕구, 즉 마음이 어떤지 분명하게 이해해야 한다. 하지만 인간의 마음을 완전히 이해하기란 어렵다. 오랜 역사 동안 많은 철학자들이 사람의 마음에 대해 연구했지만, 이에 대해 모두가 동의할 수 있는 답을 내놓은 사람은 없었다. 이는 인간의 욕구가 주관적인 문제이기 때문이다. 모두가 동의한다는 것은 대부분의 사람들의 공감대를 형성해야 한다는 의미인데, 사람의 마음은 각기 다르다. 다시 말해, 인간의 욕구는 답을 낼 수 없는 문제이다.

그러나 경제학에서는 최대한 추상적이고 주관적인 부분을 배제하려고 한다. 왜냐하면 정량화할 수 없다는 것은 답을 낼 수 없다는 의미이기 때문이다. 이러한 문제를 해결하기 위해서 경제학은 인간의 욕망과 희소성을 정량화하기 위해 한계효용이라는 개념을 도입했다. 한계효용은 소비자가 재화 1단위를 추가소비함으로써 얻게 되는 행복감 혹은 만족감, 즉 총효용의 증가분을 뜻한다. 이렇듯 경제학은 한계효용의 개념을 이용하여 인간의 욕구와 희소성을 정량적으로 측정할 수 있게 되었다.

희소성은 경제학에서 효율성과 함께 중요한 개념 중 하나이며 희소성 없이는 경제학이 성립할 수 없다. 경제학은 특정 재화와 서비스가 희소해서 사회 구성원들이 부족함을 느끼고 갈등이 발생함으로써 어떻게 그 재화와 서비스를 더 효율적으로 만들고 소비할 수 있는지에 대해 고민하는 일련의 과정을 통해 발전해 왔다.

우리는 살면서 항상 희소성을 마주한다. '난 너무 부자라서 돈이 더 필요하지 않아.'라고 생각한 적이 있는가? '내 인생에 주어진 시간이 너무 많은데, 어떻게 낭비할 수 있을까.'라는 생각은 아마 거의 해본 적이 없다. 돈, 시간, 수면, 물 심지어 우리 자신까지 무언가 항상 부족하다고 느낀다.

02 가치의 역설

물과 다이아몬드라는 두 가지 예를 들어보면, 물은 일상생활에서 매우 중요하지만 가격이 매우 저렴하다. 반면에 다이아몬드는 살아가는 데 필수적인 물건은 아니지만 가격이 매우 비싸다. 이러한 사례를 통해 가치의 역설이라는 현상을 이해할 수 있다. **가치의 역설**은 사용 가치가 크지만 희소성이 낮은 물건의 교환가치가 사용 가치는 작지만 희소성이 높은 물건의 교환가치보다 낮은 현상을 말한다.

경제학의 아버지로 알려진 애덤 스미스는 이러한 문제를 제기했지만 가치의 역설을 해결하지 못했다. 하지만 그가 죽은 지 약 100년 후에 등장한 한계효용학파인 칼 멩거Carl Menger, 제본스William Stanley Jevons, 왈라스Léon Walras등의 경제학자들은 가치의 역설을 명쾌하게 해결했다. 한계효용학파는 소비자가 어떤 물건이나 서비스를 추가로 소비할 때 얻는 만족도 변화인 한계효용의 개념을 도입하여 가치의 역설을 설명했다. 이론적으로 가치의 역설에 대한 설명은 다음과 같다.

물과 다이아몬드를 희소성의 관점에서 비교했을 때, 물은 희소성이 적기 때문에 평소보다 물을 10리터 더 많이 마셔도 추가로 얻는 행복은 크지 않다. 그러나 다이아몬드는 매우 희소한 자원이기 때문에 10캐럿의 다이아몬드를 더 가짐으로써 따라오는 추가적인 행복감은 엄청나게 크다. 한계효용의 개념을 적용하면 이러한 가치의 역설을 설명할 수 있다.

"공짜 점심은 없다."

– 밀턴 프리드먼 –

Ⅲ 기회비용

01 기회비용이란?

경제학은 합리적인 선택을 하는 경제 주체들을 전제로 한다. 그러나 합리적인 선택을 하려면 선택으로 인해 발생하는 비용을 정확히 이해해야 한다. 선택의 비용을 과소평가하면 비용 대비 얻는 이익이 지나치게 크게 느껴질 수 있고, 선택의 비용을 과대평가하면 비용 대비 얻는 이익이 지나치게 적게 느껴져서 오히려 비용이 높게 느껴질 수 있다. 이런 이유로 기회비용이라는 개념을 사용해 선택에 따른 비용을 정확히 계산해야 한다.

기회비용은 어떤 선택으로 인해 놓치게 된 가장 값진 기회 또는 그 기회로 얻을 수 있는 가치를 말한다. 예를 들어, 아이폰을 만들기 위해 달걀 1,000개를 생산하는 것을 포기하는 경우, 이를 아이폰 1개를 만들기 위한 기회비용으로 생각할 수 있다. 이때 기회비용은 생산자가 교환할 수 있는 비율로 나타나는데, 이 비율은 아이폰과 달걀 사이의 교환 관계를 말한다. 쉽게 말해, 어떤 선택을 하면 놓치게 되는 가장 좋은 대안의 가치를 나타낸다.

우리는 시간, 돈, 능력 등과 같이 자원이 한정적인 상황에서 현실적으로 모든 기회를 동시에 누릴 수는 없다. 따라서 여러 기회 중 하나를 선택하면 나머지 기회를 놓치게 되는데, 이것이 바로 포기를 의미한다. 간단하게 말하면, 무언가를 선택할 때 다른 선택지가 얼마만큼의 가치가 있는지 계산하는 것을 경제학적으로 기회비용이라고 한다. 기회비용은 실제로 발생하는 비용은 아니지만, 합리적인 결정을 위해 고려해야 하는 '경제적 비용'을 나타낸다. 기회비용을 고려하면 우리가 하는 선택이 얼마나 가치 있고 얼마나 비용이 있는지 더 잘 이해할 수 있다.

경제 활동에서는 일반적으로 어떤 선택을 하면 그에 따라 지불해야 할 기회비용이 발생한다. 물론 어떤 물건을 무료로 얻었다 하더라도 그에 상응하는 대가를 지불해야 한다. 이런 이유로 경제학자들은

"공짜 점심은 없다"라는 표현을 자주 사용하는데, 이는 무언가를 얻을 때 항상 그에 대한 대가가 있다는 기본 전제를 나타낸다. 그러니까 어떤 일도 완전히 공짜로 얻는 것은 없다는 뜻이다. 예를 들면, 공짜로 점심을 먹더라도 그 점심을 제공하는 사람이 나에게 원하는 특정 행동이나 물건이 있을 수도 있고, 공짜 점심을 먹기 위해 내가 다른 무언가를 포기했을 수도 있다.

02 명시적 비용과 암묵적 비용

기회비용은 일반적으로 크게 명시적 비용과 암묵적 비용으로 구분할 수 있다. 명시적 비용은 눈에 보이는 직접적인 비용을 의미하며, 일반적으로 회계학에서는 명시적 비용만을 기회비용에 포함한다. 반면 암묵적 비용은 눈에 보이지 않는 비용까지도 고려한 개념이다. 경제학에서 말하는 경제적 비용에는 명시적 비용과 함께 암묵적 비용까지 포함된다. 즉, 어떤 선택을 할 때 보이는 비용뿐만 아니라 보이지 않는 비용도 고려해야 한다.

우리가 어떤 일을 할 때 필요한 노력이나 재화를 비용이라고 말한다. 예를 들어, 2만 원짜리 경제학 책을 사는 데 드는 비용은 얼마일까? 일반적으로 책값을 비용으로 생각하지만, 더 신경 쓰는 사람은 책을 사러 가는 데 드는 교통비나 소요된 시간도 비용으로 고려할 수 있다.

이제 2만 원짜리 경제학 책을 산다면 먹고 싶었던 치킨을 살 수 없게 된다고 가정해 보자. 이런 경우에는 경제학 교과서를 사는 데 드는 명시적인 비용 뿐만 아니라, 치킨을 사지 않았을 때 포기해야 하는 행복이라는 암묵적 비용도 고려해야 한다. 따라서 치킨을 먹지 못하게 되면서 놓치게 된 행복이 경제학 책을 사는 기회비용이라고 할 수 있다.

03 기회비용의 유래

기회비용이라는 단어는 오스트리아의 경제학자 프리드리히 폰 비저Friedrich von Wieser가 1914년 그의 저서 《사회경제이론Theorie der gesellschaftlichen Wirtschaft》에서 처음 사용했다고 알려져 있다. 프리드리히 폰 비저는 신자유주의 사상의 아버지인 프리드리히 하이에크Friedrich Hayek와 함께 경제학의 발전에 크게 기여한 사람이다.

프리드리히 폰 비저의 이론은 경제학에서 중요한 개념이며, 지금도 널리 사용되고 있다. 기회비용 개념이 도입됨으로써 경제 주체들은 제한적인 자원을 최대한 효율적으로 활용하고, 비용 대비 최대의 이익을 얻을 수 있는 선택을 하게 되었다.

비엔나 대학에 있는 비저의 초상

책 속 쉬어가기 **깨진 유리창 우화**

사실 기회비용이라는 개념은 프리드리히 폰 비저가 주장하기 이전부터 이미 존재했다. '깨진 유리창 우화'는 프레데리크 바스티아Claude-Frédéric Bastiat가 소개한 이야기로, 기회비용을 설명하기 위한 대표적인 예이다.

프레데리크 바스티아

이 우화에서 바스티아는 유리창이 깨진 가게의 상황을 통해 보이는 비용과 보이지 않는 비용인 기회비용을 비교하며 설명한다. 이 이야기는 가게 주인의 아들이 유리창을 깨는 상황에서 시작한다. 유리창을 수리하기 위해 가게 주인은 돈을 써야하지만, 상황을 지켜본 주변 사람들은 아들을 꾸짖는 아버지를 말리며 유리창이 깨진 것이 가게 주인의 손실만 일으키는 것은 아니라고 말했다. 누군가가 돈을 쓴다는 것은 결국 누군가가 돈을 버는 것이기 때문이다. 물론 가게 주인이 이 말을 들으면 오히려 더 화가 났을지도 모르겠다.

예를 들어, 유리창을 수리하는 데 6프랑이 든다면, 유리 장수는 이 일로 6프랑을 벌 수 있다. 이 6프랑은 바스티아가 주장하는 '보이는 것', 즉 명시적 비용이다. 그러나 유리창이 깨지지 않았다면 가게 주인은 6프랑을 다른 것에 사용할 수도 있었을 텐데, 이는 기회비용이다. 바스티아는 유리창을 수리하는 선택이 가게 주인이 다른 소비의 기회를 놓치게 했다고 설명한다. 이것이 '보이지 않는 것', 즉 기회비용이다.

바스티아는 이 우화를 통해 기회비용의 개념을 설명하고, 우리가 선택할 때 보이는 비용과 보이지 않는 비용을 함께 고려해야 한다는 메시지를 전달한다.

"맛있는 음식도 늘 먹으면 싫다."

– 속담 –

Ⅳ 한계효용

01 한계효용이란?

한계효용의 의미에 대해 알아보기 전에 효용이라는 개념을 다시 한번 살펴보자. 효용은 소비자가 어떤 재화나 서비스를 소비함으로써 얻을 수 있는 주관적인 만족도를 나타낸다. 그렇다면 한계효용이란 무엇일까? 한계효용은 소비자가 추가로 어떤 재화를 1개 또는 1단위 더 소비할 때 얻는 추가 만족감 또는 욕망 충족의 정도를 의미한다.

일반적으로 특정 재화나 서비스를 더 많이 소비하면 소비로 얻는 행복은 점차 감소하는 경향이 있다. 이를 한계효용 체감의 법칙이라고 하는데, 간단히 말해 계속해서 똑같은 것을 먹거나 사용하다 보면 덜 행복해진다는 의미이다. 여러 가지 물건이나 서비스를 소비하는 경우, 각각의 것들이 얼마나 만족스럽게 느껴지는지는 다르다. 그래서 상대적으로 만족스러운 것은 더 많이 쓰고, 상대적으로 만족스럽지 않은 것은 줄이면 같은 비용으로 가장 큰 행복을 느낄 수 있다. 이런 원리를 바탕으로 한계효용을 고려하여 결정한다면 효과적으로 소비할 수 있다.

최대의 효용을 얻기 위해 소비자는 자신의 소득으로 최적의 선택을 해야 한다. 이걸 합리적 소비라고 하는데, 이렇게 합리적으로 소비하면 각각의 물건이나 서비스를 더 먹거나 썼을 때 얻는 만족도는 모두 같아야 한다. 이를 한계효용 균등의 법칙이라고 부른다. 예를 들어, 이미 최대 효용을 느끼는 상태라면 후식으로 과일을 먹건 케이크를 먹건 상관없어야 한다. 왜냐하면 추가로 과일이나 케이크를 먹을 때 얻는 행복감은 이미 같기 때문이다. 만약 그렇지 않고 과일이 케이크보다 더 많은 행복감을 준다면, 최대 효용을 위해 케이크는 더 적게 먹고 과일을 더 많이 먹었어야 한다. 그러므로 효용을 최대화했다는 건 어떤 것을 더 먹어도 똑같은 행복감을 느낀다는 의미이다.

따라서 만약 재화와 서비스가 많다면, 더 많이 사용할 때 얻는 효용은 낮아지며, 소비자가 지불하는 비용도 줄어든다. 반대로 재화와 서비스가 적을수록 한계효용은 높아지고 소비자가 지불하는 비용도 커진다. 이걸로 우리는 물건의 가치가 사용 가치만으로 결정되지 않고 소비자가 얼마나 많은 효용을 얻을 수 있는지에 따라 가치가 변한다는 걸 알 수 있다. 즉, 어떤 상품이 얼마나 희귀하냐도 교환가치를 결정하는 데 영향을 미친다.

물건이나 서비스의 사용가치와 교환가치는 표면적으로 상관성이 없어 보일 수 있지만, 한계효용과 사용가치를 고려하면 교환가치와 어떤 관련이 있는지 알 수 있다. 한계효용은 하나를 더 먹거나 사용했을 때 얻는 행복의 정도를 말하는데, 이 개념을 이용해 상품의 가치를 알아보려는 학파를 한계효용학파(오스트리아학파)라고 부른다. 이들은 한계효용을 통해 재화의 가치에 대해 연구한다.

참신함의 끝은 식상함

배가 많이 고플 때를 상상해 보자. 집에 돌아와 보니 어머니가 꽃등심을 굽고 계신다. 크게 잘린 등심 한 조각을 처음 먹을 때, 정말로 기분이 좋다. 한 조각, 두 조각, 세 조각... 계속 먹다 보니 배가 점점 더 부르기 시작한다. 이젠 갈매기살을 새로 구우려고 하신다. 아직 꽃등심이 남아있지만, 새로운 갈매기살이 있다는 것을 알게 되자 더 먹고 싶은 욕구가 생긴다. 그러나 이제부터는 계속해서 먹으면 오히려 배가 너무 불러서 기분이 나빠질 것 같다. 계속해서 먹으면 배는 차지만, 증가하는 행복의 정도는 줄어든다. 이런 상황을 설명하는 말이 "한계효용의 체감"이다.
그래서 결국에는 소비가 계속해서 증가할 때 전체적인 만족감은 증가하지만, 증가하는 만족감의 정도는 감소한다. 즉, 처음에는 많은 소비로 인해 큰 행복을 느끼지만, 추가적인 소비로 얻는 행복은 점점 작아진다. 이러한 현상은 한계효용의 원리에 기반한다.

02 철학에서 사회과학으로 변화된 경제학

경제학은 물리학의 한계 개념을 도입하여 미적분과 같은 수학적 모형과 논리적 분석을 활용하는 과학 분야로 발전하였다. 이를 통해 경제학은 철학과는 다른 접근 방식을 가지며 현대의 주류 경제학과 유사한 형태로 발전했다.

알프레드 마샬은 1885년에 케임브리지대학교의 경제학 교수로 취임한 후 경제학을 위한 새로운 학문 분야를 개척하기 위해 노력했다. 그 당시 경제학은 '역사와 과학철학' 과정의 일부로 간주되어 학생들에게 가르쳐졌는데, 이때까지만 해도 경제학이 정치학과 철학의 한 부분으로 여겨졌기 때문이다. 예전에는 경제학을 공부한 사람들 대부분이 경제학자 외에도 철학자나 정치학자로도 알려져 있었다. 예를 들어 애덤 스미스, 토머스 맬서스, 데이비드 리카도, 존 스튜어트 밀, 칼 마르크스와 같은 경제학자들도 철학적 이론과 정치이론에 대해 연구했다. 그 결과로 마셜 이전의 경제학 교수들은 대부분 존 스튜어트 밀의 저서인《정치경제학 원리》를 교재로 사용했다.

그러나 마샬은 경제학을 정치학이나 철학과는 다른 과학의 한 분야로 간주했다. 그는 사회생활에서 정치적 문제와 경제적 문제를 각각 고려해야 한다는 점을 강조했는데, 이는 당시까지의 경제학과 다른 접근 방식이었다. 마샬은 수학과 물리학에 대한 지식을 바탕으로 경제학에 수학적 방법론을 도입했다. 또한 경제학을 효과적으로 가르치기 위해 자신의 생각을 담은 교재가 필요하다고 생각하여《경제학원리》를 저술했다. 이 책은 1881년부터 10여 년에 걸쳐 완성하였다. 이 책에서 마샬은 한계효용 법칙과 고전학파의 생산비 이론을 종합하여 수요와 공급에 의한 균형가격 결정이론을 제시했다. 그는 수요와 공급 두 가지가 모두 가격에 영향을 미친다는 개념을 가위의 양날에 비유하여 설명했다. 또한 가격의 변화에 따른 수요의 탄력성 개념도 이 책에서 도출되었다.

"생산을 늘릴 수 있다면 어떤 처방도 좋다."

– 등소평 –

V 생산가능곡선

01 생산가능곡선이란?

생산가능곡선은 어떤 나라의 경제가 주어진 생산요소와 생산기술을 최대한 활용하여 얻을 수 있는 산출물의 최대량을 보여주는 곡선이다. 이 곡선을 통해 하나의 경제에서 가용한 자원을 모두 사용할 때 최대로 생산할 수 있는 산출물의 합을 시각적으로 표현함으로써 경제의 생산량을 직관적으로 이해할 수 있다. 이는 주어진 자원과 기술을 효율적으로 활용함으로써 얻을 수 있는 최대 생산량을 보여주는데, 이를 통해 경제의 성과와 효율성을 평가하는 데 도움이 된다.

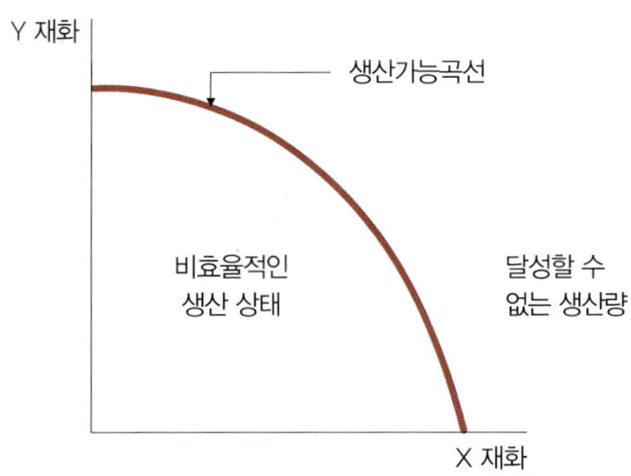

일반적으로 생산가능곡선은 우하향하며(오른쪽으로 갈수록 아래로 향하며) 원점을 기준으로 오목한 형태를 가진다. 이는 한 나라의 자원이 제한적이기 때문에 두 가지 재화를 동시에 최대한 많이 생산할 수 없다는 것을 나타낸다. 생산가능곡선의 기울기는 음의 값을 갖는데, 이는 한 재화의 단위로 생산할 때 다른 재화의 생산량이 얼마나 희생되는지를 나타내는 기회비용을 의미한다.

생산가능곡선 위의 점은 주어진 자원을 모두 효율적으로 사용하여 얻을 수 있는 생산 가능한 최적의 상태를 나타낸다. 생산가능곡선 안쪽 영역은 모든 자원을 효과적으로 활용하지 않은, 다시 말해 비효율적인 생산 상태를 나타내며, 곡선 밖의 점들은 경제가 달성할 수 없는 생산량을 나타낸다. 이를 통해 생산가능곡선은 경제의 제한된 자원을 어떻게 효과적으로 사용하며 최적의 생산 상태를 달성할 수 있는지를 보여주는 중요한 도구이다.

02 생산의 상충관계

앞에서 설명한 대로 생산가능곡선의 기울기는 음의 값을 가지며, 이것은 한 재화의 단위로 표현한 다른 재화의 생산에 대한 기회비용을 의미한다. 이 개념에서 생산의 상충관계란, 어떤 재화의 생산량을 증가시키려면 반드시 다른 재화의 생산량을 감소시켜야 한다는 개념을 나타낸다.

생산의 상충관계 개념을 쉽게 이해할 수 있도록 간단한 예를 들어보자. 현재 휴대폰 900대와 TV 450대를 생산하고 있다고 가정했을 때 경제는 생산가능곡선 상의 A에 위치한다. 그러나 휴대폰에 대한 수요가 높아서 추가로 800대를 더 생산해야 한다면, 경제는 새로운 점인 B로 이동하게 된다. 이는 아이폰 800대를 추가로 생산하기 위해서는 TV 150대를 덜 생산해야 하는 상충관계가 있다는 것을 의미한다. 다시 말해, 어떤 재화의 생산을 늘리기 위해서는 반드시 다른 재화의 생산을 줄여야 한다는 원칙이 있다. 이것이 바로 생산가능곡선이 나타내는 기본 개념 중 하나이다.

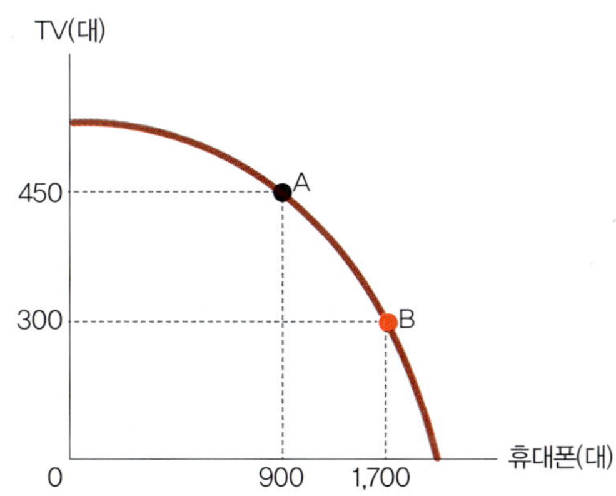

03 생산의 효율성

대부분의 사람들은 최대한 많은 양을 생산하고자 한다. 여기서 말하는 생산의 효율성은 주어진 한정된 자원을 최대한 활용하여 최대한 많은 양을 생산하는 것을 의미한다. 경제는 한정된 자원을 효율적으로 활용하여 최대의 성과를 얻기 위해 노력한다.

다음의 그림에서 볼 수 있듯이, 생산가능곡선 내부에서 생산하면 더 많은 물건을 생산할 수 있는 가능성을 낭비하는 것으로, 이는 비효율적인 생산 상태를 의미한다. 생산가능곡선 바깥쪽 영역은 우리 경제가 달성할 수 없는 영역이다. 따라서 생산가능곡선 위의 점들만이 효율적인 생산 상태를 나타내며, 이를 통해 경제는 주어진 자원을 최대한 효과적으로 활용하여 생산량을 극대화하려고 한다.

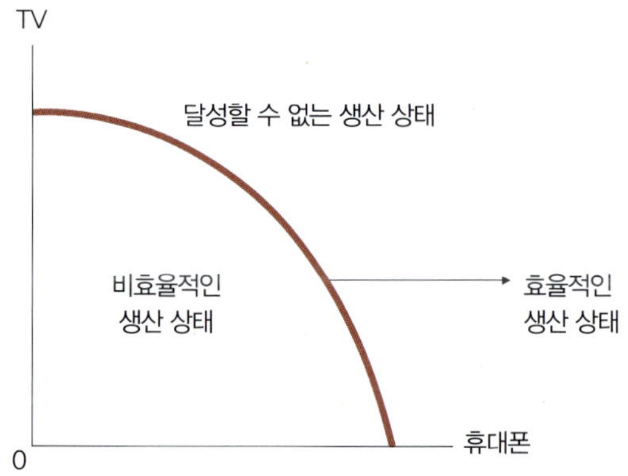

04 생산의 기회비용

생산의 기회비용은 특정한 재화를 생산하기 위해 포기해야 하는 다른 재화의 양을 나타낸다. 다시 말하면, 생산가능한 여러 가지 재화 중에서 하나를 선택하면서 발생하는 기회비용이다. 생산가능곡선은 이러한 기회비용의 개념을 시각적으로 나타낸 것으로, 생산량의 조합에 따라 어떤 재화를 얼마나 포기해야 하는지를 보여준다.

앞에서 예시로 들은 휴대폰과 TV를 생산하는 경우를 생각해보자. 생산가능곡선의 기울기는 생산의 기회비용을 나타낸다. 즉, 한 재화의 생산량이 증가할 때 포기해야 하는 다른 재화의 양이 얼마나 증가하는지를 나타낸다. 휴대폰과 TV의 경우, 휴대폰 생산량을 늘리면 TV의 생산을 줄여야 하는데, 이때의 기회비용이 곧 생산가능곡선의 기울기이다.

생산가능곡선의 기울기를 한계변환율이라고도 부르며, 생산가능곡선이 이동하는 경우에는 가용한 생산요소나 기술의 변화 등이 영향을 미친다. 이때, 한 재화의 생산이 늘어날수록 그에 따라 포기해야 하는 다른 재화의 비율이 늘어나는 '한계변환율 체증의 법칙'이 성립하게 된다.

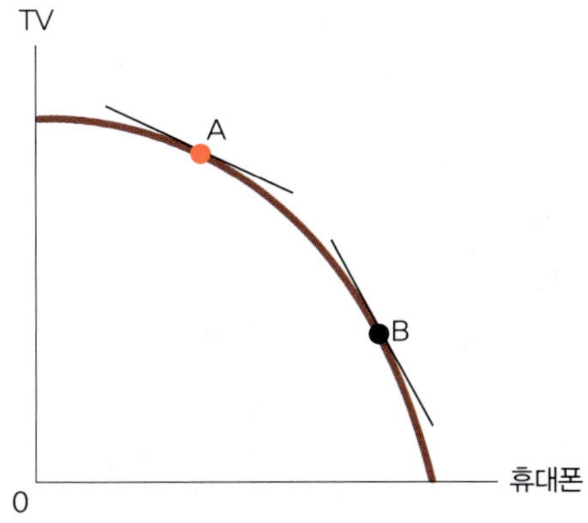

05 기술의 진보

기술의 진보는 경제를 더 효율적으로 만들어서 더 많은 물건을 생산할 수 있게 할 뿐만 아니라, 일반적으로 재화를 생산하는 데 필요한 비용(노력, 시간, 자본, 원자재 등)을 감소시키는 데 기여한다. 이러한 발전으로 생산가능한 물건의 양이 증가하게 되어 생산가능곡선이 외부로 확장된다. 따라서 생산가능한 영역이 늘어나게 된다.

또한, 특정 재화의 생산기술이 향상되면 양쪽 재화의 생산량이 동시에 증가한다. 예를 들어, TV 생산기술이 개선되어 생산량이 늘어날 때, TV 한 대를 더 만들기 위해 포기해야 하는 휴대폰의 양인 아이폰으로 측정한 TV의 기회비용이 감소한다. 따라서 TV를 생산할 때 기술의 진보는 휴대폰 생산량도 늘릴 수 있다. 그러나 휴대폰만 생산한다면, 휴대폰의 생산기술이 개선되지 않아 휴대폰의 최대 생산량은 변하지 않는다.

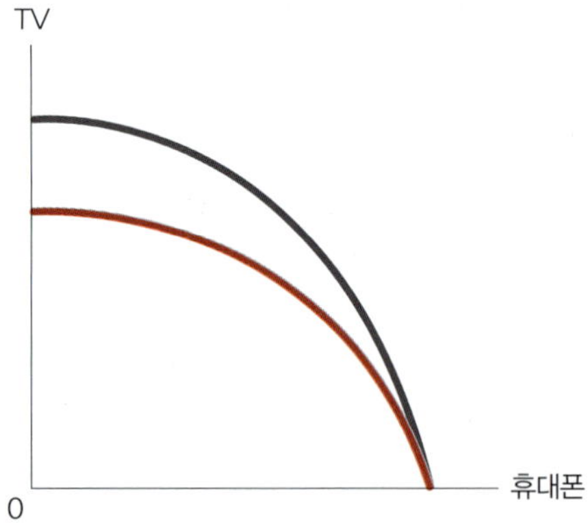

국내 총생산을 늘리는 방법은 다양하다. 생산에 투입되는 요소인 노동, 자본, 자원, 시간 등을 증가시키는 것이 그 방법이 될 수 있다. 그러나 이는 쉽지 않다. 생산에 투입되는 요소들은 유한하고, 갑작스럽게 늘리기 어려운 특성을 가지기 때문이다. 따라서 예전부터 생산성 확보를 위한 기술의 진보가 중요하게 강조되었다.

경제가 급격한 성장을 경험하다가 투입되는 생산요소들의 증가율이 둔화하면, 경제성장에 제동이 걸린다. 이런 상황에서 기술의 발전은 신성장 동력을 찾는 데 핵심적인 역할을 한다. 현재는 4차 산업혁명과 관련된 기술 발전을 통해 신성장 동력을 확보하려는 노력이 전 세계에서 이루어지고 있다. 이는 세계 경제성장이 둔화된 상황에서 기술 발전이 중요한 이유이다.

역사는 반복된다는 말이 있듯이, 과거 명나라 말기 중국의 경제 상황이 지금과 유사했다. 명나라 말기의 사례를 통해 역사적으로 기술 발전이 경제에 미치는 영향을 알아보자.

상식 넓히기 **명나라 말기의 기술 발전을 통한 경제적 팽창**

자료: 송응성, 천공개물(天工開物), 1637년

천공개물은 명나라 말기, 1637년경에 편찬된 3권 18편으로 이루어진 중국의 산업 기술 백과사전이다. 이 책은 당시 중국의 재래식 산업 기술을 중점적으로 다룬다. 특히, 식량 생산이 국민 생활에서 매우 중요했기 때문에 이와 관련된 기술이 많이 수록되어 있으며, 의복 염색, 채광, 금속 가공 등의 분야도 집중적으로 다루고 있다. 이 책은 송나라 이후의 발전된 실증 정신을 반영하고 있으며, 명나라의 경제와 기술 수준을 엿볼 수 있는 자료이다. 원나라 시대에 감소했던 중국의 인구는 1368년 홍무제 주원장(1368~1398년 재위)이 원을 몰아내고 설립한 명나라에서 270여 년 동안 빠르게 증가했다. 인구의 증가는 농업생산량의 증대로 이어져 충분한 식량 공급은 상업 생산의 발달을 촉진하여 상업 도시가 번창하게 되었다. 그러나 명나라 말기 만력제(1572~1620년 재위) 치세에는 정치 불안과 외세의 침략으로 인해 인구가 급속하게 감소했다. 이러한 시대적 맥락에서 명나라 말기의 학문계를 주도한 것은 '경세치용(經世致用)'의 사상으로, 이는 기존의 제도적 틀을 벗어나 실질적인 이해와 실용성을 추구한다는 입장을 나타냈다. 결과적으로 학문의 관심은 자연스럽게 중농, 중상, 부민, 금융 등 실제 국민 생활에 유익한 주제에 집중되었고, 명 말의 실용성과 서민성은 기술과 자연과학의 발달을 이끌어냈다.

"최대 다수의 최대 행복"

– 제레미 벤담 –

VI 공리주의

01 공리주의란?

과거의 공리주의는 정부가 사회 구성원 전체의 총효용을 극대화하는 정책을 선택해야 한다는 정치철학이다. 이는 근대 시민사회의 윤리적 기준이 되었을 뿐만 아니라 영국 고전 경제학과 자본주의 질서 구축의 기초가 되었다. 그러므로 경제학을 이해하기 위해서는 공리주의에 대한 이해가 필수이다. 공리주의는 결과주의라는 윤리이론의 한 종류로 볼 수 있다. 결과주의에 따르면 우리는 가장 좋은 결과를 가져올 것으로 기대되는 행동을 해야 한다. 그렇다면 '가장 좋은 결과'란 무엇일까? 이 질문에 대하여 공리주의는 '최대 다수의 최대 행복'이라는 답을 제시하였다.

이런 맥락에서 18세기의 영국 사회개혁과의 관련성도 존재한다. 이는 당시 고전 경제학과 자유주의적 경제학 사상을 뒷받침하게 되었고, 19세기 말의 신고전파와 후생경제학 이론에도 영향을 끼쳐 경제학의 발전에 크게 공헌했다. 그러나 이러한 철학은 다수의 행복을 절대적인 가치로 여겨 부도덕한 행동을 정당화한다는 비판을 받기도 했다.

경제학은 제한된 자원을 어떻게 가장 효율적으로 사용할지 다루는 학문이다. 여기서 말하는 '효율적'이라는 용어는 주로 경제 활동의 결과로써 얻어지는 효용, 즉 만족도나 이익을 최대화하는 방향을 가리킨다. 그러나 여기서 주목할 점은 이 '효용'이 도덕적이거나 윤리적인 측면을 반영하는 것이 아니라, 주로 경제적 활동이 사회 전체의 행복이나 만족도를 증가시키는 방향으로 이루어져야만 효과적인 면에서 의미를 갖는다는 점이다.

공리주의의 예

테러리스트들이 100명의 사람을 납치했다. 이들이 사람들을 납치한 이유는 100명 중 두 명에게 원한이 있었기 때문으로, 이를 위한 복수 목적이었다. 테러리스트들은 98명의 인질에게 "저 두 명을 죽이면 모두를 풀어주겠다. 그러나 그렇지 않으면 여기 있는 모두를 죽이겠다"라고 제안한다. 이 상황에서 어떤 선택이 합리적일까?

공리주의는 이러한 상황에서 두 명이 죽는 고통과 100명이 모두 죽는 고통을 비교한다. 다시 말해, 공리주의적 시각에서 선(善)을 결정할 때 특정 행위가 도덕적인지 아닌지에 대한 판단은 의미가 없다고 본다. 행위의 결과가 최대 다수의 최대 행복을 가져올지가 중요하다고 판단하기 때문이다.

02 자본주의의 윤리화

제레미 벤담

존 스튜어트 밀

공리주의를 이해할 때 가장 먼저 떠오르는 학자는 제레미 벤담과 존 스튜어트 밀일 것이다. 18세기 말에 영국의 제레미 벤담은 공리주의를 체계화했다. 벤담은 각 개인이 자신의 이익을 극대화할 때, 그 총계로서 사회 전체의 이익도 극대화된다고 주장했다. 하지만 산업혁명 이후 자본주의의 모순에 직면하면서, 존 스튜어트 밀은 벤담의 이론을 보완하며 '최대 다수의 최대 행복'이라는 말을 도입했다. 이 표어는 공리주의를 상징적으로 잘 나타낸다.

벤담은 쾌락을 양적으로 측정할 수 있고 수량화할 수 있는 것으로 간주하는 엄격한 양적 공리주의자였다. 공리주의는 인간의 행복을 정량화할 수 있다고 가정하며, 더 나아가 모든 인간이 동일한 기준을 공유한다고 가정했다. 이는 상품 경제를 윤리적으로 해석한 것으로 볼 수 있으며, 다시 말해 공리주의는 자본주의의 논리를 윤리적인 측면에서 해석한 것이다. 자본주의는 거래되는 모든 물품의 가치를 '가격'이라는 척도를 통해 표준화하고 정량화한다.

만족도나 행복을 정량화한 예

천 원	2억 원	1,315억 원
1억 3천 150만 개	657.5개	1점

맥도날드 애플파이가 1,000원, 명품 시계는 2억 원, 클로드 모네의 작품 〈Meules〉는 1,315억 원으로 가격이 책정되어 있다면 자본주의에서는 가격을 통해 모네의 작품은 명품 시계 657.5개만큼의 행복을 주고 맥도날드 애플파이 1억 3,150만 개만큼의 행복을 경제참여자에게 준다고 가격을 통해 정량화할 수 있다. 다시 말해, 자본주의에서는 가격이 상품이나 서비스의 가치를 나타내는 중요한 지표이다. 이를 통해 경제 참여자들은 서로 다른 상품이나 서비스의 가치를 비교하고 선택할 수 있다. 가격을 통해 서로 다른 상품이나 서비스의 가치를 비교할 때, 그 가치는 종종 사람들이 얻는 행복이나 만족도로 이해된다. 따라서 더 비싼 물건이 더 큰 행복을 주는 것으로 간주될 수 있다.

자본주의에서는 가격을 통해 상품의 가치를 평가하고 비교한다. 이는 상품이 사람들에게 제공하는 만족도나 행복을 정량적으로 나타내는 방법이다. 하지만 이는 단순히 가격에 근거한 평가일 뿐, 각자의 취향과 가치관에 따라 다르게 인식될 수 있다.

03 공리주의에 대한 경제학자들의 견해

알프레드 마샬

양적 공리주의자는 각자가 느끼는 즐거움이나 행복을 수량화하는 데 한계가 있다는 것을 인정했다. 사람마다 즐거움의 정도는 다르기 때문에 이를 정량적으로 환산하기는 어렵다. 이러한 이론적인 한계를 극복하기 위해 알프레드 마샬은 경제학에 각종 즐거움을 동일한 기준으로 비교할 수 있다는 전제를 제시했다. 마샬은 한 단위의 소비량이 늘어날 때 얻게 되는 추가적인 효용을 의미하는 한계효용을 통해 이를 구현하였다.

칼 마르크스

칼 마르크스는 존 스튜어트 밀과 거의 동시대에 살았으며, 인간의 해방을 위한 계급 간 투쟁이 필요하다고 주장한 공산주의 이론가이다. 그는 공리주의가 지향하는 최대 다수의 최대 행복이라는 이념을 지지하였지만, 공리주의가 내포한 자본주의 원칙에 대해서는 비판하였다. 마르크스는 공리주의가 자본주의의 법칙을 과도하게 강조하면서 사회의 불평등을 유지하는 데 기여한다고 보았다.

알아두면 쓸모있는 경제 지식 **네 명의 경제학자와 그의 저서로 보는 경제학 성립의 역사**

1. 경제학의 아버지: 애덤 스미스와 《국부론》

애덤 스미스를 경제학의 아버지라고 부른다. 애덤 스미스는 스코틀랜드의 사회철학자이자 정치경제학자로서 경제학의 초석을 다졌다. 그는 원래 인간의 도덕적 행동과 윤리적 가치판단을 다룬 도덕 감정론(1759년)으로 유명해졌으며 그의 다음 저작인 《국부론》은 경제학의 시작이라고 이야기될 정도로 경제학에 미치는 영향력이 지대하다.

《국부론》의 원제는 '국부의 성질과 원인에 대한 탐구An Inquiry into the Nature and Causes of the Wealth of Nations'로 총 5권으로 이루어졌으며 내용 구성은 다음과 같다. 1권과 2권에서 애덤 스미스는 '부'란 무엇이며 무엇이 나라를 부유하게 만드는지 말한다. '부'에 대한 원리적인 설명은 이어지는 내용의 논리적 토대가 된다. 3권에서는 앞서 설명한 '부'에 대한 원리가 역사 속에서 어떻게 실현되었는지를 설명해 준다. 그리고 4, 5권에서 스미스는 당대 영국의 경제 정책이 국부의 형성을 저해하고 있다며 강도 높게 비판하는 한편, 이 대안으로 폭넓은 분야에 걸쳐 다양한 정책을 제안한다.

스미스의 《국부론》은 이후 연구의 토대가 되는 가장 기본 중의 기본을 정립했다. 스미스는 단순히 그의 다음 시대에 등장한 경제학자에게 영감을 준 것이 아니다. 《국부론》은 예리한 통찰로 경제 발전을 설명하고, 이 이론을 응용한 정책 제도까지 제안하였다.

2. 인구는 식량보다 빠르게 증가한다: 토마스 맬서스와 《인구론》

영국의 신학자이자 고전파 경제학자인 토마스 맬서스는 당시 국가 경제가 성장하지만, 개인의 삶의 질은 나아지지 않는다는 점에 경각심을 느꼈다. 그는 이러한 현상에 대한 이유를 인구의 증가 속도가 식량 생산량 증가 속도보다 높기 때문이라고 《인구론》을 통해 주장하였다. 그의 비관적인 이론은 당시 만연했던 계몽주의적 세계관에 대한 직접적인 도전인 동시에 후대 정부에 대한 정책적 제언이었다.

맬서스가 《인구론》을 저술했던 1798년 산업혁명 초창기의 유럽은 경제적으로 빠른 팽창을 경험했다. 유럽에는 낙관론이 팽배했지만, 현실은 부의 양극화가 심각해지고 정치적 불안정과 사회 부조리가 팽배한 시기였다. 이러한 맥락에서 멜서스는 만연해 있던 낙관론에 정면으로 도전하여 빈곤은 필연적이라는 비관적인 이론과 함께, 빈민층을 구제하기 위해서는 인구 증가를 막아야 한다는 파격적이고 언뜻 보기에 잔혹한 주장을 펼친다. 식량은 산술급수적으로 성장하는데 인구는 기하급수적으로 성장하여 결국 식량이 부족할 것이기 때문이라는 것이 멜서스가 생각한 근거였다.

《인구론》은 19세기 영국의 정책에 큰 영향을 미쳤다. 멜서스의 주장에 근거해서 1834년 영국 의회는 빈곤층을 위한 지원금을 많이 삭감했다. 영국의 강도 높은 식민지 수탈로 인해 빈민층이 먹을 식량은 감자밖에 없었던 아일랜드에 1845년 흉년이 들어 감자가격이 폭등하자, 영국 정부는 《인구론》에 근거해 '무대응 정책'을 펼쳤는데, 이는 단순한 흉년을 대기근으로 악화시키는 결과를 초래했다. 기근 전 8백만 명이었던 아일랜드의 인구는 6백만 명으로 감소하였다. 백만 명이 죽고, 백만 명이 미국으로 이민했다. 기근이 끝난 이후에도 파탄 난 경제를 피해 이민은 계속되어 현재에도 아일랜드 인구는 5백만 명에 그치고 있다.

3. 자본주의에 대한 비판: 칼 마르크스와 《자본론》

칼 마르크스는 역사가이자 경제학자이자 사상가이자 혁명가이다. 자본주의에 대한 비판으로 유명하며, 그의 저서들은 20세기 세계 공산주의 혁명의 이론적 토대를 제공했다.

19세기, 산업혁명은 빠른 속도로 사회를 변화시키고 있었다. 생산량이 급격히 늘어나고 소비가 그에 맞추어 늘어가게 되자 자본주의가 꽃을 피웠다. 18세기 중엽부터 영국과 프랑스를 중심으로 발달하던 자본주의는 산업혁명을 맞아 확립되었다. 그러나 전성기의 이면에는, 빈익빈 부익부 현상이 심화하여 썩어가는 사회가 존재했다. 노동자들은 차마 눈 뜨고 볼 수 없는 환경에서 생활했으며, 이들의 임금은 생계를 유지하기에도 벅찬 수준이었다.

마르크스는 《자본론》에서 이러한 자본주의를 신랄하게 비판한다. 그러면서 자본주의는 내적 모순으로 인해 붕괴할 운명이라고 주장하였다. 1권의 서문에서 마르크스는 자본론의 전체 구성을 다음과 같이 밝힌다. "이 책의 제2권은 자본의 유통 과정(제2부)과 자본의 총 과정의 각종 형태들(제3부)을 취급하게 될 것이며, 마지막 제3권(제4부)은 경제학설사를 취급하게 될 것이다." 이 설명에서 볼 수 있듯이 현대 기준에서 《자본론》은 자본주의를 비판하는 사유에 더 가깝다.

마르크스는 '지금까지 사상가들은 세상을 해석하기만 했다. 진짜 중요한 일은 세상을 변화시키는 일이다'라고 말했는데, 그의 말대로 마르크스의 사상과 그의 책은 경제학은 물론 세계사의 흐름까지 바꾸어 놓았다.

4. 경제학, 철학에서 사회과학이 되다: 알프레드 마셜과 《경제학원리》

영국의 경제학자인 알프레드 마셜은 신고전학파 경제학자이며 케임브리지대 경제학파의 창시자이다. 케임브리지대 경제학 교수를 역임한 그는 경제학에 수학적 방법론을 도입하여 경제학이 철학과 정치학으로부터 독립할 수 있게 만들었다. 수학을 중요시하였지만, 경제학은 인간을 중심으로 하는 사회과학임을 강조하여 케임브리지대 교수 취임사에서 "경제학자는 냉철한 이성을 가져야 한다. 그러나 따뜻한 가슴을 잊지 말아야 한다."라는 명언을 남겼다.

《경제학원리》에서 마셜은 경제학에서 이용할 수 있는 분석 도구와 개념들을 도출했다. 경제학에서 아주 중요한 개념인 소비자 잉여, 수요탄력성 등이 바로 이에 포함된다. 이러한 분석 도구들과 수학적 방법론을 이용하여 마셜은 소비자의 가치와 효용에 대한 분석을 제시한다.

이 책의 독특한 특징은, '한계성'과 같은 수학적 개념을 활용하여 경제학의 체계를 만들고 분석방법론을 도출하였음에도 불구하고 책 자체는 수학을 거의 사용하지 않고 서술되어 있다는 점이다. 마셜은 경제학에 수학적 방법론을 적용하는 것과 경제학을 기술적으로 설명하는 것은 다르다는 철학을 가지고 있었기 때문이다. 그는 수학적 개념이더라도, 그 설명은 인간이 이해할 수 있는 쉬운 언어로 되어야 한다는 신념을 가졌다. 결국 경제학은 인간을 연구하는 학문이기 때문이다.

단원 요약

- 경제학은 희소한 자원의 효율적 분배를 공부하는 학문이다.
- 경제학이 현재의 사회과학으로 자리 잡게 된 계기는 1903년 알프레드 마셜이 케임브리지 대학교에 세계 최초의 경제학과를 개설하고 '한계효용'이라는 개념과 함께 수학적 방법론을 경제학에 도입하면서부터이다.
- 희소성의 의미는 '인간의 물질적 욕구에 비하여 그 충족 수단이 질적 · 양적으로 제한되어 있거나 부족한 상태'이다.
- 기회비용은 어떤 선택으로 인해 포기된 기회들 가운데 가장 큰 가치를 갖는 기회 자체 또는 그러한 기회가 갖는 가치를 뜻한다.
- 한계효용이란 어떤 재화를 1개 또는 1단위 더 소비할 때 소비자가 얻는 추가 만족감 또는 욕망 충족의 정도(효용)를 뜻한다.
- 한 나라의 경제가 주어진 생산요소와 생산기술을 사용하여 가용한 모든 생산요소들을 남김없이 투입하였을 때 최대한 생산할 수 있는 산출물의 조합을 나타내는 곡선을 생산가능곡선이라고 한다.
- 공리주의는 정부가 사회 구성원 전체의 총효용을 극대화하는 정책을 선택해야 한다는 정치철학이다.

연습 문제

다음 설명이 맞으면 T, 틀리면 F에 동그라미를 표시하여라.

1. 경제학은 효율적 자원의 희소한 분배를 공부하는 학문이다. T / F
2. 희소성을 정의하는 데에는 욕구 충족 수단이 제한되어 있다는 객관적인 부분 외에도 인간의 욕구라는 주관적인 요소가 중요한 역할을 한다. T / F
3. 가치의 역설은 한계의 이론이 정의됨에 따라 해결될 수 있었다. T / F
4. 경제학에서는 명시적 비용만을 비용에 포함시킨다. T / F
5. 알프레드 마셜은 경제학을 철학에서 (사회)과학으로 만들었다. T / F
6. 기술의 진보는 역사적으로 경제가 팽창하는 중요한 요인이었다. T / F
7. 공리주의에 관점에서 경제학은 소득분배가 필요하다고 주장한다. T / F

정답 1. T 2. T 3. T 4. F 5. T 6. T 7. F

시장의 작동원리

I 절대우위와 비교우위

II 수요, 공급 그리고 시장

III 재화의 종류

IV 경제적 균형

Chapter

02

"세 사람이 함께 길을 가면 거기에는 반드시 나의 스승이 있다."

– 공자 –

I 절대우위와 비교우위

특정한 분야에서 다른 사람들보다 우월한 위치에 있거나 뛰어날 때 '우위에 있다'라는 표현을 사용한다. 이 우위는 두 가지로 나뉜다. 절대우위는 한 경제 주체가 다른 경제 주체보다 적은 비용으로 특정 활동을 할 수 있는 경우를 말한다. 반면에 비교우위는 경제 주체가 다른 경제 주체에 비해 어떤 활동을 할 때 기회비용이 낮은 경우를 말한다. 즉, 절대우위는 모든 제품을 생산하는 데 절대적인 우위를 가진다는 것을 의미하고, 비교우위는 특정 재화를 생산할 때 한 경제 주체가 다른 경제 주체보다 우위를 가진다는 것을 의미한다. 절대우위가 비교우위와 같이 발생할 수도 있다. 이에 대해서는 다음 내용에서 더 자세히 설명할 예정이다.

절대우위는 국제분업에 관한 고전적 이론 중 애덤 스미스의 절대 생산비 이론Theory of absolute cost에 기반하여 설명할 수 있다. 이 이론에 따르면 어떤 재화를 만드는 데 드는 비용인 생산비가 다른 나라보다 상대적으로 적을 때, 그 나라는 그 재화를 국제분업에서 특화하여 생산할 수 있다. 이렇게 생산비가 절대적으로 낮은 상품을 개발하고 다른 나라와 교역함으로 양쪽 모두 이익을 얻을 수 있다는 것이 절대우위의 개념이다. 다시 말해, 절대우위를 가진 나라는 다른 나라보다 더 낮은 비용으로 지속적으로 많은 재화를 생산할 수 있다.

절대우위를 가지기 위해서는 두 가지 방법이 있다. 첫 번째 방법은 정말 희소하거나 다른 나라들이 가지고 있지 않은 재화를 생산하는 경우이다. 여기에 해당하는 재화 대부분이 천연자원에 국한되는 경향이 있다. 중동 산유국들의 원유나 남아프리카공화국의 다이아몬드 또는 중국의 희토와 같은 재화가 여기에 해당한다. 두 번째 방법은 다른 국가들보다 같은 재화를 더 저렴하게 생산하는 경우이다. 예를 들면, 1960년대 대한민국은 낮은 인건비를 바탕으로 제조업을 발전시켰다. 그 결과 공산품을 저렴하게 생산하여 수출하고, 수입한 외화를 다시 투자하여 경제적 발전을 이룩했다. 하지만 이런 종류의 절대우위는 시간이 흐름에 따라 인건비와 운영비 등이 증가하면서 장기적으로 지속하기 어렵다. 실제로 이런 전략을 계속하여 사용할 수 있는 나라는 현실적으로 매우 드물다.

비교우위는 애덤 스미스가 주장한 절대 생산비 이론의 한계를 극복하기 위해 등장한 이론이다. 데이비드 리카도가 그의 저서인 《정치경제와 조세의 원리》에서 처음 비교우위 이론을 주장했다. 절대우위는 교역하는 나라 중 한 나라가 모든 재화에 대해 절대우위를 가지는 경우에도 무역이 일어나는 현상을 설명할 수 없다는 한계가 있다. 비교우위는 이러한 절대우위론의 한계를 뛰어넘는 개념이다.

비교우위란 교역을 하는 나라 중 한 나라가 모든 상품을 저렴하게 생산한다 하더라도, 상대국이 적어도 하나 이상의 품목을 더 저렴하게 생산할 수 있다는 것을 의미한다. 따라서 서로 다른 상품에 특화하여 생산하고 교역하면 양쪽 다 이익을 얻을 수 있다는 이론이다. 현실에서는 이러한 경우가 대부분이며, 그렇기 때문에 무역이 가능하다. 이제 절대우위와 비교우위를 예시와 함께 자세히 살펴보자.

01 절대우위란?

절대우위Absolute advantage는 어떤 나라가 다른 나라에 비해 특정 재화를 더 효율적으로 생산할 수 있는 능력을 가지고 있다는 것을 나타내는 기준이 된다. 예를 들어, 한국과 몽골의 농산물 생산량이 아래 표와 같다고 가정하고 이를 비교하면 절대우위를 쉽게 이해할 수 있다.

한국과 몽골의 생산량 비교

농산물 생산량	한국	몽골	생산량 비교
1인당 쌀 생산량	75kg	45kg	한국 > 몽골
1인당 포도 생산량	8.2kg	3.7kg	한국 > 몽골

표에 나타난 한국과 몽골의 농산물 생산량을 비교해보면 한국이 쌀과 포도 재배에 더 유리한 환경을 가지고 있어서 1인당 쌀과 포도 생산량이 더 많다는 것을 알 수 있다. 이는 한국이 쌀과 포도 생산에서 몽골과 비교했을 때 절대우위를 가지고 있다고 말할 수 있다.

몽골은 대부분의 영토가 사막과 초원으로 이루어져 있어서 농업에는 적합하지 않다. 따라서 몽골에서는 농산물을 효율적으로 생산하기 어려울 수 있다. 이로 인해 한국과 몽골 사이에는 농산물 생산량의 큰 차이가 발생한다. 이런 경우, 어떤 나라가 다른 나라보다 특정 제품을 더 효율적으로 생산할 수 있을 때, 비교적 다른 나라보다 해당 제품에 대해 절대우위를 가지게 된다. 하지만 이러한 상황은 일반적으로 흔치 않다.

02 비교우위란?

비교우위Comparative advantage란 한 나라가 다른 나라와 비교하여 특정 재화를 더 효율적으로 생산할 수 있는 능력을 의미한다. 비교우위는 특정 재화를 생산하는 데 필요한 비용이 다른 나라에 비해 상대적으로 더 낮을 때 발생한다. 국제무역에서는 일반적으로 모든 교역 대상 품목에 대해 한 나라가 비교우위를 가질 수는 없지만, 적어도 하나 이상의 특정 상품에서만큼은 비교우위를 가진다. 생산량 격차가 상대적으로 크지 않은 한국과 프랑스의 생산량을 비교하면 다음과 같다.

한국과 프랑스의 생산량 비교

농산물 생산량	한국	프랑스	생산량 비교
1인당 쌀 생산량	75kg	52kg	한국 > 프랑스
1인당 포도 생산량	8.2kg	11.4kg	한국 < 프랑스

이 경우 두 나라는 상대국보다 더 효율적으로 생산할 수 있는 특정 상품에 중점을 두어 교역을 통해 상호이익을 얻을 수 있다.

여기서 중요한 핵심은 기회비용의 차이이다. 예를 들어, 한국은 1kg의 포도를 추가로 생산하기 위해 쌀 약 9.15(=75/8.2)kg을 포기해야 한다. 반면에 프랑스는 1kg의 포도를 추가로 생산하기 위해 쌀 약 4.56(=52/11.4)kg을 포기해야 한다. 이를 통해 한국은 쌀 생산의 기회비용이 낮고, 프랑스는 포도 생산의 기회비용이 낮음을 알 수 있다.

03 절대우위에서도 적용되는 비교우위

앞서 절대우위와 비교우위에 대한 기본 개념을 설명했다. 이제는 가장 이해하기 어려우면서도 가장 중요한 부분을 설명하고자 한다. 바로 절대우위에 있는 상황에서도 비교우위가 발생할 수 있다는 점이다. 절대우위가 성립한다 해도 생산이 비효율적인 나라는 최소한 하나의 재화에 대해 기회비용이 낮아야 한다. 왜냐하면 비교우위는 각 재화의 상대적 기회비용을 비교하는 것이기 때문이다.

한국과 몽골의 예시를 다시 살펴보자. 한국은 분명 몽골보다 쌀과 포도 모두 더 많이 생산할 수 있다. 즉 한국은 쌀과 포도 생산에 대해서 모두 절대우위를 점하고 있다. 이렇게 한국이 절대우위를 점하고 있는 상황에서 한국과 몽골의 기회비용을 비교해보자. 한국은 포도 1kg을 추가 생산하기 위해 쌀 약 9.15kg을 포기해야 한다. 그리고 몽골은 포도 1kg을 추가 생산하기 위해 쌀 약 12.16kg을 포기해야 한다. 즉, 포도 1kg 당 포기해야 하는 쌀의 양이 몽골이 더 많기 때문에 포도 생산의 기회비용에 있어서는 한국이 몽골에 대해 우위에 있다.

이제 쌀 생산에 대한 기회비용을 알아보자. 한국은 쌀 1kg을 추가 생산하기 위해 포도 0.11kg을 포기해야 하고 몽골은 쌀 1kg을 추가 생산하기 위해 포도 0.08kg을 포기해야 한다. 이 경우 몽골은 쌀 생산의 기회비용에서 한국에 비해 우위에 있다. 이를 통해 한 가지 눈치 챌 수 있는 점은 쌀 생산의 기회비용을 포도의 양으로 나타낸 수치와 포도 생산의 기회비용을 쌀의 양으로 나타낸 수치가 서로 역수 관계에 있다는 것이다. 다시 말해, 한 국가가 한 재화의 생산에서 우위에 있다면 다른 재화의 생산에 대해서는 열위에 있을 수밖에 없다.

따라서 비교우위는 상대적인 기회비용을 나타내므로, 한 나라가 한 재화에서 비교우위를 가질 때 다른 나라는 다른 재화에서 반드시 비교우위를 가지게 된다.

상식 넓히기 모든 거래의 핵심은 비교우위: 삼두정치

자료: 프란체스코 그라나치, 루비콘강을 건너는 줄리어스 시저, 1494년

비교우위는 국제무역뿐만 아니라 모든 거래에 적용될 수 있는 개념이다. 이를 이해하기 위해 로마의 역사적 사건인 삼두정치를 바탕으로 비교우위 개념을 알아보자. 삼두정치는 기원전 59년 로마 공화정 말기 율리우스 카이사르, 그나이우스 폼페이우스 마그누스, 마르쿠스 리키니우스 크라수스 사이의 비밀리에 맺어진 정치 협력이다. 당시 로마에서 정치적 영향력을 가진 세 사람이 원로원의 눈을 피해 서로의 이익을 도모하기 위해 1차 삼두정치를 창설했다.

삼두정치의 주창자는 당시 민중의 강력한 지지를 받던 율리우스 카이사르였다. 로마에서 제일가는 부자인 크라수스는 스파르타쿠스 반란을 진압하였고 카이사르에게 많은 돈을 빌려주었다. 폼페이우스는 소아시아에서부터 팔레스타인, 이집트에 이르기까지 동방 지역을 완전히 로마의 영향력 아래로 두며 눈부신 군사적 성공을 거두었고 막강한 군사력을 가지고 있었다.

이러한 1차 삼두정치의 핵심 3인에게도 각자의 비교우위가 있었다. 카이사르는 베누스 여신의 아들이라는 전설상의 트로이아 왕자 아이네아스의 아들 율루스의 후손을 자칭하는 유서 깊은 율리우스 가문 출신이지만, 그의 가문은 정치적으로는 지배 귀족은 아니었기 때문에 로마의 지배계층에 대한 영향력이 없었다. 폼페이우스는 성공한 장군으로 로마의 군부의 지지를 한 몸에 받고 있었지만 술라의 영향으로 정계에 진출했다는 치명적인 정치적 결함을 가지고 있었다. 그에게는 정치적으로 적이 너무 많고 믿을 만한 인재가 부족하였다. 크라수스는 로마 최고의 재력가답게 자금을 충분히 가지고 있었지만, 로마 내에서 정치적 영향력과 군사적 실적이 아주 많이 부족하였다. 당시 로마의 운명을 쥐락펴락했던 이 3인은 각자 명확한 비교우위를 가졌지만 확고한 절대우위를 지니지 못하였기 때문에 삼두정치라는 연합체를 구성하여 국정을 통치해야만 했다. 이와 같이 1차 삼두정치는 유력자들이 가지고 있는 비교우위가 어떻게 정치적으로 구현될 수 있는지를 보여주는 좋은 예이다.

"햇빛은 하나의 초점에 모일 때만 불꽃을 피우는 법이다."

– 알렉산더 그레이엄 벨 –

II 수요, 공급 그리고 시장

수요는 단순히 욕구가 아니라 구매력이 있는 욕구를 나타낸다. 다시 말해, 특정한 재화나 서비스를 구매하고자 하는 의사결정을 의미한다. 반면에 공급은 판매자가 일정한 가격에 상품을 제공하는 행위를 의미한다. 수요와 공급은 경제학에서 매우 중요한 개념으로, 사람들 간의 상호작용을 설명하고 시장경제 체제를 움직이는 원동력이다.

시장은 특정 재화나 서비스를 사고파는 사람들의 집단적인 모임을 말한다. 시장에는 구매자와 판매자가 존재하며, 구매자들은 재화에 대한 수요를 결정하고 판매자들은 재화의 공급을 결정한다. 시장의 대표적인 예로 완전경쟁시장이 있다. 완전경쟁시장에서는 모든 재화가 동일하며, 소비자나 생산자 또는 수요자와 공급자 관점에서 차별성이 없다. 또한 많은 수의 소비자와 판매자가 있기 때문에 개별적인 참여자는 시장가격에 영향을 미치지 못한다. 이로 인해 수요자와 공급자는 시장에서 결정된 가격을 수동적으로 받아들이는 가격 수용자Price takers라고 볼 수 있다. 결과적으로 완전경쟁시장에서 소비자는 시장가격에 따라 원하는 만큼 구매할 수 있고, 판매자는 원하는 만큼 판매할 수 있다.

수요량은 소비자들이 구매 의사와 능력을 가지고 값에 따라 구매하려는 재화의 양을 의미한다. 만약 다른 조건들은 모두 동일한 상황에서 재화의 가격만 상승한다면 수요량은 어떻게 될까? 우리는 수요가 감소할 것으로 예상할 수 있다. 이처럼 다른 조건이 불변할 때, 재화의 가격이 상승하면 재화의 수요량이 감소하는 법칙을 수요의 법칙이라고 한다. 이를 통해 재화의 가격과 수요량이 반비례 관계에 있다는 사실을 이해할 수 있다.

공급량은 판매자가 판매할 의사와 능력이 있는 재화의 양을 의미한다. 수요의 법칙이 있듯이 공급의 법칙 또한 있는데, 공급의 법칙은 다른 조건이 변하지 않을 때 어떤 재화의 가격이 상승하면 공급량이 증가하는 법칙을 말한다. 따라서 재화의 '가격'과 재화의 '공급량'은 비례 관계에 있다.

01 수요곡선

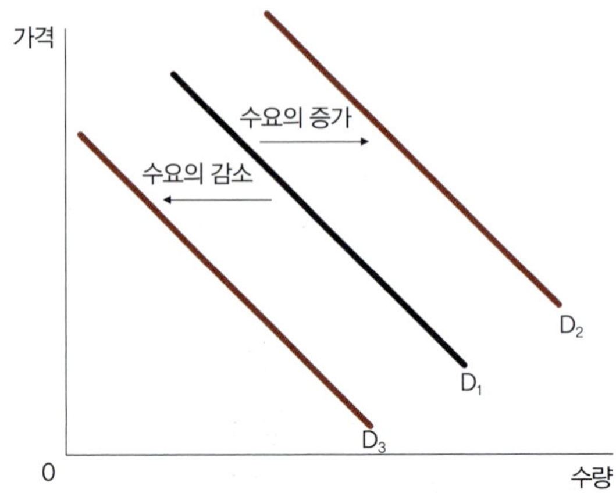

수요곡선은 재화의 가격과 수요량 사이의 관계를 그래프로 나타낸다. 수요가 증가하면 재화의 가격과는 무관하게 소비자들이 구매하는 재화의 양이 증가하는 현상을 의미한다. 이로 인해 수요곡선은 오른쪽으로 이동하며, 그래프에서는 D_1에서 D_2로 이동하는 모습을 볼 수 있다. 반대로 가격과 무관하게 재화의 양이 감소하면서 수요가 줄어드는 경우를 수요의 감소라고 한다. 이 경우 수요곡선이 왼쪽으로 이동한다. 위의 그래프에서 수요곡선이 D_1에서 D_3로 이동하여 수요의 감소를 나타낸다.

수요곡선은 소득, 연관재의 가격, 개인의 취향, 미래에 대한 기대, 구매자의 수 등과 같은 다양한 요소들에 영향을 받는다. 이러한 요소들이 변화함에 따라 수요곡선도 이동하게 되며, 이는 시장에서 수요의 변화를 반영한다.

02 공급곡선

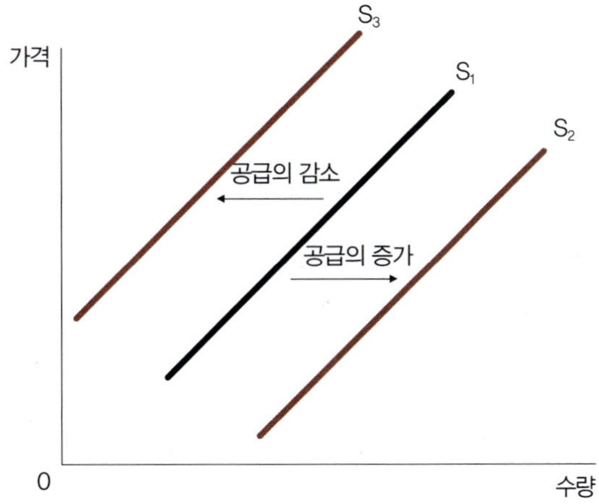

공급곡선은 특정 재화의 가격과 공급량 사이의 관계를 보여주는 그래프다. 가격과는 무관하게 공급을 증가시키는 변화를 공급의 증가라고 한다. 이때 공급의 증가는 공급곡선이 오른쪽으로 이동하는 것으로 표현된다. 위의 그래프에서는 공급곡선 S_1에서 S_2로 이동하는 것이 공급의 증가를 보여준다. 반대로, 가격과 무관하게 공급을 감소시키는 변화를 공급의 감소라고 부르며 그래프 상에서는 공급곡선이 왼쪽으로 이동한다. 위 그래프에서는 공급곡선 S_1에서 S_3로의 이동이 공급의 감소를 보여주고 있다.

공급곡선을 이동시키는 요인으로는 가격, 기술, 미래에 대한 기대, 시장 내 판매자의 수 등이 있다. 이러한 요소들이 변화하면 공급의 양이 변화하고, 이에 따라 공급곡선도 이동한다.

상식 넓히기 16세기 유럽의 미술품 시장 형성

자료: 피터 아르첸, 시장 풍경, 1550년

현대에 와서는 갤러리, 경매, 아트페어 등에서 미술품을 전시하고 또 판매하는 것을 쉽게 찾아볼 수 있다. 그러나 사실 미술품이 처음부터 많은 사람들이 사고파는 재화였던 것은 아니다. 회화와 조각 같은 작품들은 르네상스 시기까지 예술가Artist가 아닌 장인Artisan이 만드는 장식품으로서 교회나 왕실, 귀족 등 소수의 후원자Patron들을 위해 주문 제작되었기 때문이다.

그러다 미술품을 사고파는 시장은 16세기가 되어서야 플랑드르(북부 네덜란드) 지역에서부터 피터 애르첸Pieter Aertsen과 같은 활동가들에 의해 형성되기 시작했다. 왜 이곳에서부터 시장이 시작되었을까? 당시 북부 네덜란드 지역은 종교개혁 이후 신교(프로테스탄트)가 자리 잡았는데, 신교는 우상숭배를 금지했고 이에 따라 후원자로서 교회에서는 장인들에게 작품을 주문하지 않았다. 이에 전통적인 수입원을 상실한 장인들은 먹고살기 위해서 자신의 그림을 사 줄 다른 누군가를 찾아 나설 수밖에 없었다. 그렇다 보니 그림을 시장에 내다 파는 것 외에는 달리 방법이 없었다. 다행히 북부 네덜란드는 해상무역으로 인해 다른 지역보다 상업과 문화가 발달하였고, 상업으로 인해 돈을 번 사람들이 많았다.

장인들은 자신의 작업실에서 작품을 직접 팔거나, 판매를 위해 길드에서 공동으로 여는 전시회에 참여하거나, 각종 서적과 판화, 귀중품 등을 취급하는 상인들, 혹은 전적으로 그림만 취급하는 상인들을 통해 작품을 팔게 되었다. 네덜란드에서 제작된 그림은 가톨릭 국가들에서 제작된 그림들과는 유형도 많이 달랐다. 주문을 받아 제작하는 방식에서 벗어나서 작품을 팔아야 생계를 유지할 수 있었기 때문에 수요자의 취향을 어느 정도는 반영했다. 따라서 이 시기에는 종교적인 주제 대신 가정집에 걸기 좋은 작은 크기의 풍속이나 풍경, 정물 등을 담는 그림들이 대거 등장했고 주요 구매층은 부유한 상인, 중산층, 도시 엘리트들이었다. 이러한 방식으로 작품들을 거래할 수 있는 시장이 점점 발달했다.

당시 시장은 해당 지역의 길드에 의해 규칙과 운영이 이루어졌다. 미술시장에서는 화가와 조각가로 구성된 길드가 거래 통제, 경쟁 조정, 작품의 품질 관리, 연습생 교육의 기준 등을 설정하였다. 이를 통해 시장은 조직적으로 운영되었다.

"아일랜드인들은 돼지우리에서 뒹구는 계급이다."

– 런던 타임스(1848년 1월)–

III 재화의 종류

01 정상재

정상재Normal goods는 다른 조건들이 변하지 않는다는 가정하에서 소득 변화에 따라 수요도 같은 방향으로 변화하는 재화를 말한다. 소득이 증가하면 해당 재화의 수요도 증가하고, 소득이 감소하면 수요도 감소하는 특성을 가지고 있다. 소득탄력성은 소득 변화에 따른 수요량 변화의 비율을 나타내는데, 이를 통해 소득이 1% 증가하면 수요가 몇 % 증가하는지 파악할 수 있다. 이에 대한 자세한 설명은 3장에서 구체적으로 설명할 예정이다.

정상재는 가격이 오르면 소비자들이 구매를 줄이고, 가격이 내려가면 더 많은 소비자들이 구매하는 재화를 말한다. 대부분의 재화가 정상재에 속한다고 볼 수 있다. 예를 들어, 학생들이 수강하는 강의가 있다고 가정하자. 강의의 교재 가격이 높으면 교재를 구매하는 학생이 적을 것이고, 가격이 낮으면 많은 학생들이 교재를 구매할 것이다.

정상재는 소득 변화에 따라 소비량이 변화하는 특성을 가지는데, 이를 크게 필수재와 사치재로 구분할 수 있다. 필수재는 소득이 증가함에 따라 소비량도 증가하지만, 그 비율이 일정하거나 그보다 작은 소득탄력성이 1 이하인 재화를 의미한다. 다시 말해, 소득이 조금 증가하더라도 해당 재화를 구매하는 소비자들의 증가량이 크지 않다. 이에 반해 사치재는 소득이 증가함에 따라 소비량이 증가하는데, 그 비율이 소득 변화와 비슷하거나 더 높은 소득탄력성이 1 이상인 재화를 말한다. 소득이 증가하면 해당 재화의 소비가 더 많아진다.

우리가 일상에서 많이 사용하는 물건들을 보면 필수적으로 필요한 것과 그렇지 않은 것으로 나눌 수 있다. 가령 음식은 대부분 필수적인 소비재이다. 소득이 높아지면 많은 사람들이 먹는 음식의 양도 늘어날 수 있지만, 그 비율이 크지 않을 가능성이 있다. 반면에, 고가의 명품 가방이나 골프 클럽 회원권과 같은 물건들은 사치재에 속한다. 소득이 증가하면 이러한 상품을 살 확률이 더 높아지는 경향이 있다. 일상에서 접할 수 있는 재화들을 떠올려보면서 그 재화가 필수재인지 사치재인지 판단해 보자.

02 열등재

열등재Inferior goods는 소비자의 소득이 증가할 때 수요가 감소하거나 소비자의 소득이 감소할 때 구매하는 재화를 말한다. 다시 말해, 음(−)의 소득탄력성을 가지고 있다. 그러므로 열등재는 실질소득이 증가할수록 수요 또한 증가하는 정상재와는 반대되는 특성을 보인다.

소득이 증가하면 더 좋은 품질의 상품이나 대체 상품으로 전환되어 수요가 줄어드는 경향을 보이는 재화를 열등재라고 볼 수 있다. 예를 들어, 저가의 제품이나 식료품의 일부가 열등재에 속할 수 있다. 이러한 상품들은 소비자의 소득이 증가하면 더 나은 품질의 상품으로 대체되거나 더 적은 양으로 소비되는 경향이 있다.

정상재와 열등재를 구분하는 방법

정상재와 열등재를 구분하는 가장 간단한 방법은 소득과 수요의 관계를 살펴보는 것이다. 보통 소득이 증가하면 소비자들은 더 많은 재화를 구매하고 수요가 늘어난다. 반대로 소득이 감소할 때는 소비자들이 절약하고 소비를 줄이는 경우가 많으며 이는 정상재의 특성이다. 소득이 높아지면 대체로 사람들은 더 많은 것을 소비하고 싶어 한다.

반면에 열등재는 소득이 증가하면 수요가 감소하는 재화로, 일반적으로 저렴한 생필품이나 불량식품 등이 있다. 예를 들어 아르바이트를 할 때는 삼각김밥을 점심으로 먹었지만, 정규직으로 취직해서 월급을 받으면 백반집 등의 다른 식사로 전환하는 경우가 많다. 이는 소득이 증가하면서 더 나은 품질의 재화나 서비스로 이동하고자 하는 소비자들의 경향을 보여준다.

이처럼 정상재와 열등재는 각 재화의 수요가 소득 변화에 얼마나 민감하게 반응하는지, 즉 소득탄력성을 통해서 구분할 수 있다. 그러나 이때 주의해야 할 점이 있다. 소득을 제외한 다른 모든 요소(가격, 선호도 등)들은 일정해야 한다는 가정 아래에서 이루어져야 한다는 것이다. 이것은 경제학에서 '세테

리스 파리부스Ceteris paribus'라고 한다. 즉, 다른 조건들이 일정한 상황에서 소득 변화에 따른 수요 변화를 판단하는 것을 의미한다.

03 기펜재

기펜재Giffen good는 열등재의 한 종류로 소비자의 실질소득이 증가할수록 수요가 감소한다는 열등재의 특성을 그대로 가지고 있지만, 다른 열등재와는 달리 기펜재는 재화의 가격이 오를 때 수요가 증가하는 특성을 가진다. 일반적으로 재화의 가격이 오르면 대부분의 열등재와 정상재의 수요가 감소하는데, 기펜재는 이와 반대되는 재화라고 볼 수 있다.

앞에서 설명했듯이 정상재와 열등재를 구분하는 기준은 소득 변화에 따른 수요의 변화이다. 그러나 일반 열등재와 기펜재를 구분하는 기준은 '가격 변화에 따른 수요 변화'이다. 즉, 기펜재는 음의 소득탄력성을 이미 가지고 있는 열등재 중에서 가격 변화에 대해 수요가 양으로 반응하는 특별한 경우이다.

기펜재의 실증적인 존재를 찾는 것은 어렵다고 알려져 있지만, 미시경제학에서는 수학적 모델을 통해 기펜재의 존재를 증명할 수 있다. 기펜재라는 이름은 로버트 기펜Robert Giffen의 이름에서 유래되었고, 알프레드 마샬의 저서를 통해 우리에게 알려졌다.

마샬은 가난한 사람들이 생존을 위해 소비해야만 하는 빵의 가격이 올라갈 때 더 많은 빵을 구매하는 현상을 통해 기펜재를 설명했다. 이는 다른 음식이 더 비싸져서 가난한 사람들이 빵을 제외한 다른 음식을 구매할 수 없게 되기 때문이다.

예를 들어, 가격이 오른 재화로 우리의 주식인 쌀을 대입해서 생각해보자. 소득이 줄면 고기와 같은 음식이 더 비싸게 느껴지므로 사람들은 쌀을 더 많이 구매하게 된다. 이러한 상황에서 쌀에 대한 수요가 증가하고 가격은 올라간다. 가난한 사람들의 실질 소득은 더 감소하여 다른 음식을 구매할 수 없게 되고 결국은 다시금 쌀의 가격이 상승하는 악순환이 발생한다.

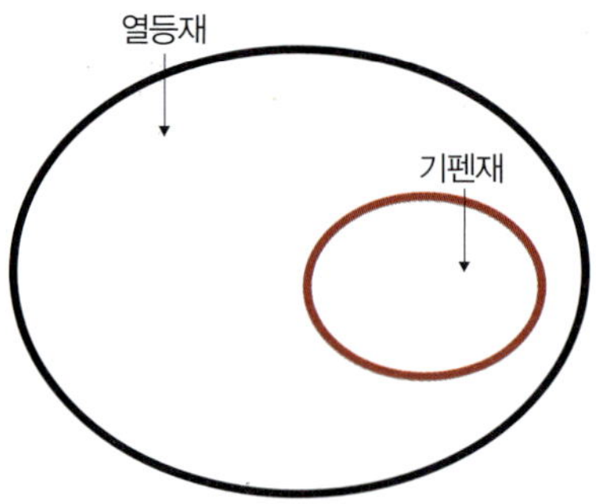

열등재와 기펜재의 관계

열등재와 기펜재를 구분하는 방법

열등재와 기펜재를 혼동하는 경우가 많다. 하지만 열등재라고 해서 모두 기펜재인 것은 아니다. 그러나 반대로 기펜재라면 모두 열등재이다. 즉, 기펜재보다 열등재가 더 큰 범주이다.

열등재란 가격이 일정한 상태에서 소득이 증가해도 오히려 소비가 줄어드는 재화를 말한다. 반면에 기펜재는 소득이 일정한 상태에서 가격이 상승하면 소비가 오히려 늘어나거나 반대로 가격이 하락하면 소비가 줄어드는 재화이다. 이처럼 열등재를 구분하는 기준은 '소득의 변화'이며, 기펜재를 구분하는 기준은 '가격의 변화'이다.

그렇지만 기펜재가 되려면 우선 열등재가 되어야 한다. 그 이유는 기펜재가 열등재 중에서 소득효과가 대체효과를 압도하는 재화를 의미하기 때문이다. 그러므로 열등재가 소비자의 소득변화와 밀접한 관련이 있다면 기펜재는 소비재화의 가격변화와 밀접한 관련이 있다.

열등재와 정상재를 구별하는 기준이 소득과 수요의 관계라면 기펜재와 다른 열등재를 구별하는 기준은 가격과 수요의 관계이다. 기펜재의 성립을 위해서는 수요를 결정하는 요인이 오로지 가격만으로 한정되어야 한다. 여기서 과시적 소비는 고려 대상이 아니다. 과시적 소비가 적용되는 상황에서의 재화는 기펜재가 아닌 베블런재라고 한다. 베블런재란 가격이 오르더라도 수요가 오히려 증가하는 소비재를 의미한다.

기펜재의 사례: 아일랜드 대기근 당시 감자

아일랜드 대기근은 약 1845년부터 1852년까지 아일랜드에서 발생한 대규모 기근으로, 많은 사망자와 이주자를 낳았다. 이 대기근은 '아일랜드 감자 기근'으로도 알려져 있다.

기근의 가장 큰 원인 중 하나는 감자 역병으로, 1840년대에 유럽 전체에서 감자 역병이 일어났다. 그러나 유럽 전체에서 대기근이 발생하지는 않았다. 왜 유독 아일랜드에서만 기근이 일어났을까? 왜냐하면 다른 나라와는 달리 아일랜드는 감자를 식량으로 삼는 비율이 높았기 때문이다. 당시 아일랜드의 인구 중 1/3 이상이 감자를 주식으로 소비하고 있었지만 아일랜드를 제외한 대부분의 유럽 국가들은 감자를 주식으로 하고 있지 않았다.

아일랜드에서는 감자가 주요한 식량원이었으며, 인구의 상당 부분이 감자를 주요한 식품으로 삼았다. 하지만 감자 역병으로 감자 수확량이 감소하자 가격이 상승했다. 동시에 아일랜드의 빈부격차 문제도 심각해졌다. 아일랜드 인구의 25%가 전체 부의 85%를 소유할 정도로 일부의 소수가 다수의 부를 차지하고 있었다. 그러므로 대부분 인구를 구성하고 있던 소작농들은 감자 이외의 식료품을 구매할 여력이 없었다. 이러한 상황에서 감자 역병으로 인해 수확량이 감소하자, 공급 하락으로 감자가격이 폭등하게 된다. 하지만 다른 선택지가 없는 아일랜드 사람들의 상황 속에서 감자에 대한 수요는 계속해서 상승했다.

이것은 기펜재의 한 사례로, 가격이 상승해도 소비자들이 더 많은 재화를 구매하는 현상을 잘 보여준다. 아일랜드의 사람들의 경우 다른 선택지가 없어서 감자를 구매해야 했기 때문에 감자에 대한 수요는 계속해서 상승했다. 이로 인해 아일랜드의 감자는 열등재임에도 불구하고 가격이 오르면서 수요가 증가한 대표적인 사례로 꼽힌다.

상식 넓히기　아일랜드 대기근과 맬서스의 인구론

아일랜드 대기근은 사실상 아일랜드에 재앙을 가져왔다. 그런데 이때 당시 아일랜드를 식민지로 지배했던 영국은 왜 이런 재앙을 방관했을까? 이 질문에 대한 답은 영국의 고전적 경제학자 토마스 로버트 맬서스가 1798년에 출간한 《인구론》에 있다.

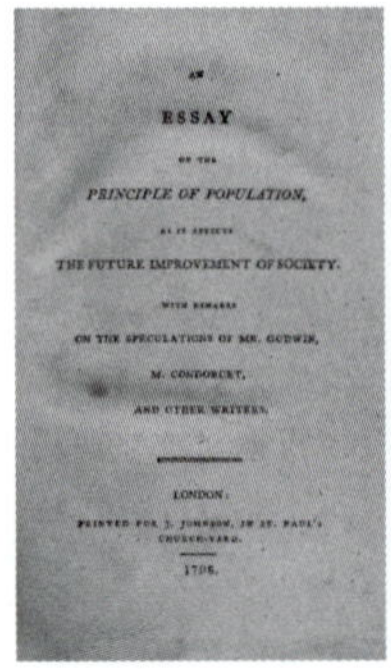

인구론 표지

토마스 맬서스

맬서스는 17세기부터 시작된 근대 유럽의 경제적 팽창과 영국을 중심으로 시작한 산업혁명으로 인해 사회적 불안정과 부의 양극화가 심해지고 있는 현상을 지적했다. 그는 주로 부의 양극화와 인클로저 운동으로 인해 대다수의 농민들이 소작농이나 도시 빈민으로 몰리며 정치적 불안정과 사회 부조리가 증가하고 있다고 주장하였다. 인구는 경제가 부양할 수 있는 최대 한계까지만 성장한다고 맬서스는 주장하며, 나라는 빈곤층을 구제할 수 있도록 식량 생산 증가를 최우선 정책 목표로 삼아야 한다고 말했다. 또한 빈곤층을 위한 구제책을 철폐해야 한다고도 주장했다. 그는 이러한 구제책이 식량 가격 상승으로 이어질 수 있고, 식량 생산이 증가하지 않는 한 보조금만 지급된다면 보조금조차 받지 못한 빈곤층은 더욱 곤경에 빠질 수 있다고 지적했다. 더불어 구제책과 같은 사회안전망을 제공하지 않아야 빈민들도 자신의 위험을 이해하고 미래를 계획할 수 있다고 언급했다.

맬서스의 인구론은 19세기 영국 정부의 정책에 큰 영향을 미쳤다. 이에 따라 1834년 영국 의회는 빈곤층을 위한 지원금을 삭감하고, 1845년 아일랜드 대기근 때에도 영국 정부는 '무대응 정책'을 펼쳤다.

04 대체재

대체재란 한 재화의 가격이 상승하면 대체 관계에 있는 다른 재화의 수요가 증가하는 재화를 말한다. 이 경우 두 재화는 서로 대체 관계에 있다고 볼 수 있으며, 이를 대체재라고 한다.

대체의 개념은 관점이나 기준에 따라 상대적으로 다를 수 있다. 그러므로 대체의 개념을 결정하기 위해서는 기준을 명확히 해야 한다. 예를 들어, 자동차 시장의 관점 또는 기준에서 본다면 그랜져의 대체재는 GV90이 될 수 있다. 그러나 이동 수단이라는 관점 또는 기준으로 접근한다면 그랜져의 대체재는 지하철 또는 버스가 될 수 있다. 대체재의 예시로는 콜라와 사이다, 밥과 빵, 커피와 녹차, 닭고기와 돼지고기 등이 있다. 이러한 재화들은 서로 대체 관계에 있으며, 한 재화의 가격이 오르면 다른 재화의 수요가 증가할 수 있다.

05 보완재

보완재는 한 재화의 가격이 오를 때 보완관계에 있는 다른 재화의 수요가 감소하는 관계에 있는 재화를 말한다. 경제학에서 보완재라는 용어는 어떤 한 재화의 수요가 증가할 때 함께 수요가 증가하는 재화를 의미한다. 이러한 경우 두 재화는 보완관계에 있다고 표현한다.

예를 들어, 햄버거의 가격이 올라가면 햄버거를 구매하는 사람들이 줄어들 것이고, 이에 따라 감자튀김에 대한 수요도 줄어들 수 있다. 이 경우 햄버거와 감자튀김은 보완관계에 있다고 말할 수 있다. 물론 이 관계가 성립하려면 다른 조건은 모두 일정해야 성립한다. 또한 두 재화 사이의 관계가 대체인지 보완인지는 어떤 법칙에 따라 정해지는 것이 아니라 당시 사람들이 두 재화를 사용하는 목적에 따라 결정된다.

상식 넓히기 **맥주와 소주는 대체재일까 보완재일까?**

2005년에 맥주 생산 회사인 하이트맥주가 소주 생산 회사인 진로를 인수하려고 했다. 주류업계에서는 인수에 대한 우려의 목소리를 냈다. 공정거래위원회에 기업 결합 사전 심사를 신청하면서 주류업계에서는 맥주와 소주가 대체재인지 보완재인지 여부가 논의되었다. 맥주와 소주가 대체재라고 바라본다면 두 제품은 현상적으로 같은 시장을 공략하게 되므로 하이트맥주가 진로를 인수하는 것은 독과점법 위반이 될 수 있다. 반면에 맥주와 소주가 보완재라고 본다면 두 제품은 서로 다른 시장을 공략한다고 간주하여서 인수에 제약이 없다. 맥주와 소주의 관계를 생각해 보자. 두 재화 사이의 관계가 대체인지 보완인지를 결정하는 기준은 무엇일까? 바로 가격의 교차탄력성이다.

대체 관계에 있는 제품들이라면 하나의 가격이 오를 때 다른 하나의 수요가 증가한다. 보완관계에 있는 제품들이라면 하나의 가격이 오를 때 다른 하나의 수요가 감소한다. 그렇다면 과연 맥주의 가격이 오르면 소주의 소비는 오를까?

맥주가 비싸지면 소주를 마시는 사람들이 늘어날 가능성이 있다. 즉, 맥주 가격이 오르면 소주의 수요가 늘어나게 되어 두 재화는 대체재라고 주장할 수 있다. 그러나 소주와 맥주를 혼합한 일명 '쏘맥'으로만마실 수 있는 사람들에게는 소주와 맥주가 보완재가 된다. 또한, 1차에서 소주를 마시고 2차에서 맥주를 마시는 사람들도 소주와 맥주는 보완재로 받아들여진다. 그러므로 대체재와 보완재를 결정하는 것은 결국 사람들의 소비패턴에 따라 달라지는데, 소주와 맥주의 경우 이 둘을 대체재로 소비하는 사람들도 있고 보완재로 소비하는 사람들도 있는 것이다.

이에 대해 공정거래위원회는 소주와 맥주가 서로 다른 시장을 목표로 하는 보완재로 결론 내렸다. 두 재화가 대체의 관계에 있는지 보완의 관계에 있는지를 결정할 수 있는 경제학적 이론은 없다. 대체재와 보완재를 결정하는데 가장 중요한 것은 대부분의 사람들이 두 재화의 관계를 어떻게 인지하고 있는가이다.

"인생은 자전거를 타는 것과 같다. 균형을 잡으려면 움직여야 한다."

알버트 아인슈타인 –

Ⅳ 경제적 균형

01 균형이란?

경제학에서 경제적 균형은 수요와 공급이 서로 일치하고 외부 영향이 없는 상태를 의미한다. 이것은 경제 변수의 값이 더 이상 변하지 않는 상태이다. 즉, 균형 상태에서는 시장가격이 수요와 공급을 모두 만족시키는 수준에 경제적 균형은 수요량과 공급량이 일치하는 시장가격에 도달한 상태이다. 이러한 균형 상태는 한번 달성되면 새로운 교란 요인이 없는 한 그대로 유지될 가능성이 높다.

일반적으로 시장에서 수요와 공급이 일치하는 균형 상태는 다음 그래프와 같이 나타난다. 균형 가격은 수요량과 공급량이 일치하는 가격을 의미한다. 또한 균형 가격이 성립되는 수요량과 공급량을 균형거래량이라고 부른다. 만약 수요가 공급을 초과하면 더 구매하길 원하는 수요가 존재한다는 의미이고 가격은 상승하며, 반대로 수요가 공급에 못 미치면 더 판매하고자 하는 공급이 존재한다는 의미이고 가격은 하락할 것이다. 수요와 공급이 일치한다면 경제적 균형에 이르렀다는 의미로 가격은 더 이상 변하지 않는다.

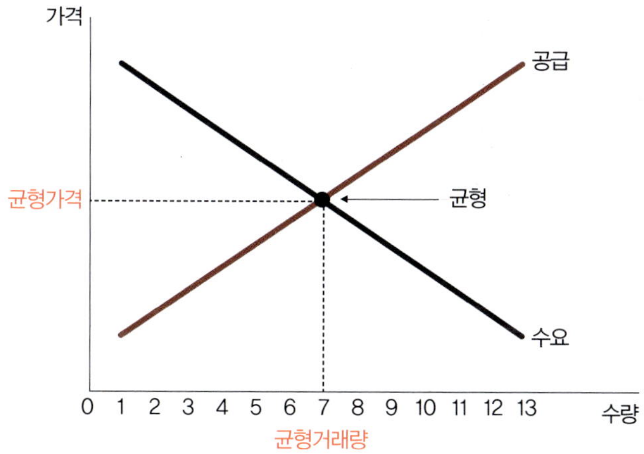

02 균형의 속성

균형은 다음과 같은 세 가지 속성을 가지고 있다. 다음의 속성은 경제적 균형의 중요한 특징들로 경제 시스템의 상태를 이해하는 데 도움을 준다.

- **속성 1: 행위자의 행동이 일관된다.**

경제적 균형에서는 모든 참여자가 자신의 이익을 극대화하기 위해 합리적인 선택을 한다. 이는 모든 참여자가 주어진 정보와 조건에서 가장 최적의 선택을 일관되게 한다는 것을 의미한다. 이러한 일관성은 균형을 유지하는 데 중요한 역할을 한다.

- **속성 2: 어떤 행위자도 행동을 변경할 동기가 없다.**

경제적 균형 상태에서는 개별 행위자가 더 이상 자신의 선택을 변경할 이유가 없다. 왜냐하면 모든 행위자가 이미 균형 상태에서 최적의 선택을 하고 있으며, 자신의 이익을 더 크게 증대시킬 방법이 없기 때문이다. 따라서 균형 상태에서는 행동을 변경할 동기가 없어서 균형이 유지된다.

- **속성 3: 균형은 일부 동적 프로세스의 안정화 결과이다.**

경제는 시간이 지남에 따라 변화하고 외부 요인들에 의해 영향을 받을 수 있다. 그러나 균형은 시간이 지남에도 변화에 저항하고 일정 기간 동안 안정적으로 유지되는 경향이 있다. 이러한 안정성은 경제학에서 중요한 개념으로, 많은 연구와 이론에서는 균형의 안정성에 초점을 맞춘다.

03 균형의 개념적 발전

애덤 스미스와 고전학파

애덤 스미스와 고전학파는 균형의 속성을 다음과 같이 설명한다.

- 균형은 경제 시스템의 중심 역할을 하며 중력과 같이 작용한다.
- 균형은 자유 경쟁의 과정에서 산출을 만들어 내는 자연적 조건을 갖추고 있다.

- 균형은 사람들의 '공감Sympathy'심리에 비롯되며, 경제를 자연적으로 규제하는 매커니즘이라고 보았다.

알프레드 마샬

애덤 스미스와 고전학파의 연장선상에서 알프레드 마샬은 균형 개념을 다음과 같이 설명한다.

- 균형을 '장기적 상태'로 설명한다.
- 균형은 순간적인 사건에 의해서 영향을 받지 않는다.
- 정태적 균형은 특정 시점에서 조건이 같을 때 경제적 힘의 균형을 분석하며 이전의 고전학파가 인식한 균형으로부터 개념적 진보를 이루었다고 할 수 있다.
- 마샬을 통해 변화된 균형 개념은 '부분 균형 분석'으로 이어지는 가교 역할을 하였다. 전 사회의 동시적 균형을 보인 일반 균형과 다르게 특정한 시장에서 '다른 조건이 같을 때'를 분석한다는 측면에서 부분균형의 개념은 중요하다.

프리드리히 하이에크

- 마샬의 부분 균형 이론은 특정 시점의 정태적 균형이기 때문에 단기와 장기라는 시간 구분을 가져왔다. 따라서 시점 간에 균형 개념이 필요했으며 이는 하이에크를 비롯한 전간기 경제학자들에 의해 도입되었다.
- 시점 간 균형 개념은 시간에 따라 같은 상품의 가격이 서로 다르게 나타날 수 있음을 의미한다.

04 경제적 균형 개념의 변경점과 주의점

오늘날 경제적 균형 개념을 둘러싸고 다양한 논쟁들이 있다. 이러한 혼란은 균형 개념의 역사적 성격과 관련이 깊다. 균형이라는 개념은 도덕적이고 철학적인 맥락에서 시작되었고 현대경제학의 이론적 발전과 조응하여 함께 발전하고 있기 때문이다. 하이에크 이후, 균형의 내재적 개념이 변화되면서 균형은 다양한 형태로 설명되기 시작하였다.

그러나 균형과 규범은 별개의 개념이며 혼동해서는 안 된다. 대부분의 경제학자들은 균형 가격에 규범적 의미(가치 판단)를 부여하지 않아야 한다고 강조한다. 예를 들어, 식품 시장은 사람들이 굶주리는 동시에 균형 상태에 있을 수 있다. 따라서 '균형은 옳음'이라는 논리적 오류를 범하지 않도록 주의해야 한다.

Case Study

아일랜드 대기근: 감자, 진정한 기펜재인가?

앞서 살펴본 아일랜드 대기근 때의 감자라는 재화의 사례를 통해 기펜재의 개념을 살펴보았다. 그런데 당시 감자는 기펜제라고 볼 수 있을까? 시카고 대학의 셔윈 로젠Sherwin Rosen 교수는 '감자의 역설'이라는 논문을 통해 아일랜드 대기근 당시 감자가 기펜재라는 주장에 대해 반박했다. 로젠 교수는 당시 감자의 가격 상승으로 인해 수요가 증가하는 현상을 일반적인 수요 모델로 설명할 수 있다고 주장했다. 그는 아일랜드 경제에서 감자를 종자식물로 사용하는 특성에 초점을 맞추었다.

아일랜드의 농부들은 감자 생산을 위해서 감자의 종자를 사용해야 하는데, 다음 분기의 감자 생산을 위해서는 이전 분기의 감자를 이용하여 재배를 시작해야 한다, 이로 인해 감자 생산의 기간 사이에는 두 개의 목표 가운데 하나를 달성하려고 하면, 다른 목표의 달성이 늦어지거나 희생되는 경우의 양자 간의 관계인 트레이드오프Trade off가 발생한다. 즉, 전기와 이번 기 사이에서 감자가 넘어와야 하는데, 전기의 생산이 극단적으로 감소하면 농부들이 이번 기의 감자 생산에 차질을 빚지 않기 위해 전기의 감자 소비를 극단적으로 줄이게 된다. 이로 인해 마치 감자가 기펜재처럼 보일 수 있다고 주장했다.

로젠 교수의 논문은 수학적으로 감자의 역설을 증명하였으며, 아일랜드 대기근 당시 농부들의 잘못된 판단으로 인해 더 큰 재앙이 발생했던 사례를 분석했다. 그러므로 감자는 기펜재가 아니며, 그 당시의 상황은 감자의 특성과 농부들의 잘못된 계산으로 인해 잘못된 결과를 가져왔다고 볼 수 있다.

단원 요약

- 절대우위와 상대우위는 나라 간 상대적 기회비용을 기반으로 무역패턴을 판단할 수 있는 기준이다.
- 수요는 재화나 용역에 대한 단순한 욕구가 아닌 구매력이 수반된 욕구를 말하며, 공급은 판매자가 특정 가격 하에서 어떤 상품을 대가와 교환으로 제공하는 일을 말한다. 시장은 재화 · 서비스(용역)가 거래되어 가격이 결정되는 장소 또는 기구이다.
- 정상재는 수요의 소득탄력성이 양(+)인 재화이고, 열등재는 수요의 소득탄력성이 음(−)인 재화이다. 열등재 중에서 재화의 가격이 오를 때 수요가 증가하는 재화를 따로 기펜재라고 부른다.
- 대체재는 한 재화의 가격 상승이 대체 관계에 있는 다른 재화의 수요를 증가시키는 재화이다. 보완재는 한 재화의 가격 상승이 보완관계에 있는 다른 재화의 수요를 감소시키는 재화이다.
- 경제학에서 경제적 균형은 수요와 공급과 같은 경제적 힘이 균형을 이루고 외부 영향이 없을 때 경제 변수의 균형 값이 변하지 않는 상황을 이야기하는데, 현대경제학에서는 모순적으로 시간의 흐름에 따라 균형이 변화할 수 있는 시점 간 균형 개념이 보편화되었다.

토론 과제

1. 대한민국의 주요 교역국은 미국, 중국, 일본 등이다. 이에 대해 주요 교역국들과 비교하여 한국이 어떤 재화에서 절대우위를 차지하고 어떤 재화에서는 상대우위를 가지고 있는지에 대해 토론하라.
2. 한때는 정상재였던 물건이 열등재가 될 수 있을까? 가능하다면 그 이유와 예시를 생각해 보고, 그렇지 않다면 그 이유에 대해 토론하라.
3. 맬서스는 빈곤층을 위한 구제책이 식량 증산 없이 보조금만 지급된다면 식량 가격의 상승으로 이어질 수 있고, 보조금을 받지 못한 빈민들의 고통을 더욱 악화시킬 수 있다고 주장했다. 이에 대해 경제적 측면과 윤리적 측면에서 토론하라.
4. 최근 뉴스에서는 글로벌 식량 산업이 경제적 균형을 이루고 있다는 보도가 있었지만, 동시에 아프리카에서는 대규모의 아사자 발생이 보도되었다. 이에 대해 글로벌 식량 산업이 실제로 경제적 균형을 이루고 있는지에 대해 토론하라.

연습 문제

다음 설명이 맞으면 T, 틀리면 F에 동그라미를 표시하여라.

1. 비교우위를 결정하는 가장 중요한 기준은 생산의 기회비용이다. T / F
2. 한 나라는 모든 제품 생산에 있어 비교우위를 유지할 수 있다. T / F
3. 수요는 재화나 용역에 대한 가지고 싶다는 단순한 욕구를 뜻한다. T / F
4. 영국은 아일랜드 대기근에 있어 아일랜드인들을 구제하기 위해 모든 노력을 기울였다. T / F
5. 열등재는 소비자의 실질소득이 증가할수록 수요가 감소하는 재화를 말한다. T / F
6. 기펜재는 일단 열등재의 한 종류이다. T / F
7. 열등재와 정상재를 구별하는 기준이 소득과 수요의 관계라면 기펜재와 나머지 열등재를 구별하는 기준은 가격과 수요의 관계이다. T / F
8. 총지출 = 수요량 × 가격 T / F

정답 1. T 2. F 3. F 4. F 5. T 6. T 7. T 8. T

수요 공급과 정부정책

Ⅰ 가격탄력성

Ⅱ 소득탄력성

Ⅲ 교차탄력성

Ⅳ 가격통제

Ⅴ 조세의 귀착

Chapter

03

"지나친 욕심은 모든 불행의 근원이다."

– 고타마 싯다르타 –

I 가격탄력성

이번 장에서는 가격탄력성을 포함한 다양한 탄력성에 관해서 설명한다. 하지만 그에 앞서 탄력성의 개념을 먼저 알아보자. 탄력성은 하나의 변수(예: 가격, 수량)가 상대적으로 변할 때 다른 변수(예: 수요, 공급)가 얼마나 상대적으로 변하는지를 나타내는 개념이다. 다시 말해, 두 경제량 사이의 변동 관계를 파악하기 위한 개념이다.

가격탄력성은 가격의 상대적 변화에 따른 재화의 수요나 공급의 상대적 변화를 측정하는 지표이다. 간단히 말해, '수요나 공급이 가격에 얼마나 민감하게 반응하여 변화하는가'를 나타내는 척도라고 생각할 수 있다. 가격탄력성이 크다는 것은 가격 변화에 대한 수량 변화가 크다는 것을 의미한다. 따라서 가격탄력성이 큰 경우에는 가격이 조금만 올라도 수요량이나 공급량이 많이 변동한다. 반대의 경우도 마찬가지이다. 가격탄력성이 작다는 것은 가격이 변화해도 수량 변화가 적다는 것을 의미한다. 이는 수량이 가격의 변화에 민감하지 않다는 것을 의미한다.

가격탄력성은 크게 수요와 공급에 대한 가격탄력성으로 구분할 수 있다. 이에 대해 자세히 알아보자.

01 수요의 가격탄력성

수요의 가격탄력성Price elasticity of demand은 특정 재화의 가격이 변할 때 해당 재화의 '수요량'이 얼마나 변하는지를 나타내는 지표이다. 이는 가격 변화에 대한 수요량의 변화율을 가격 변화율로 나누어서 계산한다. 가격탄력성은 재화의 가격이 변할 때 수요가 얼마나 변하는지를 나타낸다. 이를 통해 가격이 변할 때 수요의 변동 폭을 파악할 수 있다. 따라서 가격탄력성이 크면 판매액 또는 지출액이 어떻게 변화하는지를 알 수 있다.

$$\text{수요의 가격탄력성} = \frac{\text{수요량 변화율}}{\text{가격 변화율}}$$

예를 들면, 어떤 과자의 가격이 1,000원에서 1,200원으로 20%(가격 변화량 200원을 변화되기 전 가격인 1,000원으로 나누어서 퍼센트로 표현한 값) 올랐다고 가정해보자. 가격 변화에 반응하여 소비자들의 수요량이 10개에서 5개로 50%(수요 변화량 5개를 변화되기 전 수요량인 10개로 나누어서 퍼센트로 표현한 값) 감소했다. 수요량이 50% 감소했다는 것은 수요량이 기존의 값에서 50%만큼 감소했다는 의미이다. 즉, 수요량 변화율이 −50%이다. 이 경우 수요의 가격탄력성은 −50%를 20%로 나눈 값이 되며, 이는 −2.5가 된다. 정상재의 경우 가격과 수요량의 변화의 부호가 항상 반대이므로 일반적으로 절댓값인 2.5로 표현한다. 이는 가격이 1% 오르면 수요량이 2.5% 줄어든다는 것을 의미한다.

수요의 가격탄력성이 1이면 '단위탄력적'이라고 하고, 1보다 크면 '탄력적', 1보다 작으면 '비탄력적'이라고 말한다. 그리고 수요가 탄력적이면 가격 변화에 수요량이 민감하게 반응한다는 의미이며, 수요가 비탄력적이면 가격 변화에 수요량이 덜 민감하게 반응한다는 의미이다. 앞서 들은 과자 예시에서 환산된 수요의 가격탄력성은 2.5이기 때문에, 이 과자는 수요가 가격에 탄력적이라고 할 수 있다.

수요의 가격탄력성은 재화의 가격 변화가 총지출에 어떤 영향을 미치는지를 나타내므로 중요하다. 총지출이란 가격에 수량을 곱한 값으로, 가격이 변화하면 소비자가 지출하는 총액도 함께 변화한다. 따라서 가격탄력성을 통해 가격이 오르면 총지출이 어떻게 변하는지, 가격이 내려가면 총지출에 어떤 영향을 미치는지를 예측할 수 있다. 만약 수요가 탄력적이라면 물건의 가격이 상승할 때 총지출이 감소하고, 가격이 하락할 때 총지출이 증가한다. 그리고 수요가 비탄력적이라면 물건의 가격이 상승할 때 총지출이 증가하고, 가격이 하락할 때 총지출이 감소한다.

$$\text{총지출} = \text{가격} \times \text{수요량}$$

이를 간단히 정리하면 다음과 같다.

- 수요가 가격에 탄력적인 재화: 가격(1% 상승) × 수량(1% 이상 감소) = 총지출(감소)
- 수요가 가격에 비탄력적인 재화: 가격(1% 상승) × 수량(1% 이하 감소) = 총지출(상승)
- 수요가 가격에 단위탄력적인 재화: 가격(1% 상승) × 수량(1% 감소) = 총지출(변화 없음)

이러한 개념을 이해하면 특정 재화의 가격 변화가 소비자의 총지출에 미치는 영향을 예측할 수 있다. 가격탄력성이 높을수록 소비자들은 가격 변화에 민감하게 반응하여 총지출이 크게 변동하고, 반대로 가격탄력성이 낮을수록 총지출의 변동은 상대적으로 적을 것이다.

수요의 가격탄력성 결정 요소

수요의 가격탄력성은 소비자들이 가격 변화에 대해 얼마나 반응하는지에 따라 결정된다. 이를 결정하는 몇 가지 요소는 다음과 같다.

❶ 밀접한 대체재의 존재: 대체할 수 있는 상품이 많다면, 가격이 조금만 변해도 소비자들은 다른 상품으로 전환할 수 있으므로 수요는 탄력적이다.

❷ 재화의 필수 여부: 필수품은 소비자들이 그 가격 변화에 크게 반응하지 않으므로 비탄력적이지만, 사치품은 가격 변화에 민감하게 반응하여 탄력적이다.

❸ 시장의 범위: 제품이 판매되는 시장의 규모가 작을수록 소비자들은 다른 대안을 찾기 쉬우므로 수요는 탄력적이다.

❹ 시간의 차원: 장기적인 관점에서 보면, 소비자들은 가격 변화에 민감하게 반응할 가능성이 높으므로 장기적으로는 수요가 더 탄력적이다.

수요의 탄력성 크기와 의미

| 비탄력적 수요: 탄력성 < 1 |

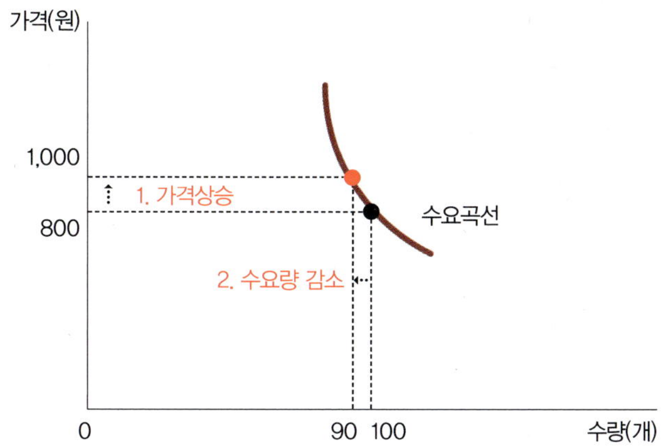

탄력성이 1보다 작은 경우, 가격 변화폭에 비해 수요량의 변화가 적다. 즉, 가격이 변해도 수요량의 변화가 상대적으로 크지 않은 상태를 의미한다. 소비자들이 가격 변화에 상대적으로 둔감하게 반응한다는 것을 나타낸다. 따라서 가격이 조금씩 오르거나 내려도 수요량이 크게 변하지 않는 특징이 있다.

| 단위탄력적 수요: 탄력성 = 1 |

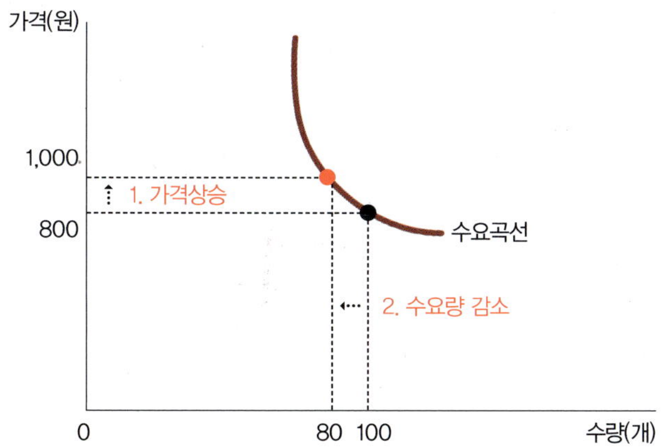

탄력성이 1인 경우, 가격 변화에 따른 수요량의 변화율이 동일하다. 즉, 가격이 상승하면 수요량도 정확히 동일한 비율로 감소하고 가격이 하락하면 수요량도 같은 비율로 증가한다.

| 탄력적 수요: 탄력성 > 1 |

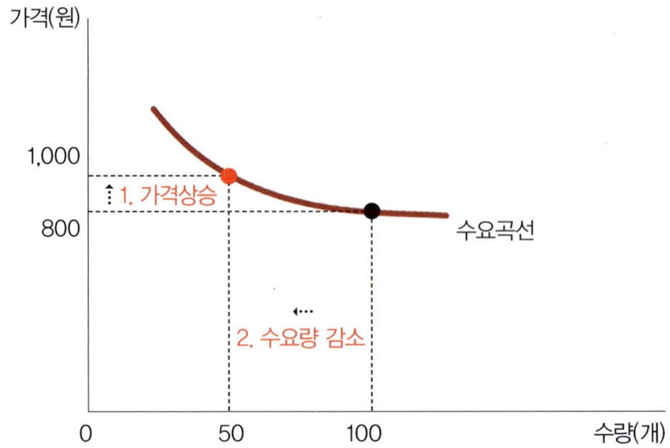

탄력성이 1보다 큰 경우에는 가격 변화폭이 수요량의 변화폭보다 크다. 가격이 변하면 수요량의 변화가 상대적으로 더 큰 상태를 의미한다. 이는 소비자들이 가격 변화에 상대적으로 민감하게 반응한다는 것을 나타낸다. 따라서 가격이 조금씩 오르거나 내려도 수요량이 크게 변하는 특징이 있다.

| 완전 비탄력적 수요: 탄력성 = 0 |

탄력성이 0인 경우, 수요곡선은 수직선의 형태를 가진다.

가격 변화에 관계없이 수요량은 변하지 않는다.

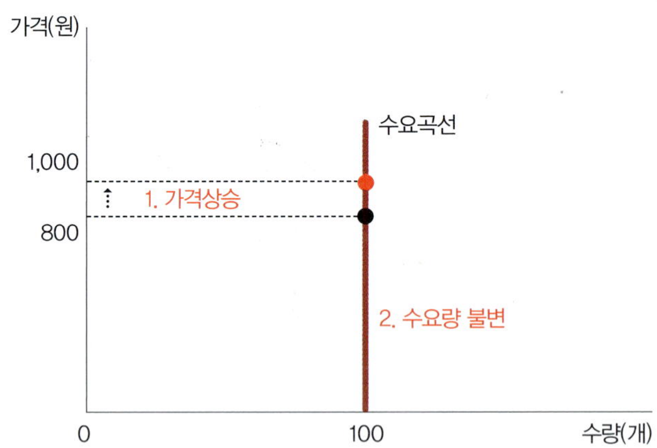

| 완전 탄력적 수요: 탄력성 = ∞ |

탄력성이 무한대인 경우, 수요곡선은 수평선의 형태를 가진다.

가격이 아무리 변해도 수요량은 변하지 않는다.

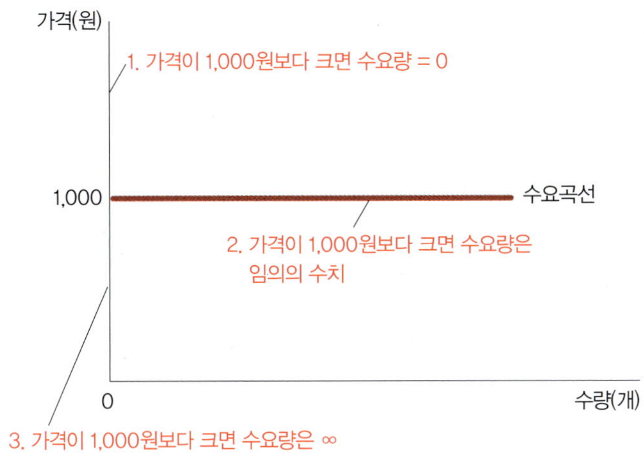

수요곡선은 탄력성이 클수록 점점 더 완만한 형태를 가지며, 탄력성이 작을수록 더 가파른 형태를 가진다. 탄력성은 가격 변화에 따른 소비자의 반응을 이해하고 시장의 변화를 분석하는 데 중요한 개념이다.

02 공급의 가격탄력성

공급의 가격탄력성Price elasticity of supply은 어떤 재화의 가격이 변할 때 해당 재화의 공급량이 얼마나 변하는지를 나타내는 지표이다. 이는 공급량의 변화율을 가격 변화율로 나누어서 계산한다. 가격이 변화할 때 공급이 얼마나 민감하게 반응하는지를 나타내며, 시장의 변화와 공급자들의 행동을 예측할 수 있다. 이를 통해 어떤 재화나 서비스의 공급량이 가격 변동에 따라 얼마나 변화할지 예측하는 데 도움이 된다.

$$\text{공급의 가격탄력성} = \frac{\text{공급량 변화율}}{\text{가격 변화율}}$$

공급의 가격탄력성이 1이면 '단위탄력적'이라고 하고, 1보다 크면 '탄력적', 1보다 작으면 '비탄력적'이라고 말한다. 그리고 여기서도 마찬가지로 공급이 탄력적이면 가격 변화에 공급량이 민감하게 반응한다는 의미이며, 공급이 비탄력적이면 가격 변화에 공급량이 덜 민감하게 반응한다는 의미이다.

공급의 가격탄력성 결정변수

공급의 가격탄력성은 공급자들이 생산량을 얼마나 유연하게 조절할 수 있는지에 따라 결정된다. 다음은 몇 가지 관련 예시이다.

● 비탄력적: 해변에 인접한 택지

해변에 인접한 택지와 같이 생산량을 늘리기 어려운 재화의 경우에는 가격 변동에 따라 공급이 크게 변화하기 어렵다. 따라서 이러한 경우에는 탄력성이 작다고 볼 수 있다.

● 탄력적: 책, 자동차, TV 등 공산품

책, 자동차, TV와 같이 생산량을 상대적으로 유연하게 조절할 수 있는 재화는 가격 변동에 따른 공급량 변화가 크므로 탄력성이 크다고 볼 수 있다.

● 단기보다는 장기의 공급이 더 탄력적

일부 재화는 단기적으로 생산량을 증가시키는 것이 어려울 수 있지만 장기적으로는 생산량을 늘리는 데 더 유연하게 생산량을 조절할 수 있다. 그러므로 장기적인 공급은 단기적인 공급보다 더 탄력적이라고 볼 수 있다.

공급의 탄력성 크기와 의미

| 비탄력적 공급: 탄력성 < 1 |

공급이 비탄력적인 경우, 가격의 변동이 공급량 변동보다 크다는 것을 의미한다. 즉, 가격이 상승하더라도 공급량이 제한적으로 증가하거나 가격이 하락해도 공급량이 제한적으로 감소하는 상황을 의미한다. 예를 들어, 특정 상품의 생산에 필요한 원자재가 공급이 제한되어 있다면, 가격이 오르더라도 원자재의 양을 즉각적으로 늘리는 것이 어려울 수 있다. 따라서 가격 상승에도 불구하고 공급량이 크게 늘어나지 않게 된다.

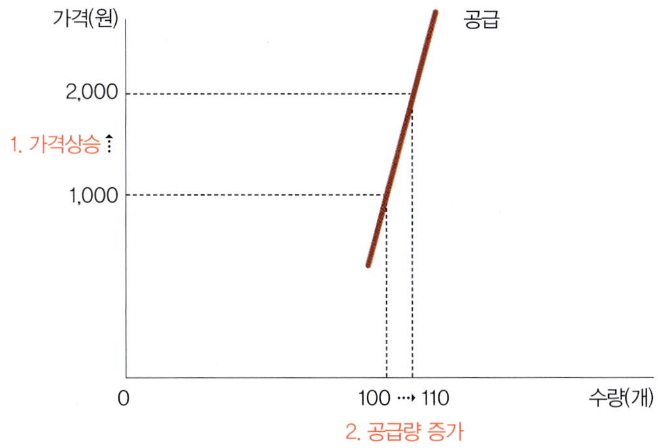

| 단위탄력적 공급: 탄력성 = 1 |

공급이 단위탄력적인 경우, 가격의 변화폭과 공급량의 변화폭이 같다는 것을 의미한다. 다시 말해, 가격이 오르면 공급량도 비례해서 늘어나고, 가격이 내려가면 공급량도 비례해서 줄어든다. 변화에 따른 공급량의 변화가 비례적으로 일어난다. 예를 들어, 만약 한 제품을 생산하는 데 필요한 재료가 가격이 오른다면, 생산자들은 해당 제품을 더 많이 생산하기 위해 더 많은 비용을 지불할 수 있다. 따라서 가격이 오르면 생산량도 같은 비율로 증가하게 된다.

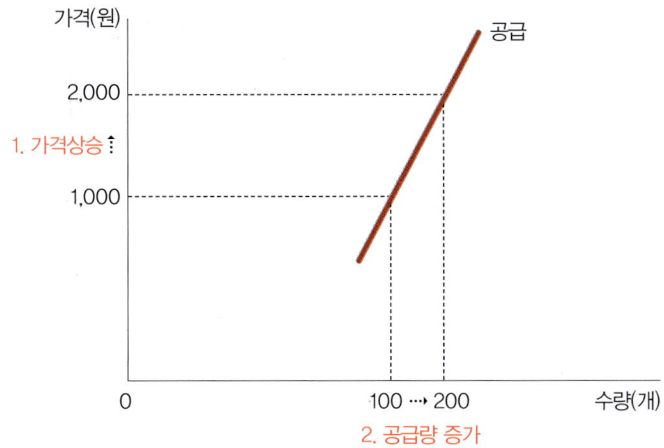

| 탄력적 공급: 탄력성 > 1 |

공급이 탄력적인 경우, 가격의 변화폭이 공급량의 변화폭보다 작다는 것을 의미한다. 즉, 가격이 오를 때 공급량이 크게 늘지 않고, 가격이 내려갈 때도 공급량이 크게 줄지 않는다. 이는 생산자들이 가격 변화에 상대적으로 둔감하게 반응하는 것을 의미한다. 예를 들어, 가격이 상승해도 생산자들이 추가 생산을 늘리는 데에는 시간이 걸리거나 제품을 만드는 데 필요한 자원이 한정되어 있을 수 있다. 따라서 가격이 오르더라도 공급량이 크게 증가하지 않고, 가격이 내려도 공급량이 크게 감소하지 않는다.

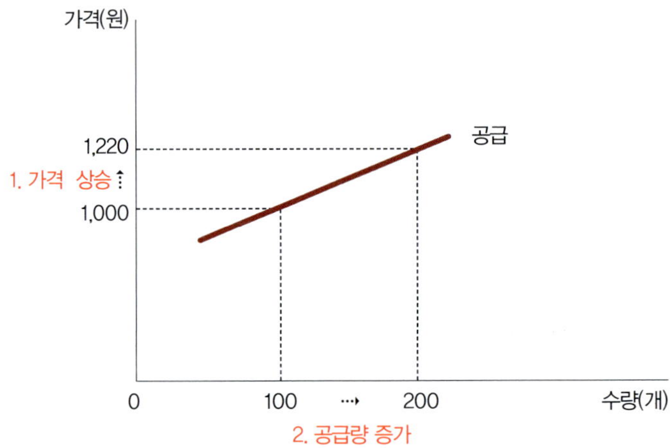

| 완전 비탄력적 공급: 탄력성 = 0 |

공급이 완전 비탄력적인 경우, 가격의 변화에 관계없이 공급량이 변하지 않는 상태를 의미한다. 다시 말해, 가격이 어떻게 변하든지 상품의 공급량은 일정하다. 이때 공급곡선은 수직선이 된다. 공급자들이 생산량을 증가시키거나 감소시킬 의지가 없기 때문에 가격 변화가 공급량에 영향을 주지 않는다.

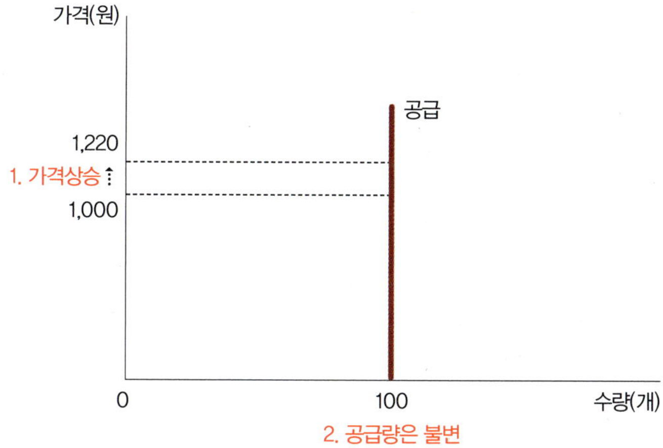

| 완전 탄력적 공급: 탄력성 = ∞ |

공급이 완전 탄력적인 경우, 가격이 조금만 변해도 공급량이 무한대로 변화할 수 있는 상태를 의미한다. 공급곡선은 수평이 된다.

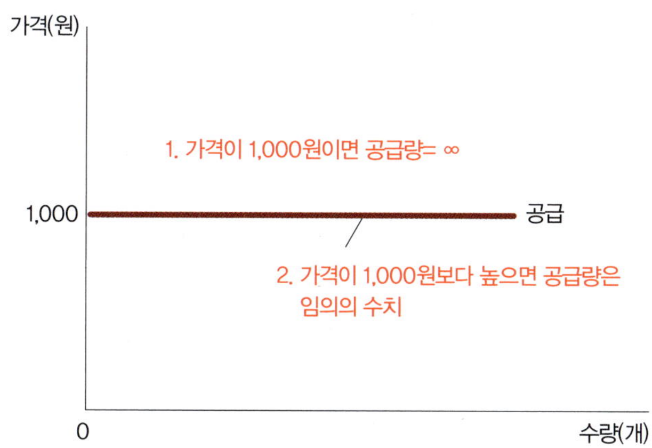

03 수요와 공급 가격탄력성의 단위

가격탄력성은 재화의 가격이 1% 올랐을 때 수요와 공급이 얼마나 변하는지를 나타내는 지표이다. 이 값은 백분율로 표현되기 때문에 가격탄력성은 어떤 단위로 표시되든 상관없다. 이는 가격의 변화율과 수요나 공급의 변화율로 나누어 계산되기 때문이다.

가격탄력성은 상품에 대한 소비자나 공급자의 반응을 측정하는 중요한 도구로 활용된다. 예를 들어, 가격탄력성이 높은 상품은 가격이 조금 올라도 수요가 크게 줄어들거나 늘어날 수 있다. 반면에 가격탄력성이 낮은 상품은 가격이 많이 변해도 수요나 공급의 변화가 크지 않을 수 있다. 따라서 이 개념은 시장에서 가격이 변할 때 소비자나 공급자의 행동을 예측하는 데 도움이 된다.

알아두면 쓸모있는 경제 지식 예술품의 가격탄력성과 가격결정 요인

탄력성의 크기는 상대적으로 결정되며, 같은 재화라도 사람마다 다른 탄력성을 가질 수 있다. 관련하여 예술품을 예로 들어 설명하려 한다.

자료: 파블로 피카소, 게르니카, 1937년

예술품은 각각 다른 작품으로 완전히 동일한 예술품은 존재하지 않는다. 특히 파블로 피카소가 그린 《게르니카Guernica》와 같이 역사적인 중요성을 지닌 작품은 그 자체로 독특한 가치를 가진다. 국립 소피아 왕비 예술센터Museo Nacional Centro de Arte Reina Sofía가 소장하고 있는 게르니카는 시장에 나올 가능성이 거의 없다. 또한 피카소는 이미 사망했기 때문에 같은 작품을 그릴 수도 없다. 물론 만약 피카소가 환생한다 해도 1937년에 그렸던 게르니카와 현대에 그린 게르니카는 다른 작품이다. 이러한 이유로 예술품은 완전히 비탄력적이며, 가격변화에 영향을 거의 받지 않을 것이다.

하지만 예술품의 수요는 일반적으로 탄력적이다. 왜냐하면 예술품은 보통 정상재 중에서도 사치재로 분류되기 때문이다. 그러나 예술품은 다른 예술품과 대체 불가능한 경우가 많다. 따라서 예술품 수요는 다른 재화와는 달리 수요의 가격탄력성이 1보다 크다는 특징이 있다. 하지만 예술품은 서로가 이질적이며 사실상 밀접한 대체재가 없어서 예술품 수요를 비탄력적으로 만든다. 피카소의 게르니카를 소장하고 싶은 예술품 컬렉터가 다른 작품을 소장한다고 하더라도 게르니카를 소장하는 것과 같은 만족감을 가질 순 없다. 이러한 관점에서 본다면 예술품 수요는 비탄력적이다.

그러므로 예술품 구매자의 목적과 투자 기간에 따라 수요의 탄력성이 달라진다. 단기적 투자나 특정 작품에 집중하는 경우 수요는 비탄력적으로 나타날 수 있지만, 장기적인 투자를 원하는 경우에는 수요는 탄력적으로 나타날 것이다.

이처럼 예술품 수요의 가격탄력성을 예술품을 바라보는 관점에 따라 다음과 같이 구분할 수 있다.

- 사치품의 관점: 탄력적
- 밀접한 대체제가 없다고 바라보는 관점: 비탄력적
- 투자 관점

  단기투자: 비탄력적

  장기투자: 탄력적

"사람은 자신이 감당할 수 있는 재산에 비례하여 부자입니다."

– 헨리 데이빗 소로 –

II 소득탄력성

01 소득탄력성이란?

소득탄력성은 특정 상품이나 서비스에 대한 소비자의 수요가 소득 변화에 얼마나 반응하는지를 측정하는 지표이다. 다르게 말하면, 소득이 1% 증가할 때 해당 상품의 수요량이 얼마나 증가하는지를 보여준다. 소득탄력성은 수요량의 변화율을 소득의 변화율로 나눈 값으로 계산된다.

$$\text{소득탄력성} = \frac{\text{수요량 변화율}}{\text{소득 변화율}}$$

소득탄력성은 소비자의 소득이 변할 때 소비 패턴이 어떻게 변화하는지를 파악하는 데 중요하다. 소득이 증가하면 소비자들은 더 많은 재화나 서비스를 구매할 수 있게 되어 수요가 늘어날 수 있다. 이것은 소비자의 구매력이 증가함에 따라 더 많은 소비가 이루어질 수 있기 때문이다. 따라서 소득탄력성은 소비자들이 얼마나 소비 패턴을 조절하고 증가한 소득을 어떻게 이용하는지를 알려주는 중요한 지표가 된다.

가격탄력성과는 달리, 소득탄력성은 소비자의 소득 변화에 따른 수요의 변화만을 고려한다. 소득이 변할 때 소비자들이 어떻게 소비 패턴을 조절하는지를 파악하여 소비 행태나 시장 동향을 예측하는 데 활용된다.

02 소득탄력성의 크기

소득탄력성은 수요구조나 산업구조를 예상하는 데 유용하게 활용될 수 있다. 또한 소득탄력성의 크기에 따라 소비자들이 소득이 증가하거나 감소할 때 어떻게 행동하는지를 이해할 수 있다. 높은 소득탄력성은 소비자들이 소득 변화에 매우 민감하게 반응한다는 것을 의미한다. 이는 소비자들이 소득이 증가하면 더 많은 상품과 서비스를 구매하고, 소득이 감소하면 소비를 줄이는 경향이 있다는 것을 의미하며, 이를 고려하여 마케팅 전략을 세우는 데 도움이 된다.

소득탄력성 > 1

소득탄력성이 1보다 크다는 것은 소득의 증가에 비해 수요가 더 빠르게 증가하는 것을 의미한다. 예를 들어, 소비자들의 소득이 10% 증가할 때 해당 재화의 수요가 20% 증가한다면 소득탄력성은 2이다. 이 경우 소비자들은 소득이 증가함에 따라 해당 재화에 대한 수요가 더욱 확대된다.

0 < 소득탄력성 < 1

소득탄력성이 0보다 크고 1보다 작으면 소득의 증가에 비해 수요가 증가하지만 그 비율이 작은 것을 의미한다. 예를 들어, 소비자들의 소득이 10% 증가할 때 해당 재화의 수요가 5% 증가한다면 소득탄력성은 0.5이다. 이 경우 소비자들은 소득이 증가함에 따라 해당 재화에 대한 수요가 증가하지만, 그 비율은 작아진다.

소득탄력성 < 0

소득탄력성이 0보다 작으면 소득의 증가에 따라 해당 재화의 수요가 감소한다는 것을 의미한다. 이는 소득이 높아질수록 특정 재화에 대한 수요가 감소하며, 그 대신 다른 대안적인 재화에 더 큰 관심을 보이는 상황을 나타낸다.

03 정상재와 열등재의 소득탄력성

앞서 설명한 정상재와 열등재의 특성을 다시 정리해보면서, 정상재와 열등재의 소득탄력성에 대해 알아보자.

정상재의 소득탄력성

정상재는 다른 조건들이 변하지 않을 때, 소득이 증가하거나 감소함에 따라 수요도 같은 방향으로 변화하는 재화를 말한다. 정상재에는 필수재와 사치재가 있다. 필수재는 소득이 증가하면 소비량도 증가하지만, 그 비율은 1보다 작은 경우를 말한다. 즉, 소득이 100원 증가하면 소비량은 100원보다 적게 증가한다. 사치재는 소득이 증가하면 그 소비량도 증가하며, 이때 소비량의 증가 비율이 1보다 큰 경우를 말한다. 즉, 소득탄력성이 1 이상인 재화로 소득이 100원 증가하면 소비량은 100원보다 많이 증가한다.

열등재의 소득탄력성

열등재는 소비자의 실질소득이 증가할수록 수요가 감소하는 재화를 말한다. 열등재 중에서도 재화의 가격이 오르면 소비자의 수요가 더욱 증가하는 재화를 기펜재라고 한다. 기펜재는 열등재에 속하지만, 가격 상승 시 수요가 증가하는 특별한 유형의 재화를 지칭한다.

정상재와 열등재의 소득탄력성

구분	분류	소득탄력성
정상재	필수재	0 < 소득탄력성 < 1
	사치재	소득탄력성 > 1
열등재	기펜재 포함	소득탄력성 < 0

04 소득탄력성의 단위

소득탄력성은 소득이 1% 증가했을 때 수요가 얼마나 증가하는지를 나타내는 수치이다. 이는 비율로 표현되기 때문에 단위에 영향을 받지 않는다. 즉, 소득탄력성의 값은 사용하는 단위에 따라 변하지 않으며, 상대적인 비교에는 유용한 개념이다.

소맥값에 뿔난 청춘들 "이럴바엔 양주 · 와인"

– 조선일보(2022년 11월) –

III 교차탄력성

교차탄력성은 두 재화 간의 상호 의존성을 이해하는 데 중요한 개념이다. 이를 이해하기 위해서는 탄력성과 가격탄력성을 간단히 되짚어볼 필요가 있다. 탄력성은 한 변수가 다른 변수에 미치는 영향을 나타낸다. 가격탄력성은 가격의 변화가 재화의 수요나 공급에 미치는 영향을 측정한다.

이제 이 두 개념을 바탕으로 교차탄력성을 이해해보자. 교차탄력성 또는 수요의 교차탄력성Cross-price elasticity of demand은 한 재화의 가격이 변화할 때 다른 재화의 수요량에 미치는 영향을 보여준다. 다시 말해, 교차탄력성은 다른 상품의 가격 변화에 따른 수요량의 변화를 측정하는 것이다.

예를 들어, 두 재화가 서로 관련되어 있다면, 한 재화의 가격 변화가 다른 재화의 수요에 영향을 줄 수 있다. 이러한 관계를 탄력성의 개념으로 측정한 것이 수요의 교차탄력성이다. 이 값은 어떤 상품의 수요 변화를 백분율로 표현한 값을 다른 상품의 가격 변화를 백분율로 표현한 값으로 나누어 계산할 수 있다.

교차탄력성을 수식으로 나타내면 다음과 같다.

$$\text{교차탄력성} = \frac{\text{해당 재화 수요량 변화율}}{\text{다른 재화 가격 변화율}}$$

01 대체재와 보완재의 교차탄력성

교차탄력성의 개념을 정리하자면 한 재화의 수요량의 변화율을 연관재의 가격 변화율로 나눈 값으로, 어떤 상품의 가격이 변화한 데 대한 다른 상품의 수요량의 반응을 나타내는 지표라고 설명했다. 그러므로 교차탄력성은 연관재의 가격 변화에 수요량 변화의 민감도를 측정하는 지표로 쓰일 수 있다.

대체재의 교차탄력성

대체재의 경우, 두 상품 간의 교차탄력성은 양의 값을 가진다. 예를 들어, 소비자들이 콜라와 사이다를 대체재로 인식한다면, 콜라의 가격이 오르면 사이다의 수요가 증가하여 사이다의 가격도 오른다. 이는 소비자들이 콜라 대신 사이다를 선택하려고 하기 때문이다. 이러한 관계로 인해 대체재의 교차탄력성은 양의 값이 된다.

일반적으로, 대체재인 두 재화 중 하나의 가격이 상승하면 다른 상품의 수요도 증가하는 경향이 있다. 이는 소비자들이 가격이 오른 재화보다 가격이 낮은 다른 재화를 더 많이 선택하려는 경향을 반영한다. 따라서 대체재의 경우, 두 재화 간의 교차탄력성은 양의 값을 가지며, 이는 두 재화의 가격 변화 방향과 수요 변화 방향이 일치함을 의미한다.

보완재의 교차탄력성

보완재의 교차탄력성은 함께 소비되는 물건들 간의 관계를 나타내며, 이는 한 재화의 가격이 변할 때 다른 재화의 수요에 미치는 영향을 의미한다. 예를 들어 햄버거와 감자튀김은 함께 섭취되는 경우가 많기 때문에 보완재 관계에 있다. 만약 햄버거의 가격이 오르면 사람들은 햄버거를 덜 먹게 되며, 이는 감자튀김의 수요도 함께 감소시키므로 수요의 교차탄력성은 음의 값이 된다.

두 재화가 보완재 관계에 있을 때는 한 재화의 가격 상승이 다른 재화의 수요 감소로 이어진다. 이러한 관계로 인해 보완재의 교차탄력성은 음의 값을 갖는다. 그리고 서로 아무런 연관이 없는 두 재화를 독립재라고 한다. 독립재의 경우 한 재화의 가격 변화가 다른 재화의 수요에 영향을 미치지 않기 때문에 교차탄력성은 0이다.

02 교차탄력성에 대한 고찰

경제학에서는 '수요량의 변화'와 '수요의 변화'를 다르게 이해한다. 수요량의 변화는 수요곡선 상의 한 점에서의 변화를 의미한다. 수요곡선은 가격과 수요의 관계를 나타내기 때문에 수요량의 변화는 가격의 변화로 일어나는 효과라고 해석할 수 있다. 반면에 수요의 변화는 수요곡선 전체가 움직이면서 나타나는 변화이다.

교차탄력성에서 보이는 수요의 변화는 수요곡선 상의 한 점에서의 변화가 아니라 수요곡선 자체가 이동함에 따라 발생한다. 이는 해당 재화의 가격 변화가 아니라 다른 재화의 가격 변화로 인해 생긴다. 교차탄력성은 특정 재화의 가격 변화가 아니라 다른 재화의 가격 변화에 따른 해당 재화의 수요 변화를 측정한다. 따라서 이러한 수요 변화는 수요곡선이 이동함으로써 나타나는 변화로 해석된다.

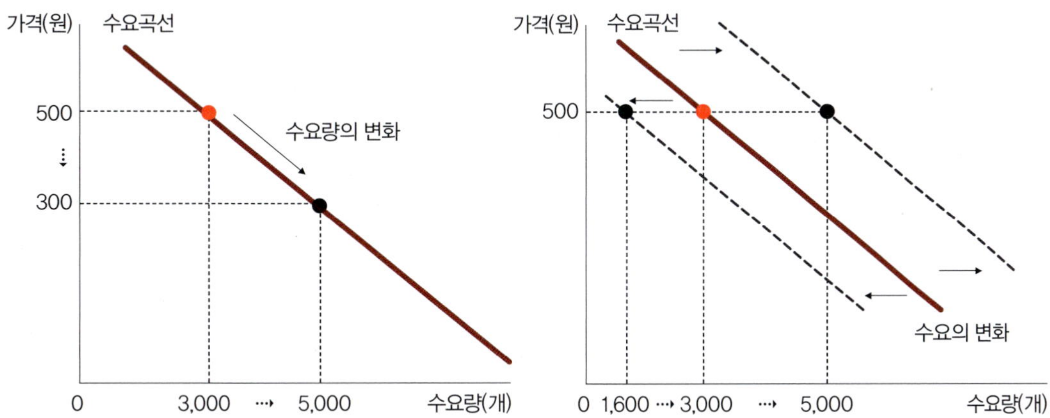

03 교차탄력성의 단위

세 번째 반복되는 내용인 만큼 탄력성에는 단위가 없다는 사실은 경제학에서는 매우 중요하다. 중요한 개념이기 때문에 마지막으로 강조하자면 교차탄력성은 다른 탄력성과 마찬가지로 비율이기 때문에 단위에 구애받지 않는다. 따라서 교차탄력성의 수치는 단위의 설정 방법에 따라 변하지 않는다.

"상근으로 일하면서 1만 5천 달러의 소득을 가지고 가족들의 생계를 유지할 수 있다고 생각한다면, 직접 해봐라."

– 버락 오바마 –

Ⅳ 가격통제

가격통제는 시장에서 가격이 자동으로 조절되지 않을 때 정부나 공공 기관이 직접 가격을 규제하는 것을 말한다. 일반적으로 가격을 최고 또는 최저로 규제하는 방식으로 이루어진다. 가격통제는 정부와 같은 공공정책을 펼 수 있는 주체가 실행하며 법률적인 근거를 가지므로 직접적인 강제성이 있다.

시장실패를 경험한 역사적 배경으로, 정부는 가격 규제와 같은 노력을 기울여 시장실패를 방지하고자 한다. 가격 규제로 해결하고자 하는 시장실패의 대표적 사례는 다음과 같다.

❶ 초과수요로 인한 과도한 인플레이션 발생

❷ 인플레이션 과정에서 수요초과 또는 공급부족 발생

❸ 경제의 원활한 순환을 저해할 수 있는 문제 발생

❹ 특정 사업의 공익성 또는 독점성 문제

❺ 기타 국가 경제의 필요에 따라 상이함

정부는 소비자나 생산자에게 공정하지 못한 가격이 결정될 때 가격통제를 도입한다. 가격통제에는 주로 가격상한제와 가격하한제가 있다. 이에 대해 자세히 알아보자.

01 가격상한제

가격상한제는 물가안정과 소비자 보호를 위해 가격의 최대치를 정해 놓고 그 이상의 가격으로 거래하는 것을 금지하는 제도이다. 이는 일종의 가격 제한으로, 특정 상품이나 서비스의 가격이 일정 수준 이상 오르는 것을 막는 데 사용된다. 예를 들어, 정부가 아파트 분양가를 제한하는 등의 규제를 통해 가격상한제를 시행할 수 있다.

가격상한제의 효과는 설정된 제한 가격에 따라 달라진다. 만약 가격상한이 시장에서 형성된 가격보다 높다면, 제한 가격보다 더 낮은 가격으로 거래가 이루어지므로 가격상한제의 효과가 없을 것이다. 그러나 가격상한이 시장에서 형성된 가격보다 낮다면, 실제 거래되는 가격이 균형 가격보다 낮아 물량부족이 발생할 수 있다. 이는 공급자들이 강제로 낮은 가격에 물건을 팔도록 되어 공급량을 줄이려고 하면서 발생한다. 그러나 수요자들은 실제 거래 가격이 낮기 때문에 더 많은 물건을 구매하려 할 수 있다. 따라서 이처럼 제한된 공급량과 증가한 수요 사이에서 비효율적이거나 불공평한 할당 방식이 사용될 수 있다.

가격상한제의 실효성

| 가격상한 > 시장가격: 실효성 없는 가격상한제 |

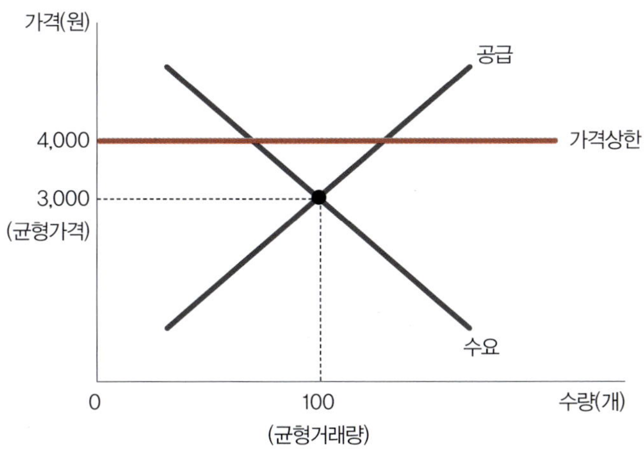

가격상한이 시장가격보다 높아서 가격과 거래량에 아무런 효과가 없다.

| 가격상한 < 시장가격: 실효성 있는 가격상한제 |

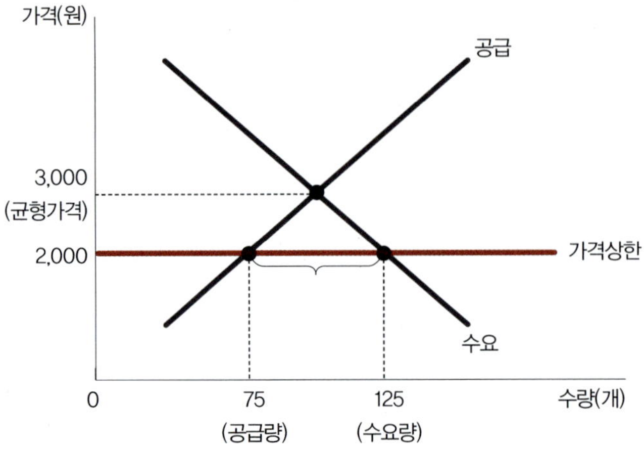

- 물량부족Shortage이 발생한다.
- 희소한 재화를 배당하는 할당 방식은 비효율적이거나 불공평하다.

가격상한제 사례: 2017년도의 베네수엘라

베네수엘라는 2014년부터 시작된 국제 유가 폭락으로 심각한 경제적 어려움에 직면했다. 이로 인해 경기 침체가 심해지면서 많은 국민들이 인근 남미 국가로 이주하는 현상이 발생했다. 인플레이션율이 50%를 초과하는 인플레이션을 초인플레이션이라고 부르는데, 베네수엘라는 2014년 62.2%, 2015년 121.7%, 2016년 254.9%, 2017년 438.1%의 초인플레이션을 경험하였다. 특히 2018년에는 압도적인 65,000%의 인플레이션을 기록하며 사회적 혼란이 가중되었다.

이런 상황에서 베네수엘라는 살인적인 인플레이션 사태를 극복하기 위해 2017년에 가격상한제를 시행하여 물가를 안정시키고 소비자를 보호하려는 시도를 했다. 하지만 이러한 정책은 오히려 암시장을 부추기며 물건을 구하기 어렵게 만들었다. 이로 인해 국민들은 기본적인 생필품조차 얻기 힘들어지면서 심각한 물자 부족 현상이 발생했다. 이러한 어려움으로 인해 베네수엘라 국민들은 평균 체중이 상당 부분 감소하는 '마두로 다이어트'를 겪었다. 실제로 2017년 물자 부족으로 인해 베네수엘라 국민들의 평균 체중이 10kg 이상 감소한 것으로 알려져 있다.

02 가격하한제

가격하한제는 생산자와 노동자를 보호하기 위해 가격의 최저치를 정해 놓고 최저치보다 낮은 가격으로 거래되는 것을 금지하는 제도를 말한다. 가격하한제의 목적은 해당 상품의 시장가격이 하락하는 것을 제한하고, 생산자와 노동자들이 과도한 손실을 입는 것을 방지하기 위함이다.

가격하한제의 대표적인 예로 농산물 가격 지지 제도와 최저임금제가 있다. 가격하한제는 생산비에 대한 노동비가 차지하는 비중이 높아서, 시장가격 하락하는 경우 생산자들이 손실을 입을 가능성이 큰 노동집약적인 산업에서 자주 사용되는 정책 수단이다. 가격하한제를 도입하여 정부는 일정 수준 이하로 가격이 하락하지 못하도록 조치한다.

가격하한제의 경우 실효성 여부는 시장가격과 비교하여 가격하한의 크기에 따라 결정된다. 가격하한이 시장가격보다 낮은 경우, 제한된 가격에 따르지 않고 시장에서 더 높은 가격으로 거래가 이루어지므로 실효성이 없다. 반면, 가격하한이 시장가격보다 높은 경우에는 실제 거래 가격이 균형 가격보다 높기 때문에 공급자들은 더 비싼 가격으로 공급할 수 있어 더 많이 공급하려 하지만, 수요자들은 더 비싼 가격에 구매를 강요당하기 때문에 수요가 감소하여 초과공급이 발생할 수 있다. 또한 제품을 배분하는 것이 바람직하지 못하거나 비효율적일 수 있다.

가격하한제의 실효성

| 가격하한 < 시장가격: 실효성 없는 가격하한제 |

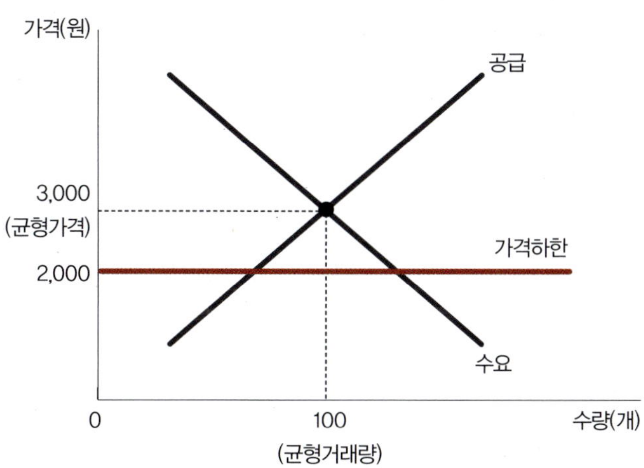

가격하한이 시장가격보다 낮아서 가격과 거래량에 아무런 효과가 없다.

가격하한 > 시장가격: 실효성 있는 가격하한제

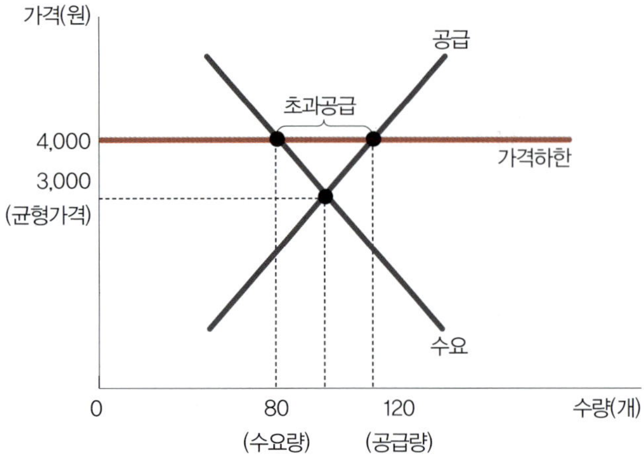

- 초과공급Surplus이 발생한다.
- 제품을 배분하는 데 있어 바람직하지 못한 할당방식이 채택된다.

책 속 쉬어가기 **최저임금이 필요했던 시대의 예술작품**

자료: 귀스타브 쿠르베, 돌 깨는 사람들, 1849년

쿠르베의 작품 〈돌 깨는 사람들Les Casseurs de pierre〉은 그의 고향인 오르낭의 채석장에서 힘겨운 일을 하는 노동자들의 어려운 삶을 그렸다. 작품에는 헤진 조끼를 입고 망치질을 하는 노인과 찢어진 윗도리에 금방이라도 흘러내릴 듯한 멜빵바지를 입고 돌을 나르는 한 소년의 모습이 애처롭게 묘사되어 있다. 이를 통해 노동자들의 힘겨운 삶과 고뇌가 경건하게 느껴진다. 18세기 말부터 시작된 산업혁명으로 인해 가내수공업자들은 일자리를 잃고 공장에서 일하는 노동자 계급과 자본가 계급으로 사회 구조가 변화했다. 이러한 빈부격차가 심해지면서 사회주의 사상이 더욱 강조되었고, 사회적 평등을 꿈꾸는 시대적 분위기가 형성되었다. 이러한 시대적 배경 속에 쿠르베의 〈돌 깨는 사람들〉은 사회적 현실에 대한 정직한 표현과 예술의 사회적 공익성을 알리는 작품으로 평가받았다. 그러나 작품은 2차 대전 중 폭격으로 인해 소실되었다.

이와 같은 시대적 배경과 사회적 요구로 인해 최저임금 제도가 도입되기 시작했다. 최저임금은 노동자들의 근로를 보호하고 최소한의 생계를 보장하기 위해 정부가 설정한 최저 임금 수준을 의미한다. 뉴질랜드가 1894년에 처음으로 도입한 이후 미국(1938년), 프랑스(1950년), 한국(1986년) 등 다양한 국가에서 최저임금이 시행되었다. 최저임금은 노동자들의 안정적인 생활을 도모하고 불공정한 노동 조건을 개선하기 위해 중요한 정책적 도구로 사용되고 있다.

"최고의 징세 기술은 거위가 비명을 적게 지르게 하면서 거위 털을 가장 많이 뽑는 것과 같다."

– 장 바티스트 콜베르 –

V 조세의 귀착

조세는 정부가 국민에게 공공의 목적을 위해 부과하는 강제적인 세금을 말한다. 이를 통해 정부는 재정을 확보하고, 경제를 활성화하고 부의 재분배를 실현한다.

그러나 세금을 부담하는 사람은 납세의무를 지는 법적 부담자와 실제로 세금을 부담하는 경제적 부담자가 다를 수 있다. 예를 들어, 정부가 공급자에게 1,000원짜리 물건을 하나 판매할 때 200원의 세금을 부과한다고 가정해 보자. 이때 공급자가 800원만 자신이 가져가고 200원을 세금으로 성실히 내는 경우도 있지만, 만약 물건 가격을 올려도 수요가 감소하지 않는다면(가격탄력성이 0이라면) 공급자는 물건 가격을 1,000원에서 1,200원으로 조정할 것이다. 그러면 판매자는 똑같은 양을 판매하면서도 세금은 사실상 구매자가 부담하게 된다. 물건 가격을 올렸을 때 수요의 변화가 클수록(가격탄력성이 높으면 높을수록) 공급자가 부담하는 세금의 비율이 커진다. 반면에 가격탄력성이 낮으면 구매자가 세금 부담의 상당 부분을 맡게 된다.

표면적으로는 정부가 공급자에게만 세금을 부과한 것처럼 보일 수 있으나, 부과된 세금은 실제로 공급자와 소비자가 나눠서 부담한다. 이를 조세의 전가라고 한다. 세금을 받는 개인이나 기업은 시장에서 가격을 조정하여 자신에게 부과된 세금을 다른 사람에게 전가한다. 그 결과, 세금의 부담이 실제로는 세금을 부과받은 사람이 아닌 다른 사람에게 전가되는데, 이를 조세의 귀착이라고 한다.

정부의 조세 부과와 시장에서의 가격 조정은 소득재분배의 측면에서 귀착의 문제를 일으킨다. 이는 부의 분배 측면에서 비효율적인 경제적 손실, 즉 **자중손실**Deadweight loss을 야기할 수 있다. 이러한 이유로 조세제도의 설계와 관리에는 신중한 주의가 필요하다.

01 공급자에 대한 과세

세금이 재화를 공급하는 공급자에게 부과되면 공급자가 물건을 판매할 때 받을 수 있는 실질 가격이 감소한다. 이때 공급량이 줄어들어 공급곡선이 좌측으로 이동하게 된다. 따라서 시장의 균형가격은 상승하고 균형거래량은 감소한다. 결론적으로, 세금은 시장 거래를 억제한다.

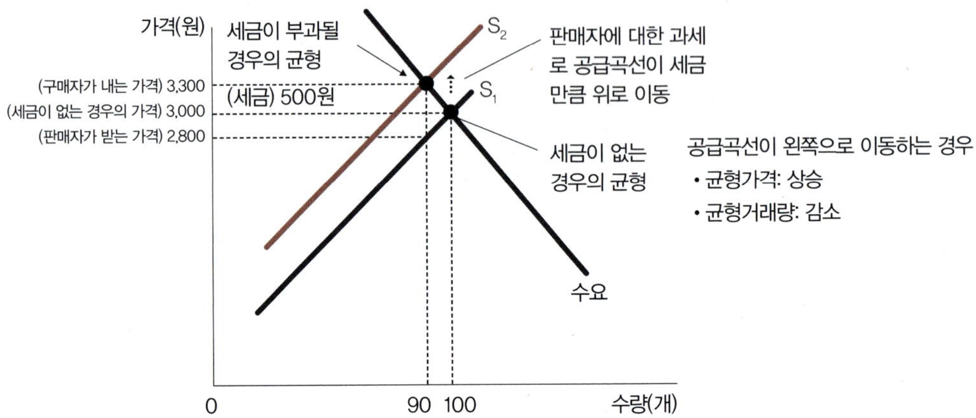

02 구매자에 대한 과세

구매자에 대한 과세는 재화를 구매하는 사람에게 부과되는 세금을 말한다. 세금이 부과되면 구매자는 재화를 구매할 때 더 많은 돈을 지불해야 하므로 구매 가격이 상승한다. 이는 구매자들이 더 많은 비용을 감수하며 물건을 구매하기 때문에 수요가 줄어들어 수요곡선이 좌측으로 이동한다. 그 결과 시장의 균형가격은 낮아지고 균형거래량도 감소하게 된다.

이러한 과세로 인해 구매자와 공급자 양측에서 부담이 발생한다. 구매자는 제품을 구매할 때 더 많은 비용을 지불해야 하고, 공급자는 더 낮은 가격으로 물건을 팔아야 한다. 이로 인해 시장 거래가 억제되고, 새로운 균형에서 구매자와 공급자는 세금을 함께 부담하면서 거래가 이루어진다.

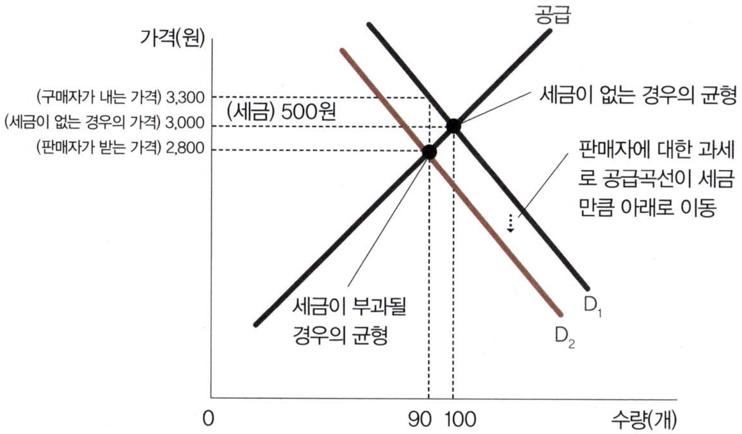

수요곡선이 왼쪽으로 이동하는 경우
- 균형가격: 하락
- 균형거래량: 감소

03 탄력성과 조세의 귀착

앞에서 살펴본 것처럼 정부가 과세하면 부과된 세금은 소비자와 공급자에게 분배된다. 여기서 우리는 '누가 그리고 얼마나 세금을 부담할까?'라는 질문을 던질 수 있다. 이 질문에 대한 답이 조세의 귀착이다. 부담해야 하는 세금의 크기는 소비자와 공급자가 이 물건을 매매하고 싶은 절박함의 정도에 따라 달라진다. 즉, 목마른 사람이 우물을 판다. 만약 소비자가 물건을 더 사고 싶어 한다면 소비자가 더 많은 세금을 부담할 것이고 공급자가 물건을 더 팔고 싶어 한다면 공급자가 더 많은 세금을 부담한다. 여기서 사고 싶어 하는 정도와 팔고 싶어 하는 정도를 소비자와 공급자의 가격탄력성이라고 부른다.

공급은 탄력적이고 수요는 상대적으로 비탄력적인 시장

구매자가 세금을 대부분 부담한다. 공급이 매우 탄력적이기 때문에 세금 부과로 인해 공급자가 가격을 크게 인상하면 판매량은 그만큼 감소한다. 그러나 수요가 비탄력적이기 때문에 구매자들은 상대적으로 가격 변화에 덜 민감하게 반응한다. 따라서 대부분의 세금을 구매자들이 부담하게 된다.

공급이 상대적으로 비탄력적이고 수요는 탄력적인 시장

공급자가 세금을 대부분 부담한다. 공급이 비탄력적이기 때문에 세금 부과로 인해 공급자는 가격 인상으로 인한 높은 손실에 노출될 수 있다. 반면에 수요가 매우 탄력적이기 때문에 구매자들은 가격 변화에 민감하게 반응하며 구입량이 크게 감소한다. 이러한 상황에서 공급자는 세금을 대부분 부담하고 구매자들은 비교적 적은 세금을 부담한다.

이처럼 탄력성과 조세의 귀착은 시장 참여자들의 반응성에 따라 세금 부담이 달라지는 현상을 설명한다. 공급의 탄력성과 수요 탄력성이 서로 다른 경우에는 세금 부과를 누가 더 많이 부담하는지에 영향을 미친다. 결론적으로 탄력성이 낮은 쪽이 더 많은 세금을 부담하게 된다.

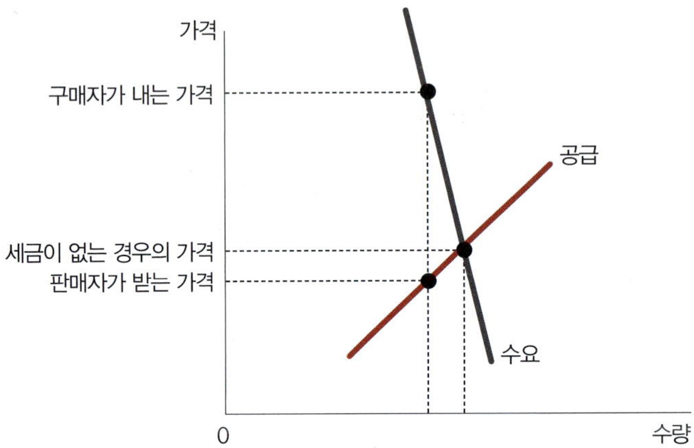

공급이 매우 탄력적, 수요는 상대적으로 비탄력적인 시장

- 구매자가 세금을 대부분 부담한다.
- 공급자의 세금 부담은 적다.

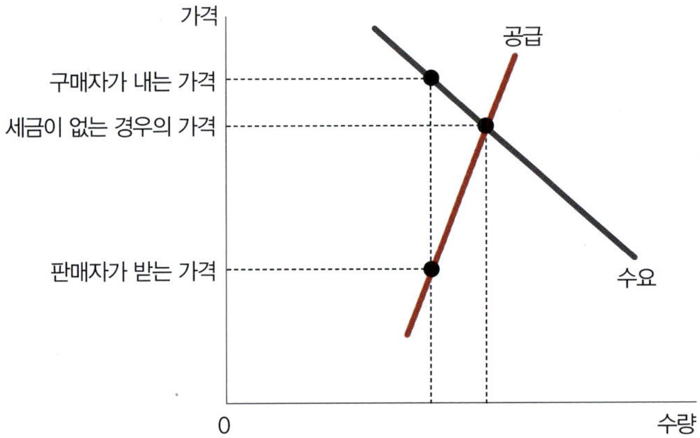

공급이 비탄력적, 수요는 매우 탄력적인 시장

- 구매자의 세금 부담은 적다.
- 공급자가 세금을 대부분 부담한다.

상식 넓히기 콜베르와 프랑스의 재정정책

콜베르Jean-Baptiste Colbert는 17세기 후반부터 18세기 초반에 프랑스의 재정정책을 주도한 중상주의 정치가이다. 루이 14세 통치 시기에 재무부 장관으로 활약하였으며, 재정과 조세수입은 "콜베르 이전과 이후로 시기가 구분된다."라는 말이 있을 정도로 프랑스 재정의 역사에 큰 영향을 미쳤다.

자료: 앙리 테스텔린, 콜베르가 루이 14세에게 왕립 과학 아카데미의 회원들을 소개하는 모습, 1667년

그렇다면 콜베르는 어디서, 그리고 어떻게 세금을 징수했을까? 콜베르는 프랑스를 강대국으로 만들고 경제적 발전을 이루는 것을 목표로 삼았다. 이를 위해 식민지로부터의 수입과 무역수지를 주요 세입원으로 여겼으며, 시장 개혁과 산업 육성을 통해 부가가치가 높은 산업을 육성했다. 또한 공공사업과 관세정책을 통해 경제를 활성화하고 동인도회사를 활용하여 아시아와의 무역을 증진시키는 등 다양한 노력을 기울였다.

콜베르는 간접세를 도입하여 공평한 과세를 실현하고자 했다. 조세 부담의 공평성을 강조하며 세금 부과 대상과 세율을 조정하여 생필품과 비생필품을 구분하여 세금을 부과하는 등 다양한 정책을 시행했다. 이러한 노력은 조세 부담의 공평성을 높이고자 한 것으로 평가된다.

또한 콜베르는 조세 수입과 관련된 제도와 법률을 개선하고 불필요한 지출을 줄이는 등 국가의 재정을 체계화하는 데 큰 역할을 했다. 그의 등장 이후에는 유럽 사회에서 근대적 의미의 재정정책이 성립되었다.

콜베르는 "최고의 징세 기술은 거위가 비명을 적게 지르게 하면서 거위 털을 가장 많이 뽑는 것이다."라는 말로 효율적인 조세 징수와 부담을 최소화하는 그의 세무 정책 방향을 나타냈다. 이는 세금을 부과하면서도 경제에 부담을 최소화하고 생산성을 높이는 방향으로 그의 세무 정책을 대표하는 말이다.

Case Study

가격통제는 옳은가?

2016년 베네수엘라의 수도 카라카스에서 식료품 상점 앞에 늘어서 있는 긴 줄
출처: https://vop.co.kr/A00001036301.html

2016년에 베네수엘라의 해안도시 쿠마나에서는 한 주 동안 20여 개의 상점이 약탈당했다. 이에 베네수엘라 당국은 400명에 달하는 사람들을 구속하고 통행금지를 발표했다. 이러한 사태는 쿠마나뿐만 아니라 베네수엘라 전국에서 발생했다. 파스타나 쌀, 빵 등의 기본 식료품을 사기 위해서 4시간 이상 줄을 서야 하는 상황에 국민들은 이미 익숙해져 있었다.

시장은 일반적으로 경제 활동을 조직하는 좋은 수단이다. 그러므로 경제학자들은 가격상한제나 가격하한제에 반대하는 입장을 보인다. 이전 장에서 배웠듯이 수요와 공급에 따라 시장에서 결정되는 균형점에서 생산과 소비를 결정하는 것이 사회의 효용을 극대화할 수 있기 때문이다. 이 과정에서 가격은 수요와 공급을 일치시키고 경제 활동을 조정하는 중요한 역할을 한다.

그러나 이러한 시장에 대한 믿음에는 몇 가지 결함이 존재한다. 일단 시장이 항상 균형에 도달해 있지는 않다. 단기적으로 시장은 균형에서 멀어져 비효율적인 생산과 소비에 도달할 수 있다. 이를 두고 케인즈는 '장기에는 우리는 모두 죽었을 것이다'라는 표현을 썼다. 즉 시장이 단기적으로 균형에서 벗어나 있으면 정부가 시장에 개입하여 시장이 균형으로 돌아가게 하는 데 도움을 주어 시장성과를 개선할 수 있다는 것이다.

시장에 대한 믿음의 또 다른 결함은 경제학은 공리주의에 기반해 사회 전체의 효용 극대화만을 추구한다는 점이다. 여기에는 형평성, 윤리, 도덕 등의 요인들은 빠져있다. 그러나 우리 사회는 효용만으로 성립하지 않는다. 건강한 사회를 만들기 위해서는 효용 이외에도 다양한 가치들을 고려해야 하며 정부는 이러한 가치들을 추구하는 데 중요한 역할을 한다.

이러한 맥락에서 정부가 시장의 결과가 불공평하다고 또는 사회적으로 받아들이기 어렵다고 판단한다면 가격통제를 도입할 수 있다. 그러나 동시에 베네수엘라의 사례에서 보았듯이 가격통제는 의도하지 않은 피해를 주는 경우도 아주 많다. 이에 직접적인 가격통제보다 임대료 보조금, 임금 보조제도 등의 다른 방법들을 선호하기도 한다.

단원 요약

- 가격탄력성은 소비재의 가격이 변함에 따라 수요와 공급이 얼마나 변하는지 나타내는 지표이며 탄력성이 1보다 큰 상품의 수요는 탄력적이라 하고, 1보다 작은 상품의 수요는 비탄력적이라고 한다.
- 소득탄력성은 소비자의 소득이 변할 때 어떤 재화의 수요량이 얼마나 변하는지를 나타내는 지표로 정확하게는 '소득에 대한 수요의 탄력성'을 뜻한다.
- 교차탄력성은 한 재화의 가격이 변할 때 다른 재화의 수요량이 얼마나 변하는지 나타내는 지표이다.
- 가격정책의 일환으로서 가격의 자동조절기능에 차질이 생겼을 때 공적 의사를 가지고 직접적으로 가격을 규제하는 것으로 가격상한제와 가격하한제가 있다.
- 조세의 귀착은 세금이 시장 참여자 사이에서 분담되는 현상으로 탄력성이 낮은 쪽이 더 많은 세금을 부담하게 된다.

토론 과제

1. 가격탄력적인 수요와 가격비탄력적인 수요 중에서 어느 쪽이 더 유리할지 토론하라.
2. 가격통제는 옳은가? 경제학적 시각에서, 그리고 경제학 바깥의 시각에서 토론하라.
3. 재산세의 하나로 일정 기준을 초과하는 토지와 주택 소유자에 대해 국세청이 별도로 누진 세율을 적용하여 부과하는 종합부동산세는 어떤 사람에게 유리할까? 반대로 어떤 사람에게 불리할까? 이에 대해 자유롭게 토론하라.

연습 문제

다음 설명이 맞으면 T, 틀리면 F에 동그라미를 표시하여라.

1. 탄력성은 한 변수의 상대적 변화에 대응하는 다른 변수 수량의 상대적 변화이다. T / F
2. 총지출 = 수요량 × 가격 T / F
3. 수요가 비탄력적이라면 가격 변화폭 = 수요량의 변화폭 T / F
4. 소득탄력성은 소득이 1% 증가하였을 때 수요는 몇 단위가 증가하는가를 나타내는 수치이다. T / F
5. 모든 기펜재는 열등재이다. T / F
6. 조세는 공공의 목적으로 사용할 정부의 재원을 국민에게 조달하기 위해 정부가 부과하는 강제적 수단이다. T / F
7. 조세는 부의 분배의 관점에서 효율적인 경제적 순이익을 발생시킨다. T / F

정답 1. T 2. T 3. F 4. F 5. T 6. T 7. F

PART 02 시장과 경제

시장과 경제적 후생

Chapter

04

"안 해도 될 일을 효율적으로 하는 것만큼 쓸모없는 것도 없다."

– 피터 드러커 –

I 효율성

01 효율성이란?

효율적이라는 말을 일상에서 자주 사용한다. '시간을 효율적으로 사용해라', '노동의 효율성을 제고해야 한다', '세금을 비효율적으로 사용한다.'와 같이 효율적이라는 단어는 일반적으로 낭비하지 않는다는 의미로 쓰인다. 경제학에서도 효율성은 비슷한 개념이지만 약간의 차이가 있다.

경제학에서 효율성이라는 단어는 '사회 구성원이 얻을 수 있는 총잉여를 극대화하는 자원 분배의 특성'을 의미한다. 즉, 경제가 효율적이지 않다는 것은 시장 참여자들이 거래를 통해 얻을 수 있는 이익의 일부를 놓치고 있다는 것을 의미한다. 참고로 지금 이야기하는 효율성은 재무학에서의 효율적 시장과는 다른 개념으로 이와 관련해서는 8장에서 자세히 다룬다.

경제의 효율성은 경제학의 공리주의적 철학에 기반을 두고 있으며, 시장에서 발생하는 경제적 활동은 최대한 효율적으로 이뤄지도록 하는 것이 중요하다. 이는 경제 발전과 생산성을 높이고, 낭비되는 자원을 최소화할 수 있도록 도와준다.

하지만 효율성을 달성한다고 해서 항상 공정성이 보장되는 것은 아니다. 공정성은 사회적, 정치적, 윤리적인 가치와 관련된 문제이며, 효율성과는 다르다. 효율성은 오로지 경제적인 측면에서 자원의 최적 활용과 생산성을 고려하는 반면, 공정성은 사회적 가치를 고려하는 데 사용된다. 따라서 효율성은 경제적인 목표를 달성하기 위한 개념으로 한정되며, 사회적 가치는 추가적인 고려가 필요하다.

02 시장 균형과 경제 효율성

경제 효율성을 이해하기 위해서는 시장 균형에 대한 이해가 필요하다. 균형이란 서로 다른 여러 힘이 서로 상쇄되어 새로운 변화나 교란이 외부에서 주어지지 않는 한, 현재의 상태를 유지하려는 경향을 의미한다. 자유로운 시장에서는 재화가 공급자와 수요자 사이에서 적절하게 배분된다. 수요와 공급의 상호작용으로 결정된 균형가격과 균형거래량은 경제 효율성을 달성하는 데 중요한 역할을 한다.

이에 따라, 시장에서의 균형가격은 수요곡선과 공급곡선이 교차하는 지점으로 결정된다. 이것은 수요자의 지불 의사 가격이 공급자의 생산 의사 가격과 일치한다는 의미이다. 또한 균형거래량에서는 수요량이 공급량과 일치한다는 것을 의미한다. 이렇게 균형이 이루어지면 소비자와 생산자의 잉여가 극대화되는 상태로, 경제 효율성이 달성된다.

따라서 시장이 균형을 이룬다면, 경제 효율성의 원칙에 따라 '한 사람의 후생을 낮추지 않고는 다른 사람의 후생을 높일 수 없는 상태'가 되며, 이는 다음 절에서 배울 파레토 최적을 통한 효율적 상태를 의미한다.

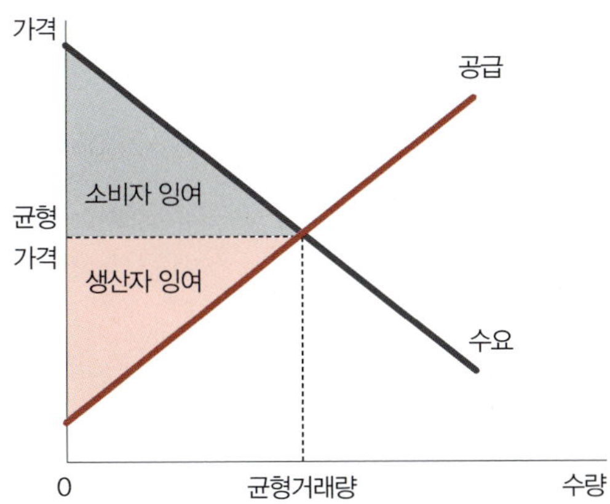

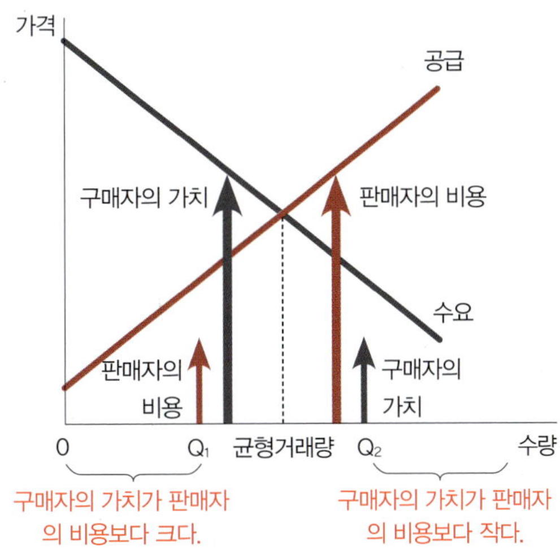

03 보이지 않는 손

애덤 스미스는 《국부론》에서 시장이 경제 참가자들이 자신의 이익을 추구할 때, 사회적 부의 공정하고 효율적인 분배를 이룰 수 있다고 주장했다. 이를 '보이지 않는 손'이라고 묘사하며, 시장의 자율적인 작용이 사회적 조화를 이룰 수 있다고 봤다.

경제 정책에서는 '레세페르Laissez-faire'라는 개념도 등장한다. 레세페르는 프랑스어로 '하도록 허용한다'라는 뜻을 가지며, 국가의 간섭을 최소화하고 사유 재산과 기업의 자유를 옹호하는 것을 의미한다. 다시 말해, 정부가 개입을 최소화하여 사람들이 원하는 대로 경제 활동을 할 수 있도록 정책을 펼친다는 의미이다. 이 개념은 18세기 중반의 자본주의 시기에 등장하였으며, 고전학파 학자들이 레세페르의 이론적 체계를 발전시켰다.

물론 이러한 주장이 항상 옳은 것은 아니다. 시장은 효율적인 자원 할당을 도모하지만 항상 공정성을 보장하지는 않는다. 따라서 경제 정책은 효율성뿐만 아니라 공정성도 고려해야 한다. 뉴턴이 이야기한 것처럼, 거인의 어깨에 올라타서 더 멀리 바라보고 있는 지금의 상황에서 시장 기구가 효율적인 배분을 이뤄낼 순 있어도 공정성을 보장하지 못한다는 사실을 잘 알고 있다. 따라서 경제 정책은 경제적 효율성 뿐만 아니라 사회적 공정성을 모두 고려해야 한다.

04 시장의 경제적 효율성의 가정

시장이 경제적으로 효율성이 높게 작동하기 위해서 두 가지 가정이 필요하다. 첫 번째는 시장이 완전경쟁적이라는 가정이고, 두 번째는 시장의 성과가 그 성과에 해당하는 수요자와 공급자에게만 적용된다는 것이다. 각각의 가정을 하나씩 더 구체적으로 설명하면 다음과 같다.

먼저 완전경쟁시장은 다수의 거래자가 참여하고, 거래되는 모든 상품이 동일하며, 시장에 대한 정보가 완벽하게 투명한 상태를 가정한다. 이러한 가정 아래에서는 수요자와 공급자의 수가 많기 때문에 개별적인 행동이 시장가격에 영향을 미치지 않는다. 또한 거래되는 상품은 완전히 동일하기 때문에 시장가격을 조절할 수 없다. 하지만 현실에서는 이러한 조건을 완벽하게 충족하는 시장이 존재하기 어렵다.

두 번째 가정인 시장의 성과가 해당 수요자와 공급자에게만 적용된다는 것도 비현실적이기는 마찬가지이다. 이는 외부효과(수요자나 공급자의 의사결정이 시장에 참여하지 않는 제3자에게 영향을 미치는 현상)가 없다는 것을 의미한다. 이러한 시장실패에 해당하는 외부효과에 대해서는 이후 5장에서 더 자세히 다룰 예정이다.

결국, 이러한 가정들은 이상적인 경제 상황을 가정한 것으로 현실에서는 완벽하게 적용되기 어렵다.

따라서 경제 정책을 수립할 때에는 이러한 이상적인 상황을 고려하면서도 현실적인 제약과 문제점을 함께 고려해야 한다.

05 시장실패

시장실패란 시장이 자유롭게 작동할 때 자원을 효율적으로 분배하지 못하는 상황을 의미한다. 이는 애덤 스미스가 제안한 시장의 '보이지 않는 손'이라는 메커니즘이 원활하게 작동하지 않을 때 발생한다.

여기서 중요한 점은 시장실패란 정부 또는 시장 바깥의 요인들이 시장에 개입하여 자원 배분의 비효율성이 발생하는 경우가 아니라는 것이다. 온전히 시장 스스로 작동하는 '보이지 않는 손'에 맡긴다 하더라도 자원배분 문제가 효율적으로 해결 될 수 없을 때, 이를 시장실패라 일컫는다. 그러므로 시장실패의 존재는 경제 정책에서, 국가 권력의 간섭을 최소 한도로 제한하고 사유 재산과 기업의 자유를 옹호하려는 이론인 '레세페르'의 반박으로 사용할 수 있다. 시장실패를 해결하기 위해 국가가 개입을 해야 한다고 주장하는 것이다.

상식 넓히기　프랑스 혁명을 이끌어 낸 레세페르

자료: 자크 루이 다비드, 테니스 코트의 선서, 1789년

자크 루이 다비드Jacques-Louis David는 프랑스 혁명의 상징이자 국가의 상징인 파랑, 하양, 빨강의 삼색을 고안한 사람으로 유명하다. (처음 제안한 사람은 라파예트라고 한다.) 다비드는 신고전주의를 대표하는 화가이자 프랑스 혁명시기인 18세기에서 19세기 초반까지 왕성하게 활동했던 근대 프랑스를 상징하는 화가이다. 고대 로마, 프랑스 혁명, 나폴레옹의 제정 등과 같은 정치적 소재를 가진 역사화를 많이 그렸다.

다비드의 〈테니스 코트의 선서Le serment du jeu de Paume〉는 1789년 6월 20일 프랑스 대혁명 직전에 파탄 직전의 국가 재정을 보전하기 위해 특권 계층에 대한 과세 문제를 둘러싸고 신분 간 갈등으로 발생한 사건을 그림으로 그려낸 것이다.

당시 프랑스는 루이 14세의 재무부 장관이자 3장에서 언급했던 콜베르를 시작으로 극단적인 중상주의 정책을 펼치고 있었다. 여기에 더해 "짐이 곧 국가이니라"라고 이야기했던 루이 14세 때부터 절대왕정을 수립하여 국가의 영광을 위해 국민 개개인의 자유를 억압했다. 이처럼 이 시절 프랑스는 국가 구성원들의 정치적, 경제적 자유에 대한 권리를 제한했다.

개인의 자유를 극단적으로 억압했던 프랑스의 구체제를 우리는 앙시앵 레짐이라고 부른다. 앙시앵 레짐에 가장 심하게 반발했던 세력이 바로 삼부회에서의 제3신분인 평민의원들이었다. 이들은 국민 의회를 선언하며 당시 자행되던 억압에 반발하였으나 루이 16세는 이를 진압하기 위해 의회장을 폐쇄하였다. 이에 평민의원들은 베르사유 궁전 공회처에 모여 헌법 제정까지 해산하지 않을 것을 맹세했고 이 사건이 바로 '테니스 코트의 선서'이다. 이 선서는 왕권에 공공연한 반대 의사를 표명한 최초의 사건이 되었고 프랑스 혁명을 촉발한 중요한 사건으로 꼽힌다.

테니스 코트의 선서가 이루어지는 과정은 구체적으로 다음과 같았다. 1789년 5월에 개최된 당시 프랑스의 의회 역할을 하던 삼부회에서 평민계급 의원들은 계급별로 투표를 하는 방식에 반대하였다. 그리고 삼부회의 개혁을 요구하였는데 영국식 의회 개편과 헌법 제정이 그 주를 이루었다. 평민계급 의원들은 삼부회의 또 다른 계급인 귀족, 성직자 계급 의원들과 삼부회 개혁을 위한 협상을 벌였다. 그러나 대부분의 귀족과 성직자 계급 의원들은 평민의원들의 주장에 반대하였다. 같은 해 6월 19일, 평민계급 의원들은 협상이 결렬됨에 따라 라파예트, 미라보 백작, 시에예스 등 자신들에게 동조하던 몇몇 소수의 귀족과 성직자 계급 의원들과 함께 다른 계급 의원들의 동의 없이 평민 계급 단독으로 삼부회를 국민의회로 전환하기로 결정했다.

그러나 이러한 개혁에 대해 당시 프랑스 왕이었던 루이 16세는 반대하였고 군대를 동원해 삼부회 회의장을 폐쇄하였다. 이는 평민계급 의원들이 추진한 국민의회를 해산하는 행위였다. 이러한 탄압에 맞서 국민의회로의 전환을 주도했던 평민계급 의원들과 몇몇 귀족과 성직자 계급 의원들은 플레지르 궁의 테니스 코트에서 루이 16세의 국민의회 해산에 대한 대응책을 논의했다. 논의 과정에서 혁명을 통해 왕정을 폐쇄하자는 과격한 주장들도 나오긴 했으나, 결국 "헌법이 제정될 때까지 국민의회는 물러서지 않겠다"라고 선언한다.

테니스 코트의 선서 이후 정치적 흐름은 국민의회 쪽으로 기울게 되었다. 호의적이지 않은 여론에 의해 결국 루이 16세는 국민의회를 인정하였다. 그리고 헌법제정위원회를 설립하는 것을 용인한다. 그러나 그 과정에서 루이 16세는 불필요하게 프랑스군을 파리로 진입시켰고, 이는 결과적으로 프랑스 혁명의 시작이 되는 사건이었다.

결국 이 테니스 코트의 선서로 촉발된 프랑스 혁명은 당시 애덤 스미스로부터 시작되어 전 경제학의 주류로 자리 잡아 가던 자유경제 '레세페르 정책'과 수요공급에 의한 자유로운 시장을 추구하던 고전학파 대열에 프랑스가 동참하는 계기가 되었다. 당시의 프랑스는 혁명 과정에서 내세운 '자유, 평등, 박애'가 경제 참가자들의 경제적 동기와 자유를 중요하게 여긴다는 측면과 그리고 앙시앵 레짐이라고 불리던 구체제의 중상주의 정책에 반대한다는 측면에서 고전학파가 추구하는 자유경제 정책을 긍정적으로 바라보았다.

18세기 말 프랑스 혁명은 17세기 홉스-로크의 정치사상으로 등장한 자유주의를 '생동하는 이념'으로 발전시켰고, 프랑스의 경제학 또한 이러한 커다란 흐름에 발맞추어 다양한 자유경제 정책들을 고민하고 발전시킬 수 있었다. 이런 측면에서 사유재산과 기업의 자유를 옹호하여 이에 대한 국가권력의 간섭을 최소한으로 제한해야 한다는 주의를 뜻하는 '레세페르'가 프랑스어인 것이 놀랍지 않다.

"이보다 더 좋을 순 없다."

– 제임스 브룩스 감독의 영화 –

II 파레토 최적

01 파레토 최적이란?

파레토 최적 Pareto optimality은 한 가지 목표를 개선하기 위해 다른 목표를 희생하지 않고서는 개선할 수 없는 상태를 의미한다. 이는 경제학, 게임 이론, 정치학 등 다양한 분야에서 중요한 개념 중 하나이다.

'파레토 최적'은 이탈리아 출신 경제학자이자 스위스 로잔대학교 교수인 빌프레도 파레토Vilfredo Pareto가 개발한 개념이다. 경제학에서는 파레토 최적이 자유시장의 균형 상태를 나타낸다. 게임 이론에서는 나쁜 결과를 피하기 위한 안전한 전략으로 활용되며, 정치학에서는 모든 이해관계자가 만족하여 현재의 상태를 변화시키고 싶어 하지 않는 정적인 정책 상태를 추구하는 데 적용된다.

파레토 최적은 다음과 같은 상황에서 적용될 수 있다. 두 명 이상의 참가자가 있고, 각각은 둘 이상의 선택 사항을 가지며, 이 선택 사항들은 서로 상충한다고 가정해보자. 이러한 상황에서 파레토 최적은 모든 참가자가 가능한 최상의 선택을 만족하는 상태를 의미한다. 다시 말해, 어느 참가자도 더 나은 선택을 할 수 없는 상태이며, 한 참가자의 이익을 증가시키려고 할 때는 다른 참가자의 이익이 감소해야만 한다.

예를 들어, 한 회사가 제품을 생산하는 경우 제품 생산의 목표가 될 수 있는 생산비용과 제품의 품질은 서로 상충할 수 있다. 생산비용을 줄이면 제품의 품질은 저하되고, 제품의 품질을 높이면 생산비용은 증가해야만 한다. 이때 파레토 최적은 생산비용과 제품의 품질 사이의 균형을 유지하는 것이다. 이를 통해 회사는 비용을 최소화하면서도 고객에게 만족스러운 제품을 제공할 수 있다.

02 파레토 최적의 조건을 구성하는 요인

파레토 최적이 실현되기 위해서는 '생산의 효율'과 '교환의 효율'이라는 두 가지 측면에서 다음과 같은 조건을 충족해야 한다.

생산의 효율

어떤 특정 재화의 생산량을 늘리기 위해서는 다른 재화의 생산량을 감소시켜야 한다. 즉, 제품 A의 생산량을 증가시키기 위해서는 제품 B의 생산량을 감소시켜야 한다. 이는 한정된 자원을 효율적으로 분배하여 생산량을 조정함으로써 생산의 효율을 극대화하는 것을 의미한다.

교환의 효율

경제 참가자 중 한 사람의 효용을 증가시키기 위해서는 다른 경제 참가자의 효용을 감소시켜야만 한다. 즉, 한 사람의 이익을 증가시키기 위해서는 다른 사람의 이익을 어느 정도 감소시켜야 한다. 이는 상호협력과 교류를 통해 이익을 극대화하는 것을 의미한다.

결론적으로 파레토 최적의 상태에서는 특정 경제행위가 경제 내에서 누군가에게 이익을 가져다주는 동시에 손해를 보는 사람이 없는 상태로 이는 생산과 교환의 효율을 동시에 달성한 상태로 해석할 수 있다. 그러므로 파레토 최적의 상태에서는 자원의 합리적이고 효율적인 배분이 이루어진다. 따라서, '파레토 개선' 또는 '사회적 개선'이라는 용어는 더 나은 결과를 얻는 것이 아니라 경제 내에서 어떤 개인 또는 집단이 더 이익을 얻는 상황을 뜻하며, 생산과 교환의 효율을 동시에 이미 달성한 경제에서는 사회적 또는 파레토 개선이 불가능하다. 한 개인 또는 어떤 집단이 다른 이의 효용을 해치지 않고 더 많은 효용을 얻을 수 있는 방법이 존재하지 않기 때문이다. 이 상태를 우리는 파레토 효율이라고 부른다.

03 파레토 최적의 특성들

다수의 파레토 최적

상황에 따라 파레토 최적은 하나의 최적 상태가 아니라, 여러 개의 최적 상태가 존재할 수 있다. 이는 선택 사항들이 서로 다른 상황에서 각각의 최적해가 존재하기 때문이다. 예를 들어, 어떤 회사에서는 제품의 품질을 높이는 것이 우선시되어야 하지만, 다른 회사에서는 제품의 가격을 낮추는 것이 우선시되어야 한다고 생각해 보자. 이 경우 각 회사마다 자신들의 우선순위에 따라 최적해가 존재할 수 있으므로 다수의 파레토 최적이 존재한다. 그러므로 우리는 선택 사항들이 서로 다른 상황에서 각각의 최적해가 존재할 수 있다는 것을 염두에 두고 이를 고려하여 상황에 맞게 적절한 선택을 해야 한다.

경제 참가자들 간의 상호협력과 교류

일반적으로 현실 경제에서 파레토 최적의 문제를 다룰 때, 개별적으로 참가자들이 이익을 극대화하려는 경우는 매우 드물다. 그보다는 경제 내에서 참가자들이 상호협력과 교류를 통해 이익을 극대화하려는 것이 현실적인 상황이다. 그러므로 파레토 최적을 달성하기 위해서는 경제 참가자들 간의 상호협력과 교류를 이해하고 분석해야 한다. 이를 위해 고려해야 할 측면들은 다음과 같다.

- 파레토 최적은 여러 가지 선택 사항 중에서 최선의 결과를 찾는 것을 의미한다. 따라서 경제 참가자들이 상호협력을 통해 공통의 이익을 추구하는 것이 파레토 최적을 찾는 데 있어서 중요한 역할을 한다.
- 경제 활동은 참가자들의 상호작용과 교류로 이루어지는데, 이를 위해 다양한 이해관계를 고려해야 한다. 경제 참가자들은 서로 다른 이해관계를 가지며, 이를 분석하여 제일 나은 선택을 할 필요가 있다.
- 경제 참가자들은 자원이 제한적인 상황에서 경제적 선택을 한다. 그 결과, 각각의 선택은 다른 경제 참가자들의 선택에도 영향을 미치게 된다. 따라서 경제 참가자들은 다른 참가자들의 선택을 분석하여 자신의 선택에 반영해야 한다.

정적이고 더 나아질 수 없는 상태

파레토 최적은 모든 참가자가 만족하는 상태이므로, 이를 개선하기 위해서는 다른 참가자들의 이익을 감소시켜야 한다. 또한 파레토 최적은 선택 사항 간에 상충 관계가 있어서, 하나의 선택 사항을 개선하기 위해서는 다른 선택 사항의 개선을 포기해야만 한다. 예를 들어, 제품의 품질을 높이기 위해서는 생산 비용을 늘리거나 생산 기간을 연장해야 할 수도 있다. 이 경우, 생산 비용을 줄이거나 생산 기간을 단축하는 것은 제품의 품질을 희생하는 것이 될 수 있다. 게다가 어느 한 선택 사항을 개선하면 다른 선택 사항들의 성능이 감소할 수도 있다. 이런 상황에서는 전반적으로 개선될 수 없는 상태가 된다. 이런 관점에서 보면 파레토 최적은 정적이고 경제 참여자들의 효용이 특정인의 효용 희생 없이는 더 나아질 수 없는 상태로 해석할 수 있다.

"기업의 사회적 책임의 첫째는 건실한 운영으로 이익을 내서 국가 발전에 기여하는 것이다."

– 이병철 –

III 경제적 잉여

01 경제적 잉여란?

경제적 잉여란 기업이나 가계가 생산한 가치에서 생산비용을 뺀 나머지를 의미한다. 이는 기업이나 가계의 수입과 지출 사이의 차액으로, 경제적 잉여가 많을수록 기업이나 가계의 재무 건전성이 높아지며, 향후 투자나 저축 등의 선택지가 넓어질 수 있다. 또한 기업이나 가계가 적극적으로 경제 활동을 할 수 있는 여유 자금으로 활용될 수 있다. 따라서 경제적 잉여는 경제 활동과 시장의 효율성을 나타내는 지표로 사용된다.

이러한 경제적 잉여는 '완전경쟁시장'에서 극대화되며 시장 참가자들의 복지가 증가한다. 완전경쟁시장에서는 생산자와 소비자 모두 가격에 영향을 주지 않고 상품과 서비스를 거래하므로 경제적 균형이 달성되기 때문이다.

02 경제적 잉여와 관련된 기본 개념

경제적 잉여는 소비자 잉여와 생산자 잉여로 분류할 수 있다. 그리고 이를 이해하기 위해서는 먼저 숙지해야할 개념들이 있다. 다음의 개념들을 이해하고 소비자 잉여와 생산자 잉여를 알아보도록 하자.

지불용의

지불용의란 구입 희망자가 어떤 재화를 구입하기 위해 지불하고자 하는 최고 금액을 의미하며, 우리는 이를 통해 상품이나 서비스에 대한 수요를 파악할 수 있다. 지불용의는 소비자의 가치 평가와 관련이 깊다. 소비자는 상품이나 서비스에 대한 가치를 고려해 지불할 의사가 있는 최대 가격을 결정하며, 이 가격은 개인의 선호, 소득 수준, 시장 상황 등에 영향을 받는다. 때문에 지불용의가 높은 상품은 소비자에게 더 큰 가치가 있다고 판단할 수 있다.

또한 지불용의는 뒤에서 설명할 소비자 잉여와도 밀접한 관련이 있다. 소비자 잉여는 소비자의 지불용의와 실제 거래가격의 차이로, 지불용의가 높을수록 소비자 잉여도 증가한다. 이를 통해 시장에서 발생하는 복지 효과를 추정할 수 있다.

경제학, 마케팅, 환경 경제학과 같은 다양한 분야에서 사용되는 지불용의는 설문조사, 경매, 실험 등의 다양한 방식으로 측정할 수 있으며, 가격 책정이나 수요 예측, 정책 분석 등에 활용된다. 이를 통해 우리는 소비자의 선호와 가치를 파악하고, 시장에서의 수요와 가격 정책을 조절할 수 있다.

비용

비용은 재화를 생산하기 위해 생산자가 포기해야 하는 모든 것의 가치를 말하며, 어떤 행위나 결정이 이루어질 때 발생한다. 경제적 비용에는 명시적 비용(직접적으로 지출되는 비용)과 암묵적 비용(간접적으로 발생하는 비용)이 포함된다. 어떤 제품을 생산할 때 들어가는 경제적 비용을 명시적 비용과 암묵적 비용으로 나눈다면, 명시적 비용에는 재료비, 인건비, 기계 유지비 등이 포함되며 암묵적 비용에는 생산 과정에서 발생하는 환경오염, 교통체증 등이 포함된다고 볼 수 있다. 최적의 선택이란 최소화된 비용으로 최대의 이익을 얻는 것을 말하며, 이를 위해서는 경제적 비용을 고려하여 비용과 수익을 비교해야 한다.

한계소비자

한계소비자는 추가로 소비하는 하나의 상품 또는 서비스에 대해 더 이상 추가적인 만족감을 느끼지 않는 소비자를 의미한다. 즉, 더 이상 구매하고 싶어 하지 않거나 구매할 가치가 없다고 판단하는 소비자이다. 이러한 한계소비자들은 추가로 상품이나 서비스를 구매하는 비용과 그 추가로 구매한 상품이나 서비스에서 얻는 효용이 같은 상태에 놓여있기 때문에 가격 변화에 가장 민감한 소비자라고 볼 수 있다.

이는 경제학에서 중요한 개념으로, 시장의 가격 결정과 수요곡선 분석 등에 활용된다. 예를 들어 어떤 상품의 시장가격이 오른 경우를 생각해보자. 어떤 소비자들은 더 이상 그 상품을 구매하지 않고 대안 상품을 찾을 수도 있을 것이다. 이때, 한계소비자의 개념을 이용하여 시장수요곡선을 그려 분석한다면 가격에 따른 수요 변화를 예측할 수 있다. 또한 기업은 제품의 가격과 수요를 예측하여 수익을 극대화하기 위해 한계소비자 개념을 활용할 수 있다. 간단하게 말해, 한계소비자란 그 가격보다 조금이라도 높으면 시장을 떠나는 소비자를 뜻한다.

한계공급자

한계공급자는 추가로 판매 가능한 하나의 상품 또는 서비스에 대해 추가 생산비용을 부담하면서까지 더 이상 생산하지 않으려는 공급자를 의미한다. 즉, 더 이상 생산하면 추가 비용이 발생하므로, 이익을 고려할 때 생산을 중단하거나 다른 상품 생산으로 전환하는 경우를 말한다.

한계공급자 개념은 시장의 가격 결정과 공급곡선 분석 등에 활용할 수 있다. 예를 들어, 시장가격이 상승할 경우, 기업은 더 많은 이익을 얻기 위해 생산량을 늘릴 수 있다. 그러나 추가적인 생산량을 생산하기 위해서는 한계공급자의 개념을 고려하여 생산비용과 수익을 분석해야 한다. 또한, 기업은 제품의 가격과 공급량을 예측하여 수익을 극대화하기 위해 한계공급자 개념을 활용할 수 있다. 간단하게 말해, 한계공급자란 가격이 그 이하로 내려갈 때 시장을 제일 먼저 떠나는 공급자를 뜻한다.

03 소비자 잉여란?

소비자 잉여는 소비자가 구입하려는 재화의 양에 기꺼이 지불하려는 가격과 실제 지불한 가격 사이의 차이로, 구매자의 지불용의에서 구매자가 실제로 지불한 금액을 뺀 나머지 금액을 뜻한다. 즉, 소비자 잉여는 소비자가 상품이나 서비스를 구입할 때, 실제 지불한 가격보다 더 많은 가치를 느끼는 경우 생기는 금전적 이득을 말한다.

소비자 잉여 = 가격(수요가격) – 시장가격(실제 지불하는 가격)

소비자 잉여는 수요와 공급의 교차점인 시장의 가격과 소비자가 상품이나 서비스에 대해 느끼는 가치 사이의 차이로 생기며, 이는 소비자 복지나 경제성장 등을 측정하는 지표로 사용된다. 일반적으로 소비자 잉여가 높을수록 소비자들이 더 많은 금전적 이득을 누리는 것이며, 이는 소비자들의 더 많은 소비를 유도하고, 시장 경쟁력을 높이는 데 기여할 수 있다.

소비자 잉여를 그래프로 나타내면 아래와 같다.

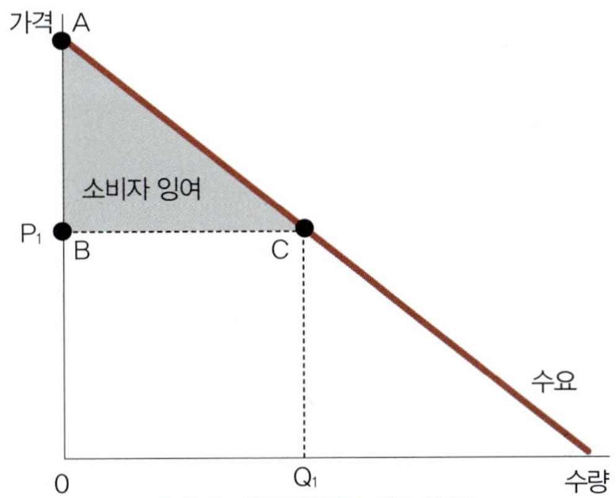

가격이 P_1인 경우의 소비자 잉여

가격이 P_1이고 소비수량이 Q_1이라면 소비자의 지불의사는 수요곡선인 선AC에 의해 보여진다. 그러나 실제 소비자가 지불하는 금액은 P_1이기 때문에 삼각형 ABC의 면적이 소비자가 구입하려는 재화의 양에 기꺼이 지불하려는 가격과 실제 지불한 가격 사이의 차이인 소비자 잉여를 나타낸다.

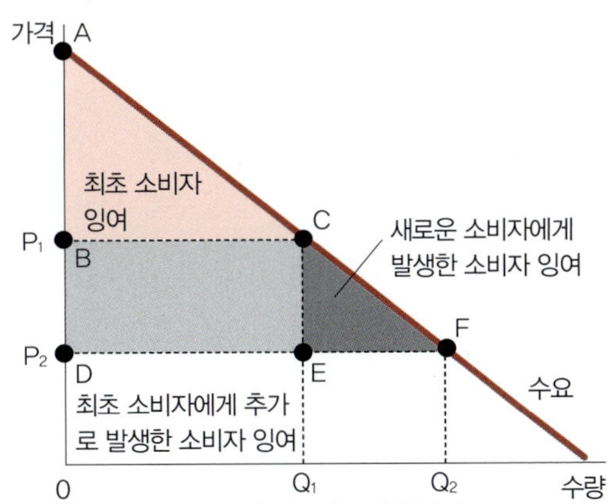

가격이 P_2인 경우의 소비자 잉여

기존 소비자의 효용

만약 가격이 P_1에서 P_2로 하락하면, 소비수량은 Q_1에서 Q_2로 증가한다. 기존 소비자의 입장인 수량(0

에서 Q_1 사이 구간)의 경우, 가격하락의 혜택인 사각형 BCED만큼이 소비자 잉여의 증가분이다. 소비자 잉여 증가분은 지불 금액 감소분과 같다.

새로운 소비자의 효용

수량 Q_1에서 Q_2사이 구간의 경우 기존과 같이 가격이 P_1에 머무를 때 이 재화를 소비하지 않을 소비자들이 추가로 재화의 수요를 Q_1에서 Q_2로 증가시킨다. 즉 낮아진 가격으로 인해 새로운 소비자들이 진입하는 것이다. 이로 인해 수요곡선 상에서 점C로부터 점F로의 이동이 일어난다. 이는 그래프에서 보이듯이 삼각형 CEF만큼 소비자 잉여를 증가시킨다.

04 생산자 잉여란?

생산자 잉여는 재화를 판매함으로써 판매자가 얻은 순이익으로, 공급자가 실제로 받은 금액에서 공급자가 그 재화를 제공하는 비용을 뺀 나머지 금액을 뜻한다. 즉, 생산자 잉여는 생산자가 상품이나 서비스를 생산하는 데 드는 비용보다 실제로 받는 금액이 더 높은 경우 생기는 금전적 이득을 말한다.

생산자 잉여 = 소비자에게 실제로 받은 금액 – 생산자 비용

생산자 잉여는 수요와 공급의 교차점인 시장의 가격과 생산자가 상품이나 서비스를 생산하는 데 필요한 비용의 차이로 생긴다. 일반적으로, 생산자 잉여가 높을수록 생산자들이 더 많은 금전적 이득을 누리는 것이며, 이는 생산자들의 더 많은 생산을 유도하고, 시장 경쟁력을 높이는 데 기여할 수 있다.

생산자 잉여를 그래프로 나타내면 다음과 같다.

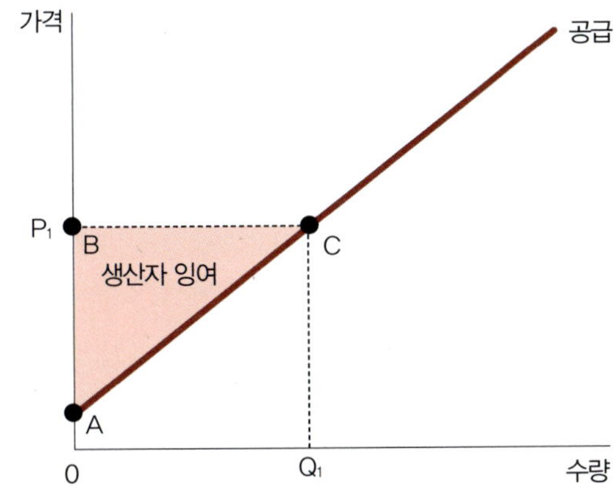

가격이 P_1인 경우의 생산자 잉여

공급곡선의 높이는 공급자의 비용을 나타낸다. 공급곡선에 의해 주어지는 가격은 한계공급자가 물건을 추가로 생산하는 비용을 의미하며, 공급곡선 위의 삼각형의 크기가 생산자 잉여를 나타낸다. 이는 가격수준의 아랫부분과 공급곡선 윗부분의 면적인 삼각형 ABC를 의미한다. 이는 공급자들이 받는 가격과 비용의 차이이다.

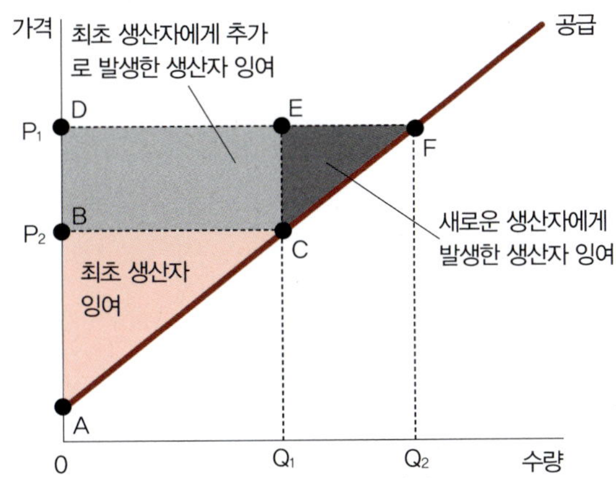

가격이 P_2인 경우의 생산자 잉여

기존 공급자의 효용

만약 시장가격이 P_2에서 P_1로 상승한다면, 가격상승에 따라 생산자 잉여는 증가한다. 이 경우 기존 공급자의 입장인 수량(0에서 Q_1 사이 구간)의 경우, 생산자 잉여는 사각형 BCDE만큼 증가하여 가격

상승의 혜택 누릴 수 있다. 여기서 생산자 잉여 증가분은 받는 금액 증가분과 같다.

새로운 공급자의 효용

수량 Q_1에서 Q_2 사이 구간의 경우 기존과 같이 가격이 P_2에 머무를 때 이 재화를 생산하지 않았던 생산자들이 추가로 재화의 생산을 Q_1에서 Q_2로 증가시킨다. 즉 높아진 가격으로 인해 새로운 생산자들이 진입하는 것이다. 이로 인해 생산곡선 상에서 점C로부터 점F로의 이동이 일어난다. 이는 그래프에서 보이듯이 삼각형 CEF만큼 생산자 잉여를 증가시킨다.

"선한 세금이란 존재하지 않는다."

– 윈스턴 처칠 –

Ⅳ 경제적 순손실

01 경제적 순손실이란?

경제적 순손실Economic net loss은 경제 활동에서의 이익과 손실을 평가하는 지표로, 기업, 산업, 경제체계 가치 창출과 소비에 따라 발생하는 전반적인 손실을 나타낸다. 이러한 손실은 여러 가지 원인과 요인에 의해 발생할 수 있으며, 시장의 실패, 비용의 증가, 생산량의 감소, 자원의 낭비, 환경파괴 등 다양한 현상에 기인할 수 있다. 다시 말해 경제적 순손실이란 어떤 종류의 시장 왜곡 현상이 발생하여 총잉여가 감소하는 결과를 의미한다.

일반적으로 경제적 순손실을 이해하기 위해서는 정부의 경제에 대한 개입이 일으키는 경제적 순손실을 분석하는 것이 가장 쉽다. 왜냐하면 그 효과를 명백히 분석할 수 있기 때문이다. 그러므로 이번 절에서는 정부가 경제에 부과하는 세금이 경제적 순손실에 미치는 영향을 설명할 것이다.

예를 들어 세금이 증가하면 구매자가 지불하는 가격은 상승하고, 판매자가 받는 가격은 하락한다. 그리고 오른 상품 가격과 원래 상품 가격의 차액은 정부가 세금으로 가져간다. 또한 가격 상승으로 인해 소비자는 물건을 더 적게 구매하게 되고, 판매자는 더 적은 양을 생산하게 되므로 거래량이 감소한다. 거래량 감소로 인해 사회에서 사라지는 돈은 정부가 가져가지 않는다. 이렇게 세금이 증가하면 정부가 추가로 가져가는 돈은 전체적으로 사라지는 돈보다 적기 때문에 전체 효익의 크기가 줄어들게 된다.

이처럼 경제적 순손실은 보통 사회적 비용과 사회적 이익의 차이로 계산되며, 사회적 비용이 사회적 이익을 초과하는 경우 발생한다. 사회적 비용에는 생산 및 유통과정에서 발생하는 비용, 영향을 받는 이해당사자들에게 미치는 부정적 영향의 비용 등이 포함되며, 사회적 이익은 생산품의 가치, 고용 창출, 소득 분배 개선 등 경제 활동으로 인해 생기는 긍정적 영향을 말한다.

경제적 순손실을 줄이기 위한 방안으로는 정부의 정책 개입, 기업의 사회적 책임 활동, 환경 보호 및 지속 가능한 발전을 위한 노력 등이 있을 수 있다. 이러한 방안들은 경제의 효율성과 지속 가능성을 향상시키는 데 도움을 주며, 국가와 사회의 미래 성장과 번영을 지원한다. 다음으론 세금부과가 시장과 경제적 후생에 미치는 영향을 그래프를 통해 살펴보고자 한다.

02 세금부과가 시장 균형에 미치는 영향

앞서 언급했던 예시처럼 세금을 증가시키거나 부과한다면 시장의 수요와 공급은 어떻게 될까? 세금의 영향을 그래프로 살펴보자. 아래 그래프는 세금이 부과되지 않는 경제와 세금을 부과하는 경제에서의 수요와 공급의 균형점을 나타낸다.

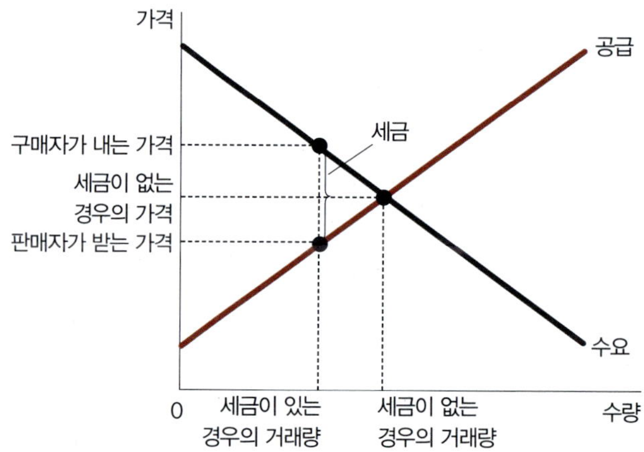

그래프에서 볼 수 있듯이, 세금이 부과되는 경우 판매자가 받는 가격은 세금이 없는 경우의 가격보다 낮고, 구매자가 지불하는 가격은 세금이 없는 경우보다 높다. 또한 세금이 있는 경우의 거래량은 세금이 없는 경우의 거래량보다 작음을 알 수 있다.

판매자가 받는 가격 < 세금이 없는 경우의 가격 < 구매자가 내는 가격

03 세금부과의 경제적 후생

이전에 배운 대로, 경제적 후생을 측정하는 척도로는 소비자 잉여와 생산자 잉여를 포함한 경제적 잉여를 일반적으로 사용한다. 따라서 이번엔 경제적 잉여의 개념을 이용하여 세금부과가 사회에 가져오는 경제적 후생을 설명해보도록 하겠다.

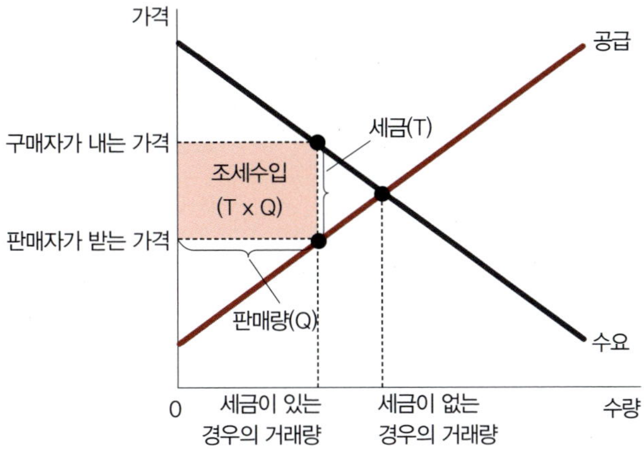

그래프에서 볼 수 있듯이, 세금을 부과하면 세금이 없을 때보다 거래량은 감소하고 구매자가 내는 가격은 상승하며 판매자가 받는 가격은 하락한다. 참고로 구매자가 내는 가격과 판매자가 받는 가격에 세금이 있는 경우의 거래량을 곱하면 국가가 징수하는 조세액이 된다.

04 세금부과의 경제적 순손실과 조세의 경제적 비용

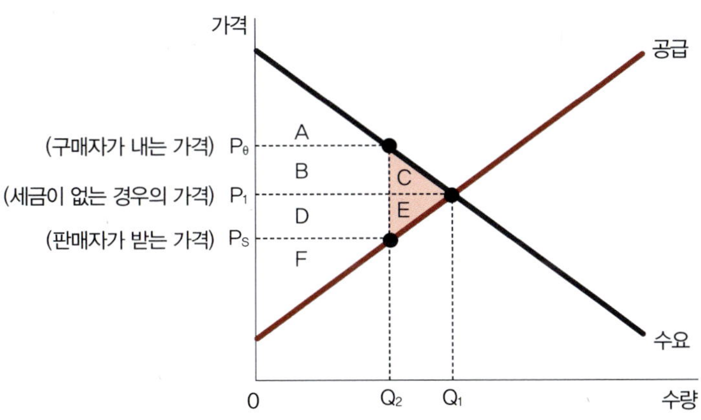

이번엔 세금이 경제에 미치는 영향에 대해 조금 더 구체적으로 계량화하기 위해 수치를 붙여보았다. 그래프에서 Q_1은 세금이 없는 경우의 거래량이고 Q_2는 세금을 부과하는 경우의 거래량을 나타낸다. P_1은 세금이 없는 경우의 가격을 나타내고 P_B은 구매자가 내는 가격, P_S는 판매자가 받는 가격을 의미한다. 수요와 공급곡선으로 생성되는 영역을 A부터 E까지로 나누었다.

	세금이 없는 경우	세금이 부과된 경우	변화
소비자 잉여	A+B+C	A	−(B+C)
생산자 잉여	D+E+F	F	−(D+E)
조세수입	없음	B+D	+(B+D)
총잉여	A+B+C+D+E+F	A+B+D+F	−(C+E)

(C+E)는 총잉여의 감소분으로, 세금 부과에 따른 경제적 순손실이다.

그럼 이제 그래프를 토대로 세금이 있을 때와 없을 때의 경제적 잉여가 어떻게 달라지는지 살펴보자. 위의 표에서 보여지듯이, 세금이 부과되면 소비자 잉여는 B+C만큼 감소하고 생산자 잉여는 세금부과로 인해 D+E만큼 감소한다. 즉, 경제적으로 손해를 보는 효용은 B+C+D+E이다. 반면에 정부의 조세수입은 B+D만큼임을 알 수 있다. 따라서 세금 부과는 경제 전체의 효용에−(C+E)만큼 영향을 미치며, 이는 경제적 순손실로 표현된다. 경제적 순손실은 그래프에서 C와 E로 이루어진 삼각형으로 나타나며, 세금을 부과하면 경제 전체의 효용은 그래프에 표시된 C와 E로 이루어진 삼각형만큼 감소함을 의미한다.

이처럼 조세는 경제적 순손실을 초래한다. 세금으로 인해 소비자와 생산자들이 자유로운 거래로부터 얻을 수 있는 이익의 기회를 상실하게 되는 것이다. 소비자와 생산자를 포함한 경제는 소비자 지불의사와 생산자 비용의 차이로 이루어진 거래의 잉여를 이익으로 얻는다. 그러나 세금이 부과되면 거래 자체가 무효화되고 거래량이 감소한다. 이로 인해 소멸되는 잠재적 잉여가 경제적 순손실로 나타나게 된다.

그렇다면 국가는 왜 세금을 걷는지에 대해 생각해야 한다. 왜냐하면 경제학은 합리성에 의존한 시장을 효율적으로 만드는 균형 달성을 지상 최대의 과제로 보기 때문이다. 즉 형평성이나 공정성 또는 사회적 고려는 경제학적 분석의 구조에 포함되지 않는다. 조세는 이번 절에서 공부했듯이 경제적 순손실을 초래한다. 그럼에도 불구하고 많은 경제학자들은 국가가 적정량의 세금을 걷는 것을 비판하지는 않는다. 왜냐하면 국가의 역할은 합리성에 근거한 시장 효율 달성만이 있는 것은 아니기 때문이다. 세금은 사회적 정의나 사회 구성원들의 합의를 기반으로 하는 다양한 지출을 위해 사용될 수 있기 때문에 순수하게 경제적 효과만으로 그 적절함을 판단할 수는 없다는 점을 잊지 말아야 한다.

05 세금의 변화와 경제적 순손실

이전까지의 내용을 통해 우리는 경제적 순손실이란 어떤 종류의 시장 왜곡 현상이 발생하여 총잉여가 감소하는 것을 말하며, 세금은 시장 왜곡 현상을 발생시키는 원인 중 하나가 되어 경제적 순손실을 초래할 수 있다는 것을 알 수 있었다. 그렇다면 순손실이 생긴다는 전제 하에 이러한 순손실의 '크기'는 무엇으로 결정되는 것일까? 바로 세금의 크기와 경제의 수요와 공급의 탄력성이다.

먼저 세금의 크기가 경제적 순손실의 크기를 어떻게 변화시키는지 살펴보자. 세금이 증가할수록 경제적 순손실은 점차 증가하며, 경제적 순손실의 증가 속도는 세금의 증가 속도를 초과한다. 아래 그래프는 세금의 규모에 따른 조세수입과 경제적 순손실의 크기를 이해하기 쉽게 보여준다.

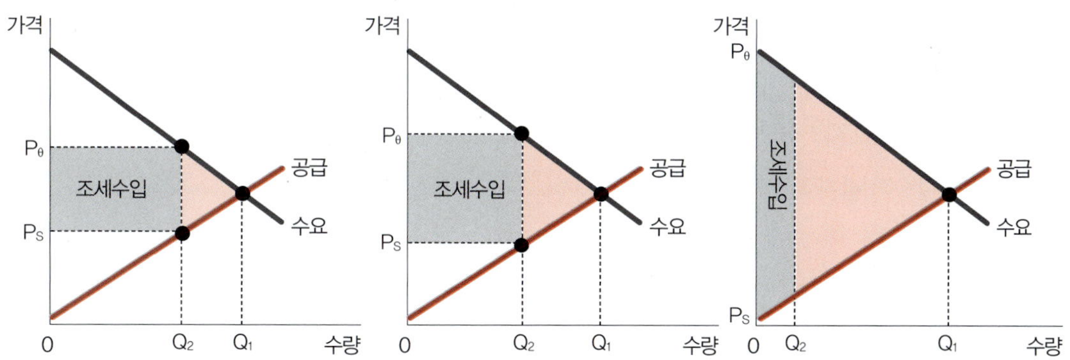

(a) 소규모의 세금 (b) 중규모의 세금 (c) 대규모의 세금

소규모의 세금이 부과되면 약간의 경제적 순손실이 발생하고 적은 크기의 조세수입이 발생한다. 그리고 세금의 규모가 늘어날수록 조세수입의 증가와 함께 경제적 순손실 또한 증가한다. 그러나 지나치게 세금을 부과하면 거래량이 극단적으로 감소하여 조세수입은 오히려 감소하고 순손실은 기하급수적으로 증가한다. 이를 그래프로 정리하면 아래와 같다.

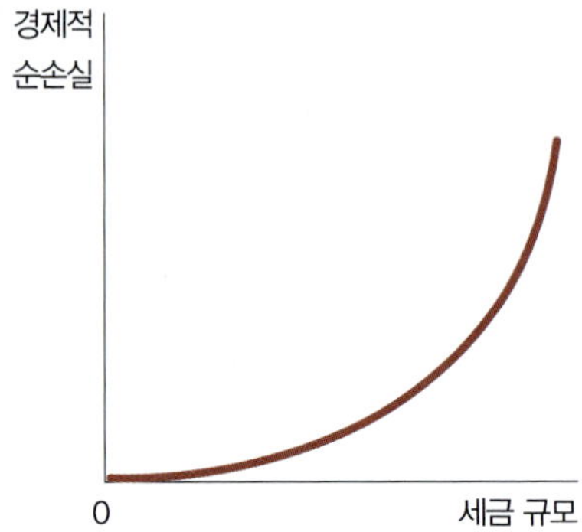

(d) 그림(a)에서 (c)로 가면서 경제적 순손실이 증가한다.

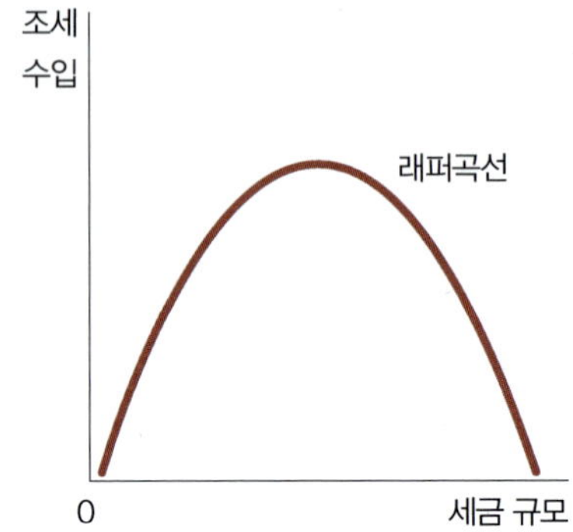

(e) 그림(a)에서 (c)로 가면서 조세수입이 증가하다가 감소한다.

이처럼 세금이 커지면 시장 거래량이 줄어 조세수입은 오히려 감소한다. 이러한 관계를 보여주는 곡선을 **래퍼곡선**Laffer curve이라고 한다.

06 탄력성에 따른 조세의 경제적 순손실

그렇다면 수요와 공급의 탄력성이 어떻게 경제적 순손실의 크기를 변화시키는지 살펴보자. 경제적 순손실은 어떻게 결정될까? 수요와 공급의 탄력성에 따른 경제적 순손실의 크기를 이해하기 쉽게 그래프로 나타내면 다음과 같다.

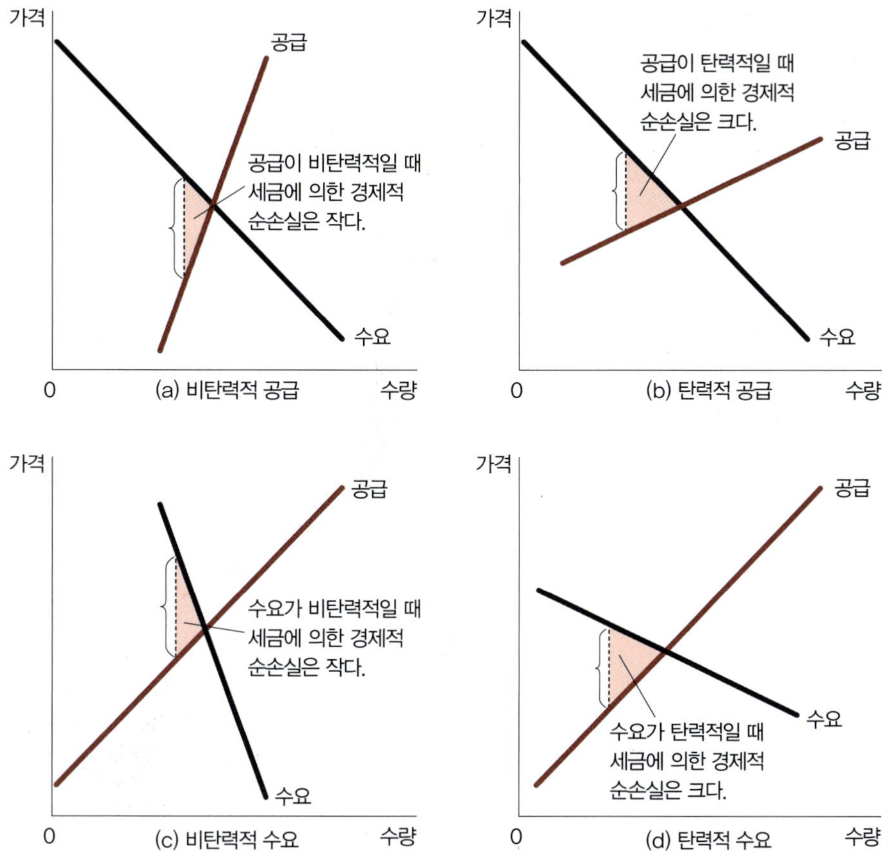

간단하게 말해서 수요와 공급이 비탄력적일수록, 즉 수요와 공급이 가격에 덜 민감할수록 경제적 순손실은 적어지고 수요와 공급이 탄력적일수록 세금에 의한 경제적 순손실을 커진다. 어떻게 보면 당연한 이야기일 수 있다. 왜냐하면 경제적 순손실은 세금이 부과됨에 따라 경제 안에서 상품의 거래량이 감소하여 야기되어지는 손실을 의미하는데, 수요와 공급이 비탄력적이라면 세금 부과에 따른 상품의 거래량 감소의 정도가 작으므로 경제적 순손실도 적게 나타나는 것이다.

알아두면 쓸모있는 경제 지식 **후생경제학**

후생경제학이란?

후생경제학Welfare Economics은 경제학의 한 분야로, 앞서 다룬 경제의 효율성, 파레토 최적, 경제적 잉여와 경제적 순손실 등을 다룬다. 후생경제학자들은 경제 활동과 정책이 사회의 총체적 복지에 어떤 영향을 미치는지 연구한다. 이들은 개인과 사회의 복지를 측정하고, 효율성과 공평성을 개선하기 위한 방안을 제시하는 데 주력한다. 후생경제학은 인류 경제 활동의 궁극적인 목표를 '행복 추구'로 보며, 사회와 경제 구성원들의 소비효용 및 복리증진을 목표로 한다.

후생경제학의 시작

후생경제학은 경제학과 함께 시작되었다. 경제학은 효용을 극대화하는 것을 목표로 하는 학문이기 때문이다. 경제학의 아버지인 애덤 스미스는 국부론에서 자유 시장 경제가 개인의 이익 추구 행위를 통해 전체 사회의 복지를 향상시킬 수 있다고 주장했다. 애덤 스미스의 주장을 계승한 18~19세기 경제학자인 제레미 벤담과 존 스튜어트 밀은 개인의 효용 개념을 도입하여 후생경제학의 근간을 이루었다.

영국의 경제학자 알프레드 마샬은 19세기 후반에 한계효용 개념을 제시하여 효용이론을 발전시켰다. 그는 한계효용을 이용하여 소비자와 생산자의 선택에 따른 후생의 변화를 분석하는 기초를 마련하였다. 20세기 초반의 이탈리아 경제학자 빌프레도 파레토는 파레토 효율성 개념을 도입하여 후생경제학에 큰 영향을 미쳤다. 이번 장에서 배웠듯이 그는 자원 배분의 효율성을 측정하고 이를 최적화하는 방법을 연구하였다. 파레토와 동시대의 영국 경제학자 아서 세실 피구는 시장 실패와 외부효과 개념을 도입하여 후생경제학의 연구범위를 확장하였다. 그는 1920년 그의 주저 "후생경제학"을 간행하면서 정부 개입이 필요한 경우와 조세 정책을 통한 복지 개선 방안을 제시하였고 후생경제학이라는 단어를 경제학에 본격적으로 등장시켰다.

후생경제학의 발전

20세기 들어 수많은 학자가 후생경제학 발전에 기여하였다. 20세기 초 경제학의 거장인 존 메이너드 케인스John Maynard Keynes는 경제의 안정성과 고용 창출을 통해 사회 전체의 복지를 향상하기 위해 정부의 적극적인 개입이 필요하다고 주장했고, 이를 통해 효율성과 공정성의 균형을 찾는 후생경제학의 중요한 목표를 제시했다. 이후에는 다음과 같이 많은 경제학자들이 후생경제학의 발전에 기여했다.

- 케네스 애로우Kenneth Arrow와 저런트 디브리즈Gerard Debreu: 애로우와 디브리즈는 1950년대에 일반균형 이론의 발전에 기여했다. 그들은 경제의 균형 상태에서 자원 배분의 효율성과 안정성을 증명하였고, 이 연구로 후생경제학의 수학적 기초가 강화되었다.

- 존 힉스John Hicks와 니콜라스 카우도Nicholas Kaldor: 힉스와 카우도는 20세기 중반에 후생경제학에 보상 개념을 도입했다. 이를 통해 경제의 변화를 평가할 수 있는 카우도–힉스 기준이 발전되었다.
- 아마르티아 센Amartya Kumar Sen: 아마도 후생경제학자 중 가장 유명한 사람은 아마르티아 센일 것이다. 센은 사회적 선택 이론과 공정성에 대한 연구를 통해 후생경제학에 큰 기여를 했다. 그는 사회적 복지함수 개념을 확장하고, 다양한 개인 복지 측정 방법을 제안했다.
- 존 로어머John Roemer: 20세기 후반, 로어머와 코예브 지수는 불평등의 측정과 분석에 대한 연구를 발전시켰다. 이를 통해 후생경제학의 불평등 분석이 확장되었고, 사회 정책의 평가와 개선에 도움이 되었다.
- 로버트 솔로Robert Solow: 20세기 후반, 솔로는 경제성장 이론의 발전에 기여하였다. 그는 지속 가능한 경제성장을 통해 사회 전체의 복지 향상이 중요하다고 강조했다.

"스위스 사람들이 가장 싸게 곡물을 생산하는 방법은 시계를 만드는 것이다."

– 루드비흐 폰 미제스 –

V 국제 가격의 결정

절대우위와 비교우위라는 개념은 경제학의 기틀을 만든 두 경제학자인 애덤 스미스와 데이비드 리카도에 의해 등장했다. 절대우위와 비교우위의 기본 개념은 2장에서 살펴보았다. 이번 절에서는 절대우위와 비교우위로 형성되는 국제 가격에 대해 설명해보고자 한다.

01 국제 가격과 절대우위

절대우위Absolute advantage는 국제무역 이론에서 사용되는 개념으로, 한 국가가 다른 국가에 비해 특정 상품이나 서비스를 더 적은 자원이나 노력으로 생산할 수 있는 능력을 의미한다. 따라서 절대우위는 다른 국가와 비교했을 때 어떤 나라가 특정 상품이나 서비스를 더 효율적으로 생산하는지를 판단하는 기준이 된다. 한 국가가 특정 상품의 생산에 있어 절대우위를 가지고 있다면, 다른 국가보다 더 적은 인력, 기술, 자본 또는 자원을 사용하여 같은 양의 상품을 생산할 수 있다.

간단한 예시를 통해 절대우위를 이해해보자. 두 개의 국가 A와 B가 상품 X를 생산한다고 가정해 보자. 국가 A는 1시간 동안 10개의 상품 X를 생산할 수 있고, 국가 B는 1시간 동안 5개의 상품 X를 생산할 수 있다고 가정하면, 국가 A는 상품 X의 생산에 있어 국가 B보다 절대우위를 가지고 있다. 즉, 국가 A는 동일한 시간 동안 더 많은 상품 X를 생산할 수 있다.

절대우위 개념은 국제무역에서 중요한 역할을 하며, 특정 상품이나 서비스를 생산하는 능력을 나타내는 지표이기도 하다. 그러나 현실적으로 경제적 경쟁 관계에 있는 국가들 사이에서 한 국가가 다른 국가에 비해 모든 상품을 더 효율적으로 생산하는 경우를 찾기는 거의 불가능하다. 따라서 절대우위만 고려하여 교역을 결정하는 것은 국가 간의 상호 이익을 최대화하기 어렵다. 이를 보완하기 위해 데이비드 리카도는 비교우위라 개념을 제시했다. 비교우위는 상대적인 생산 효율성을 고려하여 국가 간의 교역이 이루어지게 되면, 더 큰 상호 이익을 창출할 수 있음을 보여준다.

02 국제 가격과 비교우위

비교우위Comparative advantage는 한 나라가 특정 상품이나 서비스의 생산과 교환을 통해 이익을 얻을 수 있는 상황을 설명한다. 이는 19세기 영국의 경제학자 데이비드 리카도가 제시한 개념으로《국부의 원리Principles of political economy and taxation》라는 저서에서 처음 소개되었다.

비교우위는 국가 간의 무역패턴Trade pattern을 판단하는 중요한 기준이다. 어떤 국가가 국제무역에서 모든 상품을 더 낮은 비용으로 생산할 수 있다 하더라도, 상대국이 적어도 하나 이상의 특정 상품을 더 낮은 비용으로 생산할 수 있다면 비교우위가 존재한다. 이처럼 비교우위는 '상대적인' 생산력을 기준으로 판단하며, 한 국가가 다른 국가에 비해 상대적으로 더 효율적으로 생산할 수 있는 특정 상품이나 서비스를 찾아내어 특화된 생산과 교역을 통해 총체적인 이익을 극대화하는 것을 목표로 한다.

국제 가격에서 비교우위는 다음과 같이 설명할 수 있다. 국가 A와 국가 B가 두 가지 상품인 X와 Y를 생산하고 교역한다고 가정해 보자. 국가 A는 상품 X를 생산하는 데 상대적으로 더 효율적이고, 국가 B는 상품 Y를 생산하는 데 상대적으로 더 효율적이다. 이 경우 국가 A는 상품 X에 집중하고 국가 B는 상품 Y에 집중하여 생산할 수 있다. 그리고 두 국가는 교역을 통해 필요한 상품을 얻을 수 있다. 이로써 각 국가의 생산량과 효율이 향상되면서 전체적인 이익이 증가하게 된다.

간단히 말하면, A국의 한 단위 상품을 생산하는 데 드는 비용이 B국의 한 단위 상품 비용보다 낮을 경우, A국은 X상품에 대해 B국보다 비교우위를 가지게 된다. 이 경우, 자유무역은 A국이 X상품을 수출하는 방향으로 이루어질 것을 예상 할 수 있다. 기회비용에 기반한 전문화와 특화, 그로 인해 발생하는 의존 관계를 나타내는 개념이 바로 '비교우위'이다.

비교우위 개념은 국제무역이 자원을 효율적으로 분배하고 이익을 극대화할 수 있도록 하며, 각 국가가 경쟁력을 발휘할 수 있는 분야에 집중함으로써 세계 경제 전체의 번영에 기여한다는 점을 보여준다.

03 비교우위의 핵심은 생산 기회비용의 차이

분식집 주인보다 라면을 잘 끓이는 축구선수가 있다고 가정해보자. 이 축구선수는 축구시즌 동안 라면을 끓이는 대신 축구에 집중하기로 결정했다. 축구 경기에서 얻을 수 있는 이익이 라면을 끓이는 시간 동안 벌 수 있는 이익보다 훨씬 크기 때문이다. 축구선수가 라면을 끓이지 않으므로 라면을 먹고 싶은 사람들은 분식집에서 라면을 사먹게 된다. 결과적으로 축구선수는 축구로 돈을 벌게 되고, 동시에 분식집 주인도 매출이 증가한다.

단적인 예시를 통해 우리는 각자의 역할에 집중하여 경제적 이익을 창출하는 것이 중요하다는 것을 알 수 있다. 축구선수는 축구에 비교우위를 가지며, 분식집 주인은 라면을 더 효율적으로 끓이는 능력을 가지게 된다. 이렇게 함께 협력하면 사회 구성원들은 훌륭한 축구 경기와 맛있는 라면을 더 많이 누릴 수 있다.

04 비교우위의 원리를 기반으로 하는 특화와 자유거래

자유거래는 사람들이 비교우위를 가진 특정 재화의 생산에 특화될 수 있도록 해준다. 비교우위 원리를 기반으로 한 특화와 자유거래를 통해 경제의 총생산량을 극대화하여 사회의 구성원들이 모두 이득을 얻을 수 있다.

또한 자유거래를 통해 두 사람은 상호간에 이득을 얻을 수 있다. 거래가 이루어질 때는 각 재화의 생산에 들어가는 기회비용을 고려하여 상호 합의된 가격이 결정되며, 이 가격은 양측이 상대방의 재화를 얻음으로써 발생하는 이익을 공정하게 나누어주는 역할을 한다. 이렇게 비교우위의 원리를 기반으로 한 특화와 자유거래는 경제적 자원을 효율적으로 활용하고, 개인과 사회의 이익을 동시에 극대화하는 원리이다. 이를 통해 경제의 생산성과 사회적 번영을 이룰 수 있다.

알아두면 쓸모있는 경제 지식 데이비드 리카도

데이비드 리카도의 초상과 그의 1817년 저서 《정치경제학 및 과세의 원칙 연구(On the Principles of Political Economy and Taxation)》의 표지

데이비드 리카도는 영국의 경제학자로, 국제무역 이론 특히 비교우위 개념으로 유명하다. 그는 19세기 초기에 활동하였으며 애덤 스미스와 함께 고전파 경제학의 주요 인물 중 하나로 꼽힌다. 이번 장에서 설명한 비교우위의 개념 또한 1817년 저서인 《정치경제학 및 과세의 원칙 연구On the Principles of Political Economy and Taxation》에서 언급한 영국과 포르투갈 간 포도주와 직물 무역 사례를 통해 처음 설명하였다. 데이비드 리카도의 이론들은 고전파 경제학을 이해하는 데 큰 도움을 준다. 그가 연구한 주요 경제 이론들은 다음과 같다.

- 비교우위Comparative Advantage: 리카도는 국가 간 교역에서 상대적인 생산 효율성이 중요하다고 주장했다. 비교우위 이론에 따르면, 각 국가가 자신의 비교우위가 있는 상품이나 서비스에 집중하여 생산하고 다른 국가와 교역을 통해 필요한 상품이나 서비스를 얻게 되면, 전체적인 이익이 극대화된다는 것이다.
- 노동가치이론Labor Theory of Value: 리카도는 상품의 가치가 그 상품을 생산하는 데 소비된 노동시간에 의해 결정된다고 주장했다. 이 이론은 고전파 경제학의 주요 가치이론 중 하나로, 후에 칼 마르크스가 자본주의 경제체제를 비판하는 데 사용하기도 했다.
- 경제적 대리효과Economic Rent: 리카도는 토지 소유자가 농업 생산에서 얻는 수익 일부는 토지의 자연적인 비옥성, 위치 등과 같은 토지의 고유한 특성 때문에 발생한다고 주장했다. 이를 경제적 대리효과라고 부르며, 이 개념은 오늘날 경제학에서 여러 가지 자원과 요소에 적용되고 있다.
- 자본누적과 경제성장: 리카도는 자본누적이 경제성장에 중요한 역할을 한다고 주장했다. 그는 자본주의 경제체제에서 자본누적을 통해 생산성이 향상되고, 이에 따라 경제성장이 이루어진다고 설명했다.
- 인구론: 리카도는 인구 증가와 경제성장 간의 상호 관계에 관해 주장했다. 그는 인구 증가가 농업 생산의 한계에 도달하면 경제성장이 둔화되고, 최저임금이 농업 생산의 한계로 떨어진다고 설명했다. 이러한 인구론은 토머스 맬서스의 인구 이론과 유사한 부분이 있다.

Case Study

파레토 최적은 공정함을 가져올 수 있을까?

위의 질문에 대답하기에 앞서, 공정함과 파레토 최적의 의미에 대해 다시 되짚어보자.

공정함은 자원이나 부의 분배가 고르고 균형 있게 이루어졌는지를 평가하는 기준이다. 공정한 분배는 사회 구성원 간의 불평등을 줄이고, 기회와 결과의 균형을 추구하는 것을 목표로 한다. 그리고 파레토 최적Pareto optimality은 한 명의 복지를 향상하려면 다른 사람의 복지를 저하해야만 하는 상황을 말한다. 이는 효율성에 관한 개념으로, 자원의 배분이 얼마나 잘 이루어졌는지를 측정한다.

자원의 배분이 '잘' 이루어졌는지를 측정한다는 점에서 파레토 최적은 '공정한' 부 혹은 자원의 배분과 쉽게 연결될 수 있다. 그러나 파레토 최적과 공정함은 서로 다른 목적과 의미를 가지고 있다는 것을 유의해야 한다. 파레토 최적 상태는 더 이상의 효율성 개선이 없다는 것을 뜻하는데, 이는 현재의 자원 배분이 공정하거나 고르게 분배되었다는 것을 의미하지 않기 때문이다.

파레토 최적 상태에서도 사회적 불평등이나 불공정한 분배가 존재할 수 있다. 예를 들어 A와 B 두 사람이 있을 때, A가 모든 자원을 소유하고 B가 아무것도 가지지 못한 상황이 파레토 최적일 수 있다. 이 상황처럼 파레토 최적은 공정함Equity이나 균등한 자원 분배를 보장하지 않는다.

파레토 최적과 공정함은 다음과 같은 상관관계가 있다.

- 상호 독립적 관계: 이미 언급하였듯이 파레토 최적은 효율성에 초점을 맞추고 있으며, 공정함은 분배에 초점을 맞춘다. 그러므로 이 두 개념은 서로 독립적인 목표로 볼 수 있으며, 파레토 최적 상태가 공정함을 보장하지 않고 둘을 그냥 별개의 경제적 문제가 될 수 있다.
- 상충 관계: 그러나 때로는 파레토 최적과 공정함이 상충 관계에 놓일 수 있다. 즉, 효율성을 추구하다 보면 자원의 분배가 불공정해질 수 있으며, 반대로 공정함을 추구하다 보면 효율성이 저하될 수 있다는 의미이다.
- 정책적 균형: 후생경제학에서는 파레토 최적과 공정함 사이의 균형을 찾는 것이 중요한 목표이다.

이를 위해 소득 재분배를 통해 불평등을 완화하면서 경제의 효율성을 유지하려는 노력과 같은 정부 정책이나 사회적 선택이 필요하게 된다.

결국, 파레토 최적은 효율성과 관련된 개념이기 때문에 공정함이나 불평등 문제를 해결하는 데 직접적인 해답을 제공하지 않는다. 후생경제학에서는 파레토 최적과 공정함 사이의 균형을 찾는 것이 중요한 목표로 여겨지며, 이를 위해 정부 정책과 사회적 선택이 필요하게 된다.

단원 요약

- 시장은 균형상태일 때 효율적이다.
- 파레토 최적은 '한정된 자원이 가장 효율적으로 배분된 상태'를 의미한다.
- 경제학에서 경제적 잉여는 기업이나 가계가 생산한 가치에서 생산비용을 뺀 나머지 부분이다.
- 시장의 순손실은 시장의 실패, 비용의 증가, 생산량의 감소, 자원의 낭비, 환경파괴 등 다양한 원인에 따라 발생한다.
- 비교우위는 국가 간 상대적 기회비용을 기반으로 무역패턴을 판단할 수 있는 기준을 제공한다.

토론 과제

1. 균형점에서 소비자와 생산자의 총잉여가 극대화되며 세금이 부과되면 소비자 잉여와 생산자 잉여가 감소하고 사회적으로도 비효율적인 순손실이 발생한다. 그렇다면 경제에 세금을 부과하는 것인 비합리적인 행위인지 토론하라.
2. 정부 경제정책의 목표로 파레토 최적은 적합한지 토론하라.
3. 수요와 공급이 비탄력적일수록 경제적 순손실은 적어지고 수요와 공급이 탄력적일수록 세금에 의한 경제적 순손실은 커진다. 그러면 수요와 공급이 비탄력적인 상품에 대해 정부가 상대적으로 많은 세금을 부과하더라도 그 사회가 감당해야 하는 순손실은 상대적으로 적다는 의미이다. 그러므로 정부는 상품 수요와 공급의 탄력성에 따라 비대칭적인 과세를 해야 할까? 다시 말해, 수요와 공급이 비탄력적인 상품에 대해서는 높은 세금을 매기고 탄력적인 상품에 대해서는 낮은 세금을 매겨야 할지 토론하라.

연습 문제

다음 설명이 맞으면 T, 틀리면 F에 동그라미를 표시하여라.

1. 경제학에서 효율성은 '누군가의 후생을 손상시키지 않고서는 다른 사람의 후생을 증가시킬 수 없는 상태'를 뜻한다. T / F

2. 자유방임주의를 주장한 대표적인 사례가 1817년에 쓰여진 데이비드 리카도의 《정치경제학 및 과세의 원칙 연구》이다. T / F

3. 시장이 경제적으로 효율적이기 위해서는 시장이 완전 경쟁적이라는 가정과 시장의 성과가 그 성과에 해당하는 수요자와 공급자에게만 적용된다는 가정이 필요하다. T / F

4. 파레토 최적은 '한정된 자원이 가장 공정하게 배분된 상태'를 의미한다. T / F

5. 경제학에서 경제적 잉여는 기업이나 가계가 생산한 가치에서 생산비용을 뺀 나머지를 말한다. T / F

6. 경제적 잉여는 시장의 효율성을 나타내는 지표로도 사용되며, 시장의 완전경쟁 상태에서 경제적 잉여가 최대화되는 것으로 가정한다. T / F

7. 수요와 공급이 비탄력적일수록 경제적 순손실은 커진다. T / F

8. 세금이 커지면 시장 거래량이 줄어 조세수입은 오히려 감소한다. 이러한 관계를 보여주는 곡선을 필립스 곡선이라 부른다. T / F

9. 비교우위 개념은 국제무역이 자원의 효율적 분배와 이익을 극대화할 수 있게 한다. T / F

정답 1. T 2. F 3. T 4. F 5. T 6. T 7. F 8. F 9. T

공공경제

I 시장실패

II 외부효과

III 코스의 정리

IV 재화

V 공유지의 비극

Chapter

05

"장기적으로 보면 우리는 모두 죽는다."

–존 메이너드 케인스 –

I 시장실패

01 시장실패란?

앞서 4장에서 시장실패에 대해 간략히 다뤘다. 이번 장에서는 시장실패와 보이지 않는 손에 대해 좀 더 깊이 살펴보고자 한다. 시장실패는 자원이 효율적으로 분배되지 않는 상황을 말한다. 특히 경제학에서는 시장실패를 정부나 시장 외부의 요인이 개입하여 자원 배분이 비효율적으로 이루어지는 것이 아니라, 자유 시장 자체가 자원을 효과적으로 분배하지 못하는 상황을 의미한다.

이는 경제학에서 애덤 스미스와 고전 경제학자들이 주장하는 '시장이 자원을 효율적으로 할당한다'는 이론과는 다른 결과이다. 이에 대한 이유를 크게 두 가지로 나눌 수 있다. 첫째, 시장이 자원을 효율적으로 분배하는 것은 여러 조건이 충족될 때에만 가능한데, 현실에서는 그러한 조건이 충족되지 않는 경우가 많기 때문이다. 둘째, 현실에서는 시장이 자원을 효율적으로 할당하는 것을 방해하는 여러 요인들이 존재하기 때문이다. 시장실패를 만드는 대표적인 요인으로는 공공재, 외부 효과, 정보의 불균형, 시장 힘의 불균형, 불완전한 경쟁 등이 있다.

따라서 시장실패가 발생할 때는 정부와 공공 기관이 개입하여 시장의 효율성을 향상시키고 균형을 회복하기 위한 정책과 규제를 도입하는 경우가 많다. 특히 정부는 이러한 시장실패의 원인을 해결하기 위해 시장에 개입한다. 이는 시장이 달성하지 못한 경제적 균형을 달성하기 위한 노력이다.

02 보이지 않는 손의 불완전성

'보이지 않는 손'이라는 개념은 애덤 스미스의 저서인 《국부론》에서 처음 소개되었다. 이 개념은 개인의 이기적인 행동이 시장경제에서 최적의 결과를 가져올 수 있다는 주장으로, 애덤 스미스는 이를 통해 자원이 효율적으로 분배되고, 소비자와 생산자 모두에게 이익이 돌아간다고 설명했다. 그러나 현실에서는 이러한 이상적인 상황이 항상 일어나지는 않는다. 만약 시장 정보의 불완전성, 외부효과, 공공재 등 자원의 효율적 분배를 방해하는 요인이 있다면 시장은 보이는 손이 제대로 작동하지 않고 실패할 수 있다. 보이지 않는 손의 메커니즘은 다음의 가정이 성립할 때 실현된다.

❶ 이기적 행위

개인과 기업은 각자의 이익을 극대화하기 위해 이기적으로 행동해야 한다. 이기적인 행위를 통해 경쟁이 촉진되고, 자원이 효율적으로 분배될 수 있다.

❷ 완전한 경쟁

완전한 경쟁이 유지되어야 한다. 즉, 시장에는 많은 소비자와 생산자가 있고, 이들 간의 경쟁이 이루어져야 한다. 완전한 경쟁 상태에서는 개별 생산자와 소비자가 시장가격에 영향을 미칠 수 없고, 시장가격이 공급과 수요의 균형에 의해 결정될 수 있다.

❸ 완전한 정보

시장 참여자들은 완전한 정보를 가지고 있어야 한다. 소비자들은 제품의 품질과 가격에 대해 알고 있으며, 생산자들은 생산 과정에 대한 정보를 알고 있어야 한다. 이러한 가정에서 가격은 신호 역할을 하여 자원을 효율적으로 분배하는 데 도움이 될 수 있다.

❹ 자원의 이동성

자원은 시장에서 자유롭게 이동할 수 있어야 한다. 수익이 높은 부문에서는 자원이 더 많이 투자되고, 반대로 수익이 낮은 부문에서는 자원이 감소해야 한다. 이는 시장에서 효율적인 자원 분배를 가능하게 한다.

❺ 무거래 비용

거래 비용이 없다는 가정에서 시장 참여자들은 자유롭게 거래를 할 수 있으며, 자원의 효율적인 분배가 가능해진다.

이러한 가정들이 충족될 때, 보이지 않는 손의 원리가 작동하여 자원이 효율적으로 분배될 수 있다. 그러나 실제로는 가정들이 항상 만족되지 않기 때문에, 보이지 않는 손 원리가 항상 효과적으로 작동하지는 않을 수 있다.

03 시장실패의 원인과 해결방안

시장실패의 원인

보이지 않는 손의 가정들을 통해 현실에서 애덤 스미스의 주장과는 다르게 자원이 효율적으로 분배되지 않는 상황을 어느 정도 유추해 볼 수 있다. 이를 바탕으로 시장실패의 원인에 대해 구체적으로 알아보자.

❶ 공공재

공공재는 여러 사람이 함께 이용할 수 있고 다른 사람이 그것을 소비하더라도 소진되지 않는 재화나 서비스를 말한다. 즉, 경쟁적인 소비가 이루어지지 않고, 사용 제한이 없는 재화이다. 그러므로 공공재는 비배제성과 비경쟁성이라는 두 가지 주요 특성을 가진다.

비배제성은 공공재를 사용하는 사람들을 배제할 수 없는 특성을 말한다. 다시 말해, 한 사람이 공공재를 사용하더라도 다른 사람들이 사용하는 데에는 영향을 주지 않는다. 예를 들어, 공기와 같은 자원은 모든 사람이 사용할 수 있으며, 한 사람이 공기를 사용하더라도 다른 사람들이 사용할 수 있는 공기량에는 영향을 미치지 않는다. 비경쟁성은 공공재를 한 사람이 사용하더라도 다른 사람들의 소비에 영향을 주지 않는 특성이다. 다시 말해, 한 사람이 공공재를 소비하더라도 다른 사람들이 같은 자원을 소비할 수 있다는 의미이다.

공공재의 일반적인 예로는 국방, 공기, 공원, 가로등 등이 있다. 이러한 공공재는 개인 시장에서 제공하기 어려우므로 정부가 제공하거나 지원하는 경우가 많다. 공공재를 제공하는 데에는 대부분 세금이 사용되며, 이를 통해 모든 사람들이 동등하게 공공재를 이용할 수 있다. 그러나 공공재의 제공은 공유된 자원의 오용이나 남용으로 이어질 수 있으며, 이를 '비극의 공원'이라고 한다. 이 문제를 해결하기 위해 정부가 규제를 도입하거나 국민에게 적절한 자원 사용에 대한 교육을 제공하는 등 다양한 방법을 시도할 수 있다. 공공재의 이러한 특성 때문에 시장에서 적절한 수량과 가격으로 공급되지 않을 수 있다.

❷ 외부효과

외부효과란 시장 참여자의 의사결정이 시장에 참여하지 않는 제삼자에게 미치는 영향을 나타낸다. 이는 긍정적인 외부효과와 부정적인 외부효과로 나뉜다. 시장에서는 이러한 외부효과의 영향을 반영한 가격으로 거래되지 않을 수 있으며, 이러한 비효율적인 거래가격은 시장의 비효율성을 초래하여 시장 실패로 이어질 수 있다. 외부효과에 대해서는 다음 절에서 더 자세히 다룰 예정이다.

❸ 정보의 불균형

시장 참여자들 간의 정보 불균형은 시장의 효율성을 감소시켜서 시장실패를 초래할 수 있다. 일부 참여자들이 다른 참여자들보다 더 많은 정보를 가지고 있을 때, 시장에서 이루어지는 거래가 불공정하게 이루어질 수 있고, 이에 따라 자원의 효율적 분배가 어려워질 수 있다.

❹ 시장의 힘의 불균형으로 인한 불완전한 경쟁

시장이 자원을 효율적으로 배분하기 위해서는 완전경쟁시장이어야 한다. 완전경쟁시장은 많은 판매자와 구매자가 있으며, 가격이 수요와 공급으로 결정되는 시장을 말한다. 완전경쟁시장에서는 개별 생산자와 소비자는 가격에 영향을 미칠 수 없으며, 모든 상품과 서비스는 동일하다고 가정한다. 완전경쟁시장에 대해서는 7장에서 자세히 다룰 예정이다.

그러나 현실 세계에서는 완전경쟁시장의 가정이 충족되지 않을 수 있다. 한 기업이 시장에서 독점적인 영향력을 행사하거나, 소수의 기업이 시장에서 지배적인 영향력을 가지는 경우가 있기 때문이다. 이러한 불완전한 경쟁 구조에서는 기업들이 소비자와 생산자의 이익에 영향을 미치며, 경쟁이 저하되어 모든 결정을 시장에 맡기더라도 가격과 생산량이 효율적인 수준에서 벗어날 수 있다. 또한 불완전한 경쟁은 제품 차별화, 거래 비용, 진입 장벽 등을 발생시키기도 한다.

| 불완전한 경쟁의 주요 형태 |

현실에서 불완전한 경쟁은 여러 가지 형태로 나타난다. 불완전한 경쟁의 주요 형태는 다음과 같다.

- 독점Monopoly: 특정 상품이나 서비스를 시장에서 하나의 기업이 독점적으로 제공하는 경우를 말한다. 독점 기업은 시장에서 가격과 생산량을 조절할 수 있다. 이에 따라 사회 복지가 감소하게 된다. 독점은 특허, 자원 통제, 규제 등 다양한 요인에 의해 발생할 수 있다.

- 과점Oligopoly: 소수의 기업이 시장을 공유하고 있으며, 이들은 서로의 행동에 따라 가격과 생산량을 결정할 수 있다. 종종 과점 기업들은 담합을 통해 가격을 높이거나 시장을 분할하기도 한다. 과점 시장에서는 종종 제품 차별화와 광고 경쟁 등이 발생한다.
- 독점적 경쟁Monopolistic Competition: 많은 기업들이 비슷한 제품을 제공하면서 제품에 차이를 두는 경우를 말한다. 독점적 경쟁 시장에서 기업들은 제품의 차별화를 경쟁력을 확보하려고 한다. 이에 따라 기업들은 광고 비용을 증가시키거나 고객의 브랜드 충성도를 높이는 전략을 사용할 수 있다.

시장실패 해결방안

시장의 성과는 경제적 효율성(소비자 잉여와 생산자 잉여의 합의 극대화)을 바탕으로 평가된다. 일반적으로 정부의 시장개입은 비용을 발생시켜 경제적 효율성을 저하한다. 그러나 때로는 정부가 개입함으로써 효율성을 높일 수도 있다. 예를 들어 시장가격이 소비자와 생산자의 기준을 충족시키지 못하면 자유로운 시장은 경제적 효율성을 극대화하지 못하고 오히려 비효율적인 결과를 가져올 수 있다. 이런 경우 정부의 개입이 시장실패를 완화할 수 있다. 다만 적절한 정부 개입 수준에 대해서는 명확한 답이 존재하지 않는다.

상식 넓히기 시장실패 사례: 남해회사의 버블

자료: 에드워드 와드, 남해회사 버블 풍자화, 1847년

18세기 초, 영국은 스페인 왕위 계승 전쟁(1701~1714)에서 사실상 승리하지만 전쟁 자금을 국채로 조달한 탓에 엄청난 빚더미에 올랐다. 1711년, 전쟁이 끝날 무렵 영국의 부채는 1,000만 파운드에 달했고, 영국 재정 지출 중 9%가 채무상환과 군사비로 사용되는 수준이었다.

당시 영국의 재무장관이었던 로버트 할리는 스페인령 아메리카에서 노예 공급을 허용하는 조약을 체결할 것을 예측하였다. 그는 이를 대비하기 위해서 남해회사The South Sea Company 설립을 추진했다. 이 회사의 주된 목적은 영국 정부가 전쟁 중 발행한 채무를 상환하는 것이었다. 그의 계획은 다음과 같았다.

첫째, 당시 전쟁을 위해 영국이 발행한 단기 국채를 연 6%의 영구 주식증서로 전환한다.

둘째, 남해회사의 이윤을 통해 6%의 이자를 상환한다.

셋째, 이러한 과정을 통해 영국 정부는 실질적으로 국채를 정리할 수 있다.

로버트 할리가 계획한 이 조약은 현실이 됐다. 영국 정부는 노예공급을 허용하는 특권과 남태평양 무역 독점권을 남해회사에 양도했다. 그리고 역시나 계획대로 남해회사는 유상증자로 1,000만 파운드 상당 국채를 주식으로 전환 인수하였다. 그러나 예상치 못한 문제가 생겼다. 조약으로 얻어낸 무역권 내용이 '1년에 500톤 이하의 물량을 적재한 화물 한 척'으로 기대에 훨씬 못 미친 것이다. 엎친 데 덮친 격으로 실제 교역도 1717년에나 성사되었으며, 이에 따라 남해회사는 되려 200만 파운드의 채무를 지게 됐다.

남해회사는 이 위기를 1718년 복권을 발행함으로써 일단 넘길 수 있었다. 또한 1719년에는 연 5% 전환사채를 발행해 3,100만 파운드의 국채를 인수한다고 밝히고, 750만 파운드의 부담금으로 주식 발행권을 얻었다. 당시 영국 정부의 부채 중 1,500만 파운드가 중도 상환이 불가능하고 거래도 거의 불가능한 장단기 연금 증서였다. 높은 이율의 비유동적 채권을 유동성이 높은 주식으로 전환하는 것은 영국 정부와 채권자, 남해회사 모두에게 유리한 선택이었다. 당시 재무장관이 된 존 아이스래비가 이 계획을 의회에 제출하자, 남해회사 주식 가격은 거래가 128파운드에서 50% 폭등한 187파운드가 되었다. 남해회사는 마침내 성공적인 비즈니스로 자리 잡는 듯 보였다.

남해회사의 주가가 오르자, 영국 의회는 계획을 승인했다. 덕분에 남해회사는 가능한 금융회사로 변신할 수 있었다. 남해회사 주식이 추가로 발행되었음에도 주가는 300파운드까지 상승했다. 남해회사는 전환사채 발행을 마치는 동안 스페인 식민지에서 통상권을 확보하였고, 은 광산을 운영할 수 있다는 소문을 퍼뜨려 주가를 올렸다. 1720년 중반부터 남해회사 사업이 진행되면서 무역 독점권을 이용해 막대한 이윤을 창출하리라는 기대가 높아지며 투자자들은 소유하고 있던 국채를 팔고 남해회사 주식을 구매하는 데 열을 올렸다.

국채와 주식의 교환 비율이 정해지지 않은 상황에서, 경영진은 주가를 올려 회사의 이익을 극대화하려고 노력했다. 귀족과 부르주아뿐 아니라 서민까지 '주식에 대한 충분한 이해' 없이 돈을 벌기 위해 남해회사에 투자했다. 남해회사 임원은 주식 가격을 더 높이기 위해 '스페인이 영국에게 페루 포토시 은광을 넘겨줄 것이며 은이 쇠처럼 흔하게 될 것'이라는 소문을 유포했다. 이에 투기 열풍은 더 거세졌다. 당시 런던 인구의 절반에 해당하는 사람들이 마차를 끌고 남해회사 주식을 구매하기 위해 몰려들어서 도로의 통행이 수 주일 동안 마비되었다는 기록도 있다.

1720년 1월, 128파운드였던 남해회사 주가는 5월 550파운드, 8월에는 1,000파운드까지 상승했다. 물론 본업인 무역 활동은 거의 이루어지지 않았다. 남해회사는 국가부채를 인수하는 금융회사로 탈바꿈해 경이로운 주가 상승을 이뤘다. 상승 기조에 편승해 은행과 영국 동인도 회사 주가도 함께 상승했다.

이러한 분위기에 편승한 '사기 공모'도 줄을 이었다. 대중은 '아무 주식'이나 구매하려고 했고, '어떤 사업인지'는 중요한 문제가 아니었다. 상식적으로 말이 되지 않는 프로젝트가 100개 이상이 되었고 '엄청난 이익을 얻을 수 있는 사업이지만 그 내용을 공개할 수 없다'라는 회사까지 설립하고 단 5시간 만에 거액의 투자금을 갖고 유럽을 떠난 사례도 있다.

정부의 허가 없이 이러한 회사를 만드는 것은 금지되어 있었지만, 자금조달 시간이 극단적으로 짧아지자 무단으로 회사를 설립한 뒤 투자금을 받는 불법행위가 지속됐다. 대중들은 돈을 벌기 위해 열광적으로 투자했다. 위기를 느낀 영국 정부는 6월 24일 '거품 회사 규제법'을 통과시키고, 8월 24일 고지 영장을 발급하면서 투자자들을 보호하려 하였으나 그 순간 거품이 터져버렸다.

"일반적으로 사업가들은 개인적으로 얻는 수익과 사업의 결과물에만 관심을 갖는다."

– 아서 피구 –

II 외부효과

01 외부효과란?

외부효과Externality는 어떤 경제 주체의 행위가 그 주체가 아닌 제삼자에게 편익이나 비용을 발생시키는 경우를 말한다. 이로 인해 외부효과가 일으킨 편익이나 비용이 시장의 가격 체계에 반영되지 않아 자원분배가 비효율적으로 이뤄지는 것이다. 간단히 말하면 어떤 개인이나 기업의 경제 활동이 다른 경제 주체들에게 예상치 못한 혜택이나 손해를 일으키지만 이에 대한 보상이나 대가가 이루어지지 않는 상황을 의미한다.

일반적으로 외부효과는 긍정적 외부효과와 부정적 외부효과로 구분된다. 이러한 외부효과는 시장실패의 한 원인으로 간주되며, 이를 해결하기 위해 정부가 개입하는 경우가 많다. 정부는 외부효과를 극복하기 위해 여러 가지 정책 수단을 사용할 수 있다. 예를 들면, 부정적 외부효과를 내포한 행위에 대해 부과하는 피구세Pigouvian tax, 긍정적 외부효과를 촉진하기 위한 보조금, 규제 및 허가제, 그리고 재산권 정의 및 거래 등이 있다.

02 외부효과의 분류

외부효과는 외부경제(긍정적 외부효과)와 외부불경제(부정적 외부효과)로 나눌 수 있다. 둘의 공통점은 제삼자에 대한 의도가 전혀 없어야 한다는 데 있다.

외부경제

어떤 경제 활동으로 인해 발생하는 이익이 경제 주체 외의 다른 주체에게도 이롭게 작용하는 경우를 말한다. 한 주택 소유자가 집을 개조하여 집값을 올리면, 이웃 주택의 가치도 상승하는 경우를 긍정적 외부효과의 한 예로 쉽게 생각해 볼 수 있다. 또한 교육 수준도 긍정적 외부효과의 예시가 될 수 있다.

이러한 긍정적 외부효과는 개별 주체의 행동에 대한 사회적 가치를 높여주며, 이를 통해 전체 경제의 효율성이 증가할 수 있다. 그러나 긍정적 외부효과로 인해 증가한 편익은 대부분 개인에게 돌아가지만 긍정적 외부효과를 일으킨 주체는 정작 그 편익을 누리지 못하는 경우가 많다.

그러므로 긍정적 편익을 주는 재화나 서비스의 시장에서 결정되는 생산량은 일반적으로 사회적으로 필요한 생산량보다 적다. 즉, 시장에만 의존하면 외부에 긍정적 편익을 주는 재화나 서비스의 생산량이 부족해 시장 실패로 이어질 수 있다. 따라서 정부는 이러한 재화의 생산량을 사회적으로 필요 수준으로 늘리기 위해 보조금을 지급하는 정책을 시행하기도 한다.

긍정적 외부효과의 사례

이웃이 세계적인 건축가를 고용하여 집을 재건축하는 경우를 가정했을때, 이웃의 행동이 우리에게 미치는 영향은 바로 집값의 상승이다. 이웃이 집을 재건축하여 동네의 랜드마크가 되면, 우리 집을 포함한 주변의 집값도 올라간다. 하지만 우리는 이러한 긍정적 외부효과를 누리면서 실제로는 아무런 비용을 지불하지 않는다. 이것이 외부효과의 핵심이다. 시장이 공정하고 효율적이라면, 주변 집주인들이 이러한 긍정적 외부효과를 누리기 위해 비용을 들여 재건축을 한 이웃에게 일정한 보상을 제공해야 한다. 즉, 집값이 상승한 만큼 비용을 부담한 주체가 보상을 받아야 한다. 그렇지 않으면 시장은 효율적이지 못하고 불공정한 상황이 될 수 있다. 따라서 이러한 상황에서 정부는 외부효과를 고려하여 시장을 조절하거나 보상을 제공하는 등의 정책을 시행할 수 있다.

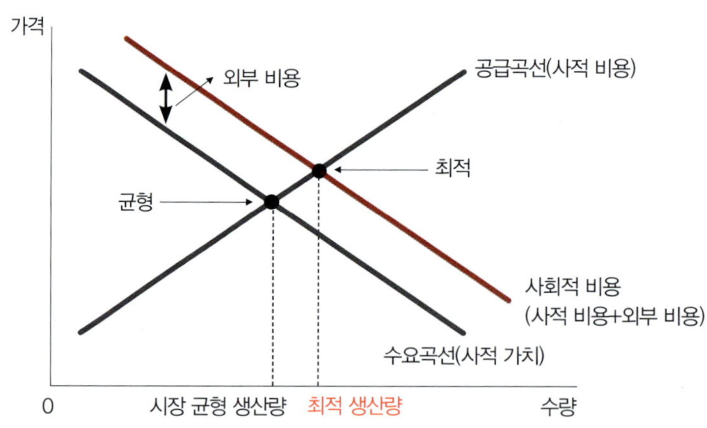

그래프에서 알 수 있듯이 긍정적 외부효과를 나타내는 재화의 경우 사회의 효용을 극대화하는 최적 생산량Qoptimum이 시장 균형 생산량Qmarket보다 크다. 이는 시장실패이다. 왜냐하면 시장이 생산하는 재화의 양이 사회의 최적 생산량이 아니기 때문이다.

외부불경제

외부불경제란 어떤 경제 활동으로 인해 발생하는 비용이 경제 주체 외의 다른 주체에게 부담을 주는 경우를 말한다. 예를 들어, 어떤 공장이 발생시키는 대기오염은 주변 주민들의 건강을 해치거나 농작물 피해를 초래할 수 있다. 이러한 부정적 외부효과는 개별 주체의 행동에 대한 사회적 비용을 증가시키며, 이에 따라 전체 경제의 효율성이 감소할 수 있다.

부정적 편익을 주는 재화나 서비스가 시장에서 결정되는 생산량은 사회적으로 필요한 생산량보다 많을 수 있다. 예를 들어, 공장이 폐기물을 강에 버린다고 가정해보자. 이 회사는 폐기물 처리비를 고려하지 않고 모든 폐기물을 버리는 것이 최적이 될 것이다. 하지만 이 강에서 낚시를 하는 사람들은 폐기물로 인해 피해를 입는다. 따라서 그들에게는 폐기물이 버려지지 않는 것이 최적이다. 이렇듯 부정적인 외부효과를 일으키는 재화는 생산자가 사회가 원하는 것보다 더 많이 생산하는 구조적 문제를 가질 수밖에 없고, 이는 시장실패로 이어질 수 있다.

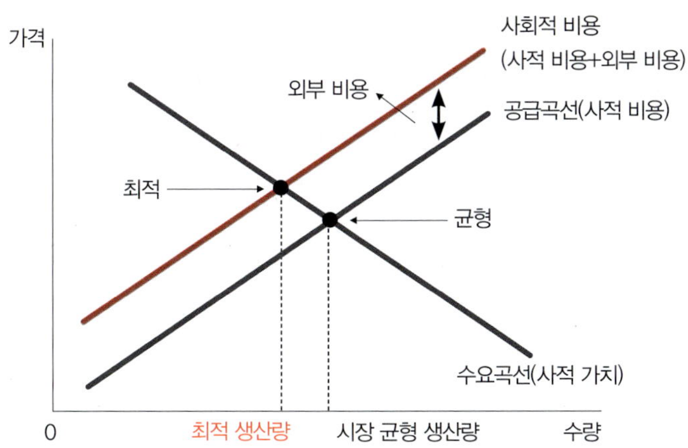

위 그래프를 보면 부정적 외부효과를 가진 재화의 경우, 사회의 효용을 극대화하는 최적 생산량이 시장 균형 생산량보다 작다. 시장이 생산하는 재화의 양이 사회의 최적 생산량이 아니기 때문에 이는 시

장실패를 의미한다.

긍정적 외부효과나 부정적 외부효과로 인한 시장실패를 해결하기 위해 정부는 재화의 생산량을 사회가 필요한 만큼 맞추는 정책을 펼친다. 긍정적 외부효과를 만드는 재화의 경우 정부가 보조금을 제공하여 시장 생산량을 사회가 요구하는 최적 생산량만큼 증가시킬 수 있고, 부정적 외부효과를 만드는 재화의 경우 정부가 세금을 부과하여 시장 생산량을 사회가 요구하는 최적 생산량만큼 감소시킬 수 있다. 이를 우리는 외부효과의 내부화라고 부른다.

외부효과의 내부화

외부효과의 내부화Internalization of externalities는 외부효과가 시장에서 발생하는 비용이나 이익이 개별 경제 주체에 의해 고려되도록 하는 과정을 말한다. 이를 통해 시장에서 발생하는 불평등과 비효율성을 줄이고, 사회적으로 최적의 자원 분배를 달성할 수 있다. 간단히 말해 외부효과의 내부화는 개인들이 자신의 행동이 초래하는 외부효과를 고려하여 의사결정을 내리도록 유도하는 구조 조정이다. 정부는 이를 위해 다음과 같은 정책을 사용할 수 있다.

❶ 세금과 보조금: 정부는 긍정적 외부효과가 있는 상품에 대해 보조금을 지급하거나, 부정적 외부효과가 있는 상품에 대해 세금을 부과하여 외부효과를 내부화할 수 있다. 예를 들어, 교육 서비스와 같이 긍정적 외부효과를 가진 부문에 보조금을 지급하거나 교육비를 지원함으로써 사회 전체의 이익을 증가시킬 수 있다. 반면 대기오염이 심한 산업에 환경세를 부과하면, 해당 산업의 생산자와 소비자는 오염을 줄이는 비용을 고려하게 되어 외부효과를 내부화할 수 있다.

❷ 규제와 허가제: 정부는 긍정적 외부효과를 증진하거나 부정적 외부효과를 감소시키기 위해 법률이나 규제를 도입할 수 있다. 예를 들어, 녹색 에너지 사용을 촉진하는 정책을 시행하거나 환경보호를 위해 배출 허용 기준을 강화할 수 있다.

❸ 재산권의 확립: 외부효과가 발생하는 원인 중 하나는 재산권의 불명확성이다. 정부는 재산권을 명확하게 정의하고 보호함으로써 개별 경제 주체가 외부효과의 비용과 이익을 고려할 수 있도록 할 수 있다. 이를 통해 자산의 소유와 사용에 대한 규칙이 명확해지고, 경제 주체들은 자원 사용의 외부효과를 내부화하기 위해 적절한 조치를 할 수 있다.

알아두면 쓸모있는 경제 지식 **탄소배출권: 외부효과의 내부화**

탄소배출권Certificated Emissions Reduction(CER)은 기후변화 대응을 위한 정책 도구로, 정부가 발행하는 온실가스 배출권을 기업들이 거래하는 시장이다. 이 시스템은 경제적으로 효율적인 방법으로 온실가스 감축을 촉진하고, 기업들이 환경 문제 해결에 참여하도록 독려할 수 있다. 탄소배출권 시스템의 기본 원리는 다음과 같다.

1. 배출 상한 설정: 정부는 일정 기간에 배출할 수 있는 총 온실가스 배출량에 대한 한도를 설정하고 이를 배출권으로 분배한다. 이후 시간이 지남에 따라 배출 상한이 점차 감소하여 전체 온실가스 배출량을 줄인다.
2. 배출권 분배: 정부는 기업에 배출권을 분배하거나 경매를 통해 판매한다. 각 기업은 배출권을 가진 만큼 온실가스를 일정량 배출할 수 있다.
3. 거래 시장: 기업들은 배출권을 거래하는 시장에서 활동할 수 있다. 기업들은 배출량을 줄이거나 필요에 따라 배출권을 구매해서 사용할 수 있다.
4. 온실가스 감축: 기업들은 자신의 배출량을 줄이기 위해 기술 개발, 생산 프로세스 개선, 에너지 효율 향상 등 다양한 방법을 사용할 수 있다. 더 적은 배출권을 사용하게 되면, 남은 배출권을 다른 기업에 판매하여 이익을 얻을 수 있다.

이러한 방식으로 탄소배출권은 기업들이 경제적 이익을 추구하면서도 환경 보호에 이바지할 수 있도록 하는 정책이다. 이 정책은 전 세계적으로 많은 국가와 지역에서 사용되고 있으며, 기후 변화 대응을 위한 중요한 수단으로 여겨진다.

하지만 탄소배출권 정책에 대해 우려하는 목소리도 있다. 일부 사람들은 탄소배출권을 산업계에서 '오염을 사고 팔 수 있는 권리'로 보기 때문이다. 또한 시장 메커니즘을 사용하는 것이 국가가 직접 개입하는 것보다 더 효과적인지에 대한 의문도 제기된다.

시장경제는 사유재산권과 교환의 자유에 근간을 두고 있다. 이것은 경제 주체가 자유롭게 자원을 소유하고 교환할 수 있는 시스템이다. 그러나 외부효과가 발생하는 상황에서는 시장이 효율적으로 작동하지 않을 수 있다. 외부효과란 어떤 경제 활동이 다른 개체나 집단에게 영향을 미치는 것을 말한다. 이때 시장은 시장실패라고 부르며, 이를 해결하기 위해 국가의 개입이 필요할 수 있다.

예를 들어, 오염을 많이 일으키는 기업이 있을 때 국가는 이를 규제하고 벌금을 부과하여 환경을 보호할 수 있다. 그러나 국가가 직접적으로 개입하는 것이 항상 효과적인 것은 아니다. 국가가 모든 기업의 오염량을 규제하려면 많은 비용이 들며, 이를 관리하는 것이 쉽지 않다. 또한 국제적인 문제일 경우 국가 간의 협력이 필요하다.

또한 기업의 관점에서도 국가의 규제가 부작용을 일으킬 수 있다. 모든 기업에게 동일한 오염량을 허용하면, 일부 기업은 자신의 능력을 초과하는 오염량을 줄이기 어려울 수 있다. 또한 줄이는 데 비용이 발생하기 때문에 기업은 자발적으론 이행하지 않는다.

이에 따라 탄소배출권과 같은 시장 메커니즘이 사용된다. 이는 기업이 배출량을 관리하고 줄일 수 있도록 돕는 정책이다. 이 방식은 국가의 개입보다 효과적일 수 있으며, 경제적 자유를 보존하면서도 환경 문제를 해결할 수 있다.

"길은 원래부터 있었던 것이 아니다. 사람들이 다니면서 길이 됐다."

– 루쉰 –

Ⅲ 코스의 정리

01 코스의 정리란?

코스의 정리는 민간 경제 주체들이 자원 분배 과정에서 아무런 비용을 치르지 않고 협상할 수 있다면 외부효과로 인해 초래되는 비효율성을 시장에서 해결할 수 있다는 이론이다. 경제학자 로널드 코스Ronald coase가 1960년에 발표한 논문인 《사회적 비용의 문제The Problem of Social Cost》에서 제시한 경제학 이론이다.

예를 들어, 층간소음 문제를 생각해보자. 아랫집에 사는 A는 아침에 리트리버의 소음으로 잠을 이루지 못하고 있다. 반면 윗집 주인인 B는 리트리버와 함께 행복한 시간을 보내고 있다. 이 상황에서 A와 B는 층간소음 문제를 어떻게 해결할 수 있을까? 리트리버가 집에서 뛰어다니며 노는 데서 B가 얻는 행복의 가치를 수치적으로 100이라고 가정하고, A의 고통을 500이라고 가정해 보자.

이 경우 두 가지 권리가 충돌하고 있다. 하나는 리트리버를 통해 느낄 수 있는 B의 행복추구권과 다른 하나는 A의 조용히 수면을 취할 권리이다. 만약 B의 권리가 인정된다면 A는 B에게 리트리버를 처분하면 금전적 보상을 하겠다고 제안할 수 있다. 만약 B의 입장에서 A가 제시한 보상액이 리트리버로부터 얻는 즐거움보다 더 크다면 제안을 받아들일 것이다. A는 B에게 최대 500을 지불할 의사가 있을 것이다. A의 경우 최소 100 이상의 보상을 얻으면 효용이 증가하기 때문에 100과 500 사이에서 협상할 수 있는 여지가 있다. 이 경우 협상을 통해 경제적 효율을 달성할 수 있다.

반대로 A의 수면권이 보장되는 경우, A는 B에게 리트리버를 처분하도록 요구할 것이다. 이에 따라 B는 A에게 자신이 리트리버를 키우고 새벽에 뛰게 하는 대신 그만큼의 보상을 제안할 수 있다. 이 경우 A가 받는 고통이 500이기 때문에 B는 500 이상의 대가를 제공해야 한다. B가 받는 효용이 100이기 때문에 아마도 B는 500 이상의 대가를 제공하지 않고 A가 요구하는 대로 리트리버를 처분할 것이다.

이 경우 둘은 경제적 효율을 달성할 수 있다.

여기서 우리는 경제적 효율이란 비용 대비 효용을 최대화하는 결정을 의미한다는 것을 잊지 말아야 한다. 이는 윤리적이거나 사회적인 측면을 고려한 결론은 아니다.

코스의 정리는 외부효과와 관련된 시장실패를 설명하고, 거래비용이 없는 상황에서 자원을 효율적으로 분배할 수 있다고 주장한다. 이는 다음 세 가지 가정에 기반한다.

가정 1. 거래비용이 존재하지 않는다.

가정 2. 소유권이 완전하게 정의되어 있다.

가정 3. 시장 참여자들이 완전한 정보를 갖고 있다.

일반적으로 코스의 정리는 외부효과와 연계하여 활용된다. 예를 들어, 공장이 강에 오염물질을 배출하여 어부들이 손해를 입는 경우를 생각해보자. 코스의 정리에 따르면, 거래비용이 없다면 공장과 어부는 자원 사용에 대해 협상하여 효율적인 해결책을 찾을 수 있다. 이 경우 공장이 오염을 줄이고 어부가 발생한 손해를 보상하는 것이 효과적일 수 있다.

그러나 현실 세계에서는 거래비용이 존재하고 완벽한 정보나 소유권이 없는 경우가 많다. 따라서 현실적으로 코스의 정리가 바로 적용되기는 어렵다. 이러한 한계에도 불구하고 코스의 정리는 외부효과 문제를 다루는 중요한 이론적 기반을 제공하며, 규제와 시장 기반 정책을 비교하는 데 도움을 준다.

02 코스의 정리의 의의

코스의 정리는 재산권이 확립되어 있고 거래비용이 없다면 정부 개입 없이도 관련된 당사자들끼리 협상을 통해 외부효과를 효율적으로 해결할 수 있다는 이론이다. 이는 법적 권리가 누구에게 속해 있든 협상을 통해 양측에 이득이 되는 결과에 도달할 수 있다는 것을 의미한다. 다시 말해 누구의 소유인지에 따라 외부효과로 인해 경제적 영향이 어떻게 분배되는지 결정된다.

이 정리는 경제적 효율성 및 정부의 자산 분배와 관련이 있으며, 거래비용의 존재에 대한 이론적 바탕이 되었다. 코스의 정리는 경제학, 특히 법과 경제, 환경 및 자원 경제학 분야에 깊은 영향을 미쳤다.

코스의 정리 의의는 다음과 같다.

❶ 협상을 통한 효율적 해결

코스의 정리는 외부효과와 관련된 문제를 해결하기 위해 시장 참여자들이 자발적으로 협상할 수 있다는 점을 강조한다. 이를 통해 사회 전체의 복지를 높이는 효율적인 결과를 달성할 수 있다는 의미이다.

❷ 재산권의 중요성

코스의 정리는 재산권이 명확하게 정의되어야 협상이 원활하게 이루어지고 효율적인 결과를 얻을 수 있다는 것을 보여준다. 따라서 재산권 제도를 개선하고 명확히 하는 것이 외부효과 문제를 해결하는 데 아주 중요한 역할을 한다.

❸ 거래비용의 역할

코스는 거래비용이 낮을수록 협상이 원활하게 이루어지고 효율적인 결과를 달성할 확률이 높아진다고 주장했다. 이렇게 거래비용의 역할을 강조하여 거래비용의 개념과 그 영향에 대한 인식이 높아질 수 있는 결과를 가져왔다.

❹ 법과 경제의 연결

코스의 정리는 법률 규제와 경제학 사이의 관계를 명확하게 보여줄 수 있다. 그러므로 코스의 정리는 법률 규제가 재산권을 어떻게 분배하느냐에 따라 경제적 결과와 효율성이 달라질 수 있음을 인식하게 해주었다.

❺ 환경 및 자원 경제학에의 적용

코스의 정리는 환경 보호 및 자원 관리와 관련된 정책 및 규제에 대한 새로운 접근 방식을 제공했다. 이를 통해 환경 문제와 자원의 효율적 분배에 관한 연구와 정책이 발전하게 되는 계기를 제공하였다.

코스의 정리는 현대의 정부 규제를 경제적 분석으로 이해하기 위한 중요한 바탕이 되었다. 또한 다자간의 소통이 광범위하게 일어날 수 있는 4차 산업혁명의 기술혁신으로 인해 코스의 정리가 실현될 수 있는 환경이 마련될 수 있었다.

03 코스의 정리의 한계

코스의 정리는 이론적으로 중요한 개념이지만, 현실에서 적용되는 데에 한계가 있다. 사적 해결책이 항상 효과적이지 않을 수 있기 때문이다. 예를 들어, 이해당사자들이 합의에 도달하기 위해 협상하는 과정에서 발생하는 거래비용이 지나치게 높을 수 있다.

예를 들어, 앞서 언급한 리트리버 사례를 다시 살펴보자. A와 B 중 어느 쪽의 권리를 우선한다고 하더라도, 협상과 보장받는 권리를 통해 경제적 효율을 이뤄낼 수 있다는 것을 알 수 있다. 그러나 여기에는 A와 B가 협의하는데 비용이 들지 않는다는 중요한 전제가 바탕이 된다. 만약 층간소음 문제가 계속되는 과정에서 B가 A에게 폭력을 행사했다면, 협상이 불가능해질 수 있다. 둘 간의 협상을 방해하는 거래비용이 존재할 경우 경제적 효율을 달성하기가 어려워진다.

또한, 협상에 참여하는 당사자가 많을 경우 의견 조율에 큰 비용이 발생할 수 있어 효율적인 협상 결과를 도출하기 어려울 수 있다. 예를 들어, 리트리버로 인한 층간소음의 피해자가 A 뿐만 아니라 추가로 500명의 사람들이 있다면, 모두가 만족할 수 있는 협상 결과를 도출하기란 어렵다.

코스의 정리의 주요한 한계들을 정리하면 다음과 같다.

❶ 거래비용의 존재

코스의 정리는 거래비용이 낮거나 존재하지 않을 때 효율적인 결과를 보장한다. 그러나 현실에서 거래비용이 완전히 사라지지 않으며, 종종 높은 거래비용으로 인해 협상이 어려워질 수 있다. 이런 상황에서는 코스의 정리가 적용되지 않기도 한다.

❷ 재산권의 불명확성

현실에서는 재산권이 항상 명확하게 정의되어 있지는 않다. 재산권의 불명확성이나 분쟁으로 인해 협상이 어려워질 수 있으며, 이는 코스의 정리가 효과적으로 작동하지 않는 상황을 초래할 수 있다.

❸ 정보의 불완전성

코스의 정리는 모든 당사자가 완전한 정보를 가지고 있다고 가정한다. 그러나 현실에서는 정보의 불균형이나 불완전성이 존재하며, 이에 따라 협상이 어려워지거나 효율적인 결과를 도출하지 못할 수 있다.

❹ 대규모 외부효과

코스의 정리는 소규모 외부효과에서 잘 작동할 수 있지만, 대규모 외부효과에서는 그 한계가 두드러진다. 예를 들어, 기후 변화와 같은 대규모 환경 문제의 경우, 이해관계자들 사이의 협상이 어려울 뿐만 아니라 협상을 통해 효율적인 결과를 내기 어렵다.

❺ 협상 참여자의 수

협상 참여자의 수가 많아질수록 협상이 복잡해지고 협상 비용이 증가하게 된다. 이 경우에도 코스의 정리가 효율적인 결과를 보장하기 어려울 수 있다.

알아두면 쓸모있는 경제 지식 로널드 코스의 논문 《기업의 본질》

〈기업의 본질〉 표지

로널드 코스의 《기업의 본질The Economic Nature of the Firm》은 1937년에 발표된 논문으로, 기업이 왜 존재하는지와 그 크기의 한계에 관해 탐구한 작품이다. 이 논문은 경제학과 산업조직 이론에 지대한 영향을 미쳤으며, 기업의 본질에 대한 코스의 견해는 현대 기업 거버넌스와 경영 이론에 영향을 주었다.

이 논문이 쓰인 시대적 배경은 1930년대로, 대공황 시기와 관련이 있다. 1929년부터 1930년대 후반까지 지속된 대공황은 전 세계 경제에 엄청난 영향을 미쳤으며, 이 시기에 경제학자들은 다양한 경제 문제에 대한 해답을 찾기 위해 노력했다. 그러나 당시의 경제학자들은 대부분 시장의 효율성과 완전 경쟁에 초점을 맞추고 있었다. 그가 기업을 연구하던 1930년대에는 기업과 관련된 연구가 아직 발달하지 않은 상태였다. 이에 코스는 이러한 연구 공백을 채우기 위해 《기업의 본질》이라는 논문을 발표하였고, 이 시기의 주요 경제 문제 중 하나인 기업의 역할과 존재 이유에 대한 새로운 이해를 제공하는 역할을 하였다.

특히 코스는 논문을 통해 기업은 계약을 협상하고 집행하는 데 드는 거래비용Transaction costs을 최소화함으로써 생산을 조직화할 수 있다고 설명했다. 그리고 기업의 크기에도 한계가 있다고 지적했다. 기업이 너무 커지면 내부 조직의 통제와 의사소통 비용이 증가하게 되어, 일정 규모에 다다르면 거래비용을 절감함으로써 나타나는 효과가 감소하게 된다. 따라서 기업은 최적의 규모를 찾아야 한다고 주장했다. 이러한 코스의 분석 덕분에 이후 기업 내부의 거래비용과 조직 구조에 대한 연구가 활발해질 수 있었다.

人以類聚 (이이류취), 物以群分 (물이군분)

" 사람은 또래끼리 모이고, 물건은 무리끼리 나뉜다."

— 중국 속담 —

Ⅳ 재화

01 재화란?

재화는 경제에서 가치를 지니는 물품이나 서비스를 의미한다. 이는 사람들의 요구와 욕구를 충족시키기 위해 생산, 교환, 소비되는 대상이다.

일반적으로 재화는 실물 재화와 서비스 두 가지 유형으로 구분될 수 있다. 그중 실물 재화(물품)는 물리적인 형태를 가진 재화로서, 사람들이 소유하고 사용할 수 있는 물건을 뜻한다. 실물 재화는 다시 소비재와 생산재로 나뉠 수 있다. 먼저 소비재는 최종 소비자에 의해 사용되는 재화로, 일상생활에 필요한 물건들이 포함된다. 소비재는 소모성이 있는 비내구재와 장기간 사용되는 재화인 내구재로 구분될 수 있다. 다음으로 생산재는 기업이 생산 과정에서 사용하는 재화로, 원자재, 중간재 및 고정자산 등을 포함한다. 서비스는 물리적인 형태가 없지만 사람들의 요구를 충족시키는 활동을 뜻하며 교육, 의료, 은행, 레스토랑, 컨설팅 등 다양한 분야에서 제공될 수 있다.

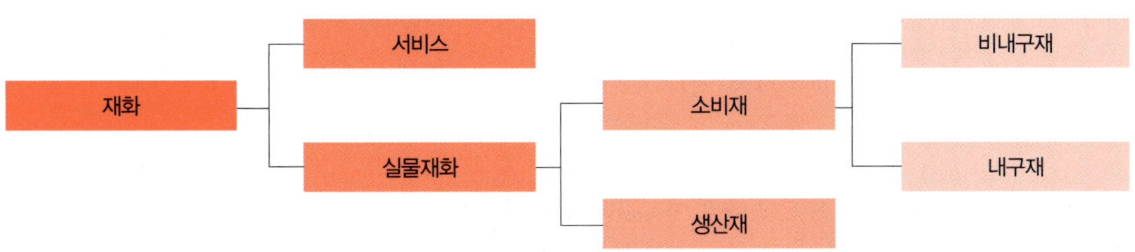

재화는 경제에서 중요한 역할을 한다. 생산, 교환, 분배 및 소비를 통해 사람들의 삶의 질을 향상하고 경제성장을 촉진하기 때문이다. 그러나 재화의 과잉 소비와 무분별한 생산은 환경 문제를 일으키거나 불평등을 증대할 수 있다. 따라서 지속 가능한 발전을 위해 경제 주체들은 적절한 재화의 생산과 소비에 주의해야 한다.

02 재화의 분류 기준

경제학에서는 배제성과 경합성을 기준으로 재화를 분류한다. 배제성과 경합성에 따라 재화가 어떻게 분류될 수 있는지 살펴보자.

배제성

배제성Excludability은 경제학에서 어떤 상품이나 서비스를 제공할 때, 이용하지 않은 사람을 사용에서 제외할 수 있는 정도를 나타내는 개념이다. 배제성이 높은 상품은 제공자가 사용자에게 비용을 부과하고, 비용을 지급하지 않은 사람들을 이용에서 배제할 수 있다. 일반적인 물건이나 서비스 대부분은 배제성이 높다고 여겨진다. 예를 들어, 영화관에서 영화를 보거나 식당에서 음식을 먹는 경우, 이를 누리는 사람에게는 비용이 부과되며 누리지 않은 사람들에게는 비용이 부과되지 않는다.

반면에 배제성이 낮은 상품은 사용자가 제공자에게 비용을 지급하지 않아도 이용할 수 있다. 이러한 상품은 공공재Public goods라고 불리며, 국방, 공기, 가로등 등이 대표적인 예이다. 배제성이 낮은 상품은 시장에서 제공하기 어려울 수 있으며, 때로는 정부가 제공해야 할 수도 있다.

경합성

경합성Rivalness은 경제학에서 상품이나 서비스를 한 사람이 소비하면 다른 사람들이 소비할 수 있는 양이 감소하는 정도를 나타내는 개념이다. 경합성은 상품이나 서비스의 소비 가능성에 대한 제한을 설명한다.

대부분의 실물 재화는 경합성이 있다고 여겨진다. 예를 들어 다른 사람이 구매한 햄버거를 이미 다 먹어버렸다면, 더 이상 먹을 수 있는 햄버거는 없다. 이처럼 햄버거라는 재화는 경합적이다. 반대로 경합성이 없는 상품은 한 사람이 소비해도 다른 사람들이 소비할 수 있는 양에 영향을 주지 않는 상품을 뜻한다. 경합성이 없는 상품은 한 사람이 소비하더라도 다른 사람들이 동시에 소비할 수 있다. TV에서 나오는 예능 프로그램은 동시에 여러 사람이 보고 함께 웃을 수 있다. 따라서 TV에서 나오는 예능 프로그램이라는 재화는 비경합적이다.

경합성과 배제성은 상품이나 서비스의 특성을 구분하는 두 가지 중요한 기준이다. 경제학자들은 이 두 개념을 활용하여 시장실패, 공공재와 일반재의 차이, 그리고 정부의 역할에 관해 연구하고 분석한다. 아래 표를 통해 경합성과 배제성을 기준으로 재화가 어떻게 분류되는지 쉽게 알 수 있다.

구분		경합성	
		있음	없음
배제성	있음	사적재 – 아이스크림 – 컴퓨터 – 막히는 유료 도로	클럽재 – 소방 서비스 – 케이블 TV – 막히지 않는 유료 도로
	없음	공유재 – 바닷속의 물고기 – 환경 – 막히는 무료 도로	공공재 – 태풍 경보 – 국방 – 막히지 않는 무료 도로

03 재화의 종류

위의 표에서도 알 수 있듯이, 재화는 경합성과 배제성의 유무를 기준으로 4가지의 서로 다른 종류로 구분할 수 있다. 재화의 4가지 종류인 사적재, 공유재, 클럽재, 공공재는 어떻게 다른지 개념과 특징을 살펴보자.

사적재

사적재Private goods는 개인 소유로 되어 있고, 다른 사람들이 사용할 수 없는 물품이나 서비스를 말한다. 사적재는 소비자의 구매를 통해 시장에서 공급되며, 한 사람이 재화를 사용하면 다른 사람들은 사용할 수 없기 때문에 배제적이고 경합적이라고 할 수 있다. 또한 사적재는 사용되면 그 가치가 소멸하거나 줄어들기 때문에 소모성이 있다고 볼 수 있다. 예를 들어 아이스크림은 먹으면 없어지고, 영화표를 구매한 후 영화를 관람하면 그 영화표의 가치는 소멸한다.

공유재

공유재Common pool resources는 한정된 공급량을 가진 물품이나 서비스로서, 한 사람이 사용하면 다른 사람들의 사용이 제한되는 특성을 가진다. 따라서 이러한 자원은 대개 이용자 간의 사용이 경쟁적일 수 있기 때문에 경합적인 성격을 갖는다. 그러나 모두가 이용할 수 있기 때문에 공유재를 소유한 주인이 타인의 이용을 막기는 어려워 일반적으로 배제성을 갖지는 못한다. 공유재의 예로는 공용 인터넷 대역폭, 낚시터, 공용 주차장, 일부 물 자원 등이 있다. 이러한 공유재들은 소유자가 자원의 소비 정도를 결정할 수 없기 때문에 일반적으로 과도한 소비가 일어나 비효율적인 이용을 일으킬 확률이 높아 이 비배제적인 성격으로 인해 자원의 오남용이나 과도한 사용이 일어나기도 한다. 따라서 이를 방지하기 위해서는 규제나 관리를 통해 자원을 지속 가능하게 사용할 수 있도록 보장할 필요가 있다.

클럽재

클럽재Club goods라는 용어는 공유재와 외부효과의 개념을 바탕으로 하기 때문에 먼저 이를 정확하게 이해해야 한다. 클럽재는 공유재와 외부효과 개념을 조합한 것으로, 공유재의 특성을 가지면서 긍정적 외부효과을 가져다주는 물품이나 서비스를 말한다. 클럽재는 공유되어 사용되는 한정된 자원이지만, 그 사용이 제한되어 있어서 외부효과에 대한 부담이 상대적으로 적다는 특성이 있다. 사적인 골프 클럽이나 고급 피트니스 센터, 유료 도로 등이 클럽재의 예이다. 이러한 서비스는 회원이나 이용자에게만 이용할 수 있으며 그들이 돈을 지급함으로써 해당 서비스의 품질을 유지하고 개선할 수 있다. 이렇게 클럽재는 이용자에게는 긍정적 외부효과를 제공하면서, 비이용자에게는 큰 영향을 주지 않는다.

공공재

공공재Public goods는 한 사람이 사용해도 다른 사람들의 사용에 영향을 주지 않고, 배타적이지 않은 물품이나 서비스이다. 즉, 모든 사람들이 동시에 그 이점을 누릴 수 있다는 특성 때문에 특정 개인이나 사기업이 이러한 서비스를 제공할 경제적 유인을 가지기 어렵다. 왜냐하면 서비스를 제공하는 비용이 드는데, 서비스의 이용을 제한하기 어려워 재화를 제공하는 주체가 이익을 충분히 얻기 어렵기 때문이다. 그러므로 공공재는 주로 정부가 제공하며, 시장경제에서는 제공하기 어렵거나 비효율적인 경우가 많다. 대표적인 공공재의 예로는 국방, 치안, 보건, 안전, 공원, 가로등, 신호등 등을 이야기할 수 있다.

이러한 공공재는 사람들이 자유롭게 이용할 수 있으며, 이용에 따른 비용이 사용자에게 발생하지 않는다. 따라서 공공재의 경우, 무임승차 문제Free-rider problem가 발생할 수 있다. 이 문제는 어떤 사람들이 공공재의 이익을 누리면서도 그 재화를 제공하는 데 필요한 비용을 부담하지 않는 현상을 말한다. 이로 인해 공공재를 제공하는 데 필요한 자원이 부족해질 수 있으며, 공공재의 품질이 저하될 수도 있다. 이러한 문제를 해결하기 위해서는 정부가 적절한 정책과 규제를 통해 공공재의 지속 가능한 제공을 보장해야 한다.

| 공공재와 시장실패 |

우리는 실생활에서 많은 공공재의 혜택을 누리고 있다. 쉬기 위해 혹은 운동하기 위해 카페나 피트니스 센터를 가는 대신 공원을 가기도 하고, 밤늦게 길을 걸어도 어둡지 않게 길을 비춰주는 가로등 덕분에 손전등이 필요하지 않다. 이처럼 혜택만을 가져다주는 것 같은 공공재도 항상 장점만 있는 것은 아니다. 비배제적이고 비경쟁적인 특성을 가진 공공재는 자유 시장경제에서 자원의 효율적인 분배를 못하게 하여 시장실패를 일으키기도 하기 때문이다.

그렇다면 공공재가 어떻게 시장실패와 연결될 수 있을까? 공공재와 시장실패가 연관되는 이유는 다음과 같다.

- 무임승차 문제: 공공재는 배타적인 속성이 없기 때문에 일부 사용자들은 이익을 얻으면서도 공공재의 제공에 필요한 비용을 부담하지 않을 수 있다. 이로 인해 공공재의 품질이 하락하거나 공급이 부족해질 수 있다.
- 외부효과: 공공재의 생산 또는 소비로 인해 발생하는 외부효과가 시장가격에 완전히 반영되지 않을 수 있으며, 이로 인해 자원이 효율적으로 분배되지 않는 상황이 발생할 수 있다.
- 공급의 부족: 공공재는 개인 기업들에 의해 제공되기 어려울 때가 많다. 이는 이익 창출이 어려운 상황에서 개인 기업들이 공공재의 공급에 관심을 갖지 않을 수 있기 때문이다.

이처럼 시장실패가 발생하게 되면 정부는 이를 완화하기 위해 시장에 개입하게 되는 경우가 많다. 정부는 시장실패로 인한 공공재의 문제를 해결하고 사회 전반의 효율성과 복지를 높이기 위해 다음과 같은 역할을 수행할 수 있다.

- 공공재의 제공: 정부는 공공재를 직접 제공하거나 민간 기업과 협력하여 제공할 수 있다. 예를 들어, 정부는 국방, 교육, 보건 서비스 등의 공공재를 제공한다.
- 규제와 정책: 정부는 시장실패를 해결하기 위해 적절한 규제와 정책을 시행할 수 있다. 환경오염과 같은 부정적 외부효과를 줄이기 위해 규제를 강화하거나, 재생 에너지와 같은 긍정적 외부효과를 증가시키기 위한 정책을 실행한다.
- 공공재를 위한 자금 조달: 정부는 세금을 부과하여 공공재를 위한 자금을 조달할 수 있다. 이를 통해 공공재의 공급을 유지하고 품질을 향상할 수 있다.
- 시장의 효율성 개선: 정부는 시장의 효율성을 높이기 위해 다양한 정책과 프로그램을 실행한다. 소비자 정보의 공개를 촉진하거나, 공정한 경쟁을 유도하는 방법을 사용한다.
- 공공재의 사용 효율성 제고: 정부는 공공재의 사용 효율성을 높이기 위해 기술 개발, 연구, 인프라 투자를 지원함으로써 공공재의 효과적인 관리와 사용을 촉진할 수 있다.
- 불평등 문제 해결: 정부는 공공재의 제공을 통해 사회적 불평등 문제를 해결한다. 예를 들어 저소득층에게 교육이나 의료 서비스를 제공함으로써 기회의 평등을 증진하고 사회적 복지를 높인다.

"시장 아니면 국가라는 이분법적 사고에서 벗어나라."

– 엘리너 오스트롬 –

V 공유지의 비극

01 공유지의 비극이란?

앞서 배운 것처럼, 공유자원은 배제적이지 않지만 경쟁적인 재화나 서비스를 의미한다. 그래서 모든 사람이 동시에 그 이점을 누릴 수 있지만, 이러한 특성은 결국 오남용의 문제로 이어질 수 있다. 그리고 이러한 문제의 결과로 일어날 수 있는 일이 바로 '공유지의 비극'이다. 여기서 공유자원과 공유재는 같은 의미이다. 공유지의 비극은 공유자원을 이용하는 개인들이 자신의 이익을 추구하면서, 결국 모두에게 손해가 되는 상황을 설명하는 이론으로 공동체 모두가 사용해야 할 자원은 사적 이익을 주장하는 시장의 기능에 맡겨 두면 이를 당 세대에서 남용하여 자원이 고갈될 위험이 있다는 이론이다.

영국의 경제학자 가렛 하딘Garrett Hardin은 1968년 과학잡지인 사이언스Science에 게재된 논문 《The Tragedy of the Commons》을 통해 공유지의 비극이라는 개념을 처음 소개하며, 인구와 자원의 과다 이용 문제를 다루었다. 이 논문에서 하딘은 한정된 자원이 많은 사람들에게 공유되는 상황에서, 개인의 이익 추구가 결국 자원의 파괴와 전체 집단의 손해를 초래한다고 주장한다.

하딘은 목장을 예시로 사용하여 공유지의 비극을 다음과 같이 설명한다. 100마리의 양을 기를 수 있는 목초지가 있다고 가정하자. 이 목초지는 공유지이기 때문에 목동이 비용을 부담하지 않아도 이용할 수 있는 곳이다. 그렇다면 목동들은 모두 너도나도 각자 자신의 양을 더 많이 데려와 이곳을 이용하려 할 것이다. 결국 이 목초지는 어떻게 될까? 시간이 지나면 목초지의 풀은 과도하게 소비되어 재생산되지 못하고 점차 황폐해져 갈 것이고, 결국 풀이 없어진 초지에는 양을 기를 수 없어 목동들 전체가 손해를 보게 될 것이다.

목초지의 예시를 통해서 우리는 다음과 같은 상황에서 공유지의 비극이 발생할 수 있다는 것을 알 수 있다.

❶ 자원이 한정되어 있고, 공동으로 이용되는 경우

❷ 각 개인이 자신의 이익을 최대화하기 위해 공유자원을 더 많이 사용하려는 경우

❸ 자원의 과다 이용으로 고갈되는 경우

결국 공유지의 비극은 최선을 다해 개인이 본인의 이익을 추구했지만 결과적으로는 사회 전체의 이익 증대가 아닌 사회 이익의 축소와 파멸을 가져온다는 점에서 시장실패의 개념으로 볼 수 있다. 애덤 스미스가 국부론에서 주장한 "사람들은 자신의 이익을 열심히 추구하는 가운데서 사회나 국가 전체의 이익을 증대한다"라는 주장에 전면 배치되는 이론이기 때문이다.

하딘은 이 논문의 말미에 인구 증가와 자원 과다 이용이 인류의 미래에 불확실한 결과를 초래할 것이라고 경고하며, 이 문제를 해결할 수 있는 방안을 몇 가지 제시한다. 그가 제안하는 해결책 중 하나는 인구 증가를 제한하는 것이다. 또한, 자원의 과다이용을 줄이기 위해 정부 규제, 자원 사용에 대한 적절한 대가 부과, 그리고 지속 가능한 자원 관리 전략을 도입할 것을 촉구하였다. 이 논문을 계기로 하딘뿐만 아니라 많은 경제학자들이 공유지의 비극 문제의 심각성을 깨달았고, 이에 대해 각자 해결책을 제시했다. 이들은 어떤 관점으로 해결책을 제시했는지 살펴보자.

가렛 하딘의 해결책

하딘은 공유지의 비극을 해결하기 위해 중앙집권적인 규제와 사유화를 제시하였다. 중앙집권적 규제는 정부가 공유자원의 사용량과 방식을 제한하고, 법률이나 규제를 통해 자원의 오남용을 방지하는 등의 방법을 말한다. 그리고 공유자원의 사유화는 자원사용의 책임을 명확히 할당하고, 자원 소유자가 이익을 극대화하기 위해 자원을 효율적으로 관리하도록 하며, 자원 사용에 대해 사용자가 비용을 지급하도록 하는 것을 말한다. 또한 그는 공유자원의 지속 가능한 관리를 위해서는 교육과 홍보를 통해 공유자원의 중요성과 가치를 알리고, 사회 전체가 책임감을 느끼고 자원을 보호하도록 노력해야 한다고 주장하였다.

코스의 해결책

코스는 공유지의 비극 문제를 해결하기 위해 코스의 정리에 기반한 해결책을 제시하였다. 그는 일단

소유권이 누군가에게 주어져 있기만 하다면, 사람들은 상호 간의 거래를 통해 본래 자신들에게 최적인 형태로 공유지를 관리할 수도 있다고 주장했다. 코스의 정리는 모든 이해당사자들이 자유로운 협상을 통해 이해관계를 조정할 수 있을 경우, 사용권을 누가 갖고 있든지 최적의 선택이 이루어진다고 주장한다(재산권을 어떻게 나누어야 할지에 대해서는 이야기하지 않았다). 그러므로 재산권을 명확하게 하여 각 사용자가 자원에 대한 권리와 책임을 가지도록 하면, 자원사용에 대한 협상을 통해 각 당사자들이 이해관계를 조율하고 계약을 통해 자원의 효율적 사용을 합의할 수 있다고 보았다. 그리고 이를 통해 자원 오남용을 방지하고 지속 가능한 자원 관리를 구현할 수 있다고 주장하였다.

결국 코스의 해결책은 외부효과를 내부화시키는 것으로, 자원 사용자가 그 비용을 지급하게 함으로써 오남용을 억제하고 효율적인 자원 사용을 촉진할 수 있게 한다는 것이다. 이러한 접근 방식은 재산권과 시장 메커니즘을 활용하여 공유지의 비극 문제를 해결하려는 시도이다.

피구의 해결책

영국의 경제학자 피구는 그의 저서 《후생경제학》에서 제안한 개념인 '피구세'를 통해 공유지의 비극 문제를 해결할 수 있다고 주장하였다. 피구세는 정부가 외부효과를 일으키는 주체에 대해 부과하는 교정과세의 일종이다. 교정과세는 사중손실을 가져오는 통상의 과세와 달리, 이미 비효율적인 상황에 놓인 시장을 개선하여 효율적 시장으로 만들려는 목적을 가지고 있기 때문에 이미 발생하고 있을 수 있는 사중손실을 교정하여 오히려 손실이 아니라 후생 상 이득이 발생할 수 있다.

또한 이러한 교정과세를 통한 이득을 통해서 취약계층을 지원한다면 공평성 측면에서도 개선할 수 있다. 예를 들어, 기업은 온실가스를 배출하여 지구 온난화를 일으키지만 그에 대한 어떠한 경제적 대가를 치르지 않는 외부효과가 있다고 가정해 보자. 여기서 파괴되는 공유재는 깨끗한 환경이다. 이럴 때 정부는 기업이 일으킨 지구 온난화를 해결하는 재정을 확보하기 위해 해당 기업에 세금을 부과할 수 있다. 즉 환경오염이라는 문제를 해결하기 위해 정부가 부과하는 피구세는 환경오염세, 또는 공해세로 해석할 수 있다.

02 공유지의 비극의 한계

모든 이론이 그렇듯이 공유지의 비극에 대해서도 비판은 존재한다. 실제 삶에서 배제성이 없는, 즉 이용에 있어 비용이 수반되지 않는 완전경쟁 상황은 사실상 존재하지 않는다고 볼 수 있기 때문이다. 일례로 공유지의 비극을 설명하는 데 쓰인 다양한 예시들이 사실 독점 또는 소유권의 존재로 인해 배제성이 생겨야만 하는 상황을 인위적으로 조작해서 설정했기에 공유지의 비극에 대한 이론은 실제로는 무의미하다는 것이다. 또한 공유지의 비극 이론은 모든 개인이 이기적이고 단기 이익을 추구하는 것으로 가정한다. 이는 현실의 다양한 상황과 가치관을 과도하게 단순화한 것이라는 비판도 있다.

여기에 더해 이 이론은 사람들이 협력하여 자원을 효율적으로 관리할 수 있는 능력이 있다는 것을 무시한다. 엘리너 오스트롬Elinor Ostrom과 같은 경제학자들은 공유자원을 지속 가능하게 관리하는 다양한 사례를 발견했으며, 이를 통해 사회적 협력과 규제 등의 역할을 강조하여 공유자원 또한 지속 가능한 관리가 가능함을 주장하였다. 비슷하지만 다른 맥락에서 공유자원의 비극 이론은 자원의 회복력과 생태계의 지속 가능성을 고려하지 않는다. 자연계의 일부 생태계는 인간의 이용에도 불구하고 회복력이 높을 때도 있으며, 이를 통해 지속 가능한 자원 관리 방안을 찾기도 한다.

하딘은 원논문에서 공유지의 비극을 해결하기 위해 중앙집중적인 규제와 사유화를 제시하였다. 그러나 이러한 해결책은 공동체의 권한과 역량을 무시하며, 때때로 더 나쁜 결과를 초래할 수 있다는 문제를 가지고 있다. 게다가 이 이론은 공유자원의 파괴가 항상 개인의 이기적인 행동으로 인한 결과라고 보는 것은 인과관계를 심각하게 단순화하는 오류일 수 있다. 실제로 제도, 정책, 경제, 문화 등 다양한 요인이 공유자원의 상태에 영향을 미치고 있다.

공유지의 비극에 대한 코스의 해결책의 경우, 코스의 정리는 특정 조건(재산권의 명확성, 거래비용의 부재 등)에서만 성립하므로 현실에 적용하는 데에는 한계가 있다. 또한 협상을 통해 이해관계를 조율하기 위해서는 시간이 필요한데, 현실적으로 공유자원은 고갈될 수 있는 한정된 자원이기 때문에 해결책을 찾기 전에 자원이 고갈될 수 있는 위험도 있다. 더불어 협상 대상자들의 정확한 범주를 확정하기 힘들 수도 있다. 이러한 모든 제약과 한계를 극복하고 실제 협상을 통해 이해관계를 조율하더라도 소유권의 설정에 따라 효율성을 달성할 수 있을지는 몰라도 공평성이 달성되지 않을 수도 있다는 문제점도 존재한다.

알아두면 쓸모있는 경제 지식 엘리너 오스트롬의 "공유의 비극을 넘어"

권위와 힘이 아닌 질서를 통한 해법을 주장하다.

엘리너 오스트롬, 〈공유의 비극을 넘어〉 표지

이 책의 저자인 엘리너 오스트롬은 인디애나 대학교 블루밍턴 캠퍼스 교수이다. 그녀는 이 책에서 공유지의 비극 문제를 해결할 수 있는 모델을 제시하고, 이 모델에 따라 시장의 자율성이나 정부 권력의 강제성이 아닌 공동체 자율 규약이라는 제3의 또 다른 길을 보여주었다. 이러한 해법은 환경오염과 기후 변화 등의 문제를 겪던 세계 각국의 관료와 학자들에게 찬사를 받았고, 이 공로를 인정받아 그녀는 2009년 여성 최초로 노벨 경제학상을 수상하는 영예를 안았다.

공유지의 비극을 해결할 수 있는 해결책은 여러 연구자들에 의해 다양하게 제시되어 왔다. 그중에서 오스트롬은 이론적인 접근이 아닌, 공유자원을 관리하는 실제 사례들을 집중적으로 연구하였다. 정부와 국가 권력의 개입 없이 공유자원을 관리하려던 시도는 동서고금을 막론하고 언제나 있어 왔다. 스위스의 방목장과 네팔의 관개 시설, 마사이족 목초지, 터키의 공동어장 등을 예로 들 수 있다. 오스트롬은 정부 개입이나 사유화 없이도 공유자원이 관리되는 예시들을 찾아 전 세계를 탐사했고, 수많은 성공과 실패 사례를 분석했다. 그리고 이를 바탕으로 공동체 구성원들이 자율적으로 공유자원을 지속 가능하게 관리하는 8가지 성공 비결, '디자인 원칙'을 정립했다. 이 원칙을 통해 그녀가 이야기하고자 하는 핵심 주장은 이 문제를 해결하는 데 있어 시장 아니면 국가 양자택일을 해야 한다고 착각하는 이분법적 사고에서 벗어나야 한다는 것이다.

오스트롬은 개인을 통제하고 질서를 만드는 정부와 기업은 외부의 권위에 의존하며, 하향식으로 명령하고 힘을 행사하는 기구라는 점에서 공통점이 있다고 말한다. 이러한 기구들은 사회의 다양한 문제를 해결하는 데 유용하지만, 모든 문제의 해답이 돼주진 못한다. 기후 변화와 같은 공유지의 비극 문제가 바로 그 예시다. 여기서 그녀는 하향식 권위 기구만이 유일한 해법은 아니며, 상향식으로 의사 결정이 진행되는 공동체 구성원들의 자율의 질서 역시 해법이 될 수 있다고 말한다. 예를 들어 기후 변화 문제에 있어, 범세계적 기구의 천편일률적인 통제를 기다리는 대신 지역 공동체 수준에서의 환경 문제를 해결하고자 하는 시도가 먼저 시작돼야 한다는 것이다. 공장지대나 도심지역에서 주민의 건강과 안전을 위해 배출가스를 규제하고, 장기적 경제 효익을 위해 재생에너지로 전환하거나 단열재를 설치하여 에너지 효율을 높이면 즉각적이며 현실적인 개선이 이루어질 수 있다. 그녀는 이러한 지역 공동체 규약은 이후 사회 전반에 신뢰를 불어넣고, 더 큰 규모로 확대돼 국가적 혹은 전 지구적 합의의 기초가 될 수 있을 것이라고 주장한다.

또한 오스트롬은 이 책을 통해 공유자원에 대한 게임이론과 행태과학적 접근법도 제시한다. 이는 단순히 환경과 자원에 대한 이용과 관리의 해법을 넘어 지방재정과 분권의 문제 등 지방자치제에 대해서 유용한 자료와 모델, 그리고 분석방법을 제공한다. 지하수 개발 경쟁의 딜레마를 극복하기 위한 협상, 공공사업 단위 신설을 위한 기업가적 활동의 게임, 공 · 사 파트너십과 자치제도 등 성공적 지방자치 제도를 위한 제도 선택 분석의 틀을 사례로 들어 저자는 이러한 접근방식을 상대적으로 이해하기 쉽게 설명한다.

오스트롬이 보기에 공유자원의 분배처럼 복합적인 문제는 이론에 기반한 해결책 대신 현장의 맥락을 고려한 해결 방법이 필요했다. 그렇기에 그녀는 정치과학과 미시경제학 이론을 탐구하는 대신 전 세계 각지를 직접 탐사함으로써 연구실이 아닌 현장에서 디자인 원칙을 발견해 냈다. 이는 이론이 먼저, 응용이 그다음인 종래의 정책 제안과 반대되는 것이다. 훗날 그녀의 연구 철학에 빗대어 법학자 리앤 펜넬은 '오스트롬의 법칙'을 소개하며 이렇게 말했다. "현실에서 통하는 방법이 이론에서도 통하기 마련이다."

Case Study

글로벌 과잉어획으로 인한 시장실패 사례

국경이 없는 바다에서 이루어지는 과잉어획은 자유시장에서 자원의 분배가 효율적이거나 최적의 결과를 이루지 못하는 시장실패의 대표적인 사례이다. 과잉어획은 물고기의 번식 속도가 따라잡을 수 없을 만큼 많이 잡는 것을 뜻한다. 이러한 과잉어획으로 인해 20세기 중반 이후 수십 년간 전 세계 어류 자원은 급격히 감소하고 있다. 유엔 식량농업기구(FAO)에 따르면 세계 어류 자원의 약 90%가 완전히 개발되거나 과잉 개발되어 소진되었다. 이와 같은 지속적인 과잉어획은 해양 생태계에 위협이 될 뿐만 아니라 식량 안보와 생계에 큰 영향을 미칠 수 있다.

과잉어획은 왜 일어나는 것일까? 가장 먼저, 바다와 어류 자원은 특정 소유주가 없는 것으로 간주되기 때문이다. 바다에 서식하는 물고기는 주인이 없기 때문에 그 어류 자원을 내가 포획하지 않는다면 이익을 얻고자 하는 다른 사람에게 포획될 가능성이 높다. 즉, 공유지의 비극이 발생하여 개별 어부들이 자원을 보존할 동기를 갖지 못하게 되는 것이다.

비슷한 맥락으로 어업 활동에는 제대로 정의된 재산권이 없다는 점 또한 과잉어획을 만드는 원인이 된다. 자유 시장 체제에서 재산권은 자원을 효율적으로 할당하는 역할을 한다. 그러나 어류 자원과 같이 재산권이 부재할 경우, 어류 자원의 관리가 어려워 과잉 개발이 발생할 수 있다. 마지막으로 부정적 외부효과가 원인으로 작용할 수 있다. 과잉어획으로 인한 어류 자원의 고갈, 해양 생태계 훼손, 생물 다양성 손실 등의 부정적인 결과물은 어류의 시장가격에 반영되지 않는다. 이러한 부정적 외부효과는 문제를 일으키는 개별 어부가 아닌 사회 전체가 부담하게 되는 것이다.

그렇다면 전 세계적으로 일어나고 있는 과잉어획 문제는 어떻게 해결할 수 있을까? 과잉어획이 왜 일어나는지 그 원인을 알고 이때까지 배워왔던 내용을 이해하고 있다면 해결책을 쉽게 생각해 볼 수 있을 것이다. 첫째로 이야기할 수 있는 것은 어민들에게 연간 적정 어획량을 할당해 주는 제도(ITQs, Individual Transferable Quotas) 또는 어업 지역 사용 권리를 통해 어류 자원에 대한 재산권을 확립하는 것이다. 이렇게 하면 어부들에게 어류 자원을 보존할 동기를 제공하게 되어 장기적으로 지속 가능성에서 직접적인 이익을 얻을 수 있다.

또한 정부가 이에 개입하는 것도 방법이 될 수 있다. 정부는 포획 한도를 제한하고, 어구(漁區)를 규제하고, 해양 보호 구역을 설립하여 어류 자원과 서식지를 보호함으로써 시장실패를 막기 위해 개입할 수 있다. 이러한 조치들은 어류 자원의 지속 가능한 관리를 보장하고 해양 생태계에 미치는 과잉어획의 영향을 줄일 수 있다. 끝으로 시장기반 해결책으로는 세금이나 보조금과 같은 도구를 사용하여 과잉어획으로 인한 부정적 외부효과를 내재화할 수 있을 것이다. 예를 들어 과잉어획에 이바지하는 어로(漁撈) 활동에 세금을 부과하거나, 지속 가능한 어로 관행에 보조금을 제공할 수 있다.

단원 요약

- 시장에 맡겨 둘 때 효율적 자원분배가 불가하거나 곤란한 상태를 시장실패라고 부른다.
- 외부효과는 긍정적일 수도 부정적일 수도 있는데 정부의 개입으로 해결할 수도 있다.
- 코스의 정리는 민간 경제 주체들이 자원 분배 과정에서 아무런 비용을 치르지 않고 협상할 수 있다면, 외부효과로 인해 초래되는 비효율성을 시장에서 그들 스스로 해결할 수 있다는 정리이다.
- 재화는 사람이 바라는 바를 만족시키는 모든 물건을 말하며, 경합성과 배제성을 바탕으로 사적재, 클럽재, 공유재, 공공재로 분류할 수 있다.
- 공유지의 비극이란 공동체 모두가 사용해야 할 자원은 사적 이익을 주장하는 시장의 기능에 맡겨 두면 이를 당 세대에서 남용하여 자원이 고갈될 위험이 있다는 이론이다.

토론 과제

1. 정부의 개입이 시장실패를 해결하기보다 오히려 악화시키는 사례를 주제로 토론하라.
2. 사적재는 돈을 주고 사는 것이 일반적이다. 공공재는 개인이 돈을 주고 구매하려고 하지 않는다. 그렇다면 클럽재와 공유재는 어떨까? 재화를 구매하는 기준을 주제로 토론하라.
3. 탄소배출권 거래제가 활성화된다면 환경오염 문제를 해결할 수 있을까? 이에 대해 토론하라.

연습 문제

다음 설명이 맞으면 T, 틀리면 F에 동그라미를 표시하여라.

1. 시장에 맡겨 둘 때 효율적 자원분배가 불가하거나 곤란한 상태를 시장실패라고 부른다. T / F
2. 시장실패의 원인은 시장 참여자들이 비합리적이기 때문이다. T / F
3. 정부의 개입이 시장실패를 완화할 수 있고 적정한 정부 개입 수준이 어느 정도인지에 대해서는 명확한 답이 존재한다. T / F
4. 어떤 경제 주체의 행위가 다른 경제 주체들에 기대되지 않은 혜택이나 손해를 발생시키고 있음에도 이에 대한 금전적 거래가 없이 보상이나 가격 지급이 이루어지지 않는 상황을 외부효과라 한다. T / F
5. 시장에서 보이지 않는 손이 작동하면 소비자가 지급하는 가격은 생산자의 한계비용과 일치하기 때문에 자원을 효율적으로 분배하지 못하는 현상이 나타난다. T / F
6. 코스의 정리는 민간 경제 주체들이 자원 분배 과정에서 아무런 비용을 치르지 않고 협상할 수 있다면, 외부효과로 인해 초래되는 비효율성을 시장에서 그들 스스로 해결할 수 있다는 정리이다. T / F
7. 코스의 정리는 중요한 이론적 개념이므로 현실 세계에 항상 적용할 수 있다. T / F
8. 배제성은 경제학에서 어떤 상품이나 서비스를 제공할 때, 이용하지 않은 사람들을 그 이용에서 제외시킬 수 있는 정도를 나타내는 개념이다. T / F
9. 영국의 경제학자 피구는 그의 저서 《후생경제학》에서 제안한 개념인 피구세를 통해 공유지의 비극 문제를 해결할 수 있다고 주장하였다. T / F

정답 1. T 2. F 3. F 4. T 5. T 6. T 7. F 8. T 9. T

기업의 행동

Chapter

06

爭先恐後 (쟁선공후)

앞서기를 다투고 뒤처지는 것을 두려워한다.

— 한비자 —

I 산업조직론

01 산업조직론이란?

기업은 재화나 서비스의 생산자이자 공급자로서 시장경제에서 중요한 역할을 한다. 따라서 경제를 이해하기 위해서는 기업이 어떤 의사결정 과정을 거쳐서 소비자에게 재화나 서비스를 제공하는지를 알아야한다. 산업조직론Industrial organization은 경제학의 한 분야로, 간단히 말해 기업에 대한 경제이론을 탐구한다. 이를 통해 우리는 기업이 활동하는 시장의 구조, 기업의 전략 그리고 기업과 소비자 사이의 상호작용과 이로 인해 발생하는 시장 결과 등을 이해할 수 있다. 또한 산업조직론은 특정한 시장과 산업에서 기업 간 경쟁 관계로 인해 발생하는 문제들을 해결하고 경제적 효율성과 복지 향상을 위해 필요한 정책과 규제를 제안하는 것을 목표로 한다.

산업조직론은 경제학 내에서도 굉장히 방대하고 복잡한 내용을 담고 있는 분야이기 때문에 이 책에서 다루는 내용만으로 전부를 이해할 수는 없다. 따라서 이번 장에서는 산업조직론을 배우기 위해 가장 기본적으로 알아야하는 부분인 기업의 생산에 따른 비용과 이윤, 규모의 경제와 규모의 불경제 등에 대해 자세히 알아보고자 한다. 산업조직론에서 다루는 주요 개념과 이론을 가볍게 살펴보자.

- 시장 구조Market structure: 시장 구조의 특성에 따라 기업의 경쟁 행태와 결과가 어떻게 달라지는지를 알 수 있다. 산업조직론에서 주로 다루는 시장구조에는 완전경쟁, 과점, 독점, 독점적 경쟁의 네 가지 유형이 있다. 이렇게 서로 다른 시장 구조는 기업의 가격 결정, 생산량 결정, 그리고 이익 수준에 영향을 미치게 된다. 이와 함께 각 시장구조마다 정부의 개입 필요성과 방식도 달라질 수 있다.
- 기업 전략Firm strategy: 기업들이 시장에서 어떻게 경쟁하고, 이익을 극대화하기 위해 어떤 전략을 선택하는지 연구하는 분야이다. 가격 책정, 제품 차별화, 광고, 투자, 인수합병 등 다양한 전략을 분석

한다.

- 시장 결과Market outcomes: 시장 구조와 기업 전략의 결합으로 나타나는 시장의 결과를 분석한다. 여기에는 가격, 생산량, 이익, 소비자와 생산자의 복지 등이 포함된다. 시장 실패와 불완전한 정보, 외부효과 등의 현상을 연구하여 시장의 효율성과 복지를 높이기 위한 방안을 제시한다.
- 정부 규제와 정책Government regulation and policy: 정부가 시장의 실패를 교정하거나, 경제적 효율성과 공정성을 증진하기 위해 개입하는 방식을 연구한다. 대표적으로는 독점규제, 공정거래, 가격규제, 시장 진입 허가 등이 있다.
- 게임이론Game theory: 기업 간의 전략적 상호작용을 분석하는 데 사용되는 수학적 도구이다. 게임이론을 활용하여 기업들이 서로의 전략에 반응하며 동시에 최적의 결정을 내리는 상황을 모델링하고 연구한다.
- 정보경제학Information economics: 정보의 불균형과 불완전한 정보가 시장의 결과에 어떤 영향을 미치는지 연구한다. 시장의 정보 불균형을 극복하거나 관리하기 위한 기업 전략과 정부 정책을 탐구한다.

이처럼 산업조직론은 경제학 이론과 실증분석을 통해 시장의 작동 방식을 이해하고 경제정책 수립과 기업 전략의 기초로 활용되며, 이를 통해 경제체계의 효율성과 복지 증진을 추구한다.

02 산업조직론의 역사

태동(19세기 후반~20세기 초반)

산업조직론은 19세기 후반부터 20세기 초반에 걸쳐 형성되었다. 어떠한 이유로 기업의 행동과 시장 구조에 대한 논의와 연구가 시작되었을까? 그 배경에는 1890년대 제정된 반독점법인 **셔먼법**Sherman antitrust act과 1911년 **스탠더드 오일**Standard oil company 사건, 그리고 1929년 시작된 **대공황**이 있었다.

| 셔먼법 |

19세기 말, 미국은 몇몇 대기업이 독점적인 경쟁 행위와 규모의 확장을 통해 시장을 지배하였고 이는 중소기업과 소비자들에게 불이익을 가져다주었다. 이에 이러한 대기업들의 독점적 경쟁력을 제한하고, 더 건강한 경쟁 환경을 조성하기 위해 도입된 것이 셔먼법이다. 이 법은 당시 상원의원 존 셔먼John Sherman의 주도로 제정되었기 때문에 그의 이름을 따서 '셔먼법'이라고 불리게 되었다.

셔먼법은 미국 내에서 독점, 부당한 경쟁 제한, 그리고 기타 불공정한 경제 행위를 규제하고 제한하기 위해 1890년 미국에서 정식으로 승인되어 발효되었다. 이 법은 미국의 경제 규제에 있어서 핵심적인 역할을 하며, 오늘날까지도 기업들의 독점적 행위를 규제하는 주요 법률로 작용하고 있다.

법의 위반으로 인한 제재는 상당히 엄격하다. 기업 또는 개인이 셔먼법을 위반할 경우, 형사처벌과 함께 큰 금액의 민사 손해배상을 부담할 수 있다. 이러한 형사처벌은 연방 법무부의 권한 아래에서 집행되나, 일부 주에서는 자체의 독점규제법에 따라 추가적인 형사처벌을 집행할 수 있다.

| 대공황 |

세계 1차 대전이 끝난 1919년 미국의 경제는 세계의 중심이 될 준비를 마쳤다. 세계 1차 대전을 승리로 이끈 미국의 국제적 위상은 드높았고, 국내 정치 상황은 안정되었으며 유럽이 미국의 지원의 대가로 지불한 금과 은을 포함한 막대한 부는 미국의 경제가 폭발적으로 성장할 수 있는 원동력이 되었다. 1920년대 미국은 호황 그 자체였다.

투자가 활성화되어 새로운 공장들이 만들어졌고, 기술 혁신으로 인해 전문화가 이루어져 생산성이 향상되었다. 자동차 산업이 급격히 발전하면서 자동차 부품들을 만드는 산업, 도로 인프라, 고무 산업 등이 빠르게 팽창할 수 있었으며 이는 고용 증진으로 이어졌다. 수많은 사람들이 일자리를 가지고 월급을 받게 되자 이들은 소비를 늘렸고 늘어난 소비는 기업의 매출 증대로 다시 이어져 선순환의 고리를 만들 수 있었다. 당시 미국 사회는 자신감이 넘쳤고 낙관론이 자리잡았다.

이러한 낙관론은 지속적인 투자로 이어졌다. 그러나 낙관론이 과도한 나머지, 지나친 투자로 이어졌다. 지나친 투자는 인플레이션을 발생시켰으며 경제를 둔화시켰고 1929년 미국 경제는 대공황Great depression이라는 위기를 맞았다. 1929년부터 1939년 사이에 발생한 대공황은 세계 경제에 다시금 엄청난 타격을 주었다.

대공황은 1929년의 월스트리트 검은 화요일 폭락으로부터 시작되었다. 검은 화요일 폭락 후, 대다수의 사람들이 은행에서 자금을 동시에 인출하며 많은 은행들의 파산을 야기했다. 1929년 여름부터는 경제가 급속도로 악화되어 1933년까지 미국의 GDP는 약 25%나 감소했고, 주요 산업들의 생산량은 거의 절반으로 줄었다. 1920년대는 건축, 자동차, 신제품 산업이 활성화된 시기였다. 그러나 대공황이 도래하면서 이러한 산업들도 큰 타격을 입었다.

이러한 일련의 사건들 때문에 19세기 후반의 산업조직론은 주로 시장 구조와 독점 문제에 초점이 맞춰져 있었으며, 이후 점점 정책 지향적인 성격을 가지게 되었다. 산업조직론에 대해 연구한 대표적인 경제학자로는 알프레드 마샬이 있다. 그는 그의 저서인 《경제학원론》에서 산업조직이라는 용어를 처음 사용하였고, 시장의 구조와 기업의 행동에 대한 이론적 토대를 마련하였다.

독점자본론(1930~1950년대)

에드워드 챔벌린

1930년대에 발생한 대공황을 통해 경제학자들은 완전경쟁이나 독점 모형과는 달리, 현실의 경제에서는 수요가 하락함에도 불구하고 제품의 가격이 정상적으로 하락하지 않을 수 있다는 사실을 알게 되었다. 따라서 이 시기의 연구는 기존의 완전경쟁과 독점 시장 구조의 개념에 대한 비판과 확장을 목표로 했다. 다양한 경제학자들이 독점과 과점 상황에서의 기업 행동과 시장 결과에 대한 이해를 높이는 데 기여했다. 특히 1930년대부터 1950년대까지의 독점자본론 시기에는 조안 로빈슨Joan Robinson과 에드워드 챔벌린Edward Chamberlin등의 경제학자들이 독점과 과점에 대한 연구를 확장했다. 이들은 기업의 시장 지배력, 가격 책정 전략, 제품 차별화 등에 관심을 기울였다.

조안 로빈슨은 1933년 출판한 《불완전경쟁 이론The Economics of Imperfect Competition》에서 불완전 경쟁 시장을 소개했다. 그는 책을 통해 다양한 기업들이 독점적 경쟁을 벌이는 시장에서는 기업들이 가격 결정력을 가지며, 이로 인해 시장의 결과가 완전경쟁 시장의 결과와 다르게 나타난다는 것을 보여주었다.

에드워드 챔벌린은 1933년에 출판된 《독점적 경쟁론Theory of Monopolistic Competition》에서 구매자와 판매자가 독립적으로 존재하면서도 제품 차별화 또는 시장의 지역적 분화와 같은 다양한 요인들로 인해 경쟁이 불완전한 시장 상황인 독점적 경쟁시장에 대한 분석을 제시하였다. 이 책에서 그는 제품의 차별화나 지역적 분화와 같은 다양한 요소로 인해 경쟁이 불완전한 상황을 다루었으며, 시장에서 기업들이 가격, 수량, 제품 차별화 등의 전략을 통해 시장 점유율을 확보하려고 노력한다고 설명하였다.

SCP 패러다임(1950~1960년대)

에드워드 메이슨

산업조직론은 1950~1960년대 구조Structure–행동Conduct–성과Performance의 약자로 'SCP 패러다임SCP Paradigm'의 등장과 함께 주요한 발전이 이루어졌다. SCP 패러다임은 1950년대와 1960년대에 경제학자들, 대표적으로는 애드워드 메이슨Edward Maison과 조 베인Joe Bain등에 의해 발전되었다. 이 이론은 시장구조가 기업의 행동과 전략에 영향을 미치며, 이로 인해 시장의 성과가 결정된다고 주장한다. SCP 패러다임을 시장의 구조, 기업의 행동, 시장의 성과 간의 관계로 분석하면 다음과 같다.

- 시장의 구조는 시장에 참가하는 기업의 수, 제품의 동질성, 진입 및 이탈 장벽 등의 요소로 구성된다. 구조는 완전경쟁, 독점적 경쟁시장, 독점, 과점 등의 다양한 형태를 가질 수 있으며, 이러한 시장 구조는 기업의 경쟁력과 가격 결정 전략에 영향을 미친다.

- 기업의 행동은 시장 구조에 따라 결정되는 기업의 전략적 선택을 나타낸다. 행동에는 가격 책정, 제품 차별화, 광고, 연구 및 개발, 수직 통합 등 다양한 전략이 포함된다. 기업의 행동은 시장의 성과에 영향을 미친다.

- 시장의 성과는 시장구조와 기업의 행동으로 결정되며, 경제적 효율성과 사회적 복지를 포함한다. 성과는 가격, 생산량, 이익, 소비자와 생산자의 이익 등 여러 측면으로 평가된다. 좋은 성과를 달성하기 위해서는 적절한 시장 구조와 기업 행동이 필요하다.

SCP 패러다임은 바람직하지 않은 시장성과가 나타날 때, 이를 개선하기 위해서는 기업의 행동을 규제하는 것만으로는 부족하며 시장구조를 변화시켜야 근본적인 문제를 해결할 수 있다고 주장하였다.

완전경쟁 모형(1970~1980년대)

1970년대에 들어서 조지 스티글러George Joseph Stigler, 리차드 포스너Richard Posner 등 시카고 학파의 학자들은 SCP 패러다임을 제시한 하버드 학파의 행동론적 접근을 비판하였다. 그들은 완전경쟁 모형이 현실경제를 잘 설명할 수 있다고 가정하며, 자유로운 진입만 보장되면 정부의 개입 없이도 적절한 시장성과를 달성할 수 있다고 주장했다. 이들은 시장구조와 시장행동이 산업에 따라 다른 이유를 거래비용의 차이로 설명하였으며, 게임이론을 활용하여 기업이 선택하는 전략에 따라 생산량과 가격 등 시장성과가 결정된다고 설명했다.

조지 스티글러

시카고 학파Chicago School는 경제학에서 매우 핵심적인 학파로, 대부분 시카고 대학교 교수진의 연구를 바탕으로 발전해왔다. 이 학파는 시장의 자율적 효율성을 주장하는 신고전파 경제학의 기본 원칙을 따르며, 그들의 깊은 경제학적 연구와 통찰력으로 학계에서 큰 영향력을 행사하고 있다. 시카고 학파의 주요 이론과 원칙을 세우고 확산하는 데 결정적인 역할을 한 밀턴 프리드먼Milton Friedman과 조지 스티글러George Stigler는 이 학파의 대표적인 학자로 알려져 있다.

1970년대 중반까지 시카고 학파의 거시경제학적 접근법은 단기적으론 시장이 균형에서 벗어날 수 있기 때문에 정부가 개입하여 시장이 효율적으로 돌아가게 도와줘야 한다고 주장한 케인스주의에 대한 반발로, 통화주의Monetarism를 중심으로 발전하였다. 통화주의란 경제활동에 대한 영향력 행사를 목표로 정책당국이 사용할 수 있는 정책 수단 중 통화정책이 가장 중요하다는 개념이다. 그러나 그 이후 합리적 기대라는 신념을 바탕으로 새로운 고전파 거시경제학 방향으로 전환되었다. 이러한 변화는 경제의 복잡한 요소들과 효율성에 대한 현대적인 인식을 반영한 것이다. 신 케인스 경제학은 시카고의 접근법에 대응하면서도, 합리적 기대의 중요성을 인정하고 전통적인 케인스 학파의 중요한 원칙들을 유지하려고 노력하였다.

이들의 연구는 정치과학과 법학의 연구 패러다임에 큰 변화를 가져왔다. 더불어 시카고와 관련된 다른 경제학자들은 사회 경제학이나 경제 역사 등 여러 분야에서 그들만의 독특한 통찰력과 연구를 통해 학계에 중요한 발자취를 남겼다.

2018년을 기준으로 시카고 대학교 경제학과는 세계적으로 가장 중요하고 영향력 있는 경제학과로 간주되며, 노벨 경제학상을 무려 14회나 수상하는 등의 대단한 성과를 이루었다. 이 뿐만 아니라 경제학 사상과 지식에 명백한 기여를 했다고 간주되는 40세 미만의 미국 경제학자에게 수여되는 존 베이츠 클라크 메달John Bates Clark Medal도 6번 수상하였다.

하지만 시카고 대학교 경제학과의 모든 구성원이 시카고 학파에 속하지는 않는다. 시카고 학파는 경제학적 사고와 연구 방법론을 중심으로 한 학술적 흐름을 나타내며, 특정한 조직이나 그룹을 의미하는 것은 아니다.

"남을 설득하기 위해서는 지성보다 이익에 호소해라."

– 벤자민 프랭클린 –

II 비용과 이윤

01 기업의 목적

일반적으로 기업의 목적은 고객 만족, 제품 및 서비스 혁신, 사회적 책임, 브랜드 인지도 및 가치향상, 지식 및 기술의 발전 등 다양하지만 가장 중요한 목적은 주주의 부를 증진하는 것이다. 본격적으로 내용에 들어가기 전에 기업의 목적에 대해 먼저 논하는 것은 기업의 의사결정 과정을 이해하기 위해 필수적이다. 왜냐하면 근본적으로 결정을 내리는 이유를 이해해야하기 때문이다.

일반적으로 경제학자들은 기업이 주로 이윤을 극대화하기 위해 활동한다고 가정한다. 기업은 주주의 투자를 받아서 이익을 창출하고, 이를 통해 주주에게 배당금을 지급하고 기업가치를 향상하고자 노력한다. 이를 위해 기업은 자본을 확보하고, 채권자에게 이자와 원금을 상환하며, 경제적 안정성과 성장을 추구한다. 또한 기업은 사회적 책임을 다하고 지속 가능한 발전을 추구하기 위해 노력하며, 연구 및 개발을 통해 혁신을 이루어내고 가치를 창출한다.

02 이윤이란?

그렇다면 기업의 존재 목적에서 가장 중요한 이윤Profit이란 무엇일까? 이윤은 기업이 영업 활동을 통해 얻은 매출에서 비용을 차감한 후 남은 금액을 의미한다. 여기서 말하는 남은 금액이란 기업이 생산, 운영, 마케팅 등에 사용한 비용을 고려하여 계산된 순수익이다.

총수입Total revenue은 기업이 영업활동을 통해 얻은 매출, 즉 기업이 제품을 판매하고 받은 금액이다.

총수입 = 판매량 X 판매가격

총비용Total cost은 재화와 서비스를 생산하는 데 따르는 모든 기회비용이다. 여기서 기회비용이란 시간, 돈, 능력 등 주어진 자원이 제한적인 상황에서 인간은 다양한 기회 모두를 선택할 수 없으므로 어떤 기회의 선택은 곧 나머지 기회들에 대한 포기를 의미하고 무언가를 선택하는 상황에서, 여러 선택의 가치를 계산해 보는 경제학 용어이다. 이윤은 기업의 경제적 성과를 나타내는 중요한 지표로 사용되며, 주로 영업이익과 순이익의 두 가지 유형으로 나뉜다.

영업이익

영업이익(매출이윤)은 이윤의 한 종류로서, 기업의 매출에서 원재료, 노동비 등과 같은 직접적인 영업비용(생산비용)을 뺀 금액이다. 이는 기업이 상품이나 서비스를 판매하는 데 얼마나 효율적으로 수익을 창출했는지를 나타내는 지표이다.

영업이익 = 매출 - 영업비용

순이익

순이익은 기업의 총체적인 이윤을 나타내는 지표로, 직접비용, 간접비용, 세금 등과 같은 매출에서 모든 비용을 차감한 후 남은 금액이다. 순이익은 기업이 실제로 얼마나 많은 이윤을 얻었는지를 나타내며, 재무 건전성과 성장 가능성을 평가하는 데 사용된다.

이윤은 기업의 경영진이 성과를 평가하고, 경쟁력을 유지하며, 투자자와 주주에게 가치를 제공하는 데 중요한 역할을 한다. 이윤이 높은 기업은 자금을 확보하여 사업 확장, 연구 및 개발, 인력 채용 등에 투자할 수 있는 더 큰 기회를 얻을 수 있다.

03 비용이란?

비용은 기업이 생산 활동을 수행하는 데 투입하는 자원의 시장 가치를 의미한다. 기업의 비용은 명시적 비용과 암묵적 비용으로 나눌 수 있다.

명시적 비용

기업이 경영 활동을 위해 지출하는 실제 금전적 비용을 말한다. 이러한 비용은 기업의 재무제표에서 직접적으로 확인할 수 있으며, 세금과 같은 규제 요건을 충족하기 위해 기록해야 하는 비용이다. 명시적 비용은 생산비용, 운영비용, 마케팅 비용, 연구 및 개발비용, 행정비용, 이자비용 등으로 구분된다. 명시적 비용은 기업의 총비용 계산에서 중요한 역할을 하며, 이익과 관련된 결정을 내릴 때 고려해야 하는 핵심 요소이다.

암묵적 비용

현금 지출이 필요하지 않은 요소비용이다. 기업에 발생하는 비용 중 직접적으로 표현되지 않는 금전적인 지출 비용을 의미한다. 이러한 비용은 기회비용의 개념과 밀접한 관련이 있으며, 기업이 선택한 경영 활동 대신 다른 대안을 선택했을 때 누릴 수 있었던 이익을 나타낸다. 자본의 기회비용, 자영업자의 노동 기회비용, 무형자산의 기회비용 등이 암묵적 비용의 예시이다. 암묵적 비용은 재무제표에 직접 기록되지 않지만, 기업의 경제적 결정에 영향을 미칠 수 있다. 따라서 기업이 투자, 자원 분배 및 전략 수립을 평가할 때 암묵적 비용도 같이 고려해야만 더욱 효과적인 의사결정을 내릴 수 있다.

비용 분석을 통해 기업은 경영 성과를 평가하고 자원을 최적으로 활용할 수 있다. 이를 위해 명시적 비용과 암묵적 비용을 종합적으로 고려하여 총체적인 비용 분석을 수행한다. 암묵적 비용은 기회비용으로서 자본비용이기 때문에 비용 분석은 회계사가 회계 처리를 할 때 암묵적 비용을 고려하지 않는다는 점을 유의해야 한다. 회계장부상에 나타나지는 않으나 그 사업에 투입된 금융자본의 기회비용인 암묵적 비용을 명시적 비용과 함께 고려한 총체적인 비용 분석을 통해 기업은 경영 성과를 정확하게 평가하고, 자원을 최적으로 활용할 수 있다.

04 경제학적 이윤과 회계학적 이윤이란?

앞서 설명한 개념에 대한 이해를 바탕으로 크게 경제학적 이윤과 회계학적 이윤 관점에서 이윤을 구분할 수 있다.

경제학적 이윤

경제학적 이윤Economic profit은 총수입에서 명시적 비용과 암묵적 비용을 포함한 모든 기회비용을 차감한 금액을 의미한다. 이는 기업이 생산과정에서 얻은 모든 수익에서 생산에 투입된 자원들의 비용뿐만 아니라 포기한 다른 기회의 비용까지 고려한 순이익을 나타낸다. 기업의 경제적 성공을 평가하는 데 중요한 지표로 경제학적 이윤이 사용된다.

회계학적 이윤

회계학적 이윤Accounting profit은 총수입에서 명시적 비용만을 차감한 금액을 의미한다. 이는 기업이 영업 활동을 통해 얻은 매출에서 직접적으로 발생하는 비용(인건비, 재료비 등)만을 고려하여 순이익을 계산한 것이다. 회계학적 이윤은 기업의 재무 상태를 평가하고 회계보고서에 반영되는 중요한 지표이다.

간단하게 말하면, 경제학적 이윤은 기업의 모든 비용과 기회비용을 고려한 순수익을 나타내는 것이며, 회계학적 이윤은 기업의 명시적 비용만을 고려한 순이익을 나타낸다. 두 개념은 이윤을 측정하는 관점과 계산 방식에서 차이가 있으며, 기업의 경제적 성과를 평가하는 데에 각각의 역할을 가지고 있다.

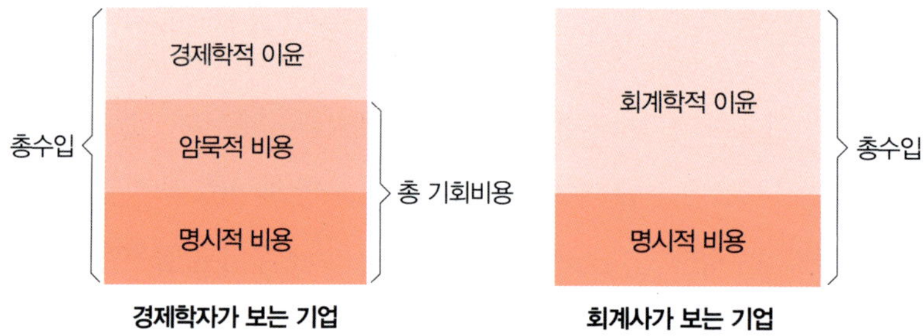

"기업이 성장하려면 남의 역량을 빌리기도 하고 사들이기도 해야 한다.
혼자서 다 하는 것은 불가능하다."

– 박용만 (두산그룹 전 회장) –

Ⅲ 기업 인수합병

01 기업 인수합병이란?

기업의 법적 지위에 대해 생각해보자. 법률용어로 인간은 '자연인'이라고 부른다. 그리고 기업은 '법인'이라고 부른다. 즉 우리는 법적으로 기업을 인격체로 간주한다. 이는 법적인 측면뿐만 아니라 기업이 인간과 유사한 면을 많이 갖고 있다는 의미이다. 예를 들어 변화와 환경에 적응하는 능력은 인간이든 기업이든 존속하고 성장하는 데 있어서 핵심 요소이다. 이러한 적응성은 기업의 성장으로 해석될 수 있으며, 성장이 없는 기업은 시장에서 제외될 위험이 있다. 따라서 기업은 변화와 성장을 통해 지속적으로 존속한다.

일반적으로 기업의 성장 전략은 크게 내적 성장과 외적 성장으로 나눌 수 있다. 내적 성장은 신제품 출시, 특허 취득 등을 통해 기업의 효율성과 매출을 높이는 방법을 의미하고 외적 성장은 다른 기업이나 사업을 인수하여 성장을 도모하는 방식을 의미한다. 뉴 노멀New normal의 시대를 맞아 최근의 느린 경제성장으로 인해 많은 기업이 내부 성장의 한계를 느끼고 있으며, 이에 따라 외부 성장 전략을 선택하는 경우가 많다.

외적 성장을 위한 기업 인수Take over로는 합병Merger, 취득Acquisition, 영업 및 자산 양수도, 주식교환, 합작투자 등 다양한 방법을 사용한다. 이 중에서도 합병과 취득은 기업 인수의 대표적인 방법으로, 우리는 이 두 용어의 첫 글자를 따서 M&A라고도 부른다. 기업은 기업 인수합병을 통해 시장에서의 지위를 공고히 할 수 있다.

다음 그림은 인수를 통합 유형에 따라 그리고 사업 성격에 따라 분류한다.

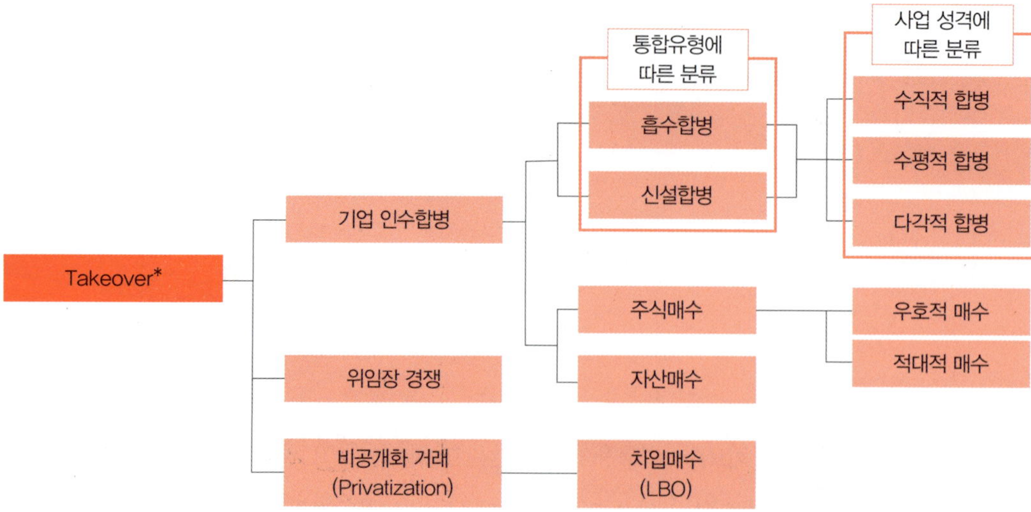

Takeover: 한 기업에 대한 '통제권'이전 주주집단

02 기업 인수합병의 종류

일반적으로 기업 인수합병은 크게 공개 경쟁 입찰, 제한적 경쟁 입찰, 개별협상 이렇게 세 가지로 구분할 수 있으며, 구분하는 기준은 매수자의 선정과 협상 방식에 따라서 나뉜다. 각각의 방식들은 장점과 단점이 뚜렷하기 때문에 어느 방식이 더 좋고 나쁘다고 할 수는 없다. 기업 인수합병 대상기업과 거래 당사자들은 매수자와 매도자의 상황에 따라 선택이 달라질 수 있다.

공개 경쟁 입찰

공개 경쟁 입찰은 다양한 미디어 매체들에 매각을 공고하여 인수의향이 있다면 누구나 참여 가능하도록 만드는 입찰 방식이다. 공개 경쟁 입찰은 다음과 같다.

첫째, 높은 경쟁 수준을 기대할 수 있다. 공개 경쟁 입찰은 다수의 잠재적 매수자가 참여할 수 있기 때문에 경쟁이 치열하다. 이는 기업이 매각할 때 매수자들 간의 경쟁을 유발하여 매각 가격을 높일 수 있는 장점으로 작용한다.

둘째, 효율적으로 매수자 선별이 가능하다. 공개 경쟁 입찰을 통해 매수자를 선별하는 과정에 들어가는 시간과 노력을 줄일 수 있다. 매각의 의사를 공고함으로써 최대한 많은 잠재적 매수자들과 접촉할 수 있으며, 이는 매각 과정을 더욱 효율적으로 만든다.

셋째, 공정성을 확보할 수 있다. 공개 경쟁 입찰은 기업 인수합병 거래에서의 공정성을 높일 수 있는데, 이는 다양한 매수자들 간의 경쟁이 촉진되기 때문이다. 이는 거래 이해당사자들 사이의 공정성 이슈가 발생할 확률을 줄여준다.

그러나 공개 경쟁 입찰은 거래절차가 복잡해질 수 있다는 단점이 있다.

첫째, 거래 절차가 복잡해질 수 있다. 매수자를 공개적으로 모집하는 과정에서 엄격한 절차를 준수해야 하며, 이는 거래를 신속하게 진행하기 어려워 거래 종결까지 시간이 오래 걸릴 수 있음을 의미한다.

둘째, 공개적인 매각 진행으로 인해 기업의 활동에 제약이 생길 수 있다. 매각될 가능성이 있는 기업은 소비자나 투자자들로부터 서비스 지속성에 대한 의문을 받을 수 있으며, 이는 기업의 실적에 영향을 주기도 한다.

셋째, 공개 경쟁 입찰에서는 다수의 투자자가 참여하기 때문에 거래의 비밀 유지가 사실상 불가능하다. 이는 기업이 거래 과정에서 비밀 정보를 보호하는 데 어려움을 초래할 수 있다.

제한적 경쟁 입찰

제한적 경쟁 입찰은 기업을 인수하는 데 관심이 많은 몇몇 후보군을 선별해서 이들을 대상으로 인수의향서를 접수한 다음 기업 인수합병 협상을 진행하는 방식이다. 제한적 경쟁 입찰의 경우 공개 경쟁 입찰 대비 매각철차의 효율적인 운용이 가능하다. 그러므로 매각이 신속하게 진행될 수 있다는 장점이 있다. 또한 이미 특정한 인수후보군이 기업을 인수하는데 확신이 있다면 매각자에게 유리하게 작용한다. 이에 반해 이미 매각자 또는 매각자를 돕는 주체들이 인지하고 있는 잠재적 매수군만을 거래에 포함시키기 때문에 경쟁구도 조성의 측면에서 공개입찰보다는 매각자에게 불리할 수 있다. 또한 비밀 유지가 현실적으로 어렵다는 문제는 공개 경쟁 입찰과 마찬가지이다.

개별협상

개별협상은 인수 가능성이 어느 정도 확실한 잠재적 인수자와 1:1로 협상하는 방식을 의미한다. 개별협상은 당연하겠지만 매우 신속하고 효율적인 매각절차를 가질 수 있다. 이미 협상의 양자가 팔고 사겠다는 의지를 어느 정도는 확인한 채 협상 테이블에 앉기 때문에 매우 신속하고 효율적으로 협상이 진행된다. 여기에 더해 매각 의향이 있다는 사실이 협상하고 있는 잠재적 단일 매수자에게만 알려지기 때문에 비밀 유지에 유리하다는 장점도 존재한다. 또한 현재 인수협상을 진행하고 있는 잠재적 매수자와 거래가 성공적으로 이루어지지 않더라도 다른 매수자와 접촉할 수 있다는 장점도 있다. 그러나 개발협상은 매도자 입장에서 충분한 경쟁을 일으키거나 협상력을 확보하는 것이 매우 어렵다는 단점이 있다. 또한 공정성이나 투명성의 측면에서 이해관계자간 다양한 충돌이 발생할 수 있다는 문제도 있다.

기업 인수합병의 절차

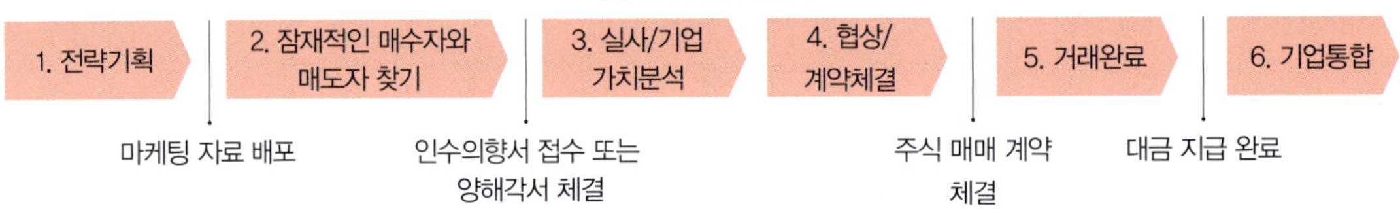

전략기획

기업 인수합병을 진행하기 위해서는 구체적인 전략을 기획하는 것이 아주 중요하다. 전략기획 단계에서 기업의 매수자(사는 쪽)와 매도자(파는 쪽)는 전략을 구체화하고 검토한다. 이 단계에서 매수자는 현재의 사업과 시너지를 창출할 수 있는 사업 분야를 파악하고 해당 분야의 매물이 기업 인수합병 시장에서 활발히 거래되는지 조사해야 한다. 또한 최근의 기업 인수합병 시장 동향을 분석하여 거래 가격의 적정성을 파악하고 예상되는 인수 대금의 규모와 이를 조달할 방식에 대해 검토해야 한다.

기업의 매도자는 전략기획 단계에서 지금이 매각하기 이상적인 시점인지 평가하고, 높은 매각금액을 얻기 위해 잠재적 매수자들에게 제시할 수 있는 매각 대상 회사의 투자 강점을 심도 있게 고려해야 한다. 성공적인 매각을 위해서는 내부 TFT(특별 과제 팀)를 구성하고, 외부 자문사를 선임하는 절차를 진행해야 한다.

이러한 매수자와 매도자는 위와 같은 일들을 꼼꼼하게 처리해야만 앞으로 일어날 기업 인수합병 거래에서 최적의 결과를 얻을 수 있다.

잠재적인 매수자와 매도자 찾기

기업 인수합병을 위한 전략을 수립하였다면 이제 잠재적인 매수자와 매도자를 찾을 차례이다. 만약 매수자의 입장이라면 기업 인수합병의 목적과 전략을 고려하여 잠재적 인수 대상 회사 목록을 작성하고 해당 회사들에 접촉해야 한다. 반면, 매도자라면 매각하려는 대상 회사의 재무 상황과 기본적인 현황에 대한 정보를 담은 투자설명서Teaser를 작성하여 잠재적 매수자에게 제공해야 한다. 투자설명서에는 매각 대상 회사의 실명을 공개하지 않는 것이 일반적이다. 왜냐하면 투자설명서는 불특정 다수의 투자자에게 뿌려지는 자료이기 때문이다.

투자설명서를 검토한 후, 투자에 관심이 있는 잠재적 매수자들은 비밀 유지 협약Non-Disclosure Agreement(NDA)에 서명하고, 인수 의향서Letter of Intent(LOI)를 제출한다. 이런 절차를 통해 잠재적 매수자들은 인수 대상 회사의 실명과 함께 더욱 상세한 정보가 포함된 정보 설명서Information Memorandum(IM)를 제공 받을 수 있다.

실사와 기업가치 분석

인수과정에 있어 실사와 기업가치 분석 단계의 매수자는 매도자와 양해각서Memorandum of Understanding(MOU)를 체결한 후, 매도자가 제공하는 매각 대상회사의 정보를 기반으로 기업에 대한 실사를 한다. 실사를 통해 매수자는 매각 대상 회사의 재무, 세무, 법률 등 다양한 측면을 이해하고, 거래에 영향을 미칠 수 있는 요인을 파악할 수 있다. 이후 실사 과정에서 발견된 정보들을 기반으로 인수 기업의 거래 가격을 산정하기 위해 기업가치 평가를 수행한다.

협상과 계약체결

전 단계에서 꼼꼼한 실사를 통해 기업가치를 평가했다면 이제는 매수자와 매도자 간 협상을 진행할 차례이다. 그리고 이러한 협상 결과를 반영하여 본 계약을 체결한다. 지분 양수도와 같은 전형적인 기업 인수합병 거래의 경우, 주식 매매 계약서Share Purchase Agreement(SPA)를 체결하게 되며, 이때 매수자와 매도자의 진술 및 보장, 선행 조건, 계약 해지 등 주식 매매 계약의 핵심 조항들을 확인하고 협상한다.

거래완료

인수합병의 본 계약이 체결된 이후에는 거래 종결을 위한 선행 조건을 이행해야 한다. 이러한 선행 조건들은 계약에 따라 다양한 형태로 나타날 수 있다. 예를 들어, 매수자와 매각 대상 회사의 주주 총회 승인이나 정부 또는 기타 인허가 기관의 승인이 필요할 수 있으며, 이러한 사항들이 거래 종결의 선행 조건이 될 수 있다. 선행 조건의 이행이 완료되면 매매 계약서 상의 가격 조정 방식에 따라 최종 대금 정산을 위한 정산 실사가 진행되며, 매매 대금의 지급 완료와 함께 거래가 종결 된다.

기업통합

거래 종결 이후에는 인수 대상 회사와 기존 매수자 사이의 효과적인 통합을 이루기 위해 조직, 문화, 시스템, 채널 등 다양한 영역에서의 사후 통합 과정Post Merger Integration(PMI)이 진행되어야 한다. 과거에는 사후 통합 과정이 M&A의 중요한 요소로 고려되지 않았지만, 최근에는 M&A의 성공 여부에 사후 통합 과정이 큰 영향을 미치는 것으로 인식되어 사후 통합 과정이 M&A 과정에서 매우 중요한 절차로 간주되고 있다.

長袖善舞多錢善賈 (장수선무다전선고)

소매가 길어야 무용이 잘되고, 돈이 많아야 장사가 잘된다.

– 한비자 –

Ⅳ 규모의 경제와 규모의 불경제

01 규모의 경제와 규모의 불경제란?

전기를 만들기 위해서는 대규모 발전소가 필요하다. 또한 발전소에서 만들어낸 전기를 여러 가정과 기업에 공급하는 데에는 전력 공급망과 같은 인프라가 필요하다. 또한 원유 값이 불안정해지는 등 외부 요인들이 갑자기 변화하게 된다면 전기 공급이 불안정해질 수도 있다. 전기는 우리 사회에 있어 아주 중요한 기반시설이다 보니 이러한 불확실성에도 전기는 안정적으로 공급되어야만 한다. 그래서 우리나라에서는 안정적이고 낮은 가격으로 전기를 제공하기 위해 공기업(한국전력)을 설립하여 전기 운영을 위임하고 있다.

전기를 생산하는 발전소를 세우고 전기를 분배하는 인프라인 전력 공급망을 설치하는 데는 많은 비용이 투자되어야 하지만, 한 번 만들어놓고 나면 수많은 사람들이 이용할 수 있기 때문에 평균 고정비용은 낮아진다. 인프라가 지속적으로 활용되면 한국전력이 전기를 공급하는 데 필요한 평균 비용은 지속적으로 낮아지고, 전기를 제공받는 가정과 기업의 숫자가 늘면 늘수록 전기를 생산하고 공급하는 평균 비용은 더 낮아질 수 있다. 이처럼 생산량이 증가함에 따라 평균비용이 낮아지는 산업을 비용체감산업이라고 하며, 이러한 현상을 경제학에서는 **규모의 경제**Economies of scale라고 부른다. 즉, 생산규모를 확대할수록 비용 효율성이 향상된다.

그러나 일반적으로 규모의 경제에는 한계점이 존재한다. 일정 규모 이상의 생산량에서는 규모의 경제 효과가 약화되거나 경영의 비효율성 등으로 인해 단위 생산 비용이 오히려 증가하기 때문이다. 이처럼 생산량이 증가함에 따라 평균비용이 상승하는 현상을 **규모의 불경제**Diseconomies of scale라고 한다. 즉, 생산규모를 확대할수록 비용 효율성은 낮아진다. 따라서 기업은 상황에 맞게 생산 규모를 조정하여 규모의 경제와 불경제 사이의 균형을 잘 유지해야 한다.

마지막으로 규모의 경제도 규모의 불경제도 아닌 부분이 있다. 바로 생산규모의 변화가 평균비용에 영향을 미치지 않는 부분이다. 이처럼 산출량에 관계없이 장기 평균총비용이 일정한 현상을 규모에 대한 수익불변Constant returns to scale이라고 말한다.

02 발생 요인

그렇다면 이러한 규모의 경제는 어떻게 일어날 수 있는 것일까? 규모의 경제가 발생하는 요인은 다음과 같다.

규모의 경제 발생 요인

● 대량 생산

제품을 대량으로 생산할수록, 제품당 고정비용은 감소한다. 예를 들어, 자동차 제조업체가 생산량을 늘리면 공장 건물이나 기계 설비 등 고정비용이 단위당 더 적게 분배되어 전체 비용이 감소한다.

● 전문화 및 분업

규모가 큰 기업들은 전문화된 인력이나 부서를 운영할 수 있어서 더 효율적인 작업이 가능하다. 예를 들어 대형 전자기기 제조업체는 연구 및 개발, 마케팅, 생산, 물류 등 각 분야에서 전문가들을 고용해 업무를 수행하며, 이로 인해 전체적인 생산성이 향상될 수 있다.

● 대량 구매 할인

규모가 큰 기업은 대량으로 원자재, 부품 및 기타 상품을 구매할 수 있어 개별 단가가 낮아진다. 대형 슈퍼마켓 체인도 대량 구매를 통해 할인 혜택을 받고 이를 소비자에게 저렴한 가격으로 제공할 수 있다.

● 기술 혁신

큰 규모의 기업은 연구 및 개발에 더 많은 자금을 투자할 수 있어 새로운 기술을 도입하고 생산성을 향상시킬 수 있다. 예를 들어, 반도체 제조업체는 고가의 첨단 설비를 도입해 더 높은 수준의 반도체를 생산할 수 있으며, 이를 통해 경쟁력을 강화할 수 있다.

● 네트워크 효과

일부 산업에서는 규모가 커질수록 사용자들 간의 상호작용이 증가하며 가치가 높아지는 현상이 발생한다. 예를 들어, 소셜 미디어 플랫폼이나 온라인 마켓플레이스의 경우에는 더 많은 사람들이 서비스를 이용할수록 비용이 절감되는 효과가 존재한다.

규모의 불경제 발생 요인

● 관리의 비효율성

기업의 규모가 커질수록 조직의 복잡도가 증가하고, 관리와 의사결정의 비효율성이 발생한다. 예컨대 의사소통 과정에서 오류나 지연이 발생하여 생산 과정에서 혼선이 생기거나, 중복된 업무가 발생할 수 있다. 이러한 일이 반복되면 생산성이 저하되고 단위 생산 비용이 증가하게 된다.

● 노동자의 의욕 감소

대규모 기업에서는 노동자들이 조직 내에서 개인적인 성과와 보상과의 연결을 느끼기 어려워서 일에 대한 동기부여가 감소하고 생산성이 저하될 수 있다.

● 규제 및 법률 요건

기업의 규모가 커질수록 규제와 법률 요건이 복잡해짐으로써 법률 및 규제 준수 비용이 증가하며, 이는 기업의 단위 생산 비용에 영향을 줄 수 있다.

규모의 불경제를 효과적으로 관리하기 위해서는 조직의 관리 체계를 개선하고 의사소통 기능을 향상하며, 노동자들의 동기부여를 위한 방법을 찾는 등 다양한 전략을 적용해야 한다.

알아두면 쓸모있는 경제 지식 　신경제론과 규모의 경제

제조업을 비롯한 대부분의 산업에서는 한계생산 체감 현상이 나타난다. 전체 생산량이 증가함에 따라 다양한 투입요소(노동력, 에너지, 재료 등)로 추가 제품을 생산할 때 얻을 수 있는 추가적인 이익이 감소하는 현상을 한계생산 체감 현상이라고 한다. 다시 말해, 전체 생산량이 늘어날수록 제품 생산에 필요한 추가 비용은 증가하고, 이를 판매하여 얻을 수 있는 추가 수익은 줄어든다.

이러한 이유로 계속해서 생산량을 늘리면 제품 생산에 필요한 비용과 얻을 수 있는 매출이 균형을 이루어 한계이익이 0이 되는 지점이 생긴다. 이 지점에서 기업은 추가 투자에 대한 매력을 느끼지 못해 사업 확장을 멈추게 된다. 만약 사업 확장을 멈추지 않고 추가로 생산을 늘리려고 한다면 임금, 원자재 및 에너지 가격이 상승하고 인플레이션이 발생할 가능성이 있다.

신경제론은 IT 기술 혁신이 생산성 향상을 가져온다는 이론이다. 이에 따라 신경제에서는 규모수익 체증 현상이 나타날 수 있다고 주장하였다. 한계수익 체감과는 반대로 생산을 하면 할수록 추가로 얻을 수 있는 한계수익이 증가한다는 주장으로, 이는 IT 산업의 중요한 특징으로 간주되었다.

예를 들어, IT 산업은 초기 인프라 구축에 엄청난 비용이 들어가지만 적정수준 이상으로 인프라가 구축되면 추가적인 인프라 구축에 대한 한계비용이 감소한다. 따라서 IT 산업에서 생산을 늘리면 한계비용이 감소하므로 오히려 한계수익이 증가한다는 것이다. 이러한 논리에 따르면 IT 산업은 무한히 생산할 수 있다는 이야기가 된다.

또한 신경제론이 옳다면, IT 기업은 생산비용에 대해 걱정할 필요가 없어진다. 기업의 매출 규모가 커질수록 생산비용은 감소하기 때문이다. 따라서 IT 기업의 가치를 평가할 때는 기존의 수익성을 평가하는 방식은 적합하지 않다. IT 기업의 가치는 매출액을 기반으로 평가하는 것이 적절하다는 의미이다. 실제로 2001년 당시 IT 기업들은 매출액을 기준으로 가치를 평가받았다.

이러한 현상은 2023년에도 흔히 일어난다. 대표적인 예로 플랫폼 기업을 들 수 있다. 플랫폼 기업들의 가치를 매겨보면 대부분의 기업이 영업 손실이 나고 있기 때문에 현재의 재무상태만으로 기업을 평가하기는 어렵다. 따라서 보통 매출액 기준 몇 배의 가치를 갖느냐로 기업의 가치를 평가받는다. 신경제론이 옳다면, 즉 규모수익 체증 현상이 실제로 일어난다면 이러한 가치 평가 방법은 옳다고 볼 수 있다.

신경제론자들은 규모수익 체증 현상으로 인해 임금 상승률보다 생산성 증가율이 높아져 인플레이션 없이도 실업률이 감소하여 완전고용을 이루는 호황이 가능하다고 주장하였다. 신경제론에서는 정보혁명이 기존의 모든 경제 이론의 틀을 깨버릴 수 있고, 이로 인해 인류가 장기 호황을 구가할 수 있게 되었다는 긍정론이 그 중심에 있었다.

"절대 어제를 후회하지 마라. 인생은 오늘의 나 안에 있고 내일은 스스로 만드는 것이다."

– 론 허바드(미국의 소설가) –

V 매몰비용

01 매몰비용이란?

사람들은 일상에서 돌이킬 수 없는 비용을 지출하곤 한다. 다음과 같이 가정해보자. 어떤 학생이 경제학 과목 중간고사 성적을 잘 받기 위해서 하루에 5시간씩 유료 독서실에서 1주일 동안 공부를 했다. 그런데 공부를 너무 열심히 한 나머지 몸살에 걸려서 시험 당일에 시험을 보러 가지 못했다. 이 학생이 공부한 시간과 독서실에 사용한 비용은 돌려받을 수 없으며, 시험을 보러 갔을 때도 마찬가지이다. 학생이 공부했던 시간과 이를 위해 썼던 비용은 회수할 수 없다.

이처럼 의사결정과 실행 이후에 발생하는 회수할 수 없는 비용을 경제학에서는 **매몰비용**Sunk cost 또는 함몰비용이라고 한다. 쉽게 말해서 어떤 선택을 번복해도 이와 무관하게 회수할 수 없으며, 사람의 힘으로 통제할 수 없는 비용이다. 따라서 매몰비용의 경제적 가치는 현재와 미래에 대해 0으로 고정된다. 또 다른 예시로 이미 흥미를 잃은 영화나 게임에 투자한 비용과 시간, 미리 결제한 비행기 티켓 및 호텔 예약과 같이 이후에 취소할 수 없게 된 지출을 들 수 있다.

02 기회비용과 매몰비용의 차이

여태까지 우리는 여러 가지 비용에 대해 학습했기 때문에 비용에 대한 개념들끼리 혼동하기 쉽다. 특히 매몰비용은 종종 기회비용과 헷갈릴 수 있다. 기회비용과 매몰비용의 차이점에 대해 알아보면서, 둘의 개념을 정확히 짚고 넘어가자.

앞에서 설명했듯이 기회비용은 어떤 선택으로 인해 포기하는 가치를 의미한다. 다시 말해 만약 선택을 바꿀 경우 해당 선택에 따르는 기회비용은 대체로 회수할 수 있다는 의미이다. 앞에서 가정한 예시를 다시 살펴보면 학생이 시험공부를 위해 하루 5시간씩 공부를 하는 것의 기회비용이 5시간 동안 게임을 하는 것이라고 생각해보자. 만약 이 학생이 5시간을 공부하는 데 쓰지 않기로 선택한다면 학생은 게임을 할 수 있다. 이처럼 선택을 바꾸게 된다면 기회비용은 회수가 가능하다.

이에 반해 매몰비용은 한 번의 선택을 번복해도 회수할 수 없는 비용이다. 학생이 시험을 망쳤건 잘 쳤건, 혹은 시험을 치러 갔던 가지 않았던 간에 과거에 시험을 치기 위해 투자했던 공부 시간과 독서실 비용은 나에게 다시 돌아오지 않는다. 이와 같은 차이점을 통해 매몰비용은 기회비용과 거의 상호배타적인 개념이라는 것을 알 수 있다.

03 매몰비용의 오류

매몰비용은 돌이킬 수 없는 비용이라는 점에서 비교적 중요하지 않게 느껴질 수 있다. 그럼에도 불구하고 왜 매몰비용에 대해 알아야 할까? 기업 또는 개인이 경제적인 의사결정을 내릴 때 영향을 미칠 수 있기 때문이다.

매몰비용이 의사결정에 미치는 영향

어렸을 때부터 게임을 즐기기 위해 오랜 시간 동안 많은 돈과 시간과 노력을 쏟아 아이템을 구매하고 캐릭터를 강화해 왔다. 그러다 어느 순간부터 점점 그 게임에 흥미를 잃기 시작했다. 더 이상 게임을 해도 즐겁지 않은데 그만두려고 마음을 먹어도 "내가 여기에 쓴 돈이랑 시간이 얼만데!"라는 생각이 들어 계속 하게 된다.

아마 대부분의 사람들이 꼭 게임이 아니더라도 한 번쯤 이런 경험을 해본 적이 있을 것이다. 이미 큰 금액을 투자한 프로젝트의 성공 가능성이 낮다는 사실을 알면서도 이미 투자한 비용을 고려하여 프로젝트를 포기하지 않거나, 이미 여러 번 떨어진 시험에서 앞으로도 떨어질 확률이 높다는 것을 알면서도 여태까지 해 왔던 공부와 시간이 아까워 계속 하게 되는 것도 같은 맥락이다.

이처럼 성공 가능성이 희박한 상황에서도 이미 투입된 비용이나 노력이 아까워서 계속해서 비용과 시간을 투자하게 되는 상황을 매몰비용의 오류Sunk cost fallacy라고 말한다. 매몰비용의 오류에 빠진 사람은 합리적인 경제적 의사결정을 내리지 못하고 계속해서 경제적 손실을 입을 수 있다.

이와 같은 매몰비용의 오류를 피하기 위해서는 어떻게 해야 할까? 경제학자들의 의견에 따르면 매몰비용은 엎질러진 물처럼 다시 주워 담을 수 없으므로 '투자를 계속할 것인가'와 같은 경제적 의사 결정을 할 때, 매몰비용을 고려하지 않고 오직 미래의 비용과 수익만을 고려해야 한다고 강조한다. 이는 경제적 의사결정에서 '합리적 선택은 한계적으로 이루어져야 한다.'라는 말과 일맥상통한다. 비슷한 맥락으로 기회비용을 계산할 때에도 매몰비용은 제외해야 한다. 왜냐하면 매몰비용은 이미 지출되었기 때문에 새로운 선택을 하는 데 있어 포기될 수 있는 비용이 아니기 때문이다.

알아두면 쓸모있는 경제 지식 **대표적인 매몰비용의 오류 사례: 콩코드 오류**

'콩코드 오류'는 흔히 매몰비용의 오류를 지칭하는 용어로 널리 알려져 있다. 이 용어는 영국과 프랑스가 공동으로 개발한 초음속 여객기 '콩코드Concorde'의 실패에서 유래되었다. 콩코드는 영국의 항공사 브리티시 에어웨이즈British Airways와 프랑스의 항공사 에어프랑스Air France가 공동 개발한 초음속 여객기로, '콩코드'라는 이름은 프랑스어로 조화, 화합을 의미한다.

1954년 영국에서 초음속 여객기 개발 위원회 결성을 시작으로, 1962년 프랑스와 영국은 개발 프로젝트 조약을 합의하여 체결하였다. 1965년 시제기 제작이 시작되었고 1967년에는 초도기가 완성되어, 1969년에 최초로 초음속 비행이 이루어졌다. 드디어 1976년 1월 21일에 브리티시 에어웨이즈와 에어프랑스가 동시에 콩코드를 상업 운항에 투입하였다.

콩코드는 브리티시 에어웨이즈와 에어프랑스에서 주로 운영되었으며, 주요 구간은 런던–뉴욕과 파리–뉴욕이었다. 지구의 자전 속도보다 빠른 마하 2 이상의 순항속도를 가진 덕분에 런던에서 출발하여 뉴욕에 도착할 때에는 저녁노을을 관찰할 수 있었다고 한다. 이 특징을 활용하여 브리티시 에어웨이즈는 "떠나기 전에 도착하라"라는 슬로건으로 콩코드를 홍보했다. 일부 기간 동안에는 브래니프 항공, 싱가포르 항공, 이란 항공에서도 콩코드를 일시적으로 운용한 적이 있었다.

이처럼 콩코드는 성공적으로 항공업계에 진입하는 것 같았으나, 그의 인기는 오래가지 못했으며 같은 해 11월에 총 20대를 생산한 것을 끝으로 마무리되었다. 막대한 자금을 투자하였음에도 불구하고, 어째서 20대 밖에 생산하지 못한 것일까? 모두의 이목을 끌었던 콩코드는 개발 과정에서 초음속 여객기로서의 기술적 한계와 경제적 비효율 문제를 가지고 있었기 때문이다.

합리적으로 보면 사업을 중단하여야 했지만 이미 투자된 비용이 많아져 양국은 사업을 포기하지 않고 강행하기로 했다. 투자자들은 사업 실패를 예감하면서도 이미 투자한 비용과 시간이 아까워 돈을 계속 투입해 결국 190억 달러라는 엄청난 자금을 투자하였다. 그러나 결과적으로 콩코드는 운영과정에서 다음과 같은 문제점들을 드러냈다.

- 경제성: 콩코드의 연료 효율은 일반 여객기에 비해 상당히 낮았다. 초음속에 도달할 때까지 애프터버너(추력 강화용 연소 장치)를 항상 사용하고 있어야 했기 때문에 연료비가 일반 비행기의 3~4배 이상 들었다. 이러한 좋지 않은 연비 때문에 항속거리가 제한되어 태평양 노선을 운행할 수 없었다. 뿐만 아니라 높은 항공권 가격과 운용비용으로 인해 실제로 콩코드 여객기를 이용하는 고객들은 대부분 부와 명예를 가진 사람들이었기 때문에 이들에게 서비스를 제공하는 승무원과 기술자들 또한 수준 높은 베테랑들이 근무하였다.
- 소음 문제: 콩코드는 이륙 및 착륙 시, 그리고 초음속으로 비행할 시에 매우 큰 소음을 발생시켰다. 110데시벨(dB) 이상의 소리를 뿜어내는 바람에 비행기가 지나가는 국가에서 민원이 끊이질 않았으며, 이러한 소음

문제로 인해 일부 국가에서는 콩코드의 운항이 금지되기도 했다.

- 환경 문제: 콩코드는 연료가 굉장히 많이 드는 만큼 배기가스 배출 또한 많았다. 이는 환경 보호를 위해 국제적으로 제한되고 있는 것으로 콩코드의 운영에 부정적인 영향을 미쳤다.
- 안전 문제: 2000년 7월 25일, 에어 프랑스의 콩코드 여객기가 이륙하다가 추락하는 사고가 발생했다. 이 사고로 인해 승객과 승무원을 포함한 113명이 사망하였고 이로 인해 콩코드의 안전성에 대한 의문이 제기되었다. 그 후로도 콩코드의 안전 문제에 대한 우려가 계속되었다.

이러한 문제들로 인해 결국 콩코드는 2003년에 운영이 중단되었으며, 현재는 세계 최초로 상용화된 음속 비행기로서 박물관에 소장되어 있다.

Case Study

혁신 기반 정보통신 비즈니스의 실체: 2001년 IT 버블

IT 버블의 개요

20세기 말 IT 열풍이 일어나면서 PC 컴퓨터의 보급과 정보 공유, 혁신이 가속화되었다. 경제학자들은 신경제론을 제시하며 IT 기술을 기반으로 한 지속적이고 안정적인 성장이 가능하다고 전망했다. 이에 따라 IT 기업 주식 가격은 급등하고, 시중에 투자 자금이 쏟아지게 되었다.

그러나 많은 IT 기업들은 허울에 불과하고, 이익은커녕 매출조차 제대로 내지 못했다. 미국 연준이 금리를 올려 주식 시장의 과열을 완화하자 주식 시장은 하락세로 돌아섰고, 2001년에는 결국 IT 버블이 꺼지며 많은 투자자들이 손해를 보게 되었다. 이 사례는 현재 시장 상황과도 닮았다고 느낄 수 있다. 향후 이런 피해를 방지하고 비상 시 대처하기 위해서는, 과거 사건의 상황과 배경을 다시 살펴보고 그로부터 교훈을 얻어 현재 상황을 분석해야 한다.

IT 버블의 시대적 배경

1990년대 미국 경제는 호황을 맞이했다. 플라자 합의와 루브르 합의로 미국 경상수지가 개선되었고, 연방준비은행의 저금리 정책과 낮은 임금 상승률로 인플레이션을 억제했다. 이로 인해 미국은 인플레이션 없는 경제 호황을 이루고, 낮은 실업률을 유지할 수 있었다. 낮은 금리와 낮은 임금 상승률로 국가 경제성장은 유리한 상황이었지만, 개인의 입장에서는 월급이 크게 오르지 않아 투자에 관심을 가지게 됨으로써 금리가 낮아 돈을 빌리기 쉬운 상황에서 투자 붐이 일어났다.

수많은 사람의 관심이 투자에 쏠려 있던 당시, 사람들의 이목을 주식에 집중시키는 수익률 분석 결과가 나왔다. 월스트리트 저널이 1925년부터 20년을 주기로 주식과 채권의 수익률을 비교해 본 결과 주식의 수익률이 월등하게 높았음을 보도한 것이다. 이 분석을 접한 많은 투자자들은 주식에 투자하기 시작하였고 신규 투자자들의 유입으로 인해 주식가격은 계속해서 오르기 시작했다. 이에 맞추어 CNBC는 다양한 투자 관련 사이트를 소개하는 프로그램을 방송하였고 주식투자는 유행처럼 번져 나갔다.

버블의 전개

2000년대 초 인터넷 기업들의 주가가 급등하면서 투자자들은 주식에 더욱더 열광했다. 주변에서 주식으로 돈을 버는 이들이 늘어나자, 점점 더 많은 사람들이 '자신만 주식을 하지 않아서 돈을 못 벌고 있는 것은 아닌가?'하는 불안감을 느끼고 제대로 된 주식 분석 없이 이름에 '닷컴(.com)'이 붙은 기업에 무작정 투자하게 되었다. 이러한 투자 열기를 바탕으로 많은 IT 기업들이 제대로 된 실적이나 비즈니스 모델 없이 주식 상장을 진행했다.

이와 같은 맥락에서 미국 최대 인터넷 사업자 AOL과 미디어 재벌 타임워너가 합병을 발표했고 시장의 반응은 열광적이었다. 두 회사는 합쳐서 시가총액 3,500억 달러의 미디어/인터넷 공룡인 AOL 타임워너가 되었다. 이 합병 발표와 동시에 많은 IT 관련 벤처기업이나 기존 IT 기업들의 주가도 폭등하였다.

IT 버블의 결과

시장 그리고 수많은 투자자들의 예상과는 다르게 AOL 타임워너의 비즈니스는 대실패로 끝나게 된다. 비싼 요금과 질이 낮은 인터넷 서비스에 수많은 사람들이 AOL 타임워너로부터 등을 돌린 것이다. 심지어 AOL이 합병을 성사하기 위해 인수합병계약 종결 전후로 재무실적을 부풀리기까지 했다는 사실도 드러나게 된다.

이 외에도 수많은 IT 기업들이 시도했던 인터넷 서비스들은 과도기적인 인터넷 기술에 너무 많은 것을 융합하려 했다. 그러다보니 부족한 기술력으로 인해 대중의 기대감을 충족시키지 못했다. 웹 서비스에 대한 불신과 반감이 커지며 거품은 급속도로 꺼지기 시작하였다. 결과적으로 IT 기업들의 주가가 폭락하기 시작하였고 수많은 기업들이 파산하게 되었다. 1995년부터 2000년까지 나스닥 종합주가지수는 400% 상승했지만 이후 버블이 꺼지며 2001년에는 시장이 붕괴되었고, 그로 인해 투자자들은 무려 5조 달러의 손실을 기록하였다.

희망은 전략이 될 수 없다. 투자자들은 IT 기술에 대한 기대감만으로 의사결정을 내리지 않고, 생산성과 이익 증가에 초점을 맞춰야 한다. 또한 IT 기술 자체만으로 혁신은 이루어지지 않으며, 생산성 향상에 기여하는 프로세스를 이해해야 유효한 혁신이 가능하다는 점을 기억해야 한다. 대표적으로 글로벌 전자상거래 플랫폼인 아마존Amazon은 주가 하락세를 겪었지만 지속적으로 실적을 개선하기 위해 노력하여 장기적으로는 주가 상승을 이룩하였다. 투자자들이 희망만으로 투자를 결정하지 않고 비즈니스 모델과 실적에 집중했다면 장기적으로 수익을 얻을 수 있었을 것이다. 2008년 금융위기 당시 뉴욕 연방준비은행 총재를 지냈던 티모시 가이트너Timothy Franz Geithner의 말처럼 "희망은 전략이 될 수 없다."는 것을 투자자들은 항상 기억해야 한다.

단원 요약

- 산업조직론은 기업에 대한 경제이론을 탐구하는 분야이다.
- 암묵적 비용과 명시적 비용을 함께 고려한 총체적인 비용 분석을 통해 기업은 경영 성과를 정확하게 평가하고, 자원을 최적으로 활용할 수 있다.
- 한계생산 체감 현상이란 소비자가 어떤 상품이나 서비스를 추가로 소비할 때, 그로 인해 얻는 만족도(효용)의 증가분이 점차 감소하는 현상을 말한다.
- 규모의 경제란 기업이 생산량을 늘릴수록 단위당 고정비용이 감소하고, 생산 효율이 높아지는 현상이다.
- 매몰비용은 다시 되돌릴 수 없는 비용을 뜻한다.

토론 과제

1. 한계생산 체감 현상이 벌어지지 않는다면 인류의 삶은 어떻게 변화할지 토론하라.
2. 회계사들이 회계처리를 할 때 명시적 비용만을 고려하는 이유는 무엇일까? 기회비용의 특성에 근거해서 토론하라.
3. 제한이 없는 규모의 경제가 가능하다고 주장하는 신경제론과 플랫폼 경제론의 유효성에 대해 토론하라.

연습 문제

다음 설명이 맞으면 T, 틀리면 F에 동그라미를 표시하여라.

1. 산업조직론은 특정 시장과 산업을 둘러싼 기업끼리의 경쟁 관계로 야기되는 문제들을 시정하기 위해 어떠한 정책적 조치가 필요한가를 과제로 하는 이론이다. T / F
2. 정보경제학은 기업 간의 전략적 상호작용을 분석하는 데 사용되는 수학적 도구이다. 게임이론을 활용하여 기업들이 서로의 전략에 반응하며 동시에 최적의 결정을 내리는 상황을 모델링하고 연구한다. T / F

3. 게임이론은 정보의 불균형과 불완전한 정보가 시장의 결과에 어떤 영향을 미치는지 연구하는 분야이다. 시장의 정보 불균형을 극복하거나 관리하기 위한 기업 전략과 정부 정책을 탐구한다. T / F

4. 기업의 이익 창출 목적은 기본적으로 기업이 돈을 벌어 경제적 안정성과 성장을 이루는 것이다. T / F

5. 회계사는 회계처리에 있어 암묵적 비용을 매우 중요하게 여긴다. T / F

6. 경제학적 이윤은 총수입에서 명시적 비용과 암묵적 비용을 포함한 모든 기회비용을 뺀 금액이다. T / F

7. 규모의 경제란 기업이 생산량을 늘릴수록 단위당 고정비용이 감소하고, 생산 효율이 높아지는 현상을 말한다. T / F

8. 규모의 불경제란 기업의 생산 규모가 일정 수준 이상으로 커지면서 단위 생산 비용이 증가하는 현상을 말한다. T / F

9. 규모의 불경제의 원인으로 대량구매 할인, 노하우 축적, 고정비용 분산 등을 들 수 있다. T / F

10. 매몰비용은 기회비용에 포함되어야 한다. T / F

정답 1. T 2. F 3. F 4. T 5. F 6. T 7. T 8. T 9. F 10. F

시장의 구조와 거시경제

Chapter

07

"경쟁으로 공급이 늘어나게 되고 소비자는 더 싼 값에 물건을 구입하게 된다.
세상사에 대한 인간의 능력 중 경쟁보다 더 위대한 것은 없다."

– 헨리 클레이 –

I 완전경쟁시장

01 완전경쟁시장이란?

완전경쟁시장은 상품의 가격이 완전경쟁에 의해 형성되는 시장을 뜻한다. 여기서 완전경쟁이란 충분히 많은 수의 거래자들이 참여하여 완전히 같은 상품을 거래하면서, 거래자들이 상품의 가격과 품질 등에 대한 완전한 정보를 가지고 시장에 자유로이 들어가거나 나갈 수 있는 상태를 말한다. 이러한 완전경쟁의 정의에 따라 완전경쟁시장에서는 참가자의 수가 많고 시장참여가 자유로우며, 각자가 완전한 시장정보와 상품지식을 가지며, 개개의 시장참가자가 시장 전체에 미치는 영향력이 미미한 상태에서 매매되는 재화나 서비스가 동일한 시장을 의미한다.

쉽게 말해서 수많은 사람들이 같은 제품을 놓고 무한경쟁을 펼치는 시장이 완전경쟁시장이다. 수많은 고객과 판매자들이 모두 같은 상품을 거래하는 시장에서는 고객 개인이나 판매자 개인이 수요를 줄이거나 공급을 늘린다 하더라도 시장에서 거래되는 가격에 영향을 미칠 수는 없을 것이다. 그러므로 우리는 완전경쟁시장 참여자들을 '가격 수용자price taker'라고 부른다. 이들은 무한히 많은 소비자들과 판매자들의 전체 수요와 공급에 의해 결정된 가격을 수동적으로 수용해야하기 때문이다.

완전경쟁시장에서는 모두가 같은 재화를 거래하기 때문에 기업들이 언제든지 원하는 시점에 자유롭게 진출과 퇴출을 할 수 있다. 또한 모든 기업과 소비자들이 완전한 정보를 가지고 있으며, 그 가격이 시장 전체의 수요와 공급에 의해 결정된다. 경제학에서는 완전경쟁시장을 이상적인 경제시장 구조로 본다.

완전경쟁시장의 특징

- 동질성: 시장의 모든 기업이 동일한 상품을 생산하여 구매자가 구분할 수 없다.

- 자유로운 진출과 퇴출: 시장 진출과 퇴출에 제한이 없어 새로운 기업이 쉽게 시장에 들어오거나 나갈 수 있다.
- 가격수용자: 각 기업은 시장에서 결정된 가격을 받아들이고, 가격을 결정할 수 있는 힘을 가지지 않는다.
- 완전한 정보: 소비자와 생산자 모두 시장에 관한 완전한 정보를 가지고 있어 가격, 품질 등에 대한 불균형이 없다.
- 충분한 구매자와 판매자: 시장에는 많은 구매자와 판매자가 있어서 개별 기업이나 소비자들이 가격에 영향을 미치지 못한다.

완전경쟁시장에서는 장기적으로 기업들의 수익이 균형으로 유지된다. 이는 시장에서 정해진 가격으로 재화를 구매하고자 하는 고객들이 무한히 많기 때문에 발생한다. 따라서 기업들은 자신들이 원하는 만큼 생산할 수 있다. 시장에서 정해진 가격으로만 거래가 이뤄지며 수요는 무한하고 해당 가격보다 높은 가격에서의 수요는 없는 상황에서 기업들은 경쟁력을 갖추기 위해 효율성을 높여야 한다. 이로 인해 생산량이 최적화되고 소비자들에게 이익이 돌아간다.

02 완전경쟁시장이 성립하기 어려운 이유

경제학에서는 완전경쟁시장을 가장 이상적인 시장으로 간주한다. 그 이유는 시장균형 달성을 통해 생산량이 최적화되고 소비자들에게 이익이 돌아가기 때문이다. 그러나 실제로 완전경쟁시장의 조건을 완벽하게 만족하는 경우는 거의 없다. 왜냐하면 완전경쟁시장의 조건들을 만족하기 어렵고, 다양한 시장실패가 존재하기 때문이다.

● 완전경쟁시장의 현실성

완전경쟁시장에서 충분한 수의 참여자가 정확히 얼마인지 정의하는 것은 어렵다. 개인의 선호와 선택이 시장 가격에 영향을 미치지 않을 정도로 많은 사람들이 필요하다. 이 조건은 현실에서 몇몇 국가에서만 실현 가능할 것으로 보인다.

더불어 모든 참여자가 동일한 상품을 거래해야 한다는 조건도 현실적인 제약이 있다. 물론 시장에는 하나의 물건만 존재하는 것이 아니며, 한 제품에 대해서만 완전 경쟁 시장이 존재한다면 이 조건을 충족시킬 수 있다. 그러나 실제로는 다양한 상품 버전, 가격차별, 대체재 등 다양한 요소들이 개입된다.

아이폰으로 예를 들어보자. 아이폰 시장은 동일한 물건을 거래하는 시장일까? 애플에서 제공하는 휴대전화를 모두 '아이폰'이라고 한다는 점에서 동일한 물건으로 볼 수도 있지만 아이폰 안에서도 Pro, Pro Max 등 종류가 다양하다. 또한 저장용량에 따라서도 가격이 바뀐다. 같은 아이폰 모델에서도 저장용량이 다른 두 제품을 같은 제품으로 볼 수 있을까? 만약 아이폰의 가격이 세배로 비싸지면 어떨까? 많은 아이폰 유저들이 삼성의 갤럭시로 휴대전화를 바꿀 것이다. 이러한 현실적인 문제들로 인해 완전경쟁시장은 현실에서 성립하기란 어렵다. 현실에 존재하는 거의 대부분의 시장들은 불완전경쟁시장이다.

● 시장실패

완전경쟁시장이 현실에서 성립하기 어려운 또 다른 이유는 외부경제와 외부불경제 같은 시장실패에 있다. 외부효과에 의한 시장실패에 대해서는 이미 5장에서 자세하게 다루었기 때문에 추가적으로 다루지는 않을 것이다. 외부효과로 인해 발생하는 긍정적이거나 부정적인 경제적 요소들은 보상 또는 보상해야 할 주체가 명확하지 않기 때문에 시장이 균형 상태를 유지하기 어렵다.

03 네 가지 시장구조

다음은 다양한 시장의 구조들을 이해를 돕는 그림이다. 경제학에 대한 기초를 다지는 이 책에서는 완전경쟁시장과 독점시장을 중점적으로 다루고자 한다.

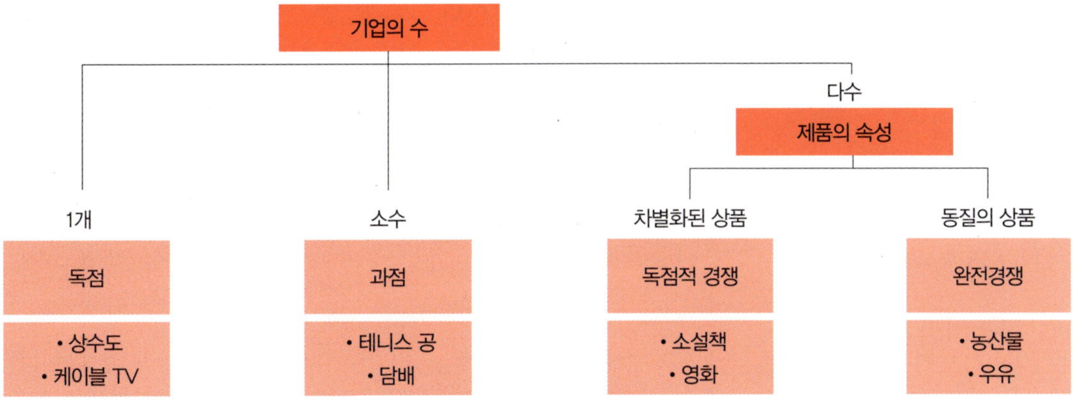

일단 전체 산업에서 기업의 수가 1개면 독점시장이다. 산업 내 기업의 수가 소수이면 과점시장이라고 부른다. 반면에 기업의 수가 많을 때는 제품의 다양성에 따라 시장의 구조가 나뉜다. 서로 완전히 다른 제품을 판매하면 독점적 경쟁이라 부르며, 기업의 수가 많지만 제품이 크게 다르지 않으면 완전경쟁시장이라고 한다.

"망치만 갖고 있을 때는 주변의 모든 것이 못으로 보인다."

– 아인슈타인 –

II 독점시장

01 독점이란?

독점은 시장에서 한 개인 또는 조직(일반적으로 기업)만이 특정 상품이나 서비스를 제공하는 상황을 말한다. 이때의 독점은 판매자가 유일한 경우를 의미하며, 하나의 구매자만이 존재하는 수요 독점과는 다르다. 또한 독점은 여러 판매자들이 서로 연합하여 경쟁을 배제하는 카르텔과도 다른 개념이다. 독과점은 적은 수의 기업이 담합을 통해 독점과 유사한 시장구조를 구현해 낼 수 있기 때문에 이를 종합해서 '독과점'이라고 부르기도 한다.

일반적으로 독점기업의 의사결정이 사회적으로 최적은 아니다. 공급에 대한 전권을 가지고 있는 유일한 공급자가 자신의 이윤극대화를 위해 공급량을 제한하여 사회적으로 효율적인 공급량보다 적게 공급하는 것이 일반적이다.

즉 독점시장은 밀접한 대체재가 없는 재화의 유일한 공급자가 존재하는 시장을 의미하며 가격이 한계비용보다 높다. 그렇기 때문에 유일한 공급자는 가격 설정자Price maker가 되며 가격은 마음대로 받을 수 있지만 이윤의 크기는 한정된다. 왜냐하면 만약 독점기업이 물건의 가격을 지나치게 높게 책정하면 소비자들은 수요를 줄일 것이고 반대로 가격을 지나치게 낮추다 보면 가격이 완전경쟁시장의 가격에 근접하게 되어 독점기업의 이윤의 크기가 0으로 수렴할 수도 있다. 따라서 독점기업이라 하더라도 수요의 법칙에 의한 제약으로부터는 자유롭지 못하다는 의미이다.

현실에서 자연적으로 생겨나는 독점의 예시를 찾는 것은 쉽지 않다. 누군가가 완전히 새로운 사업을 시작해서 수익을 내기 시작하면 또 다른 누군가는 그 사업과 비슷한 사업을 시작하여 경쟁하려 할 가능성이 높기 때문이다. 또한 만약 새로운 사업에서 수익이 나지 않는다면 누구도 독점기업과 경쟁하려 하지 않을 것이고, 산업 자체의 수익이 나지 않기 때문에 기업은 결국 시장 자체에서 사라진다.

그러므로 독점은 인위적인 상황이나 산업에서 일어날 확률이 높다. 독점이 일어나는 원인은 다양하다. 중요한 점은 특정 상품이나 서비스의 유통이 한 가지 경로를 통해서만 이루어지며, 다른 경로를 통해 거래가 이루어지지 않는 상황에서 일반적으로 독점이 발생한다는 점이다. 이럴 때 중요한 것은 전체 시장에 얼마나 많은 수요자 또는 공급자가 있는지가 아니라, 실제로 거래를 진행할 수 있는 수요자와 공급자의 존재여부이다. 다시 말해, 거래에 참여하지 못하는 수요자나 공급자는 시장에서 존재하지 않는 것으로 간주된다.

02 독점의 성립조건

독점시장은 완전경쟁시장과 완전한 반대 상황으로 인식하면 이해하기 쉽다. 독점시장의 성립조건은 다음과 같다. 이러한 조건이 갖춰진다면 시장의 독점구조는 유지될 수 있다.

❶ 재화의 판매자(공급독점)나 매입자(수요독점), 또는 둘 다(쌍방독점)가 유일하다.

❷ 독점 재화에 대한 밀접한 대체재가 존재하지 않는다.

❸ 새로운 사업자가 시장에 들어오는 것을 막을 강력하고 지속 가능한 진입장벽이 있다.

03 독점은 왜 생기는가?

경쟁적인 시장에서는 개별 기업이 이익을 창출할 때마다 새로운 업체들이 시장에 진입한다. 그러나 독점시장에서는 보통 새로운 기업들의 시장 진입을 방해하는 **진입장벽**Barriers to entry이 존재한다. 이러한 독점의 주된 원인은 진입장벽의 존재에 있다. 진입장벽이 발생하는 이유는 주로 다음과 같은 다섯 가지로 설명된다.

❶ 법적 제약: 특허나 규제로 인해 다른 기업들이 시장에 진입하는 것을 제한할 수 있다. 큰 투자가 필요하거나 공공의 이익을 위한 사업과 같이 다양한 이유들로 정부가 특정 사업자에 대해 독점을 승인하는 경우가 있다. 이를 공인독점이라고 부른다. 법적 제약으로 인한 독점의 다른 예로는 특허권이나 저작권 제도도 있다.

❷ 자원의 독점: 특정 기업이 필요한 자원을 완전히 통제하면 그 자원을 필요로 하는 다른 기업의 시장 진입을 방해할 수 있다.

❸ 제품 차별화와 신용도: 기업이 독특한 제품을 제공하거나, 특정 선호도나 수송 거리, 거래자의 무지 등에 의해 신용도가 높아질 수 있다. 이로 인해 다른 기업이 해당 시장에 진입하는 것이 어려워질 수 있다.

❹ 규모의 경제: 대규모 생산이나 판매를 통해 단위 비용을 줄이는 것이 가능하다면, 작은 규모의 신규 기업이 시장 진입하기 어렵게 만들 수 있다.

❺ 높은 전환 비용: 소비자가 다른 제품으로 전환하는데 발생하는 비용이 높다면, 이는 신규 기업의 진입을 방해하는 요소가 될 수 있다.

04 독점의 유형

장기조건부독점

장기조건부독점은 시간적으로 장기에 걸쳐 독점이 지속되지만, 특정 가격 수준을 넘어서면 대체재의 출현이나 원거리 공급원에서의 수입 등으로 인해 독점 상태가 상대적으로 약해질 수 있는 경우를 지칭한다. 대표적인 예로 화학조미료, 알루미늄, 철강, 제지 업종 등이 여기에 해당한다.

장기무조건독점

장기무조건독점은 가격이나 생산량 변화에 상관없이 시간이 지나도록 분쇄되지 않는 독점을 의미한다. 이런 상태에서는 외부 경쟁에 대한 위협이 없다. 가스, 전기, 원자력, 특정 광업, 전매사업 등이 장기무조건독점 유형의 전형적인 예이다.

단기조건부 독점

단기조건부 독점은 주로 서비스 업종에서 발견되며, 제조업이나 농림업 등에서도 볼 수 있다. 시간의 흐름에 따라 경쟁 상황 변화로 인해 독점 상태가 변하거나 없어질 수 있다.

단기무조건 독점

단기무조건 독점은 의해 보호받는 기술이나 특수 광산업, 한정된 기간 동안의 카르텔과 같은 분야에서 발견되는 독점이다. 이 유형의 독점은 특정 기간 동안 독점 상태가 유지되지만, 그 이후에는 변동하거나 사라질 수 있다.

05 독점의 폐해

독점은 자유시장경제의 한계를 드러내는 예시로 가장 많이 쓰인다. 한 기업이 독점을 형성하게 되면 해당 기업은 경제 전체에 대해 중대한 영향을 가질 수 있게 되며, 이로 인해 시장 전체가 하나의 기업 이익을 위해 작동하는 일그러진 형태로 변모하게 된다. 이는 시장경제의 효율성을 저하시키고 개인의 이기적 추구가 사회 전체를 부유하게 한다는 자유시장경제의 기본 원리에 반하는 것이다. 이러한 이유로 많은 국가들이 독점을 제한하는 법률을 시행하고 있다.

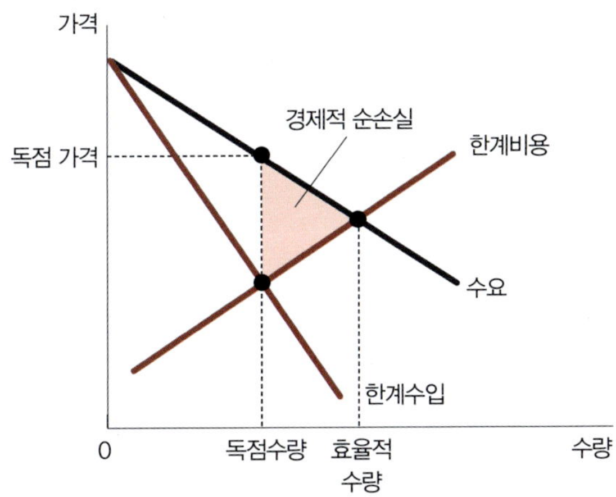

위 그래프에서 볼 수 있듯이 독점은 경제적 순손실을 발생시킬 수 있다. 독점이 발생할 경우 독점 하에서의 공급량은 효율적인 균형에서의 공급량보다 일반적으로 적고 이에 경제적 총잉여가 그래프 상에서 색칠되어있는 삼각형만큼 감소한다. 이는 독점에 의한 경제적 순손실이다.

때로는 독점이 자연스럽게 발생하기도 한다. 이런 경우는 주로 규모의 경제가 크거나, 시장 진입장벽이 높아 경쟁이 본질적으로 불가능한 경우로 경쟁을 도입하거나 기업을 분할하는 것이 별로 효과적이지 않다. 이를 '자연독점'이라고 부르며, 통신, 전력, 가스 등의 공공유틸리티 업종이 대표적인 예이다. 실제로 국가가 직접 해당 서비스를 독점적으로 운영하는 것이 경제적 효율성을 증진시키는 경우가 더 많다.

강력한 금융력을 보유한 대기업들이 원가 이하의 가격으로 상품을 판매하면서 특정 시장에 대한 독점을 획득하는 경우가 종종 있다. 대기업의 가격 경쟁에 대응할 수 있는 능력이 없는 기업들은 시장에서 철수하게 되고, 이로 인해 대기업의 독점이 쉽게 형성될 수 있기 때문에 대부분의 국가에서 법으로 엄격하게 제한하고 있다.

독점 가격에 대한 규제 방법은 주로 한계비용 가격 설정과 평균비용 가격 설정으로 나뉜다. **한계비용 가격 설정**은 가격이 한계비용과 동일하게 설정되는 방식으로 독점 가격을 규제하여 생산량과 경제적 효율성을 완전 경쟁의 수준으로 유지할 수 있다. 그러나 이 방법은 정부가 발생하는 적자를 보전해야 하는 문제가 존재한다.

반면 **평균비용 가격 설정**은 가격이 평균비용과 동일하게 설정되는 방식으로 독점 가격을 규제하며, 이는 적자 보전 문제를 해결할 수 있다. 하지만 이 방법은 완전경쟁시장에 비해 생산량이 감소하고 경제적 비효율성이 증가하며, 가격이 상승할 수 있다는 단점이 있다.

알아두면 쓸모있는 경제 지식 AT&T를 8개의 회사로 나눈 미국의 셔먼 반독점법

미국의 경우, 1890년에 이미 매우 강력한 반독점법을 제정하였다. 이 법을 이용하여 미국은 독점기업들의 횡포에 적극적인 제재를 가하고 있다. 대표적인 예시로 옛 AT&T는 1983년에 독점금지법에 의해 여덟 토막으로 조각났다.

AT&T (American Telephone and Telegraph Company)는 미국의 통신 회사로서, 한 때 전화 시장을 독점하고 있었다. 이러한 독점체제는 19세기 후반 벨 전화회사 (Bell Telephone Company, AT&T의 전신)가 미국에서 최초로 전화를 상용화한 뒤로 시작되었다.

AT&T는 그 이후 수년간 거의 모든 지역의 전화망을 소유하게 되어, 전화 서비스를 제공하는 회사로서 사실상 독점적인 지위를 갖게 되었다. 이로 인해 AT&T는 기술 표준, 요금 정책, 서비스 범위 등을 결정하는 능력을 가지게 되었고, 그로 인해 경쟁이 사실상 불가능하게 되었다.

이에 1974년 미국 정부는 이를 불공정한 경쟁으로 보고 AT&T에 대한 반독점 소송을 시작한다. 1982년 AT&T와 미국 법무부는 합의에 이르렀고, 이로 인해 AT&T는 지역 전화 서비스 회사로 나누어졌다. 이러한 회사들은 종종 "베이비 벨"이라고 불리었다.

그 결과, AT&T는 전국적인 장거리 전화 서비스와 국제 전화 서비스를 제공하는 회사로 변모하였으며, "베이비 벨"들은 각자의 지역에서 지역 전화 서비스를 제공하였다. 이 분할을 통해 미국 정부는 전화 시장의 경쟁을 촉진시킬 수 있었으며, 이는 고객들에게 더 많은 선택권을 제공하는 것으로 이어질 수 있었다.

AT&T의 사례는 미국 독점법, 특히 앞서 언급했던 셔먼 반독점법의 한 예이다. 셔먼 반독점법은 불공정한 경쟁을 제한하기 위한 법률로서, 기업이 시장을 독점하거나 경쟁을 제한하는 행동을 금지하고 있다. 이 법은 AT&T의 경우처럼, 독점적인 지위를 이용해 경쟁을 제한하는 기업에 대해 소송을 제기하는 데 사용되었다.

"놀이공원 매직패스는 새치기?…소비자 위한 '가격차별'이죠."

– 한국경제 기사 제목(2023.04.24.) –

Ⅲ 가격차별

01 가격차별이란?

동일한 상품에 대해 구입자에 따라 다른 가격을 받는 행위, 즉 같은 제품을 구매하는 구매자에게 서로 다른 가격을 책정하는 것이 가격차별이다. 이런 현상은 판매자의 이윤 증가를 위한 합리적 선택으로 주로 독점시장에서 보이며, 경쟁이 치열한 시장에서는 볼 수 없다. 가격차별이 가능하기 위해서는 소비자를 지불용의에 따라 구분할 수 있어야 한다.

일상생활에서 흔히 볼 수 있는 가격차별의 예로는 영화관의 아침 상영 할인, 요일이나 계절에 따라 변하는 항공권의 가격, 다양한 할인 쿠폰 또는 편의점의 2+1과 같은 수량 할인 등이 있다.

가격차별은 사회 전체의 경제적 후생을 변화시킬 수 있다. 공급자가 하나밖에 없는 독점시장에서 효과적인 가격차별이 일어난다면 상품의 산출량이 순수 독점의 경우에 비해 같거나 더 많아지기 때문에 사회 전체의 경제적 후생을 증진시킬 수 있다. 즉 가격차별을 통해 독점이 가지는 과소생산 문제를 어느 정도 완화할 수 있다는 것이다. 이는 사회 전체의 자원 배분 효율을 높일 수 있다. 또한 수요자의 지불의사에 따라 가격이 결정되므로 다양한 소비계층이 형성될 수 있다. 이러한 효과는 부의 재분배를 촉진할 수 있다. 소비자를 지불 의사에 따라 분류하는 것을 소비자 분리라고 하며, 이를 통해 소득이 낮은 계층이 더 저렴한 가격으로 상품을 구매할 수 있는 기회를 제공함으로써 사회 전체의 복지를 증진시킨다.

다만 소비자 잉여를 감소시키기 때문에 이러한 후생의 긍정적 변화가 파레토 개선으로 꼭 이어질 필요는 없다. 또한 시장을 분리하는 과정에서 가격 차이에 따른 재화의 품질 차이가 일어날 수 있기 때문에 가격차별이 소비의 차별로 이어질 수 있다는 문제도 존재한다.

02 가격차별이 이루어지는 이유

완전경쟁시장은 공급자와 수요자의 수가 무한대에 가까울 정도로 많기 때문에 개별 공급자는 수요자들의 개별적인 수요 정보를 이해하는 것이 불가능한 상황을 가리킨다. 이런 상황에서는 각 공급자가 시장에서 형성되는 균형 가격에 따라 원하는 만큼의 상품을 공급하며, 그 가격 외에는 공급이 어렵거나 선택하지 않게 된다.

반면에 공급자가 소수이거나 시장이 독점되어 있는 경우에는 상황이 달라진다. 공급자의 수가 줄어들면서 시장의 수요 정보를 더욱 정확하게 파악할 수 있다. 특히 독점기업은 자사 제품의 수요가 전체 시장의 수요와 일치한다는 것을 인지하게 된다. 이러한 시장 수요 정보를 기반으로 독점기업은 최대 이익을 얻을 수 있는 가격과 수량을 결정하게 되는데, 이것이 바로 독점시장에서의 균형을 찾는 과정이다.

그렇지만 독점기업이라 하더라도, 일반적으로는 시장 전체의 수요 정보는 알 수 있지만, 개별 소비자의 수요 정보는 알기 어렵다. 그러므로 개별 소비자들의 수요 정보를 간접적으로나 직접적으로 파악하는 것이 가격차별 전략을 세우는 시작점이다.

03 가격차별의 조건

가격차별 전략을 성공적으로 실행하기 위해서는 다음의 두 가지 주요 가정이 필요하다.

❶ 공급자가 소비자의 특성, 특히 가격에 대한 지불용의와 탄력성을 식별할 수 있어야 한다.

❷ 소비자들이 서로 간에 상품을 재판매하지 못해야 한다.

첫째, 가격차별을 효과적으로 시행하기 위해서는 공급자가 소비자들의 특성을 심층적으로 이해해야 한다. 예를 들어, 고소득층은 일반적으로 가격에 민감하지 않고 상대적으로 덜 가격탄력적일 가능성이 높다. 따라서 이 고객층에게는 높은 가격을 책정할 수 있다. 반대로 저소득층이나 소비자들은 가격에 민감하게 반응할 가능성이 있다. 이들에게는 가격을 낮추거나 할인 혜택을 제공함으로써 시장에 진입하고 소비를 유도할 수 있다. 공급자가 이러한 소비자 특성을 파악하고 이에 맞게 가격을 조정하면 시장 내의 수요를 최적화하고 이익을 극대화할 수 있다.

둘째, 재판매가 가능하다면, 상품에 대한 지불 의사가 더 낮은 사람이 상품을 저렴하게 구매한 후 지불 의사가 더 높은 사람에게 비교적 높은 가격에 판매할 수 있게 된다. 이럴 경우, 두 사람 모두 이익을 보며, 최대 지불 의사가 높은 사람이 공급자로부터 직접 상품을 구매하지 않을 수 있다. 이로 인해 가격차별이 실패하게 된다. 따라서 이러한 요인을 제어하는 것이 가격차별을 위해 필수적이다.

예를 들어, 미국에서는 대학교재를 해외용(수출용)과 국내용(미국 내수용)으로 나눠 재판매를 방지하는 전략을 사용하곤 한다. 이러한 형태의 가격차별 전략은 해외 시장과 국내 시장 각각의 특성을 고려하여 최적의 가격을 설정함으로써 시장에서의 경쟁력을 강화하고 이익을 극대화하는 것을 목표로 한다.

04 가격차별의 종류

가격차별은 여러 형태로 나타낼 수 있으며, 그중 주요한 세 가지 형태로 1도, 2도, 3도 가격차별이 있다. 이에 대해 하나씩 알아보자.

1도 가격차별

1도 가격차별은 제품 또는 서비스의 제조업체가 각각 소비자의 구매 패턴을 완벽하게 이해하고, 그에 따라 각 개체별로 상이한 가격을 설정하는 전략을 의미한다. 이러한 전략은 완전 가격차별 또는 개별화된 가격 책정으로 불리며, 각 소비자가 지불 가능한 최고 금액을 결정하는 데 사용한다. 소비자의 가격에 따른 구매 패턴을 완벽하게 이해해야한다는 관점에서 현실적으로 1도 가격차별은 잘 일어나지 않는다.

2도 가격차별

2도 가격차별은 가격차별의 전제조건 중 하나인 판매자가 고객의 선호나 행동을 미리 알고 있다는 가정이 성립되지 않는 상황에서 활용되는 전략이다. 판매자는 다양한 가격과 옵션을 제공하여 소비자가 자신에게 가장 잘 맞는 옵션을 선택하도록 한다. 이를 메뉴 가격 책정이라고 부르며, 이는 각 소비자가 자신에게 가장 적합한 메뉴를 선택하도록 유도하는, 유인합치성이라는 전략을 포함한다. 현실에서 찾아보기 어려운 1도 가격차별에 반해 2도 가격차별의 예는 쉽게 찾아볼 수 있다. 2도 가격차별의 대표적인 예로 수량 할인이 있다. 수량 할인은 구매 총량이 많으면 많을수록 단가가 낮게 책정된다.

3도 가격차별

3도 가격차별은 소비자를 구분 가능한 몇 가지 그룹으로 분류하고, 각 그룹에 대해 다른 가격을 적용하는 것을 의미한다. 이때, 그룹화는 쉽게 식별할 수 있는 객관적이고 직관적인 특성에 기반하며, 같은 그룹 내에서는 동일한 가격이 적용된다. 이러한 방식은 가격 탄력성이 더 낮은 소비자 그룹에게 더 높은 가격을 부과한다. 청소년이나 학생 할인 등은 3도 가격차별의 전형적인 예이다. 3도 가격차별 전략은 일부 소비자의 과잉 수익을 기업의 이익으로 전환시키는 효과가 있다.

일가이귀 사내무공 (一家二貴 事乃無功)

한 집안에 권력자가 두 사람이 있으면 그 집은 무슨 일을 해도 성과가 없다는 것을 비유하는 말

– 한비자 –

Ⅳ 카르텔

01 카르텔이란?

카르텔Cartel이라는 단어는 고대 그리스어 '카르테스'로부터 유래하였고, 이는 파피루스 또는 종이를 의미한다. 이후 중세 유럽에서는 전쟁 중 휴전 협정을 체결하는 문서를 지칭하는 '카르타Charta'라는 말로 사용하게 되었다. 17세기경에 네덜란드어에서 카르텔이라는 단어가 처음 등장했다고 한다.

경제적 맥락에서 볼 때, 카르텔은 동일한 산업 분야의 기업들이 결합하여 상품이나 서비스의 가격, 생산량, 거래 조건, 거래 상대방, 판매 지역 등을 제한하는 행위를 의미한다. 이는 기업들이 경쟁을 회피하고 이익을 극대화하기 위한 방법으로 볼 수 있다. 하지만 카르텔이라는 용어는 기업의 행동뿐만 아니라 범죄, 마약, 정치, 언론, 경제 등에서 이익 극대화를 목표로 하는 집단이나 파벌을 지칭하기도 한다. 이 책에서는 기업들의 카르텔만 다루고자 한다.

기업들이 결합하여 카르텔을 형성할 때, 이들은 독립적인 법률과 경제적 상태를 유지하면서도 경쟁을 배제하고 독과점적 이익을 추구한다. 이런 결합은 협정에 의해 이루어지므로, 각기 다른 기업들은 자율성과 결합의 의지를 가질 수 있지만 결합의 힘은 상대적으로 약할 수 있다. 따라서 만약 특정 시점에서 카르텔의 유지보다 더 큰 이익을 얻을 수 있는 기회가 발생한다면, 카르텔은 쉽게 붕괴할 수 있다. 이것이 "카르텔은 반드시 깨진다"라는 말이 존재하는 이유이다.

02 카르텔의 원인

카르텔은 경쟁이 없거나 경쟁하지 않기로 서로 합의된 상황에서 발생한다. 경쟁이 발생하지 않으면 굳이 가격을 내릴 필요가 없기 때문이다. 카르텔이 발생하는 원인은 여러 가지 있지만, 주로 다음과 같은

요인들이 포함된다.

- 이익 극대화: 카르텔이 발생하는 가장 일반적인 원인 중 하나이다. 같은 산업에 속하는 기업들이 가격, 생산량, 판매 지역 등을 제한하여 경쟁을 회피하고 이익을 극대화하려는 의도로 카르텔을 형성한다.
- 시장 지배: 카르텔은 시장의 독점 또는 과점을 목표로 할 수 있다. 여러 기업들이 협력하여 경쟁을 배제하면, 그들은 시장에서 더 큰 영향력을 행사하고 이익을 더 많이 얻을 수 있다.
- 생존과 안정성: 카르텔은 특히 불확실한 경제 상황에서 기업의 생존을 보장하는 수단으로 작용할 수 있다. 기업들은 협력을 통해 그들은 경제적인 변동에 대한 노출을 줄이고 더 안정적인 이익을 얻을 수 있다.
- 생산량과 가격의 통제: 카르텔은 생산량을 조절하고 가격을 유지하거나 인상함으로써 공급과 수요를 통제할 수 있다. 이를 통해 카르텔 참여 기업은 소비자들로부터 더 많은 이익을 얻을 수 있다.
- 정부 정책과 법률: 어떤 경우에는 정부의 규제 또는 정책이 카르텔 형성을 촉진할 수 있다. 특정 산업이나 시장에 대한 과도한 규제는 기업들이 정부의 정책을 우회하거나 이익을 보호하기 위해 카르텔을 형성할 수 있게 만들 수 있다.

03 카르텔의 분류

협정 방법에 따른 분류

시장이 과점인 상황에서 카르텔이 이루어지는 방법은 명시적 카르텔과 암묵적 카르텔, 두 가지가 있다. **명시적 카르텔**은 이해당사자들이 직접 만나서 가격을 설정하는 방법이다. 그리고 **암묵적 카르텔**은 산업 내 선도 기업이 가격을 시장에 공시하면 후발 기업들이 그 가격에 맞추어서 가격을 설정하는 방법을 말한다.

협정 내용에 따른 분류

카르텔은 협정 내용에 따라 다음과 같이 구분될 수 있다.

- 조건카르텔: 판매조건을 협정한다.
- 가격카르텔: 판매가격의 최저한도를 협정한다.
- 지역카르텔: 판매 지역을 협정한다.
- 공급 제한 카르텔: 생산량 또는 판매량의 최고한도를 협정한다.

할당 카르텔에 대한 분류

할당 카르텔은 카르텔의 구성원 기업들이 직접적으로 카르텔의 전반적인 활동에 참여하는 형태로, 시장을 통제하는 더욱 진보된 형태의 카르텔로 볼 수 있다. 이러한 할당 카르텔은 주로 세 가지 유형으로 분류되며, 각각 이윤 분배 카르텔, 수주 분배 카르텔, 그리고 공급 분배 카르텔이다.

- 이윤 분배 카르텔: 이 형태의 카르텔에서는 참여하는 모든 기업들의 수입이 공동금고에 모아지고, 이후에 일정한 비율에 따라 각 기업에게 분배된다.
- 수주 분배 카르텔: 이 유형의 카르텔은 모든 수주를 중앙 기관에서 관리하며, 이후에 이를 일정한 비율에 따라 각 참여 기업에게 할당한다.
- 공급 분배 카르텔: 이 카르텔은 먼저 카르텔 전체의 공급량(판매량 또는 생산량)을 결정하고, 이를 일정 비율에 따라 각 참여 기업에게 할당한다. 이 형태는 할당 카르텔 중에서도 가장 엄격한 형태로 간주된다.

알아두면 쓸모있는 경제 지식 **카르텔 사례: OPEC**

1. 개요

OPEC(Organization of the Petroleum Exporting Countries, 석유수출국기구)은 1960년 9월 바그다드에서 열린 회의에서 이란, 이라크, 사우디아라비아, 쿠웨이트, 베네수엘라의 다섯 석유 수출 대국들이 결성한 조직이다.

이들 국가들이 OPEC을 결성한 주된 목표는 국제 석유 자본, 즉 "석유 메이저"에 대한 국가의 발언권을 강화하는 것이었다. OPEC의 주요 활동에는 국제 석유 가격의 조정 및 회원국 간 협력 촉진이 포함된다. OPEC의 목표는 처음에는 원유 공시가격의 하락을 막는 것이었지만, 현재는 석유 권력의 국유화, 자원 보호, 다양한 석유 산업 진출, 그리고 석유 시대 이후의 국가 건설 등을 포함하고 있다.

2. OPEC의 영향력

1973년 9월부터 10월에 걸쳐 열린 OPEC의 제35차 회의는 조직의 역사에서 중요한 지점을 차지한다. 이때부터 OPEC의 결정이 국제 석유 시장에 큰 영향을 끼치게 되었기 때문이다. 이 회의에서 OPEC은 제4차 중동 전쟁(유키프르 전쟁)에서 이스라엘을 지원한 서방 국가들에게 보복할 목적으로 유가를 한번에 70% 상승시켰다. 이후에도 유가 인상은 계속되었는데, 이는 OPEC이 유가를 정치적 무기로 사용하는 것을 의미했다.

1973년 12월에는 테헤란에서 열린 회의에서 OPEC은 유가를 추가로 130% 올렸으며, 이로 인해 원래 1배럴당 3달러였던 유가가 10달러를 초과하게 되었다. 동시에 OPEC은 미국과 네덜란드로 향하는 원유선박의 출항을 일시적으로 금지하였다. 이런 유가 인상은 1975년과 1977년에도 반복되었고, 이 결과 1979년의 2차 오일쇼크 때에는 유가가 30달러를 넘어서게 된다.

하지만 1980년대에 들어서 선진국들이 대체 에너지를 개발하면서, 그리고 회원국 간의 분열(이란-이라크 전쟁, 1991년 걸프전)이 발생하면서 OPEC의 영향력은 약화되기 시작했다. 특히 회원국에 대한 통제력을 잃으면서 OPEC의 해체설도 제기되었다.

1990년대 말의 아시아 금융 위기는 OPEC에게 큰 타격을 주었다. 이 위기 때문에 석유 수요가 줄어들면서 유가가 10달러 이하로 떨어진 것이었다. 그러나 아시아가 이 위기를 극복하고 이전의 공산권 국가들이 경제 발전을 추구하면서 석유 수요가 다시 증가하였고, OPEC은 회원국별 쿼터를 유지함으로써 다시 유가를 올리는데 성공했다.

OPEC은 6개의 회원국과 멕시코산 원유의 평균 가격을 기준으로 하는 'OPEC 바스켓 가격'이라는 고유의 가격체계를 가지고 있다. OPEC은 바스켓 가격이 22달러에서 28달러 사이를 20일 이상 벗어나면, 생산량을 50만 배럴 줄이거나 늘리는 유가 밴드 제도를 2000년 6월에 합의하였다.

"인플레이션은 노상강도처럼 폭력적이고, 무장강도처럼 무섭고, 저격수만큼 치명적이다."

– 로널드 레이건 –

V 인플레이션

01 인플레이션이란?

인플레이션Inflation 또는 물가 상승이라고 불리는 현상은 한 나라의 상품이나 서비스의 가격이 계속해서 올라가는 경제적 상태를 의미한다. 이는 그 나라의 화폐 가치가 감소하며, 그에 따라 구매력이 약해지는 결과를 초래한다.

인플레이션이 일어나는 원인은 일반적으로 화폐 공급량이 늘어나기 때문이라고 언급된다. 물론 경제 내 재화가 증가하지 않는데 화폐의 공급량이 늘어나면 재화의 가격이 상승하여 인플레이션이 발생할 수 있다. 그러나 이것이 인플레이션이 발생하는 유일한 이유는 아니다. 인플레이션은 경제 내 투자가 증가하거나 정부가 재정 지출을 늘리는 경우에도 발생할 수 있다. 왜냐하면 이러한 요인들은 수요를 증가시켜 가격 상승을 촉발시킬 수 있기 때문이다.

소비자 물가지수Consumer Price Index(CPI)는 인플레이션을 측정하는 데 있어 가장 자주 쓰이는 지표이다. 일반적으로 인플레이션의 높낮이를 판단하는 데 소비자 물가지수를 활용한다. 소비자 물가지수는 수백 개의 미리 정해진 소비자들에게 중요한 재화들을 선정한 후 해당 품목들의 가격이 특정 시간 동안 어떻게 변화하는지를 분석하여 추정한다. 만약 소비자들이 이전에 비해 같은 상품 묶음에 대해 더 비싼 가격을 지불한다면 소비자 물가지수가 증가할 것이며, 이는 인플레이션이 발생했다는 것을 의미할 수 있다.

인플레이션이 경제에 미치는 영향은 긍정적일수도 부정적일수도 있다. 예를 들어 인플레이션이 발생하면 저축의 매력도가 떨어지게 된다. 왜냐하면 물가 상승으로 인해 우리가 저축으로부터 받는 이자의 실제 가치가 떨어지기 때문이다. 이는 저축의 기회비용이 높아진 결과로 이해될 수 있으며, 기회비용이 높아질수록 사람들은 저축을 덜 하고 소비를 늘릴 것이다. 만약 미래 인플레이션의 수준에 대한 불확실성이 증가한다면 사람들은 저축에 대한 기회비용을 정확히 계산하기 어려워서 저축에 대한 동기가 약해질 수 있다. 같은 논리로 인플레이션에 대한 불확실성 증가는 투자에도 부정적인 영향을 줄 수 있다.

인플레이션이 영향을 미치는 것은 저축과 투자만이 아니다. 소비 또한 인플레이션에 의해 크게 영향을 받는다. 만약 인플레이션이 충분히 높아진다면 소비자들은 미래의 소비를 포기하고 현재의 소비를 늘릴 것이다. 왜냐하면 미래의 돈의 가치가 떨어질 것이기 때문에 현재 재화를 소유하고 있는 것이 경제적으로 더 유리하기 때문이다. 즉 미래의 인플레이션 기대치가 상승한다면 사람들은 물가 상승을 대비하여 필수품을 사재기하게 되어, 상품 부족 현상이 발생할 수 있다.

그러나 인플레이션의 긍정적인 측면도 존재한다. 예를 들어 중앙은행이 실질이자율에 대한 조정 역량을 가질 수 있다. 중앙은행이 금리 조절과 화폐 공급을 통해 실질이자율에 대해 영향을 미칠 수 있게 되면 경제가 침체되거나 지나치게 과열될 때 경제에 개입하여 부작용을 완화하는 데 도움이 될 수 있다. 여기에 더해 인플레이션이 발생하게 되면 화폐의 가치가 미래에 떨어진다는 의미이기 때문에 비화폐 자산에 대한 투자를 촉진하는 효과도 존재한다.

02 초인플레이션

초인플레이션Hyperinflation은 한 달 동안 물가 상승률이 50% 이상으로 증가하는 경제 상태를 뜻한다. 이러한 상황은 주로 전쟁, 경제적 불안 등으로 국가의 재정이 악화되고, 이를 해결하기 위해 지속적인 화폐 발행이 이루어져 통화량이 급증할 때 발생할 수 있다.

국제회계기준위원회는 초인플레이션 발생 시 적용되는 회계 원칙에 대한 가이드라인을 제공하고 있지만, 그들은 초인플레이션이 언제 정확히 발생하는지를 결정하는 구체적인 기준은 제시하지 않는다. 대신 그 존재를 식별하는 특정 현상들을 아래와 같이 설명한다.

- 민간인은 부를 비화폐적 자산이나 상대적으로 안정적인 외화로 유지하는 것을 선호한다. 현재 보유하고 있는 현지통화를 받는 즉시 투자하여 구매력을 유지한다.
- 사람들이 물건의 가격을 현지통화로 매기지 않고 상대적으로 안정적이라고 생각되는 외화로 표시한다.

- 이자율, 임금 및 물가가 인플레이션 지수와 밀접하게 연결되어 같이 움직인다.
- 3년 동안의 누적 인플레이션율이 100%에 근접하거나 초과한다.

매우 높은 수준의 인플레이션을 초래하는 원인은 다양할 수 있겠지만, 현재에 이르기까지 대부분의 초인플레이션은 정부가 예산적자를 메우기 위해 통화를 대량 발행한 결과였다. 피터 베른홀츠의 2003년 연구에 따르면, 그가 분석한 29개의 초인플레이션 사례 중 최소 25개는 이러한 원인으로 인해 발생했다고 나타났다.

초인플레이션을 일으키는 기본 요건은 금이나 은 대신에 종이 화폐를 사용하는 것으로 볼 수 있다. 1789년부터 1796년까지의 프랑스에서의 초인플레이션 같은 일부 예외를 제외하고, 대부분의 초인플레이션 사례는 19세기 후반에 화폐 사용이 대중화된 이후에 발생했기 때문이다.

03 스태그플레이션

스태그플레이션Stagflation은 경제가 침체되는 반면에 물가가 상승하는 상황을 의미한다. 이 용어는 정체성을 의미하는 Stagnation과 물가 상승을 의미하는 Inflation을 결합하여 만든 합성어이다.

이 용어는 처음으로 영국에서 인플레이션과 실업이 동시에 나타난 시기에 사용되었다. 1960년대와 1970년대에 영국은 물가 상승률이 높아지는 인플레이션을 겪었다. 영국의 정책 결정자들은 인플레이션을 통제하는 데 있어서 통화 정책의 중요성을 충분히 인지하지 못했고, 경제 위기에 대응하기 위해 다양한 비통화적 정책을 적용하려 했다. 또한 경제의 과잉 수요를 정확하게 측정하지 못했는데, 이는 1960년대와 1970년대에 영국에서 인플레이션이 발생하는 데 주요 원인이 되었다.

케인스 경제학에 따르면, 일반적으로 경제 활동이 둔화하면 실업률이 증가하고 결과적으로 물가가 하락하는 경향이 있다. 그렇다면 반대로 경기가 호황일 때는 실업률이 줄어들고 임금과 물가가 상승하는 경향이 있다고 쉽게 유추할 수 있다. 이러한 실업률과 물가 상승률 사이의 관계를 설명한 이론이 '필립스 곡선'이다.

그러나 1970년대, 전통적인 케인스 경제이론이 예측하지 못한 특이한 상황이 발생한다. 미국, 일본,

그리고 서구 선진국들이 긴축정책을 채택함에 따라 경기는 악화되고 실업률이 증가했지만 예상과 달리 물가는 계속해서 상승하였던 것이다. 이런 추세는 1973년 석유 위기 이후에 더욱 명확해졌다. 1974년에는 OECD의 주요 7개 회원국들의 실질 경제성장률이 평균적으로 전년 대비 마이너스를 기록하였으며, 동시에 소비자 물가 상승률은 두 배로 늘어났다.

당시 주요 선진국들이 스태그플레이션, 즉 불황과 물가 상승을 동시에 시달리게 된 두 가지 원인으로 대규모 공급 충격과 과도한 통화량 공급 증가를 꼽을 수 있다. 첫 번째로 대규모 공급 충격의 경우 스태그플레이션은 외부적으로 공급의 큰 충격에 의해 발생할 수 있다는 것이다. 유가 급등과 같은 상황이 그 예이다. 이런 상황은 생산 비용을 상승시키고 생산 효율성을 감소시키는 경향이 있어 경제성장이 둔화되는 한편 가격 상승 압력이 커질 수 있다.

두 번째로 스태그플레이션을 유발할 수 있는 이유는 정부나 중앙은행이 과도하게 통화 공급을 늘리는 등 부적절한 정책을 시행할 때이다. 보통 경제성장을 억제하는 정책들은 인플레이션을 유발하지 않으며, 반대로 인플레이션을 초래하는 정책들은 보통 경제성장을 방해하지 않는다. 그러나 이 두 요인이 동시에 작용할 경우, 스태그플레이션이 발생할 수 있다.

이러한 두 가지 원인은 1970년대 서구에서 발생한 스태그플레이션 분석에서 주로 언급된다. 초기에는 유가 상승이 주요 원인이었지만, 중앙은행이 경제 침체에 대응하려고 과도한 통화 정책을 취하면서 물가와 임금 상승세가 가속화된 것이라 분석된다.

04 디플레이션

디플레이션Deflation은 경제에서 물가가 일반적이고 지속적으로 하락하는 상황을 지칭한다. 이는 가격이 계속 상승하는 인플레이션의 반대 개념으로 볼 수 있다.

디플레이션은 경제 전반의 성장 속도가 둔화하는 현상을 가리킨다. 이는 흔히 물가 하락으로 나타나지만 그것은 디플레이션의 본질적인 원인에 의한 부수적인 결과에 불과하다. 디플레이션의 핵심은 경제성장률이 둔화하거나, 경우에 따라서는 성장률이 역전하는 것이다. 이러한 상황은 대규모 실업과 사회 전체의 침체 분위기를 야기할 수 있으며, 이 때문에 디플레이션은 인플레이션보다 더 심각한 문제로 인식될 수 있다.

디플레이션은 통화 공급량이 사회적 필요량보다 줄어들어서 발생하며, 이 결과 화폐의 가치가 증가하게 된다. 이런 상황이 자연적으로 발생하는 것은 일반적이지 않다. 이런 상황은 주로 인플레이션을 억제하기 위한 정책의 결과로 나타날 수 있다. 대부분의 디플레이션 상황은 이러한 의도적인 정책에 의한 결과이다 보니 일정 기간이 지나면 자연스럽게 해소되는 경우가 많다.

물론 과잉 생산에 의한 불황도 디플레이션을 초래할 수 있다. 그럼에도 불구하고 가격이나 임금이 내려가는 것은 어려운 상황이기 때문에 자연적으로 디플레이션 상태가 발생하는 것은 흔치 않은 것이다.

디플레이션의 영향으로 기업은 도산하거나, 전반적인 사업 활동이 정체되며, 생산이 축소되어 실업률이 증가할 수 있다. 또한 임금 지급이 지연되거나 심지어는 지급 자체가 없어질 수도 있다. 디플레이션 상황에서는 중소기업의 경영 어려움을 대기업이 이용하여 중소기업을 합병하고 시장에서 독점적인 지배력을 강화하는 경우도 있다.

대공황, 일본의 '잃어버린 10년', 그리고 서브프라임 모기지 사태와 같은 심각한 경제위기는 디플레이션의 극단적인 사례들로 꼽을 수 있다. 디플레이션은 대출 또는 증권(빚)을 통해 자산을 소유하는 자본주의 시스템에서 실물 자산의 가치 하락을 가져와 기업과 개인에게 큰 손실을 초래할 수 있다. 이러한 일본의 디플레이션 사례는 이번 장의 마지막 내용인 [Case Study]에서 더 자세히 다룰 예정이다.

알아두면 쓸모있는 경제 지식 **1차 세계 대전 이후 독일의 하이퍼인플레이션**

1차 세계 대전이 발발하면서 참전국들은 전쟁비용을 조달해야 하는 문제에 직면한다. 독일은 거대한 비용을 감당하기 위해 전쟁을 맞이하며 금본위제를 중단하였다. 그리고 독일 황제 빌헬름 2세와 독일 의회는 차입을 통해 전쟁 자금을 모두 조달하는 데 동의하였다. 이로 인해 마르크에 대한 미국 달러의 환율이 달러당 4.2에서 7.9로 떨어지면서 전쟁 후 심각한 인플레이션의 신호가 나타났다.

전쟁에서 패배한 후 들어선 바이마르 공화국의 독일은 엄청난 규모의 전쟁 배상금을 부담하게 되었다. 초기에는 총 1,320억 마르크(미화 330억 달러)를 요구 받았으나, 이후 1,120억 마르크(미화 263억 달러)로 조정되었다. 이미 전쟁자금을 조달하는 과정에서 큰 부채를 지고 있던 독일 정부는 막대한 전쟁배상금을 지불하기 위해 실질적인 경제적 자원 없이 단지 화폐를 발행하여 독일이 마주한 경제적 문제를 더욱 악화시켰다. 그리고 이는 전례없던 규모의 인플레이션으로 이어진다.

1919년 말까지 미국 달러를 사기 위해서는 48 마르크가 필요했고, 베르사유 조약에 따른 배상금 요구는 마르크의 가치를 더욱 떨어뜨렸다. 첫 배상금 지불은 1921년 6월에 이루어졌고, 이후로는 달러당 약 330마르크까지 급격하게 평가 절하가 시작되었다. 1922년 가을까지 마르크화는 사실상 가치가 없어져, 독일이 마르크화로 외화나 금을 사는 것은 불가능해졌다. 그해 말에, 독일이 프랑스에 배상금을 제때 지불하지 못하자 프랑스와 벨기에군은 1923년 1월에 독일의 주요 산업 지역인 루르를 점령하였다.

독일 정부는 이에 대해 루르에서 저항하는 소극적인 정책을 지시하였다. 노동자들에게는 침략자들에게 도움이 되는 어떠한 행위도 하지 않도록 지시되었으며, 이것은 결국 총파업과 동일한 효과를 가졌다. 하지만 파업하는 노동자들에게는 재정적 지원이 필요했고, 정부는 이들에게 급여를 지급하기 위해 더 많은 지폐를 인쇄하게 되었다. 이로 인해 독일은 곧이어 초인플레이션을 더욱 심화시키는 결과를 초래하였다.

1922년에는 빵 한 개가 163마르크였지만, 1923년 초에는 150만 마르크로 올랐고, 11월에는 2천억 마르크에 이르렀다. 이런 급격한 가격 상승으로 인해 사람들은 거의 매일 가격을 바꿔야 했다. 또한 5천만 마르크짜리 은행권을 발행한 후 짧은시간 내에 폐기해야 했다.

Case Study

일본의 디플레이션 사례

일본의 성장 과정과 1980년대 일본 경제

일본은 1950년부터 1970년까지 가장 빠른 성장세를 보이는 나라 중 하나였다. 일본 정부는 공업화를 이루고자 하는 산업정책에 따라 전략산업을 육성하며 공업국으로의 전환을 성공적으로 이루어냈다. 일본의 상명하복식 민족성은 이러한 국가의 전략적 방향과도 일치했다. 뿐만 아니라 미국과 일본의 국제관계도 일본의 성장에 중요한 요소였다. 1946년 일본은 미국과 평화협정을 체결하면서 1952년까지 21억 달러 규모의 금융지원을 받았다. 1950년 한국전쟁이 발발함에 따라 전쟁특수를 누렸으며, 냉전이 지속되자 지정학적 중요성으로 인해 안보, 기축통화, 수출시장, 기술 등 다양한 방면에서 미국의 지원을 받을 수 있었다.

환율 또한 중요한 역할을 했다. 2차 세계 대전 이후 국제통화질서는 미국 달러화를 기준으로 고정환율제를 채택했다. 전쟁으로 폐허가 된 일본의 엔화는 달러에 대한 환율이 360엔에서 고정되어 있었다. 당시 설정된 환율은 브레튼우즈 체제가 붕괴된 1971년까지 지속되었다. 전후 일본경제는 급속도로 성장하였음에도 불구하고 달러 대비 환율은 조정되지 않아 계속해서 저평가된 엔화로 인해 일본의 수출경쟁력이 지속적으로 개선되는 효과를 가져왔다. 이처럼 일본은 저렴한 노동력과 유리한 환율 그리고 산업구조의 전환을 이루면서 고도성장을 이루었다. 그러다 1972년에는 명목GDP가 독일을 넘어서면서 마침내 세계 2위 경제대국으로 올라서게 되었다.

플라자 합의와 경제구조의 전환

당시의 미국은 다양한 난제에 직면했다. 베트남전에서의 타격과 더불어 미국 제품의 경쟁력도 떨어졌고, 재정과 무역의 적자 문제를 해결할 방안이 보이지 않았다. 1980년부터 1985년까지 무역적자를 기록한 미국의 달러는 일본의 엔, 독일의 마르크, 프랑스의 프랑, 영국의 파운드와 같은 무역 흑자 국가의 통화에 비해 통화 가치가 약 50% 가량 상승했다. 이 현상으로 인해 미국은 무역 파트너 국가들이 통화를 불공정하게 조작했다고 의심하게 되었으며, 특히 일본이 수출 경쟁력을 강화하기 위해 엔화를 인위적으로 저평가했다고 보았다.

미국 의회 내에서는 보호주의 요구가 강해졌고, 1985년 9월에는 미국이 처음으로 일본에게 무역법 301조를 적용했다. 이 조항은 미국과 무역을 하는 국가가 무역상의 합의를 준수하지 않거나 불공정한 무역을 이어갈 경우, 미국이 보복 조치를 취할 수 있게 하는 내용을 담고 있었다. 주요 국제적 파트너들 역시 이 같은 불균형이 지속될 수 없음을 인지하고 상황이 심각한 수준에 도달했다는 점에 동의했고, 그 결과 미국 재무부 장관 제임스 베이커James Addison Baker Ⅲ 주도 아래 G5 국가들과 환율 시장 개입에 대한 정책 조정이 이루어졌다. 이 합의는 뉴욕 플라자 호텔에서 이루어져 '플라자 합의'라고 불린다.

버블의 형성 과정

플라자 합의 이후 각국의 중앙은행은 외환시장에 개입하게 되어, 달러에 대한 엔화 환율은 1986년 7월에 150엔까지 하락하였다. 이러한 엔화 가치의 급등으로 인해 일본 경제에는 여러 변화가 일어난다. 일본에서는 수입품 가격이 크게 하락하여 소비수준이 향상되었으며, 엔화의 강세는 해외자산을 저렴한 가격으로 매입하는 기회를 제공하였다. 이는 해외 직접 투자의 확대로 이어졌고, 특히 자동차 제조사 도요타는 미국에 생산 시설을 설치하고 미국인을 고용하여 대외수지 불균형에 대한 논란을 피할 수 있었다. 또한 일본의 일부 수출기업들은 강한 엔화로 인해 대외경쟁력과 수익성을 개선하기 위한 구조조정의 필요성을 인식하였다.

이 중 가장 중요한 변화는 일본이 경제성장 동력을 내수중심으로 전환하였다는 것이다. 일본은 미국의 요구에 따라 엔화를 절상시키면서도 국가 경제성장을 이어가기 위한 대안을 찾고자 하였다. 이를 위해 전 일본은행 총재 마에카와 하루오(前川春雄)는 내수 중심의 국가 성장 방향을 제시하는 보고서를 발표하였다. 이 보고서의 주요 내용은 시장개방, 규제 완화, 주택과 토지 공급 확대, 내수경제 확장, 그리고 사회간접자본의 확충 등이었다. 이를 통해 일본은 대외균형과 성장을 동시에 추진하고자 하였다.

엔화 강세에 따른 변화로 일본 제조업체들은 인건비 절감을 위해 생산시설을 해외로 이전하였고, 이로 인해 산업단지에 살던 일본인들은 도시로 이동하게 되었다. 이런 변화로 인해 일본의 산업구조는 제조업에서 서비스업으로 점차 전환되었다. 이와 함께 도시 중심의 경제 발전이 활성화되었고, 도시 개발의 필요성이 급증하였다. 일본 건설부는 부동산 및 도시 개발에 대한 규제를 완화하였고, 일본 정부는 공유지를 민간에 매각하여 민간 주도의 발전을 촉진하였다. 또한 도쿄를 국제금융의 중심지로 만드는 것이 일본의 주요 성장전략 중 하나였다.

부동산 규제 완화, 저금리, 은행의 여신 공급능력 확대, 독특한 기업지배구조, 팽창적 재정정책, 일본 행정부의 증시 부양 등의 요인이 복합적으로 작용하여 일본 증시는 기본적 경제 여건을 크게 벗어난 상태에서 주가가 형성되었다. 주가는 자산가치, 수익가치, 이익성장, 지분관계 등 어떤 가치평가에 비해도 과도하게 높은 수준에 이르렀다. 1985년부터 1989년까지 생성된 부의 규모는 1,700조 엔으로 당시 GDP의 4배에 달하였다.

버블의 붕괴

1989년 고점에서 니케이지수는 4만을 기록했으나, 일본 기업들의 수익성은 그만큼 향상되지 않았기 때문에 주가 대비 배당수익률은 0.4%로 떨어졌다. 외인 투자자들은 일본 주식 시장의 호황이 지속 불가능한 것을 인지하고 증시에서 자금을 빼기 시작했다.

일본 정부도 부동산 및 주식 시장이 과열되었음을 인지했다. 1989년 새로 취임한 일본은행 총재 미에노 야스시(三重野康)는 시장과열을 종식시키기 위해 2.5%였던 금리를 12월까지 4.25%로, 그리고 1990년 8월에는 6%까지 인상하였다. 투자자들은 자금을 주식 시장에서 채권시장으로 옮겼으며, 일본 증시는 본격적으로 하락세를 보이기 시작했다. 4만을 기록했던 니케이지수는 1990년 8월 2만까지 떨어졌다. 일본 정부는 금리뿐만 아니라 정책적으로도 부동산 가격을 억제하려는 움직임을 보였다. 정부는 부동산에 과하게 유입된 신용을 억제하기 위해 1990년 3월부터 '부동산 융자에 대한 총량 규제'를 시행했다. 높아진 금리를 부담하지 못하고 부동산을 투매하기에 이르렀다.

버블이 붕괴된 기간 동안(1991~1993년) 631조원 규모의 부가 사라졌다. 보유자산의 가치가 급격하게 하락함에 따라 국민의 소비, 기업의 투자, 은행대출 등이 모두 축소되었다. 1990년에 시작된 부동산 지가 하락세는 일본경기가 장기불황에 빠짐에 따라 2005년까지 지속되었으며, 고점대비 70%이상 하락하였다.

일본정부의 대응과 대차대조표 불황

일본의 주식과 부동산 가격은 다른 버블들과 가격움직임이 다른 형태로 일어났다. 버블이 붕괴하면서 폭락하기보다는 서서히 하락세를 보였다. 1989년 말에 시작된 버블붕괴는 1992년 6월까지 점진적으로 발생했다. 이는 우리나라의 기획재정부처럼 국가의 재정을 관리하는 대장성(재무성의 전신)이 자산 가격 폭락을 막기 위해 인위적으로 개입했기 때문이었다.

대장성은 금융기관 예금주들이 예탁금을 전액 보전 받을 수 있도록 조치를 취했으며, 대규모 재정지출을 통해 은행의 부실자산에 대한 손실을 보전해주었다. 일종의 구제 금융을 투입한 것이다. 대장성의 이러한 대응은 비록 부실한 금융기관이 더 오래 운영되도록 만들었지만, 뱅크런으로 금융시스템이 붕괴되는 것을 막고 기업이 대출을 연장할 수 있도록 했다. 이로 인해 금융기관의 위기가 실물경제로 전이되어 산업인프라가 붕괴되는 것을 막을 수 있었다.

이러한 대장성의 개입은 일본의 금융시스템의 붕괴를 막을 수는 있었으나 이를 계기로 일본 은행들은 자금을 보수적으로 관리하기 시작했다. 일본 은행은 고객들의 예치금을 기업 대출에 활용하기보다는 대장성 채권을 매입하는 방식으로 자금을 운용한 것이다. 이는 금융기관이 자금을 순환하지 못하고 금고역할을 할 뿐, 정교한 담보가치분석이나 투자를 촉진시키는 여신정책을 실행하지는 못했다는 의미이다. 버블이 붕괴되는 과정에서 일본의 금융기관들은 자신감을 상실하게 되었다.

노무라종합연구소의 수석 연구원 리처드 쿠Richard C. Koo는 기업이 막대한 채무를 보유하고 있거나 은행이 대규모 부실채권을 보유하고 있는 경제상황에서 투자를 통한 경제성장이 일어나지 않는다고 분석했다. 그리고 쿠는 이러한 상황을 '대차대조표 불황'이라고 불렀다. 기업은 채무를 상환하느라 투자활동을 지속하지 못하고, 은행은 부실채권을 정리하는 데 집중하느라 경제주체에게 여신을 제대로 공급하지 못하기 때문이다. 대차대조표 불황이 발생하면 유동성이 투입되어도 소비, 투자를 기반으로 한 경제회복이 일어나기 어렵다. 일본은 이러한 상황이 긴 시간 지속되었으며, 일본의 '잃어버린 30년'이라고 불리는 기간의 배후에는 대차대조표 불황이 자리 잡고 있다.

단원 요약

- 완전경쟁시장에서는 참가자의 수가 많고 시장참여가 자유로우며, 각자가 완전한 시장정보와 상품지식을 가지며, 개개의 시장참가자가 시장 전체에 미치는 영향력이 미미한 시장이다.
- 독점은 시장에서 개인 또는 조직(일반적으로 기업)만이 특정 상품이나 서비스를 제공하는 상황을 지칭한다.
- 가격차별은 동일한 상품에 대해 구입자에 따라 다른 가격을 받는 행위인데 소비자를 지불용의에 따라 구분할 수 있어야 가능하며 경제적 후생을 증가시킬 수 있다.
- 카르텔은 동일한 산업 분야의 기업들이 결합하여 상품이나 서비스의 가격, 생산량, 거래 조건, 거래 상대방, 판매 지역 등을 제한하는 행위를 의미한다.
- 인플레이션 또는 물가 상승이라고 불리는 현상은 한 나라의 상품이나 서비스의 가격이 계속해서 올라가는 경제적 상태를 의미한다.

토론 과제

1. 독점은 다양한 사회적 문제점들을 야기할 수 있다. 미국은 강력한 반독점법을 가지고 있다. 우리나라와 미국의 반독점법을 조사, 비교하고 차이에 대해 토론하라.
2. 카르텔은 항상 부정적인 영향을 미칠까? 카르텔의 순기능에 대해 토론하라.
3. 일본이 장기 불황을 피하기 위해 어떤 대책을 고려해볼 수 있었을지에 대해 토론하라.

연습 문제

다음 설명이 맞으면 T, 틀리면 F에 동그라미를 표시하여라.

1. 완전경쟁시장은 다음과 같은 특징을 가지고 있다: 동질성, 자유로운 진출과 퇴출, 가격수용자, 완전한 정보
   T / F
2. 시장 상황이 악화되어 아무것도 생산하지 않는 것이 덜 손해인 장기적 산업 퇴출 의사결정을 조업중단이라

고 한다. T / F

3. 경쟁적인 시장에서는 개별 기업이 이익을 창출하는 순간 새로운 생산자들이 시장에 진입한다. 그러나 독점 시장에서는 보통 새로운 기업들의 시장 진입을 방해하는 진입 장벽이 존재한다. T / F

4. 독점은 자유시장 경제가 얼마나 강력하게 잘 작동하는지를 드러내는 예시로 가장 많이 쓰여진다. T / F

5. 가격차별은 매자의 이윤 증가를 위한 합리적 선택으로 주로 독점시장에서 보이며, 경쟁이 치열한 시장에서는 이를 볼 수 없다. T / F

6. 독점기업은 일반적으로 시장 전체의 수요 정보와 개별 소비자의 수요 정보를 알 수 있다. T / F

7. 경제적 맥락에서 볼 때, 카르텔은 동일한 산업 분야의 기업들이 결합하여 상품이나 서비스의 가격, 생산량, 거래 조건, 거래 상대방, 판매 지역 등을 제한하는 행위를 의미한다. T / F

8. 인플레이션의 핵심적인 원인 중 하나는 통화의 공급량 증가로 알려져 있다. T / F

9. 초인플레이션은 한 달 동안 물가 상승률이 10% 이상으로 감소하는 경제 상태를 뜻한다. T / F

정답 1. T 2. F 3. T 4. F 5. T 6. F 7. T 8. T 9. F

PART

03 경제학과 금융

재무경제

Ⅰ 화폐의 시간가치

Ⅱ 금융시장

Ⅲ 분산투자

Ⅳ 효율적 시장 가설

Chapter

08

"복리는 투자의 마술이다."

– 짐 로저스 –

Ⅰ 화폐의 시간가치

01 화폐의 시간가치란?

화폐의 시간가치Time value of money란 현재의 돈이 미래의 돈보다 가치가 있다는 개념을 나타낸다. 예를 들어, 지금 가지고 있는 1억 원을 은행에 예금하면 10년 후에는 이자를 포함한 금액을 받을 수 있다. 또한 물가 상승도 고려해야 한다. 물가가 상승한다면, 미래에는 같은 금액으로 더 적은 물건을 살 수 있다. 따라서 화폐의 시간가치는 물가 상승을 고려하여 현재 돈의 가치가 미래 돈의 가치보다 높아야 함을 의미한다.

우리는 항상 현재를 살면서 미래의 소득과 지출을 고려한다. 적금이나 예금을 통해 받는 이자와 원금은 미래에 일어나는 현금흐름이다. 또한 생명보험의 사망 보험금도 미래의 혜택이다. 반면 이번 달에 사용한 신용카드는 미래에 지불해야 할 돈이고, 앞으로 1년 동안 은행에 갚아야 할 대출원금과 이자도 미래에 일어나는 지출이다. 그러나 우리가 내리는 경제적 의사결정은 현재에 이루어지기 때문에, 미래에 발생할 현금흐름은 현재가치로 계산해야 한다. 이는 특히 투자할 때 더 중요하다.

현재 1억 원을 투자하여 5년 후에 원금을 포함해 2억 원을 회수할 수 있는 프로젝트가 있다고 가정해보자. 처음에는 1억 원을 투자하고 2억 원을 회수하여 1억 원을 벌었다고 생각할 수 있다. 그러나 5년 후에 받을 2억 원은 미래의 돈이므로 현재와는 가치가 다를 수 있다. 때문에 실제 수익을 파악하기 위해서는 5년 후 받는 2억 원의 현재가치를 계산해야 한다.

02 화폐의 시간가치 원인

시차선호

시차선호Time preference는 현재와 미래의 소비에 대한 개인 선호도를 나타내는 개념이다. 이 우선순위는 개인에 따라 다르며, 주관적인 기준이다. 그러나 일반적으로 사람들은 현재의 돈을 미래의 돈보다 더 선호한다. 이는 미래에 무슨 일이 일어날지 확실하지 않기 때문에 나타나는 현상이다.

자본생산성

자본생산성Productivity of capital은 생산성에 관한 개념 중 하나로 재화 생산에 투입된 자본의 양과 그에 따른 산출량의 비율을 의미한다. 다시 말해, 얼마나 효율적으로 자본을 이용하여 생산할 수 있는지 나타내는 지표이다. 한 기업이 투자한 자본이 얼마나 많은 제품을 만들어내는지를 측정할 때 자본생산성이 사용된다. 자본생산성은 현재 가지고 있는 자본이 생산이나 투자를 통해 미래에 더 많은 수익을 창출할 수 있는 가능성을 의미한다.

인플레이션

20세기 이후 대부분의 사람들은 과거에 비해 물가가 상승하는 높은 인플레이션을 경험하고 있다. 인플레이션은 물가가 상승하여 화폐의 구매력이 감소하는 현상을 말한다. 즉 현재에 구매할 수 있었던 어떤 물건을 미래에는 동일한 금액으로 구매하기 힘들게 만든다는 것이다. 예를 들어, 오늘날 자장면 한 그릇의 가격은 대략 5천 원이다. 그러나 30년 전에는 이와 같은 자장면을 단지 5백 원으로 살 수 있었다. 이런 상황을 고려하면, 30년 후에는 자장면 한 그릇이 5만 원이 될 수도 있다.

이렇게 30년 전의 5백 원, 현재의 5천 원, 미래의 5만 원이 모두 같은 가치인 자장면 한 그릇을 구매하는 데 사용될 수 있다는 점은 시간이 흐르면서 인플레이션에 따라 화폐의 구매력이 줄어드는 것을 잘 보여 준다. 따라서 사람들은 미래에 자장면 한 그릇을 구매할 수 있는 5만 원보다 현재 자장면 열 그릇을 구매할 수 있는 5만 원을 더 가치 있게 여기게 된다. 즉, 미래의 현금흐름보다 현재의 현금흐름을 더 선호하게 되는 것이다.

위험

위험Risk은 미래의 현금흐름에 대한 불확실성을 의미한다. 현재 1억 원을 가지고 있다고 가정했을 때, 이 1억 원을 금고에 현금으로 가지고 있을 수도 있고 누군가에게 빌려줄 수도 있을 것이다. 이런 경우 대부분의 사람들은 금고에 넣어놓은, 즉 확실하게 가지고 있는 1억 원을 더 선호할 것이다. 누군가에게 빌려준 돈은 미래에 다시 돌려 받을 수 있을지 없을지가 불확실하기 때문이다. 이처럼 사람들은 일반적으로 위험을 회피하는 경향이 있어서 불확실한 미래의 현금흐름보다는 위험성이 없는 현재의 확실한 현금흐름을 더 선호하게 된다.

그러나 때로는 사람들이 현재의 현금흐름을 포기하고 미래의 현금흐름을 선택하기도 한다. 이를 유도하기 위해 추가로 제공하는 금액을 이자라고 한다. 이자를 현재의 현금흐름에 대한 비율로 표현한 것이 바로 이자율이다. 이자율은 화폐의 시간가치를 반영하는 지표로 사용된다. 이런 이유로, 사람들이 이자율을 고려하여 현재와 미래의 현금흐름을 파악한다.

03 현재가치와 미래가치

시간이 지남에 따라 화폐의 가치는 변하기 때문에, 어떤 시점의 돈의 가치를 올바르게 계산하기 위해서는 그 시점의 돈에 '시간의 가치'를 반영해야 한다. 미래의 1억 원의 가치를 현재의 시점에서 계산하려면 시간이 지난 만큼 떨어진 가치를 반영해야 하며, 반대로 현재 가지고 있는 1억 원의 가치를 미래의 시점에서 계산하려면 현재의 가치가 미래의 가치보다 크기 때문에 더 큰 가치로 환산해야 한다. 이렇게 미래의 가치를 현재의 가치로 환산한 것을 현재가치Present Value(PV)라고 하며, 현재의 가치를 미래시점의 가치로 변환한 것을 미래가치Future Value(FV)라고 한다. 이는 미래가치와 현재가치가 역의 관계에 있음을 보여준다.

앞서 언급한 것처럼, 현재가치를 계산하기 위해서는 미래의 특정 금액에 시간이 지난 만큼 떨어진 가치를 반영해야 한다. 이 과정을 할인Discount이라고 하며, 이때 사용되는 비율을 할인율Discount rate이라고 한다. 이와 반대로 현재의 일정 금액을 시간의 가치를 반영하여 미래의 가치로 환산할 때 사용하는 비율은 이자율Rate of interest이라고 한다. 여기서 주의할 점은 할인율과 이자율은 기본적으로 같은 개념이지만, 할인율은 현재의 가치를 계산할 때 사용되고, 이자율은 미래의 가치를 계산할 때 사용된다.

먼저 미래가치에 대해서 구체적으로 알아보자. 미래가치를 계산하는 방법에는 복리와 단리가 있다. 복리는 현재의 금액을 이자율로 환산하며, 특정 기간 원금과 그동안 쌓인 이자에 대해 다시 이자를 계산하는 방식을 의미한다. 반면에 단리는 원금에 대해서만 이자를 계산하는 방식이다. 이 중 가장 큰 차이점은 이자의 재투자 여부이다. 따라서 복리는 더 빠른 속도로 가치가 증가한다.

예를 들어, 현재 가지고 있는 1,000원을 연 이자율 10%인 복리 저축에 투자했다고 가정하자. 3년 후에 얼마를 얻을 수 있을까? 이 경우, 1,000원은 3년 후에 1,331원으로 증가할 것이다. 좀 더 구체적으로 과정을 살펴보자. 1년 후에는 원금 1,000원에 이자 100원(1000×0.1)을 더해 1,100원을 얻을 수 있다. 이를 수식으로 나타내자면 1,000+(1,000×0.1)로 표현할 수 있다. 이후 1년이 더 지난 뒤에는 복리이기 때문에 1,100원에 대한 10%의 이자를 얻게 된다. 이를 수식으로 나타내면 1,100+(1,100×0.1)이다. 그 이후로 또 1년이 지나 원금을 저축한 지 3년이 되었을 때는 1,210+(1,210×0.1)=1,331원이 되기 때문에, 결론적으로 1,000원의 3년 뒤 미래가치는 1,331원이라는 것을 알 수 있다.

위의 수식과 계산을 좀 더 알기 쉽게 그림으로 나타내자면 다음과 같다.

$PV = 1{,}000$	$FV_1 = PV + PV \cdot r$	$FV_2 = FV_1 + FV_1 \cdot r$	$FV_3 = FV_2 + FV_2 \cdot r$
	$= PV(1+r)^1$	$= 1{,}100 + 110 = 1{,}210$	$= 1{,}210 + 121 = 1{,}331$
	$= 1{,}000(1+0.1)^1$	$= FV_1(1+r)$	$= FV_2(1+r)$
	$= 1{,}100$	$= PV(1+r)^2$	$= PV(1+r)^3$
		$= 1{,}100(1+0.1)^2 = 1{,}210$	$= 1{,}210(1+0.1)^3 = 1{,}331$

이를 기반으로 미래가치를 구하는 일반식은 다음과 같이 나타낼 수 있다.

$$FV_n = PV(1+r)^n = PV(FVIF_{r,n})$$

FV_n: n시점에서의 미래가치

PV: 0시점에서의 현재가치

r: 이자율

$FVIF_{r,n}$: 미래가치이자요소

미래가치를 구하는 공식을 기반으로 현재가치를 어떻게 계산하는지 알아보자. 미래가치와 현재가치가 역의 관계에 있음을 고려해보면 '할인한다'는 말은 결국 미래의 가치를 현재의 가치로 환산한다는 것을 의미한다. 따라서 현재가치를 계산하는 일반적인 수식은 미래가치를 할인율로 나눈 값으로 표현할 수 있다.

$$PV = \frac{FV_n}{(1+r)^n} = FV_n(PVIF_{r,n})$$

r: 할인율

$PVIF_{r,n}$: 현재가치이자요소

알아두면 쓸모있는 경제 지식 복리와 72의 법칙

아인슈타인은 이자에 이자가 붙어 늘어나는 복리 계산법을 두고 인간의 가장 중요하고 놀라운 발명 중 하나라고 이야기하며 극찬했다. 복리는 재테크에서 매우 중요한데, 시간이 지남에 따라 복리로 투자된 돈이 기하급수적으로 늘어날 수 있기 때문이다. 그러나 복리를 계산하는 것은 복잡하다. 이자에 이자가 더해지는 개념을 이해하는 것도 어렵지만, 계산하는 것은 더 어려운 일이다. 다행히도 복리 계산을 쉽게 할 수 있는 방법이 있다. 바로 '72의 법칙'이다.

72의 법칙은 투자나 저축한 돈이 두 배로 늘어나는 데 필요한 시간을 쉽게 계산하는 방법이다. 72를 연간 이자율로 나누면 원금이 두 배가 되는 데 걸리는 시간이 나온다. 예를 들어, 연간 이자율이 3%인 경우, 원금이 두 배가 되기 위해서는 72를 3으로 나눈 24년이 필요하다. 이를 거꾸로도 활용할 수 있다. 만약 1억 원을 10년 후에 2억 원으로 만들고 싶다면 72/n=10년이 되어야 하므로, n은 7.2 즉 7.2%의 수익률로 투자하여야 한다. 이처럼 72의 법칙은 결국 원금을 두 배로 만드는 시간을 줄이기 위한 중요한 점은 투자(적금)에 대한 수익률(금리)이라는 것을 보여준다.

72의 법칙은 오늘날의 투자와 수익률에도 적용할 수 있는 유용한 개념이다. 이 개념은 현대적인 것처럼 보이지만, 실제로는 르네상스 시대 이전부터 사용되어 왔다고 추정된다. 이탈리아의 수학자이자 레오나르도 다빈치의 수학 스승이었던 루카 파치올리가 1494년에 출판한 르네상스 시대의 수학책인 《Summa de arithmetica》라는 책에 이 법칙에 대한 기록이 있으며, 현존하는 72의 법칙에 대한 가장 오래된 기록이다.

"주식 시장은 적극적인 자에게서 참을성이 많은 자에게로 돈이 넘어가도록 설계되어 있다."

– 워런 버핏 –

II 금융시장

01 금융시장이란?

누군가에게 돈을 빌리거나, 돈을 빌려준 경험이 있는가? 그리고 돈을 빌린 것에 대해 이자를 지불하거나, 돈을 돌려받을 때 이자를 받아 이득을 본 경험이 있는가? 은행에서 적금을 들고 만기가 될 때 원금과 함께 이자를 받거나, 대출을 받은 후 원금과 이자를 상환하는 등, 우리는 금전적 거래를 통해 경제 활동을 수행한다. 이러한 금전은 단순히 물건을 사고파는 용도뿐만 아니라 경제 활동을 위해 교환되는데, 이를 자금이라고 한다.

사업이나 프로젝트를 진행하거나 투자하기 위해 자금이 필요한 사람이 있을 것이고 반대로 가지고 있는 자금을 투자하여 이익을 얻거나, 저축하여 이자를 받고 싶은 사람도 있을 것이다. 이처럼 자금이 수요와 공급으로 인해 융통되는 것을 금융이라고 하며, 수요와 공급이 만나 자금의 대차거래가 이뤄지는 장소를 금융시장이라고 한다. 즉, 자금잉여부문(흑자부문)이 자금부족부문(적자부문)에 자금을 융통하는 과정이기도 하다. 금융은 일반적으로 금전에 대한 채권 · 채무관계를 발생시키며, 이에 따른 증서를 금융자산이라고 한다.

금융시장은 수요와 공급으로 인해 형성되며, 수요와 공급이 만나 자금의 거래가 이루어지는 곳이다. 자금의 공급과 수요를 조절하는 데에는 이자율이 중요한 역할을 한다. 예를 들어, 자금을 얻고자 하는 사람이 있으면 그 수요가 공급을 넘어설 때 이자율이 상승하게 된다. 반대로, 자금을 제공하려는 사람이 많을 때 이자율은 하락한다.

금융시장에는 금융기관이나 대출 회사가 참여하는 금융시장, 증권시장, 외환시장 등이 포함된다. 이들은 거래의 위치와 기간에 따라 더 세부적으로 분류될 수 있다. 국내에서 거래되는 경우 이를 국내 금융시장이라고 부르고, 국제 거래의 경우에는 국제 금융시장이라고 한다. 또한 금융시장은 거래되는 기간에 따라 단기금융시장과 장기금융시장으로 나뉜다. 단기금융시장은 1년 이하의 기간을 다루며 머니마켓이라고 하며, 장기금융시장은 1년 이상의 기간을 가지는 시장이다. 장기금융시장은 특히 자본시장이라고도 불린다. 장기자금의 주요 원천은 가계, 기업, 정부의 저축으로부터 유래된 자금이 투입된다. 이러한 자금은 기업에 대출되거나 금융기관에 투자된다.

02 금융시장의 기능

자금의 수요와 공급이 일어나는 금융시장은 경제에서 어떤 기능을 수행할까? 다음 내용을 통해 금융시장의 주요한 기능을 살펴보자.

자금의 효율적인 이동

금융시장은 자금이 충분한 곳(저축자 또는 빌려주는 사람)에서 자금이 필요한 곳(투자자 또는 빌려가는 사람)으로 효율적으로 이동하도록 만들어준다. 이를 통해 금융시장은 금액, 시간, 장소, 국경, 주체를 초월하여 여유자금을 필요로 하는 곳으로 흐르게 함으로써 기업이나 국가의 생산성을 높이고 경제성장을 촉진한다.

가격 발견과 정보의 제공

금융시장은 다양한 금융상품 및 자산의 가격을 결정한다. 기업, 투자자, 그리고 정부는 금융시장을 통해 투자, 소비, 정책 결정에 필요한 정보를 얻게 된다. 따라서 시장정보를 누구나 쉽게 접근할 수 있도록 함으로써 정보 부족으로 인한 손실을 최소화하고 정보 획득 비용과 시간을 절약할 수 있다.

위험 관리

금융시장은 투자자들이 위험을 효과적으로 관리할 수 있도록 도와준다. 예를 들어, 파생상품 시장에서 투자자는 특정한 위험(환율 변동, 금리 변동 등)을 관리할 수 있다. 이는 투자자가 다양한 금융상품에 투자하여 위험을 분산시키거나 위험에 대비한 보험 상품을 이용함으로써 이루어진다.

유동성 제공

자금이 필요할 때 금융시장은 투자자에게 자금을 쉽게 환전할 수 있는 유동성을 제공한다. 예를 들어, 주식 시장에서 투자자는 주식을 팔아 현금을 얻을 수 있다. 그러므로 금융시장은 금융자산의 매입과 매각을 용이하게 하여 시장 참여자들에게 유동성을 제공한다.

저축의 촉진

금융시장은 개인과 기업이 저축을 촉진하도록 돕는다. 이는 투자에 필요한 자금을 모으는 데 도움이 된다.

03 직접금융시장과 간접금융시장 구분

금융시장은 일반적으로 금융기관이 개입하는 정도에 따라 직접금융시장과 간접금융시장으로 구분된다.

직접금융시장

직접금융시장은 자금 공급자와 수요자가 직접 거래하는 시장으로, 주식이나 채권 발행을 통해 자금이 직접 이동하는 시장을 말한다. 이 시장에서는 자금 공급자와 수요자 간에 대출과 차입이 직접 이루어지며, 금융기관은 이들을 연결하는 역할을 하고 이를 통해 수수료를 얻는다.

기업이 주식을 발행하여 자금을 조달하는 것이 직접금융시장의 한 예이다. 증권발행에 있어 자금수요자는 자신이 발행한 증권을 자금공급자에게 넘겨주는 대신 필요 자금을 이전한다. 주식 시장에서는 자금 수요자인 기업이 주식을 발행하고, 자금 공급자가 이를 직접 구매하여 자금 이동이 이루어진다. 직접금융시장은 큰 규모의 자금을 조달하는데 효율적이지만, 주식 발행으로 인한 기업 지배구조 변화나 기업의 신용 상태에 따라 채권 발행이 어려울 수 있다는 단점이 있다.

간접금융시장

반면에 간접금융시장에서는 금융회사가 자금 공급자와 수요자 사이에서 중개 역할을 한다. 은행이나 보험회사와 같은 금융기관이 예금, 적금, 신탁 등을 통해 자금을 모으고, 이를 다시 자금 수요자에게 대출하는 방식이 일반적이다. 직접금융시장에서는 발생할 수 있는 신용위험을 자금 공급자가 직접 부담해야 하지만, 간접금융시장에서는 주로 금융회사가 이 위험을 부담하게 된다. 그렇기 때문에 자금 공급자의 수익률은 상대적으로 낮지만 안정적으로 수익을 얻을 수 있다. 간접금융시장의 장점으로는 기업 지배구조에 미치는 영향이 적고, 자금 조달 가능성, 세법상의 손실 처리 가능성이 있다. 그러나 물적 담보가 필요하고, 부채 증가로 기업의 재무 상태가 악화될 위험이 있다는 점도 고려해야 한다.

금융기관

한국의 금융기관은 그들이 제공하는 금융 서비스의 특성에 따라 은행, 비은행 예금 취급 기관, 보험회사, 금융투자회사, 기타 금융기관, 금융 보조 기관 등 으로 분류할 수 있다.

은행은 다시 일반은행과 특수은행으로 분나뉜다. 국민은행, 신한은행, 하나은행과 같은 일반은행은 예금, 대출, 그리고 결제 업무를 주된 업무로 하며 시중은행, 지방은행, 그리고 외국은행의 국내 지점으로 나뉜다. 여기에는 토스뱅크, 카카오뱅크 등의 인터넷 전문은행도 포함된다.

특수은행은 재원의 제약이나 수익 확보가 어려운 부문에 자금을 제공하는 역할을 하며, 한국산업은행, 한국수출입은행, 중소기업은행, 농협은행, 그리고 수협은행이 이에 속한다. 특수은행들은 여러 방식을 통해, 다양한 형태의 공적인 성격을 지닌 금융 서비스를 제공하며, 이를 통해 경제의 안정적인 성장을 지원하게 된다.

비은행 예금 취급 기관에는 상호저축은행, 신용협동기구, 우체국예금, 그리고 종합금융회사가 있다. 상호저축은행은 주로 서민이나 소규모 기업을 대상으로 대출 서비스를 제공한다. 신용협동기구는 조합원들에게 저축 편의를 제공하고 대출을 통해 상호 이익을 추구한다. 이에는 신용협동조합, 새마을금고, 그리고 농업협동조합, 수산업협동조합, 산림조합의 상호금융이 포함된다. 우체국예금은 민간 금융이 약한 지역을 지원하기 위해 우체국을 통해 제공되는 국영금융 서비스이다. 종합금융회사는 가계 대출, 보험, 결제 서비스 등을 제외한 대부분의 기업 금융 업무를 수행한다.

보험회사는 생명, 질병, 노후, 화재나 다양한 사고를 대비한 보험 상품을 제공한다. 이는 생명보험회사, 손해보험회사, 우체국보험, 그리고 공제기관 등으로 구분된다. 손해보험회사에는 일반적인 손해보험회사 외에 재보험회사와 보증보험회사가 있다. 또한, 국가가 운영하는 국영보험인 우체국보험과 유사보험을 취급하는 공제기관도 있다.

금융투자업자는 주식, 채권 등의 유가증권과 다양한 파생상품 등 금융투자상품 거래와 관련된 업무를 수행하는 기관이다. 이러한 기관은 투자매매 · 중개업자, 집합투자업자, 투자자문 · 일임업자, 그리고 신탁업자로 나뉜다.

기타 금융기관에는 금융지주회사, 여신전문금융회사(리스, 신용카드, 할부금융, 신기술사업금융 등을 취급), 벤처캐피탈회사, 대부업자, 그리고 증권금융회사 등이 포함된다.

공적금융기관은 금융 거래에 직접 참여하는 것이 아닌, 정책적 목적을 가지고 설립된 기관을 지칭한다. 이에는 한국무역보험공사, 한국주택금융공사, 한국자산관리공사, 한국투자공사 등이 포함된다.

"모든 달걀을 한 바구니에 담지 말아라."

– 영어 속담 –

Ⅲ 분산투자

만약 비트코인과 삼성전자 주식 중에서 투자해야 한다면, 어떤 것을 선택하겠는가? 아마 대부분의 사람들은 삼성전자 주식을 고를 것이다. 그 이유는 비트코인의 가격 변동이 너무 크기 때문에 돈을 잃을 가능성이 높기 때문이다. 이러한 선택은 대부분의 사람들이 위험 회피적Risk averse인 경향이 있다는 것을 보여준다. 경제학에서는 의사결정을 내리는 주체들이 위험을 회피하려고 한다는 가정을 바탕으로 이러한 개념들을 설명한다. 이는 경제 주체들이 어떤 행동을 취할 때 그것이 예상 수익과 관련된 위험을 최소화하려는 노력을 의미한다.

01 분산투자란?

위험을 회피하기 위한 가장 대표적인 방법은 무엇이 있을까? 바로 위험을 분산하는 것이다. 우리는 흔히 "모든 달걀을 한 바구니에 두지 마라"라는 말을 통해 분산의 중요성을 배운다. 한 바구니에 달걀을 모두 담는다면 바구니가 엎어지거나 떨어지는 등의 충격을 받을 시 바구니 안에 있던 달걀들은 대부분 깨지고 말 것이다. 그러나 여러 바구니에 달걀을 나누어 담는다면 한 바구니가 엎어져 그 안에 있던 달걀이 깨지더라도 나머지는 안전하다.

이를 금융에 적용한다면 하나의 자산에 집중해서 투자하지 않고 다양한 자산을 활용해 포트폴리오를 구성하여 투자해야 위험을 줄일 수 있다는 것으로 해석할 수 있다. 이것이 바로 분산투자Diversification이다. 포트폴리오는 저축과 투자에 관련된 자산 분배를 결정하는 데 중요한 개념으로, 일반적으로는 여러 가지를 모은 컬렉션을 의미하지만 금융 분야에서는 다양한 자산들의 집합을 가리킨다.

반면에 집중투자는 특정한 종목에 대한 투자를 중점적으로 한 투자 방식을 말한다. 이것은 위험의 분산을 추구하는 분산투자의 반대 개념이다. 이런 방식의 투자는 큰 수익을 얻을 수 있는 가능성이 있지만, 불확실성이 높은 증권 시장에서는 특히 초보 투자자들이 이러한 집중투자는 피하는 것이 좋다.

분산투자를 통해 위험을 분산하는 방법은 여러 가지가 있다. 보통 자산을 분산하는 경우가 많지만 투자 시점을 분산하거나, 지역 혹은 국가를 분산하는 것도 방법이 될 수 있다.

예를 들어 자산을 분산하는 경우 주식에만 투자를 하는 것이 아니라 주식형 펀드, 채권형 펀드, 부동산 펀드, MMF 등 다양한 종류의 자산에 균형 있게 투자할 수 있다. 주식에만 투자하더라도 성장주, 가치주, 대형주, 중소형주 등 다양한 범주에 걸쳐 투자하는 것도 분산투자이다. 또한 한 번에 큰 금액을 투자하지 않고 매달 일정한 금액을 저축하는 방식으로 투자함으로써 투자 시점을 분산시킬 수도 있으며, 국내뿐만 아니라 해외 금융시장의 자산에 투자하거나 달러, 유로, 엔화 등 다양한 통화에 분산하여 투자하는 것도 하나의 방법이다. 실제로 2008년 미국의 서브프라임 모기지 사태로 달러로 투자한 펀드들이 낮은 수익률을 보였던 반면, 일본 엔화의 강세로 일본 펀드가 순간적으로 좋은 성과를 냈던 일을 고려한다면 여러 나라에 걸쳐 분산투자를 하는 것이 위험을 줄이는 데 얼마나 효과적인지를 알 수 있다.

02 분산투자의 유의점

투자 위험을 줄이기 위해 다양한 종목에 투자하면 각각의 위험을 상쇄하고 완화할 수 있다. 이는 분산투자를 해야 하는 이유이자 장점이다. 그러나 당연하게도 분산투자가 위험을 0으로 만들어 줄 수는 없으며 무조건 여러 종목을 담는다고 해서 위험이 분산되는 효과가 나타나는 것 또한 아니다. 이번에는 분산투자 시 유의해야 할 점에 대해 살펴보자.

● 분산투자로 모든 위험을 제거할 수는 없다.

여러 가지 주식을 담은 포트폴리오를 가지고 있으며 각 주식에 포트폴리오의 일정 백분율을 똑같이 배분한다고 가정해보자. 보유한 주식의 포트폴리오와 위험은 다음의 그래프와 같은 관계를 가진다. 그래프는 주식 포트폴리오의 위험이 그 포트폴리오에 포함된 주식 수에 따라 어떻게 달라지는지를 보여준다.

여기에서 위험은 수학이나 통계학을 학습할 때 흔히 접할 수 있는 표준편차Standard deviation라는 통계량으로 측정된다. 표준편차는 어떤 변수의 변동성을 나타낸다. 즉 그 변수가 얼마나 큰 폭으로 변동할 가능성이 있는지 보여주는 것이다. 포트폴리오에서 기대되는 수익률의 표준편차가 클수록 수익률의 변동폭이 크고, 그 포트폴리오를 보유한 사람이 기대하는 수익이 실현되지 않을 위험도 높다.

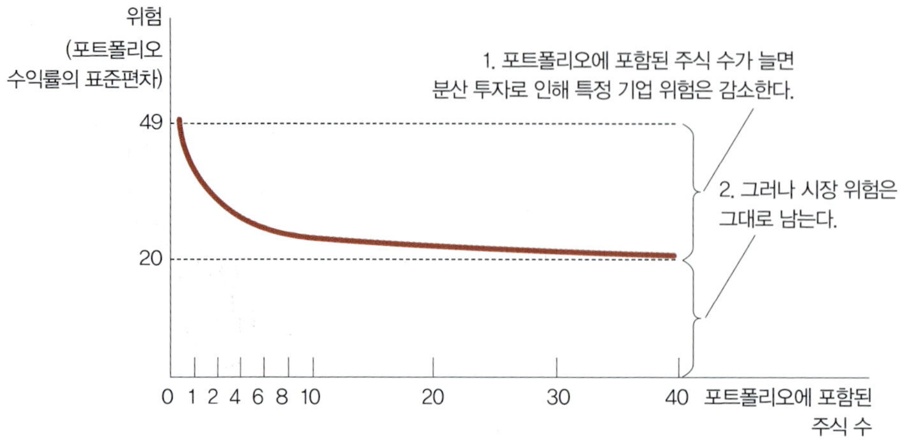

참조: 핵심 맨큐 p. 458 Meir Statman, "How Many Stocks Make a Diversified Portfolio?", Journal of Financial and Quantitative Analysis 22 (1987년 9월호) : pp. 353~364 재구성

위 그래프에서 알 수 있듯이 포트폴리오가 포함하는 주식 수를 투자자가 늘려감에 따라 포트폴리오가 노출되어 있는 위험의 정도는 줄어든다. 하나의 주식만 포함하는 포트폴리오의 표준편차는 약 50%인데, 포트폴리오에 포함되어 있는 주식의 수를 10개로 늘리면 포트폴리오가 노출되는 위험은 약 25% 정도의 수준으로 감소한다. 포트폴리오가 포함하는 주식의 수를 10개에서 20개로 증가시키면 노출되어 있는 위험의 정도가 약 20% 수준으로 감소함을 알 수 있다. 그러나 포트폴리오에 포함된 주식 수가 30을 넘어가면 위험 감소폭이 극단적으로 작아진다.

주식 수가 30개 이상이면, 그 숫자가 아무리 많아진다고 하더라도 포트폴리오 수익률의 표준편차는 20% 아래로 떨어지지 않는 현상을 위 그래프에서 볼 수 있다. 이는 포트폴리오의 주식 수를 아무리 증가시켜도 포트폴리오의 위험은 완전히 제거할 수 없다는 의미이다. 이유가 무엇일까? 바로 여러 주식을 담는다고 해서 분산할 수 없는 위험인 시장 위험이 있기 때문이다. 시장 위험Market risk은 증권시장 또는 증권가격 전반에 영향을 주는 요인에 의하여 발생하는 위험을 말하며 모든 경제주체들에게 동일하게 작용한다. 체계적 위험Systematic risk이라고도 불리며, 대표적인 시장 위험으로는 경제 불황이 있다. 경제가 불황에 빠지면 대부분의 기업들의 매출이 감소하고, 이윤이 줄어들며, 주식에 대한 수익률도 하락한다. 물가 상승이나 이자율 인상 또한 시장 위험에 포함된다.

반면 분산이 가능한 위험은 **비체계적 위험**unsystematic risk이라고 한다. 이는 근로자의 파업, 경영의 실패, 신제품 개발, 소비 기호의 변화, 소송 등과 같이 경기 동향과는 관계없이 소수의 특정 기업에 개별적으로 영향을 미치는 위험 요인을 가리킨다. 예를 들어, 자동차를 생산하는 기업의 공장에 폭파 사고가 일어나 생산에 영향을 미치는 일이 일어난다면 이 기업의 주가는 하락할 것이다. 그러나 이 폭파 사고는 해당 기업에만 영향을 미칠 뿐, 시장의 경기와는 관계가 없다. 이러한 위험이 비체계적 위험이다.

결론적으로 잘 구성된 포트폴리오는 개별 투자 상품의 비체계적 위험은 거의 제거하고 시장 위험만을 가지게 된다. 그리고 이 시장 위험은 포트폴리오 구성을 어떻게 한들, 지고 가야만 하는 위험이기 때문에 분산투자를 해도 위험이 완전히 사라질 순 없는 것이다.

● 상관성이 없는 주식을 포트폴리오에 담아야 한다.

분산투자는 단순히 여러 자산에 투자함으로써 위험이 상쇄된다는 개념이 아니라는 점을 명심해야 한다. 예를 들어, 똑같이 10개 회사의 주식을 담은 포트폴리오 A와 B가 있다고 생각해보자. 포트폴리오 A는 식품, 부동산, 여행, 전자기기, 제약 등 각기 다른 산업군에 속해있는 회사의 주식 10개를 담았고, 포트폴리오 B는 다른 산업군에 속해있는 다섯 가지의 주식을, 나머지 다섯 가지는 IT 서비스 산업군에 속해있는 회사의 주식을 담았다. 두 포트폴리오 중 어떤 것이 위험을 더 줄일 수 있을까? 당연히 포트폴리오 A일 것이다. 같은 산업의 여러 회사들을 포트폴리오에 편입시킨다면, 해당 산업이 위기를 맞을 때 그 산업군에 속해있는 회사들에게 전체적으로 안 좋은 영향을 미쳐 투자자는 큰 손실을 입을 수 있기 때문이다.

따라서 포트폴리오를 구성할 때는 최대한 서로 관련이 없는 자산을 담거나, 서로 반대 방향으로 움직이는 자산들을 담아야 분산투자의 효과가 나타날 수 있다. 이는 자산의 수익률의 방향성이 서로 반대가 되기 때문인데, 이렇게 되면 개별 투자의 위험을 상쇄시킬 수 있는 것이다.

이러한 분산투자에 대한 특징들은 이후 심화된 과목에서 배울 포트폴리오 이론의 일부이며, 수익은 극대화하면서 위험은 최소화하는 포트폴리오를 선택하는 과정을 설명하는 이론인 포트폴리오 이론은 재무이론에서 중요하게 다루어진다. 이를 위해서라도 분산투자와 시장 위험, 비체계적 위험은 기본적으로 꼭 이해하고 넘어가야 한다, 이후 재무이론을 공부할 때 시장 위험과 비체계적 위험을 구하는 방법,

포트폴리오를 만들 경우 자산 간의 상관관계를 분석하는 방법 등에 대해 더 배우게 될 것이다.

03 분산투자의 목적

당연하게도, 모든 것을 건 투자에 비해 분산투자의 수익률은 낮을 수 있다. 분산투자의 주요 목표는 손실을 관리하거나 방지하는 것이다. 만약 수익 창출이 유일한 목표라면 테마주와 같이 단기간에 성공할 가능성이 있는 자산들을 포트폴리오에 담아야 한다. 물론 이러한 전략은 위험 또한 매우 높고 성공할 확률은 매우 낮다.

투자 전문가들은 높은 수익을 얻기 위해 집중 투자가 필요하다고 주장하는 경우가 종종 있다. 그들이 이야기하는 집중투자 전략은 철저한 분석과 방대한 정보 네트워크를 바탕으로 촘촘하게 분석하는 치열한 과정을 통해 선택한 몇몇 확실한 상품에 보유 자산의 대부분을 집중시키는 투자방식이다. 이와 반대로 이러한 분석 능력과 정보력이 부족한 사람들은 매우 높은 확률로 실패할 가능성이 있다.

분산투자의 중요성은 강조되지만, 우리나라의 많은 개인투자자들이 이를 실천하지 않고 있는 것으로 나타난다. 한국예탁결제원과 삼성증권의 데이터에 따르면, 국내 개인 투자자들은 대체로 한 두 종목에 대부분의 자금을 투자하고 있다. 1개 종목만 가진 투자자가 전체의 44%, 2개 종목을 보유한 투자자가 전체의 20%, 3개 종목을 보유한 투자자가 전체의 11%로 나타난다고 알려져 있다. 일반적으로 비체계적 위험을 제거할 수 있는 기준을 20개 이상의 종목으로 보는데, 국내에 이정도 숫자의 종목을 보유한 투자자는 거의 없는 것으로 나타났다고 한다.

알아두면 쓸모있는 경제 지식 **분산투자는 항상 옳을까?**

모든 투자에는 그에 따른 리스크가 존재하고, 특정 업종이나 시장은 다른 것들보다 더 변동성이 높을 수 있다. 예를 들어, 기술 업종은 빠른 혁신과 경쟁의 영향으로 매우 불안정할 수 있으며, 석유 및 가스 업종은 규제, 정치적 변화 등에 의해 큰 충격을 받을 가능성이 높다. 또한, 지정학적 사건으로 인해 일부 지역에서 투자 리스크가 증가하는 경우도 자주 있다.

이런 상황에서 분산투자는 포트폴리오의 구성을 다양화하여 포트폴리오 내 자산 간의 상관관계를 낮추어, 특정 업종이나 시장에 발생하는 부정적인 영향을 최소화하는 방법을 제공할 수 있다. 투자 포트폴리오에 주식, 부동산, 채권과 같은 상대적으로 위험한 자산과 국채나 투자 등급채권, 현금과 같은 상대적으로 안정적인 자산을 함께 넣으면, 한쪽에서 큰 손실이 발생하더라도 다른 쪽에서 이를 상쇄할 가능성이 높아지기 때문이다. 이와 같은 맥락에서 경제 이론에서는 리스크 분산을 위해 여러 자산에 투자하는 '분산투자'가 이상적이라고 권장되곤 한다.

하지만 실제로는 워런 버핏, 피터 린치와 같은 전설적인 투자자들이 '선택과 집중' 전략으로 막대한 이익을 창출한 사례도 있다. 버핏은 분산투자가 리스크를 줄이지만 높은 수익률을 기대하기 어렵다고 지적했다. 또한 이런 전략은 기업에 대한 심층적 이해가 없는 투자자들에게만 적합하다고 주장하기도 했다.

이 두 가지 접근법은 서로 상충하는 것처럼 보이지만 그 배경에는 투자자의 능력, 지식, 리스크 허용도 등이 크게 작용한다고 볼 수 있다. 분산투자는 상대적으로 안정성을 추구하고 다양한 시장 조건에서도 일정 수준의 수익을 보장하려는 전략이다. 반면 '선택과 집중'은 더 높은 수익을 위해 높은 리스크를 감수하는 전략이며, 이를 성공적으로 수행하기 위해서는 해당 분야에 대한 깊은 지식과 분석 능력이 필수적이다.

결론적으로 투자에 있어서는 어떤 전략이 무조건 정답이라고 할 수는 없으며 투자자의 개인적인 상황과 목표에 따라 적절한 전략을 선택해야 한다.

"강세장에서 최대의 도박으로 최대의 이익을 얻은 사람들은
거의 항상 필연적으로 뒤따르는 약세장에서 가장 큰 손실을 보는 사람들이다."

– 벤저민 그레이엄 –

Ⅳ 효율적 시장 가설

주식 차트는 과거부터 현재까지 주식 가격이 어떻게 변화해왔는가를 나타낸다. 이를 보면서 투자자들은 앞으로 주식 가격이 오를 것인가 떨어질 것인가를 추측하곤 한다. 그러나 과연, 이러한 추측이 의미가 있을까? 즉, 과거의 정보를 가지고 투자를 하면 높은 수익률을 얻을 수 있을까? 이를 이와 관련된 이론인 효율적 시장 가설을 통해 알아보도록 하자.

01 효율적 시장 가설이란?

효율적 시장 가설이 무엇인지에 대해서 이해하기에 앞서 먼저 언급하고 싶은 개념 두 가지가 있다. 첫 번째는 시장의 효율성 개념이며, 두 번째는 시장이 현실에서 효율적이기 위해 충족해야 하는 기본 가정(조건)이다.

시장의 효율성

먼저 시장의 효율성은 크게 아래와 같은 세 가지 측면에서 생각해 볼 수 있다.

| 분배의 효율성 |

균형 가격의 성립으로 자원이 효율적으로 분배되어 사회적 후생의 극대화가 달성되어 있는 것을 말한다. 앞서 학습한 것처럼 수요와 공급이 일치하는 균형을 달성한 시장은 자원의 효율적인 분배를 추구한다고 볼 수 있다.

| 운영의 효율성 |

시장의 제도적 운영의 관점에서 공시비용, 거래비용, 발행비용 등의 거래비용이 낮고 충분히 많은 수요와 공급이 존재하여 경쟁체제를 통한 가격결정에 있어 효율을 달성하는 것을 의미한다.

| 정보의 효율성 |

거래하는 물건의 가격에 영향을 주는 다양한 정보들과 시장 외적인 정보 등 이용 가능한 모든 정보가 일부의 시장참여자에게만 공개되는 것이 아니라, 모든 투자자들에게 신속하게 전달되어 시장참여자들이 같은 정보를 가지고 시장에 참여할 수 있도록 하는 것을 의미한다.

지금까지는 분배의 효율성에 대해 논의했지만, 이번 장에서 다룰 효율적 시장 가설에 관해서는 '효율성'이 주로 금융시장의 정보 효율성Information efficiency을 의미한다는 점을 강조하고자 한다.

시장에는 정보 효율성과 관련된 세 가지 중요한 시점이 있다. 가장 먼저 정보가 생성되는 시점, 그리고 해당 정보가 공개되는 시점, 마지막으로 모든 시장 참여자들이 그 정보를 인지하는 시점이다. 마지막 시점에서는 생성된 정보가 가격에 완전히 반영되어야 한다. 세 시점 간의 관계는 시장의 효율성을 결정짓는 중요한 요소이다. 만약 새로운 정보가 생성되더라도 늦게 공개되거나, 또는 공개된 후에도 시장 참여자들이 그 정보를 인지하는 시간이 늦다면 생성된 정보가 가격에 완전히 반영되기까지는 시간이 오래 걸릴 것이다. 이런 시장은 효율적 시장이 아니다. 따라서 정보 효율적 시장이란, 시장에 어떤 새로운 정보가 유입되었을 때 그 정보가 자산 가격에 정확하고 신속하게 반영됨을 뜻한다.

금융시장의 참여자들인 투자자들과 기업들은 이러한 시장의 효율성을 바탕으로 이용 가능한 모든 정보를 취합하여 증권가격에 대한 충분한 분석을 할 수 있다. 이러한 분석은 합리적 예측과 행동을 가능하게 한다. 모든 관련 정보를 충분히 반영하는 시장가격을 우리는 해당증권의 내재가치Intrinsic value라고 부른다.

시장 효율성의 조건

경제학이 모든 인간은 합리적인 의사결정을 내리는 경제주체라는 기본 가정을 바탕으로 하듯, 시장 효율성 또한 몇 가지 가정이 충족되어야 한다.

- **주식 시장에 충분히 많은 합리적 투자자가 경쟁한다.**

주식의 내재가치에는 투자자들의 획득 가능한 모든 정보가 반영되어야 하는데 만약 투자자들이 스스로 합리적 기대에 의하여 도출한 회사의 내재가치에서 해당 증권의 시장가격이 벗어나게 되면 즉각적으로 투자자들은 차익거래를 활용하여 이익을 취하려 할 것이다.

- **비합리적인 투자자들은 존재할 수 있으나 불규칙적으로 거래한다.**

비합리적인 투자자들이 불규칙적으로 거래한다면 합리적인 투자활동에 의한 거래와 비합리적인 투자활동에 의한 거래가 뒤섞여 시장 전체의 관점에서 거래들 간의 상관성이 낮아지기 때문에 서로 상쇄되어 주가에 영향을 미치지 못하여 내재가치에 의한 주가가 결정될 수 있다.

이와 같이 비합리적인 투자자와 차익거래자의 존재 자체가 시장효율성을 저하할 수는 있으나 시장이 비효율적이 되는 이유는 아니다. 거래 간에 상관성이 존재하여 한 방향으로 거래가 동시에 일어나더라도 비합리적 투자자들의 거래와 시장과는 반대로 거래하는 차익거래자들이 있어 시장의 효율적일 수 있기 때문이다.

효율적 시장 가설

정보 효율적 시장을 논하기 위한 기본 가정과 정보 효율성 개념을 바탕으로 효율적 시장 가설을 살펴보자. 앞서 이야기 했던 것처럼 정보 효율적 시장이란 시장에 어떤 새로운 정보가 유입되었을 때 그 정보가 자산 가격에 정확하고 신속하게 반영됨을 뜻한다. 즉, 현재 거래되고 있는 자산의 가격에는 나를 포함한 투자자들이 이용 가능한 모든 정보가 이미 반영되어 있다는 것이다. 앞으로 새로운 정보가 시장에 들어오더라도, 모든 투자자들이 알게 되면 그 정보는 가격에 반영 될 것이다. 그렇다면 이 정보 효율적 시장에서 우리는 높은 수익률(정확히는 초과수익)을 얻을 수 있을까? 그럴 수 없을 것이다. 왜냐하면 내가 초과수익을 얻기 위해서는 자산에 대해 남들이 모르는 정보를 가지고 있어야 하는데, 시장에 들어오는 정보가 매 순간 가격에 신속하게 반영된다는 것은 남들이 모르는 정보를 나만 아는 것이 불가능하다는 의미이기 때문이다.

이것이 바로 효율적 시장 가설Efficient Market Hypothesis(EMH)이다. 2013년 노벨경제학상을 수상한 유진 파마Eugene Fama가 처음 주창한 이론으로, 현재까지도 주식이나 채권 시장을 분석하는 데 유용하게 쓰이고 있다. 한 마디로 정리하자면 효율적 시장에서의 자산 가격은 이용 가능한 모든 정보All available information를 즉각적으로 반영하기 때문에 투자자는 새로운 정보를 매 순간 반영해 신축적으로 변동되는 자산 가격을 예측할 수 없으며, 시장수익 이상의 초과수익을 얻을 수는 없다는 이론이다. 이는 시장이 효율적이므로 자신이 가진 정보는 이미 가격에 반영되었고 따라서 투자자의 예측에 영향을 준 정보로 인한 가격변화는 또다시 발생하지 않을 것이기 때문이다.

효율적 시장 가설에 따르면 주식 시장이나 외환 시장의 현재 주가나 환율은 모든 공개 정보를 이미 반영하고 있어, 미래의 주가나 환율을 정확히 예측하는 것은 불가능하다. 따라서 주식 투자에서 더 높은 수익률을 얻는 경우는 보통 위험이 높은 주식에 투자하여 운이 좋게 된 경우나, 불법적으로 내부 정보를 활용한 경우에 한정된다. 이런 이유로 효율적 시장 가설은 또한 불규칙 보행 가설Random walk hypothesis로도 알려져 있다. 술에 취한 사람이 비틀비틀 걸어갈 때 그 보폭과 방향을 예상할 수 없는 것처럼 이 가설은 미래의 어떤 변수 값을 전혀 예측할 수 없음을 주장한다. 즉 주가는 즉각적으로 반영되는 새로운 정보에 의해 불규칙적으로 움직이기 때문에 현재 시점에서 바라보는 미래의 주가는 무작위적이며 예측이 불가능하다.

효율적 시장 가설의 함의

효율적 시장에서는 자산 가격에 대한 정보가 즉각적으로 반영되기 때문에 시장에 참여하는 투자자들은 시장수익을 넘는 초과수익을 얻을 수 없다. 여기서 시장수익이란 체계적 위험에 대한 보상을 말한다. 그렇다면 현실은 어떠할까? 실제 현실에서의 주식 시장은 효율적 시장일까? 당연하게도 현실은 완벽한 효율적 시장이 아니기 때문에 시장수익을 뛰어넘는 초과수익을 얻을 수 있다. 모든 투자자들이 항상 합리적으로 행동하는 것은 아니며, 주식가격이 늘 정보 효율적이지도 않기 때문이다.

그럼에도 불구하고 효율적 시장 가설은 현실을 어느 정도 잘 설명하고 있으며, 지수나 투자상품을 개발하는 데 이론적 기초를 제공한다. 대표적으로 효율적 시장 가설과 분산투자이론 등을 기반으로 만들어 낸 상품이 바로 인덱스 펀드Index fund이다. 인덱스 펀드는 코스피지수(KOSPI), 코스피200지수, S&P500 등과 같은 시장을 대표하는 특정 지수들의 움직임을 따라가도록 포트폴리오를 구성하여 운용되는 펀드를 일컫는다. 이러한 인덱스 펀드는 초과수익을 목표로 공격적인 운용전략을 펼치는 액티브 펀드에 비해 상대적으로 안정적인 '시장수익률'을 따라가는 전략을 구사하는데, 액티브펀드보다 더 나은 수익률로 선진국에서는 빠른 성장세를 보이고 있다.

효율적 시장 가설은 오랫동안 주식 시장을 지배해왔고, 파마에게 '현대 재무이론의 아버지'라는 별칭을 안겨주기도 하였다. 1990년 노벨경제학상 수상자인 윌리엄 샤프William Sharpe는 이 이론을 토대로 수익이 변동 폭에 연동한다는 자본자산가격결정모형Capital Asset Pricing Model(CAPM)을 고안하였다.

02 효율적 시장의 3단계

유진 파마는 실증적 검증가설로서의 효율적 시장 가설을 반영되는 정보의 범위에 따라 세 가지로 구분하여 조금 더 구체적으로 설명한다. 아래의 그림을 통해 알 수 있듯이, 이 세 가지는 약형, 준강형, 강형으로 구분되며 정보의 범위는 약형에서 강형으로 갈수록 점점 더 넓어진다.

효율적 시장 가설

약형 효율적 시장 가설

약형 효율적 시장 가설Weak-Form Efficient Market Hypothesis은 효율적 시장 가설의 세 가지 형태 중 가장 기본적인 형태이다. 이 가설은 시장가격이 시장에 공개된 과거의 모든 가격 정보를 완벽하게 반영하고 있다고 주장한다. 따라서 과거의 가격 흐름, 거래량 등 시장에 공개된 정보를 바탕으로 미래의 가격을 예측하는 것은 불가능하다는 것이 이 가설의 핵심이다. 이를 다르게 표현하면, 기술적 분석(과거의 가격과 거래 패턴을 분석하는 방법)이 효과적이지 않다는 것을 의미한다. 그러나 약형 효율적 시장 가설은 공개되지 않은 정보나 회계 정보 같은 비시장 정보는 시장가격에 반영되지 않을 수 있다고 인정한다. 이러한 정보를 활용하는 기본 분석은 여전히 유효할 수 있다.

준강형 효율적 시장 가설

준강형 효율적 시장 가설Semi strong-Form Efficient Market Hypothesis은 시장가격이 과거의 모든 가격 정보뿐만 아니라 공개된 모든 정보를 반영하고 있다는 주장을 한다. 이 가설에 따르면, 공개된 어떤 정보든지(예를 들어, 기업의 재무제표, 경제 지표, 정치적 사건 등) 이미 시장가격에 반영되어 있으므로, 이러한 공개된 정보를 통해 초과 수익을 얻는 것은 불가능하다. 따라서 기술적 분석뿐만 아니라 기본적 분석(회사의 재무 상태, 산업 동향, 경제적 요인 등을 분석하는 방법)도 시장 수익률을 초과하는 데 효과적이지 않다는 주장이다. 그러나 이 가설은 시장가격이 비공개 정보를 반영하지 못할 수 있다고 인정한다. 이에 대한 논의는 강형 효율적 시장 가설에서 이어진다.

강형 효율적 시장 가설

강형 효율적 시장 가설Strong-Form Efficient Market Hypothesis은 효율적 시장 가설의 세 가지 형태 중 가장 강력한 형태를 나타낸다. 이 가설은 시장가격이 모든 정보를 완벽하게 반영하고 있다는 주장을 한다. 이는 과거의 모든 가격 정보, 공개된 모든 정보, 그리고 공개되지 않은 내부 정보까지 모두 시장가격에 이미 반영되어 있다는 의미이다. 따라서 이 가설에 따르면, 어떤 종류의 정보를 활용하더라도 시장 수익률을 초과하는 것은 불가능하다. 이 말은 즉, 기술적 분석과 기본적 분석뿐만 아니라, 내부 정보를 활용하는 내부자 거래조차도 시장 수익률을 초과하는 데 효과적이지 않다는 주장이다.

Case Study

랜덤워크 이론을 설명한 〈랜텀워크 투자수업〉

버턴 말킬Burton Malkiel은 미국의 경제학자이자 사업가이다. 효율적 시장 가설의 대표적인 지지자이며, 이를 바탕으로 한 투자에 대한 저술로 유명해졌다. 말킬은 최초로 인덱스 펀드를 투자자들에게 선보였던 뱅가드그룹The Vanguard Group의 이사로 28년간 재직했으며, 꾸준히 '보통의 사람들을 위한 합리적 투자 지침'을 설파했다.

평범한 이들을 위한 필승 투자 방법도 필요하다.

우리 주변의 많은 사람들이 투자를 한다. 주식, 채권, 상품, 코인... 유튜브를 보면 수많은 전문가들이 자신감에 차 당신도 돈을 벌 수 있다고 홍보한다. 그러나 이러한 문구가 무색하게도 지난 백 년간 실제 성과를 돌이켜보면 전문가들은 조금의 과장도 없이 원숭이만도 못한 경우가 많았다. 수십 년의 업력을 지닌 전문가의 말을 따르는 것보다, 오히려 원숭이가 무작위로 돌림판에서 고른 주식의 수익률이 더 높거나 적어도 엇비슷하다는 것이다.

그 이유는 효율적 시장 가설에 있다. 효율적 시장 가설에 따르면, 앞으로 주가가 어떻게 움직일 것이라는 정보는 이미 가격을 움직여버렸기 때문에 과거의 가격 변화를 설명할지언정 미래는 전혀 알 수 없다. 즉, 전문 펀드매니저들이 날고 기어 봤자 시장 전체의 수익률을 계속해서 이길 확률은 드물다. 또한 해 탁월한 실적을 기록했던 이가 그다음 해에도 앞서 나갈 가능성도 전혀 없다는 것이 통계에 드러난다.

이에 착안하여 1976년 뱅가드 사의 존 보글John C. Bogle은 개인투자자들을 위한 인덱스 펀드를 출시했다. 이 펀드는 시장 전체에 골고루 투자하는 것과 다름없는 것이었다. 많은 전문가들이 어처구니가 없는 상품이라며 비아냥거렸지만, 인덱스 펀드는 현존하고 있으며 화려한 성과를 자랑하고 있다. 그리고 이 인덱스 펀드가 '어떻게 투자해야 하는가?' 라는 질문에 대한 말킬의 대답이다. 그는 '랜덤워크 투자수업'에서 평범한 이들을 위한 필승 투자 방법을 설파한다.

시장에서 수익을 내는 투자 방법을 설명하다.

굉장히 많은 투자 전략이 존재하지만 궁극적으로는 투자자들을 두 부류로 나눌 수 있다. 하나는 '랜덤워크'를 믿는 사람들로 시장이 어느 방향으로 튈지 모른다는 이들이다. 시장이 어디로 튈지 알 수 있다면, 아직 시장에 알려지지 못한 중요 정보가 있다는 뜻이다. 그러나 수많은 눈이 지켜보는 시장은 모든 정보를 즉시 효율적으로 소화해버린다. 이 때문에 앞으로의 주가 방향은 무작위, 그러니까 사전에 절대 알 수 없다는 것이다. 랜덤워크란 말 그대로 시장은 효율적이기에 앞으로의 주가는 무작위로 방향을 결정한다.

반대로 정교하고 철저한 투자 전략을 통해 남들을 꾸준히 앞지르는 수익을 낼 수 있다고 믿는 부류의 사람들도 있다. 이들을 다시 두 가지로 나눠볼 수 있는데, 하나는 기술적 분석을 추구하는 부류이다. 수많은 커다란 화면에 주가의 움직임을 나타내는 차트를 띄워 놓고, 차트의 모양이나 이동 평균, 피보나치 수열을 통한 변동폭 분석 등을 하는 사람들이다. 다른 하나는 '펀더멘털', 즉 기업의 내재적 특성을 분석하는 부류이다. 주식 가격 뒤에 숨겨진 기업의 진짜 가치를 찾아내기 위해, 재무정보와 시장 동향을 면밀히 분석한다.

하지만 다음과 같은 문제가 발생할 수 있다. 첫 번째는 애널리스트의 무력함이다. 그들은 기업의 미래 실적을 예측하려고 애쓰지만, 갑작스러운 국제 정세 변화, 불리한 제도의 입법, 혁신적인 신기술의 등장 등 돌발 사건을 주가 예측에 모두 반영할 수는 없는 것이다. 또 기업들은 적극적으로 자신에게 불리한 정보를 숨기려고 든다. 이러한 기만행위를 단속하기 위해 제도가 많이 발전했지만, 외부자인 애널리스트는 태생적으로 불리한 싸움을 할 수밖에 없다. 마지막으로, 애널리스트 본인의 편향이다. 아무리 뛰어난 식견을 가진 전문가도 결국엔 인간일 뿐이다.

두 번째 문제는 환경적인 문제이다. 애널리스트는 정확하고 편파적이지 않은 분석을 내놓고 싶지만, 비즈니스 환경이 이를 허락하지 않는다. 현대에 들어 증권사의 가장 큰 수입원은 고객기업의 주식이나 채권을 발행해주는 역할이 됐는데, 만약 애널리스트가 고객기업에 부정적인 전망을 낸다면 증권사 입장에서는 스스로의 발등을 찍는 꼴이 될 것이다. 그렇기 때문에 애널리스트들은 본인들끼리는 기업에 문제가 많다는 것을 알면서도 긍정적인 전망을 내놓는다.

따라서 두 부류의 전문가 모두 시장수익률을 이기지 못한다는 것이 정설이다. 물론 수천만, 수억 투자자 중 일부는 전설적인 구루guru가 돼 이름을 날릴 수도 있을 것이다. 그러나 이는 결국 확률적으로 발생할 수밖에 없는 희박한 가능성의 승자일 뿐이다. 동전을 던져 다섯 번 다 앞면이 나오긴 어렵지만, 백 명, 천 명이 던진다면 한 명쯤은 '기적'을 맛볼 수 있기 때문이다.

그렇다면 투자는 한 치 앞을 예측할 수 없는 도박인 것인가? 말킬에 따르면 그렇다. 그러나 한 치 앞이 아닌 저 멀리는 충분한 자신감을 갖고 내다볼 수 있다고 그는 강조한다. 단기간의 주가 움직임은 예측하기 어렵지만, 데이터를 종합해보면 시장 전체는 꾸준히 조금씩 상승하는 경향을 나타낸다. 그리고 말킬이 말하는 확실한 투자 성공법은 짧은 기간, 그리고 한 기업의 향방은 내다보기 어렵지만 시장 전체의 장기적인 트렌드는 우상향하니 이 흐름을 타라는 것이다.

이에 더해 그는 분산투자를 강조한다. 한 바구니에 달걀을 다 담으면 큰 이익을 볼 수도 있겠지만 동시에 커다란 손실을 입을 수도 있다. 분산 투자를 통해 위험을 줄이고, 장기적으로 확실한 성공에 기대라는 것이다. 이러한 분산은 어떤 자산을 사느냐 뿐만 아니라, 언제 사느냐에도 해당된다. 여러 자산에 돈을 분산하는 것은 물론, 마치 저축을 하듯 긴 기간에 걸쳐 차근차근 투자금을 늘리는 적립식 투자도 필수적이라고 말킬은 말한다.

금융경제학의 투자자들을 위한 교과서

《랜덤워크 투자수업》은 투자자들을 위한 교과서라고 할 만하다. 1973년 처음 1판이 출간된 후, 2020년까지 150만 부가 팔린 이 책은 현재 열 두 번의 개정을 거쳤다. 반 백 년의 기간 동안 수많은 버블의 형성과 붕괴가 있었고, 새로운 재무금융 개념이 나타나기도 했기 때문이다.

그러나 개정을 거치면서도 말킬의 핵심 논지는 변하지 않았다. 오히려 그의 주장을 방증하는 긴 시간의 데이터가 쌓이며 《랜덤워크 투자수업》의 교훈은 더욱 더 신빙성이 높아져만 가고 있다. 이것이 50년이나 전에 쓰인 책이 아직도 현실에 바로 응용할 수 있는 지침서인 동시에 고전의 지위를 유지하는 비결이다. 역사는 합리적인 장기 분산투자가 최고의 전략임을 계속 증명해왔다. 그렇기에 《랜덤워크 투자수업》의 교훈은 아직도 유효하다. 성공한 투자자가 되는 확실한 비결은 시간과 참을성이다.

단원 요약

- 화폐의 시간가치는 현재 사용할 수 있는 돈은 잠재적인 수익 능력 때문에 미래의 같은 금액의 돈보다 더 가치가 있다는 개념이다.
- 금융시장은 자금의 수요와 공급이 만나 자금의 대차거래가 이루어질 수 있는 장소를 의미한다.
- 분산투자는 하나의 자산에 집중해서 투자하지 않고 다양한 자산을 활용해 포트폴리오를 구성하여 비체계적 위험을 줄이는 것을 말한다.
- 효율적 시장 가설은 모든 시장 참여자들이 완전한 정보를 갖추었을 때, 자산의 가격이 균형을 이룬다는 가설을 제시한다.

토론 과제

1. 자산을 증식시키는데 있어 복리가 얼마나 도움이 되는지 토론하라.
2. 개인 투자자에게 있어 분산투자란 어떤 의미일지 토론하라.
3. 우리나라의 금융시장은 강형, 준강형, 약형 효율적 시장 중 어디에 포함되는지 토론하라.

연습 문제

다음 설명이 맞으면 T, 틀리면 F에 동그라미를 표시하여라.

1. 위험은 미래의 현금흐름에 대한 불확실성을 나타낸다. T / F
2. 금융시장은 자금의 공급과 수요를 조절하는 데 이자율이 중요한 역할을 한다. T / F
3. 금융시장에서 '단기'라는 용어는 1년 이상의 기간을 의미한다. T / F
4. 분산투자의 종류에는 자산분산, 투자시점분산, 투자스타일분산, 투자지역분산, 통화분산 등이 있다. T / F
5. 효율적시장가설에 따르면 정보의 처리와 관련한 세 시점 사이의 관계는 시장의 효율성과 관계 없다. T / F
6. 효율적 시장에서는 이용 가능한 모든 정보가 시장에 도착하는 순간 모든 시장참여자들에게 제공되어 이미 현재의 증권가격에 정확히 그리고 충분히 반영되기 때문에 이미 시장에 알려진 정보는 증권가격을 변화시킬 수 없다. T / F
7. 약형 효율적 시장 가설에 따르면 기술적 분석은 초과수익을 가져올 수 있다. T / F
8. 강형 효율적 시장 가설에 따르면 어떤 종류의 정보를 활용하더라도 시장 수익률을 초과하는 것은 불가능하다. T / F

정답 1. T 2. T 3. F 4. T 5. F 6. T 7. F 8. T

화폐경제

Chapter

09

"돈이란 바닷물과 같다. 마시면 마실수록 목이 말라진다."

– 쇼펜하우어 –

I 화폐

01 화폐란?

5만 원권, 1만 원권, 5천 원권, 1천 원권, 500원 동전, 100원 동전, 50원 동전 등 다양한 화폐를 가지고 있다. 일상에서 현금 또는 전자적인 방식으로 이러한 화폐를 거의 매일 사용한다. 그러나 정작 매일 쓰는 화폐가 무엇인지에 대해 크게 고민한 적은 별로 없을 것이다. 지금부터는 화폐에 대해서 자세히 알아보려고 한다.

경제학에서 화폐는 특정 자산들을 가리키며, 이 자산들은 일반적으로 사람들이 다른 사람들로부터 재화와 서비스를 구매하는 데 사용된다. 다시 말해, 화폐는 물건을 사고 팔 때 사용하는 돈을 말한다. 화폐는 물물교환의 불편함을 해결하기 위해 도입된 교환 매개체로 교환할 가치를 대표하는 역할을 한다. 따라서 화폐는 자체적으로 가치가 있는 것은 아니다.

이런 맥락에서 화폐는 대부분의 사회 구성원들이 널리 사용하는 교환 수단으로 볼 수 있다. 화폐는 물건의 가치를 대변하고 상품 간의 교환을 중개하며 또한 재산을 축적하는 데에도 사용된다. 고대에는 조개, 동물의 가죽, 보석, 천, 농작물 등이 돈의 역할을 했지만, 현재는 금, 은, 동 등의 금속이나 특별한 종이로 만든 돈이 널리 사용된다. 돈의 형태나 액면 가치는 법률에 의해 결정한다. 사실, 화폐를 통해 경제 활동을 하면서 우리가 원하는 것을 얻을 수 있다.

돈과 재화 또는 서비스의 교환을 '거래'라고 한다. 이런 식으로 거래는 돈과 재화 또는 서비스의 교환을 의미한다. 그러므로 재화와 재화의 교환은 거래가 아니라 물물교환으로 간주된다. 한편, 유통이나 지불 수단으로 작용하는 화폐를 유통 화폐라고 부른다. 최근에는 정보통신 기술의 발전에 따라 실제 물건 형태의 화폐보다는 전자 결제가 일반화되고 있으며 전자 화폐도 점점 더 확산되고 있다.

02 화폐의 기능

교환의 매개수단

재화나 서비스를 거래하는 과정에서 사용되는 지불 방식을 교환 매개체라고 부른다. 이는 마트에서 사과를 사고 대가로 돈을 지불하는 상황을 예로 들 수 있다. 즉, 구매자가 판매자에게 금액을 지불함으로써, 거래가 이루어진다. 상점을 방문할 때, 우리는 상점 주인이 화폐를 받아들이고 원하는 물건을 판매해줄 것이라는 확신을 갖게 된다. 이는 화폐가 교환 매개체로서 널리 인정받고 있기 때문이다.

현대사회에서의 화폐 거래

우리는 화폐를 이용해서 물건을 사고 판다. 편의점에 가서 우산을 사고 만 원을 낸다. 그런데 우산을 사고 즉석밥 다섯 개로 지불 할 수는 없을까? 우산을 사고 즉석밥 다섯 개를 지불하는 것은 물물교환의 형태이다. 현대사회에서는 이런 물물교환은 흔히 일어나지 않는다. 왜냐하면 우산을 하나 사기 위해서 즉석밥을 다섯 개를 들고 다녀야 한다면 사회 구성원들이 느끼는 불편함은 매우 클 것이다. 그래서 우리는 물건을 사고 팔 때 화폐를 사용한다.

회계의 단위

만 원짜리 우산을 사고 즉석밥 다섯 개를 지불한다면, 즉석밥이 한 개 당 2천 원일 것이라고 아주 쉽게 계산할 수 있다. 이는 모든 가치를 화폐로 환산하는 데 익숙하기 때문이다. 이렇게 재화의 가격 결정과 채무 기록을 위한 기준을 **회계의 단위**라고 한다. 예를 들어, 애플파이의 가격이 2천 원, 햄버거가 5천 원, 치킨이 2만 원이라고 할 때, '햄버거는 애플파이 2.5개' 또는 '치킨은 애플파이 10개'로 가격을 표시하지 않는다. 이렇게 경제적 가치를 측정하고 표현할 때는 화폐를 사용하며, 한국에서는 원화가 이러한 회계 단위로 사용된다.

가치의 보존수단

현재의 구매력을 미래로 옮기는 방법을 **가치의 보존수단**이라고 한다. 예를 들어, 어떤 사람이 지금 물건을 팔아서 돈을 얻게 된다면, 그 돈을 보관하고 나중에 다른 물건을 사는 데 사용할 수 있다. 이렇게 화폐를 가치의 보존수단으로 활용하는 것이다. 하지만 화폐만이 가치의 보존수단은 아니다. 주식이나 채권과 같은 다른 형태의 자산을 보유함으로써도 현재의 구매력을 미래로 옮길 수 있다. 화폐와 그 외의 자산을 포함하여 모든 가치의 보존수단을 재산이라고도 부른다.

유동성

어떤 자산을 거래 매개체로 쉽게 변환할 수 있는 정도를 나타내는 개념을 유동성이라고 한다. 화폐는 일반적으로 거래 매개체로 사용되므로 가장 높은 유동성을 갖는 자산이라 할 수 있다. 다른 자산들의 유동성은 그 종류에 따라 다르며, 대체로 주식이나 채권 같은 자산들은 비용이 적게 들고 쉽게 현금화할 수 있어 유동성이 상대적으로 높다. 반면에 주택이나 미술작품 등을 판매하는 데는 상당한 시간과 노력이 소요되므로 이런 자산들의 유동성은 상대적으로 낮다고 볼 수 있다.

03 화폐의 종류

물품화폐

물품화폐라는 개념은 그 자체로 가치를 지닌 물건이 화폐로 사용될 때 적용되는 용어이다. 이러한 물품의 가치는 해당 물품의 내재가치라고 표현되며, 이것은 해당 물품이 화폐로서 기능하지 않아도 그 자체로 가치를 지닌다는 것을 의미한다. 8장에서 알아본 증권의 내재가치와 이름이 같지만, 8장의 증권의 내재가치는 실사용 가치가 아닌 미래의 현금흐름이나 그 증권이 대표하는 기업의 가치를 뜻한다면, 이번 장에서 설명하는 물품의 내재가치는 그 물건의 용처에 따른 실제 사용 가치를 의미하기 때문에 둘은 사뭇 다르다고 볼 수 있다. 그러나 내재가치를 특정 물건(증권 또는 상품)의 실제 가치라고 간주하는 측면에서는 일관된 개념으로 볼 수 있다.

물품화폐의 대표적인 예시로는 금이 있다. 금은 산업재나 보석 제작에 활용되는 등 그 자체로 가치를 지니기 때문이다. 또한 이동과 무게 측정이 간편하며, 위조된 것과 진품을 구분하기 쉽기 때문에 역사적으로 금은 화폐로 널리 사용됐다. 또 다른 물품화폐의 예로는 담배를 들 수 있다. 세계 2차 대전 동안, 포로수용소에서는 죄수들이 담배를 화폐처럼 사용하여 물건이나 서비스를 교환하는 데 사용하기도 했다. 즉, 담배가 거래 매개체, 회계 단위, 그리고 가치의 저장 수단으로 기능한 것이다.

법화

법화는 그 자체로는 가치가 없는 화폐를 가리키며, 이는 정부의 법령에 의해 통용력을 인정받는 화폐를 의미한다. 법화에는 우리나라의 원화, 미국의 달러, 영국의 파운드 등이 포함된다. 이러한 법화는 중앙은행이 발행하며, 그 발행된 화폐는 물품의 구매나 서비스의 대가로 주고받아진다. 그러나 개인이 스스로 화폐를 만들어서 물건을 구매한다면, 그 화폐는 받아들여지지 않을 것이다. 그 이유는 정부가 중앙은행이 발행한 화폐만을 법정 화폐, 즉 적법한 거래 수단으로 인정하기 때문이다. 미국 달러 지폐에는 "이 지폐는 민간과 정부의 모든 채무 결제에 사용될 수 있는 법화다"라고 인쇄되어 있다.

알아두면 쓸모있는 경제 지식 정부부채의 화폐화 (Debt Monetization)

2007년 베스트셀러였던 《화폐전쟁》이라는 책에서는 소수의 금융재벌들이 세계를 지배하기 위해 미국과 중앙은행인 연준을 장악하고 있다는 주장을 펼치면서 미국 정부는 달러를 발행하지 않는다는 자극적인 문장을 전면에 내세웠다. 조금 더 구체적으로는 JP모건, 록펠러, 제임스 힐, 와버그 형제 등의 금융재벌들이 미 연준을 장악하고 호황과 불황을 조작하여 그들의 재산을 불리고 있다고 주장했다. 이 뿐만 아니라 미국의 대통령이었던 앤드류 잭슨, 에이브러험 링컨, 존 F. 케네디, 로널드 레이건 등의 암살 배후에도 금융재벌들이 있으며, 1929년 대공황과 제2차 세계대전 또한 금융재벌이 일으킨 참사였다고 언급했다.

이처럼 책 자체가 지나치게 음모론 위주로 쓰여 있어 내용의 진위에 대한 의심도 할 수 있겠지만, 지금은 확인되지 않는 음모론을 다루려는 것은 아니다. 이 책의 화두에 "미국정부는 달러를 발행하지 않는다."라는 자극적인 문구를 이용해 독자들의 관심을 이끌어내는데, 이 문장은 사실 반만 맞는 문장이다. 왜냐하면 미국의 중앙은행은 달러를 발행하여 정부가 발행한 채권을 사들이기 때문에 엄밀히 이야기하자면 미국 정부가 달러를 발행하는 것은 아니다. 그리고 우리는 이를 '정부부채의 화폐화'라고 부른다. 그러나, 더 정확하게 이야기하자면 부채를 발행하는 양을 미국 정부에서 결정하기 때문에 사실상 미국 정부가 달러를 발행하는 것과 같은 효과를 갖는다. 따라서 문에 위 문장은 반만 맞는다고 표현한 것이다. 이런 음모론적인 이야기가 설득력을 얻을 수 있는 이유는 바로 미국 정부의 화폐 발행 방식인 '정부부채의 화폐화'에 있기 때문이다. 이제부터 구체적으로 정부부채의 화폐화에 대해 알아보고자 한다.

정부부채의 화폐화란, 중앙은행이 새롭게 돈을 찍어서 국채를 사들이는 과정을 의미한다. 이는 중앙은행이 발행권을 사용하여 정부의 재정적자를 보전하는 과정으로 이해할 수 있다. 이러한 정의를 통해 보면, 국채를 화폐 발행의 담보로 사용하는 제도 자체가 정부부채의 화폐화로 볼 수 있다. 중앙은행이 공개시장에서 국채를 매입하는 순간, 정부부채의 화폐화가 이루어지는 것이다. 왜냐하면 국채 매입은 기본통화의 공급으로 이어지며, 국채가 결국 화폐로 전환되기 때문이다. 결국 국채를 매입하는 방식이 공개시장에서 사들이는 것이냐, 재무부로부터 직접 사들이는 것이냐에 관계없이 결과적으로 정부부채가 화폐화된다는 점에서 그 효과는 같다.

이러한 정부부채 화폐화의 매커니즘은 오스트리아 학파의 중앙은행 폐지론을 뒷받침하는 근거가 된다. 저축에 기반하지 않은 화폐 창조와 통화 공급에 반대하는 오스트리아 학파는 현대 중앙은행 제도 자체가 신용 위기와 경제적 불안정의 근본 원인이라고 주장한다. 국채를 담보로 하여 기본통화를 공급하는 것은 저축에 기반하지 않은 화폐 창조의 본질을 가진다고 볼 수 있기 때문이다.

반면 정부부채의 화폐화를 판단하는 기준은 중앙은행이 국채를 매입하는 행위 자체가 아니라, 국채를 보유하는 기간에 따라 달라진다는 주장도 있다. 이 관점에서는 정부부채의 화폐화가 중앙은행의 발권력이 정부 재정의 영구적인 수단으로 사용될 때로 한정된다. 즉, 중앙은행이 국채를 매입하여 영구적으로 보유할 때만 정부부채의 화폐화가 실질적으로 발생한다고 볼 수 있다.

마지막으로, 국채를 담보로 하는 화폐 창조를 정부부채의 화폐화로 규정하면서, 오스트리아 학파와는 정반대의 해결책인 통화 정책과 재정 정책의 통합을 주장하는 이들도 있다. 이들은 중앙은행을 재무부의 한 부분으로 만들어 정부의 부채 관리를 일원화하고, 재무부가 직접 화폐를 발행하도록 하는 것을 제안한다. 이러한 주장의 근거는 통화정책의 무용론과 양적완화 정책이 이미 재정정책의 영역을 침범하고 있다는 점이다. 중앙은행이 독립적이어야 하고 통화정책에 정치적인 개입이 없어야 한다는 전통적인 믿음과는 달리, 국채를 담보로 화폐를 발행하는 중앙은행은 사실상 재무부의 연장이라고 볼 수 있다.

"돈은 비료와 같은 것으로 뿌리지 않으면 쓸모가 없다."

– 프란시스 베이컨 –

II 화폐공급

화폐공급은 우리가 생활하는 데 필수적이다. 양계장에서 일하는 사람은 달걀로 월급을 받고 그 달걀을 삶아 식사를 해결하거나, 여러 개의 달걀을 주고 네 가족이 먹을 소고기를 받아올 수도 있을 것이다. 이렇듯 만약 화폐가 없다면, 모든 거래를 물물 교환으로만 해결해야 한다. 이는 매우 번거로운 과정이기 때문에 정부는 시장이 효율적으로 작동할 수 있도록 화폐를 공급하는데 중요한 역할을 한다. 일반적으로 정부는 화폐를 발행하고, 이를 통해 시장에서 거래가 원활하게 이루어지도록 한다.

다양한 국가들에서는 화폐 발행의 독점권을 중앙은행에게 부여한다. 이로써 중앙은행은 화폐 공급에서 매우 중요한 역할을 한다. 앞서 [알아두면 쓸모있는 경제 지식]에서 설명한 정부부채의 화폐화는 정부와 중앙은행이 화폐를 공급하는 대표적인 방법 중 하나이다. 이외에도 중앙은행이 통화량을 조절하는 방법은 다양하다. 중앙은행의 역할을 이해하기 위해 우선 시중은행에 대해 알아볼 필요가 있다.

우리는 일상 생활에서 신한은행, 하나은행 등과 같은 시중은행을 자주 만나게 된다. 은행을 통해 송금을 하거나 예금을 인출하거나 대출을 받는 등의 과정은 모두 은행의 화폐 공급과 관련이 있다. 따라서 시중은행이 화폐 공급에서 어떤 역할을 하는지 자세히 알아보자.

01 시중은행의 역할

일반적으로 중앙은행은 공개시장조작을 통해 화폐의 공급량을 조절한다. 이 과정에서 시중은행의 역할은 매우 중요하다. 이는 화폐 공급량에는 현금 뿐만 아니라 은행에 예치된 요구불예금(즉시 인출이 가능한 예금)이 포함되기 때문이다. 은행들의 주요 업무는 고객들의 저축을 예금의 형태로 위탁받아 돈이 필요한 기업 등에게 고객의 예금을 대출해주는 것이다. 이러한 비즈니스 구조에서 은행들의 업무 행동은 요구불예금의 크기를 바꾸게 되고, 그 결과로 인해 은행들은 전체 통화량에 영향을 미친다.

이 개념을 더 쉽게 이해하기 위해, 은행이 없는 세상을 상상해보자. 이런 상황에서는 현금이 유일한 화폐가 될 것이다. 가령 현금 100만 원이 있다면 전체 화폐 공급량은 당연히 100만 원이 될 것이다.

이제 이런 상황에서 누군가가 대출을 하지 않고 예금만 받는 은행을 설립한다고 가정해보자. 이 은행의 목적은 고객의 돈을 안전하게 보관하는 것이다. 고객이 은행에 돈을 예금하면, 그 돈은 고객이 인출할 때까지 보관된다. 이렇게 은행에 예금된 금액 중 대출되지 않고 보관되고 있는 금액을 지급준비금이라고 한다. 여기서 설명한 예시처럼 모든 예금이 지급준비금으로 보유되고 있으면, 이를 100% 지급준비제도를 시행하고 있다고 표현한다.

이 상황에서는 화폐 공급량은 그대로 100만 원이 유지된다. 왜냐하면 고객이 은행에 돈을 예금하더라도 그 돈은 인출되기 전까지 은행에 그대로 보유되기 때문이다. 즉, 모든 예금을 지급준비금으로 보유하면 은행은 화폐 공급에 아무런 영향을 끼치지 않게 된다.

은행은 사실상 고객의 돈을 안전하게 보관하는 서비스에 대한 보관료를 수입원으로 삼아야만 한다. 하지만 실제 은행들은 우리가 돈을 예금할 때 보관료를 받지 않고, 오히려 우리에게 이자를 지급한다. 우리의 돈을 보관해줌에도 불구하고 왜 보관을 맡긴 우리에게 이자를 지급하는 것일까? 이는 은행이 우리가 예치한 돈 중 일부를 돈이 필요한 다른 기업 등에 빌려주어 더 큰 수익을 내기 때문이다. 이처럼 고객의 예금 중 일부만 은행이 보유하고 나머지는 활용하는 은행의 영업방식을 부분지급준비제도라고 부른다.

이제 은행이 부분지급준비제도를 도입하는 상황을 가정해 보자. 이 경우, 은행이 보유하는 지급 준비금의 비율을 지급준비율이라고 한다. 지급준비율은 정부의 규제와 은행의 내부 정책에 의해 결정된다. 가상 경제에서 유일한 은행이 지급준비율을 8%로 설정했다고 가정해 보자. 이 경우, 은행은 받은 예금의 8%를 지급준비금으로 보유하고, 나머지 92%는 대출로 활용하여 필요한 기업이나 개인에게 돈을 빌려준다. 예를 들어, 어떤 사람이 이 은행에 100만 원을 예금한다면 그 중 8%, 즉 8만 원은 지급준비금으로 은행에 보유되고 나머지 92%인 92만 원은 다른 사람들에게 대출되어 활용될 수 있는 것이다.

은행이 대출을 해주기 전에는 화폐 공급량은 100만 원이었다. 예금자들이 은행에 100만 원을 예금하면, 이때의 화폐 공급량은 여전히 100만 원이다. 그러나 이후 은행이 92만 원을 대출해주면, 통화량

(현금과 예금의 합)은 192만 원이 된다. 이렇듯 은행이 예금의 일부만을 지급준비금으로 보유하고 나머지를 대출하면 은행은 예금통화라는 화폐를 만들어낼 수 있다. 물론, 이렇게 해도 은행은 예금자의 인출 요청에 응할 의무가 있다. 만약 어떤 사람이 이 은행에 100만 원을 예금한다면, 은행의 부채는 그대로 100만 원이 된다.

02 통화승수

정부가 아닌 민간에서 화폐공급에 영향을 주는 과정은 은행의 대출업무에서 끝나는 것은 아니다. 이제 은행에서 92만 원을 대출받은 A라는 사람이 그 현금으로 물건을 구입하고, A에게 물건을 판 B라는 사람이 그 돈을 다시 은행에 예금한다고 생각해보자. 같은 은행이어도 상관은 없지만 불필요한 복잡함을 줄이기 위해 B가 예금하는 은행은 새로운 2번 은행이라고 하자.

2번 은행이 B의 예금을 받고 나면 2번 은행에는 92만 원의 부채가 발생한다. 2번 은행의 지급준비율이 또 8%라고 하면 92만 원 중 8%인 7만 3,600원은 지급준비금으로 남기고 나머지인 84만 6,400원을 다시 대출해준다. 이렇게 되면 기존 192만 원의 화폐공급량에 2번 은행이 대출해준 84만 6,400원이 더해져 화폐공급량은 276만 6,400원이 된다.

이 과정은 계속해서 반복될 수 있다. 84만 6,400원을 2번 은행에서 대출한 C라는 사람은 다시 이 돈을 3번 은행에 예금하고 3번 은행은 또 8%의 지급준비금을 남기고 나머지를 D에게 대출해줄 수 있다. 이 과정은 무한히 반복될 수 있고 독자들은 금세 궁극의 화폐공급량은 무한급수를 통해 계산할 수 있음을 알 수 있을 것이다. 물론 이 책에서는 무한급수를 이해할 필요가 없기 때문에 설명하지 않겠지만, 중요한 것은 지급준비율이 낮으면 낮을수록 그리고 대출해 주는 은행이 많으면 많을수록, 총 화폐공급량은 증가할 것이라는 점이다. 이처럼 지급준비율과 화폐공급량은 음의 관계를 가진다.

이러한 지급준비율의 역수를 **통화승수**라고 부른다. 따라서 통화승수가 높을수록 민간 은행을 통한 화폐창출이 활발해진다. 또한 지급준비율이 100%라면 예금통화승수는 1/100%=1이 된다.

03 중앙은행의 통화량 조절

중앙은행은 통화 공급을 조절하는 역할을 담당한다. 지금까지 우리는 부분지급준비제도를 통해 시중은행들이 어떻게 화폐 공급에 영향을 미치는지 살펴보았다. 이제 중앙은행이 경제 내 통화량을 조절하는 방법에 대해 알아볼 차례이다. 중앙은행은 다음과 같은 방법들을 통해 경제 내 통화량을 조절한다.

공개시장조작

공개시장조작은 중앙은행이 시장에서 국채를 매입하거나 매도하는 활동을 의미한다. 중앙은행이 화폐 공급을 증가시키려면 국채 시장에서 국채를 구입하면 된다. 중앙은행은 구입한 국채의 대금을 새로 창출한 화폐로 지불하면서, 이를 통해 경제 내 화폐 공급량을 증가시킬 수 있다. 이렇게 주입된 자금 중 일부는 현금 형태로 보유되며, 일부는 예금으로 변환된다. 현금이 증가하면, 그에 따라 통화량도 동일한 금액만큼 증가한다. 반면, 은행에 예금된 자금은 앞서 설명한 것처럼 통화량을 더욱 크게 증가시킨다. 은행에 예금된 돈은 은행의 비즈니스를 통해 다시 대출되어 시장에 풀리기 때문이다.

시중은행에 대한 대출

중앙은행은 시중은행에게 지급준비금을 대여함으로써 그들의 지급준비금을 증가시킬 수 있다. 이를 통해, 은행 규제 준수, 예금자들의 인출 요청 대응, 또는 다른 이유로 지급준비금이 부족하다고 판단된 경우에 시중은행들은 중앙은행에서 자금을 차입할 수 있다. 이 과정에서 시중은행이 중앙은행에 지불하는 이자율을 재할인율이라고 부른다. 중앙은행이 은행에게 더 많은 자금을 대출하게 되면 은행 시스템의 지급준비금이 증가하고, 이를 통해 더 많은 통화를 생성할 수 있게 된다.

따라서 중앙은행은 시중은행에게 직접 지급준비금을 제공하거나 재할인율을 낮추어 통화 공급을 증가시킬 수 있다. 반대로 재할인율을 인상하거나 빌려준 지급준비금을 회수함으로써 통화 공급을 줄일 수도 있다.

법정 지급준비율

법정 지급준비율은 은행들이 갖고 있어야 하는 예금에 대한 최소한의 보유금 비율을 규정한 것이다.

이 비율은 은행이 보유하는 지급준비금으로부터 얼마나 많은 통화를 창출할 수 있는지에 영향을 미친다. 법정 지급준비율이 상승하면 은행들은 더 많은 지급준비금을 보유해야 한다. 이로 인해 은행이 대출할 수 있는 금액이 감소하게 되어 예금통화승수가 줄어들고, 결국에는 통화량도 감소하게 된다.

"인플레이션은 언제 어디서나 화폐적 현상이다."

– 밀턴 프리드먼 –

III 화폐의 중립성

01 고전학파의 이분법

경제학자들은 오랜 시간 동안 통화 공급의 변화가 생산, 고용, 실질임금, 실질이자율 등에 어떤 영향을 미칠지에 대한 문제에 대해 연구해 왔으며 이는 고전학파 경제학자들에게 중요한 연구 주제였다.

18세기 고전학파 경제학자들은 경제변수를 화폐로 측정되는 명목변수와 실제 물질 단위로 측정되는 실질변수로 나누는 것이 필요하다고 생각했다. 예를 들어, 쌀을 재배하는 농부의 소득은 화폐 단위인 '원'으로 표시되므로 이는 **명목변수**Nominal variables이다. 반면에 농부가 생산하는 쌀의 양은 실제 물질 단위로 측정되므로 이는 **실질변수**Real variables인 것이다. 이처럼 경제학 변수를 명목변수와 실질변수로 구분하는 이론을 **고전학파의 이분법**Classical dichotomy이라고 부른다.

경제 변수를 명목변수와 실질변수 두 부류로 나누는 것이 중요한 이유는 이 두 유형의 변수에 영향을 미치는 요인이 서로 다르기 때문이라고 고전학파 경제학자들은 이야기한다. 이들의 이론에 따르면, 화폐 부문에서 일어나는 사건들은 명목변수에 영향을 미치지만 실질변수에는 영향을 미치지 않는다. 이러한 분류는 경제 분석에 있어서 매우 유용할 수 있다.

02 화폐의 중립성이란?

고전학파의 분석에 따르면, 통화 공급량의 변동은 명목변수에 영향을 미치지만 실질변수에는 영향을 미치지 않는다. 예를 들어, 중앙은행이 통화량을 두 배로 늘리면 물가 수준은 두 배로 상승하고, 명목임금 등과 같은 명목변수들 역시 두 배로 증가한다. 그러나 생산량, 고용률, 실질임금, 실질 이자율 등의 실질변수는 변하지 않는다.

한 경제 내에 총 1억 원의 돈이 있고 같은 물건이 1만 개가 있다고 생각해보자. 그럼 물건 1개의 가격은 1만 원일 것이다. 그런데 중앙은행이 1억 원을 추가로 찍어낸다고 하면, 물건은 그대로 1만 개이기 때문에 물건 1개의 가격은 2만 원이 된다. 즉 중앙은행이 실물 경제성장 없이 통화량만 두 배로 늘리면 증가한 통화량은 그대로 물가에 반영되어 물가가 두 배로 올라야 한다.

이제 명목 변수에 대한 예시를 들어보자. 한 경제가 지출하는 인건비가 총 100억 원이라고 가정하자. 이때 고용 인력이 100명이라고 한다면, 각 개인들의 평균 인건비는 1억 원일 것이다. 그런데 여기서 중앙은행이 통화량만 두 배로 늘리게 되면 기업들이 지출하는 인건비도 두 배로 늘 것이고, 그에 따라 각 개인들의 평균 인건비도 두 배로 늘어날 것이다.

이러한 현상, 즉 실질변수가 통화량의 변동과 무관하게 유지되는 현상을 **화폐의 중립성**Monetary neutrality이라고 부른다. 화폐의 중립성은 통화량의 변화가 실질 경제에는 영향을 미치지 않고 오직 가격 수준이나 다른 명목변수들만 영향을 미치는 개념을 의미한다.

간단한 비유를 하자면 이전에 화폐는 회계의 단위로의 역할을 한다고 배웠다. 이는 화폐가 경제 거래를 측정하는 기준이라는 의미이다. 만약 중앙은행이 돈을 찍어내서 화폐공급을 10배로 늘린다면 물가는 10배가 되고 회계의 단위인 화폐의 실질가치는 1/10로 떨어질 것이다. 이러한 변화는 단순히 화폐의 단위를 바꾸는 것과도 비슷하다고 볼 수 있다. 예전에 우리는 보조적 화폐단위로 '환'을 사용했었는데, 1원은 10환으로 치환이 가능했다. 만약 모든 가격을 환으로 바꾸어 부르면 10,000원짜리 돈까스는 100,000환이 된다. 화폐의 단위는 원에서 환으로 1/10로 떨어졌지만 돈까스의 가치는 변하지 않는다. 이처럼 화폐의 가치가 변해도 실질변수들은 영향을 받지 않는다.

그렇다면 화폐는 현실에서 실제로 중립적일까? 어느 정도 그렇기는 하지만 완벽하게 중립적이지는 않다. 장기적으로는 1원을 10환으로 바꾼다고 해서 큰 문제가 일어나지 않겠지만 단기적으로는 혼란이 빚어질 수 있다. 예를 들어, 화폐개혁을 해서 1,000원을 1원으로 바꾼다고 생각해보자. 화폐개혁 이전에는 120만 원이었던 아이폰의 가격은 이제 1,200원이 되었다. 대다수의 사람들이 이전에 120만 원이었던 사실을 알고 있음에도 불구하고, 사람들은 이제 1,200원짜리 아이폰이 더 저렴하다고 느낄 가능성이 높다. 이런 오해는 소비를 촉진해 인플레이션을 유발할 수 있다. 이와 관련하여, 현재 많은 경제학자들은 통화량의 변화가 단기적으로 실질 변수에 영향을 줄 수 있다고 생각한다.

03 피셔효과

화폐의 중립성 원리는 통화량의 증가가 장기적으로 실질 경제 변수에 영향을 미치지 않는다고 주장한다. 이 원리에 따르면, 통화량이 늘어나더라도 인플레이션율이 상승할 뿐 실질적인 경제 요소에는 별다른 영향을 주지 않는다. 이러한 주장은 이자율, 특히 저축과 투자에 큰 영향을 미치는 이자율의 변화를 분석하는 데에도 적용될 수 있다. 8장 화폐의 시간가치에서 배웠듯이 이자율은 현재와 미래 사이의 경제적 연결 고리를 형성하기 때문에 거시경제학에서는 중요한 변수로 다루어진다.

화폐, 인플레이션, 그리고 이자율 간의 상호 작용을 이해하려면 먼저 명목이자율과 실질이자율을 구분할 수 있어야 한다. 일반적으로 명목이자율은 은행이 예금에 대해 지불하는 이자율을 가리킨다. 반면 실질이자율은 물가 상승률을 고려한 이자율을 의미한다. 즉, 우리가 저축한 금액의 구매력이 얼마나 빠르게 증가하는지를 나타내는 지표인 것이다. 따라서 실질이자율은 기본적으로 명목이자율에서 예상 인플레이션율을 빼서 계산한다. 예상 인플레이션은 다음 기간에 물가가 얼마나 상승할지에 대한 경제 구성원들의 기대치이기 때문이다. 인플레이션이 아닌 예상 인플레이션을 적용하는 이유는 이자율은 오늘 내가 투자해서 미래에 받을 금액인데, 물가 상승률은 이미 지나온 시간에 발생한 것이기 때문에 두 수치간의 시차가 존재해서 서로 비교할 수 없다는 문제가 있다. 그러므로 이자율이 적용되어 나에게 수익을 안겨주는 시점에서의 예상 인플레이션을 적용하는 것이 옳다.

이 두 개념을 이해하면 화폐, 인플레이션, 그리고 이자율 간의 복잡한 상호작용을 좀 더 명확히 파악할 수 있다.

명목이자율 = 실질이자율 + 인플레이션율

다음으론 통화량의 증가율이 이자율에 어떠한 영향을 미치는지를 살펴볼 차례이다. 장기적인 시각에서 보면 화폐의 중립성이 성립하기 때문에, 통화량의 증가율은 실질이자율에는 영향을 미치지 않는다. 왜냐하면 실질이자율 역시 실질변수이기 때문이다.

만약 실질이자율이 변하지 않으려면, 인플레이션율의 변화는 전적으로 명목이자율에 반영되어야 한다. 이러한 관점에서, 중앙은행이 통화량의 증가율을 늘리면 장기적으로 인플레이션율과 명목이자율 역시 높아지게 된다.

이처럼, 인플레이션율이 변하면서 명목이자율이 동일한 폭으로 변하는 현상을 경제학에서는 피셔효과Fisher effect라고 부른다. 이 효과의 이름은 이 현상을 최초로 발견한 미국의 경제학자, 어빙 피셔Irving fisher의 이름에서 유래되었다. 이 효과를 이해하면 통화량의 변화와 이자율, 그리고 인플레이션 간의 복잡한 상호작용을 이해하는 데 도움이 될 수 있다.

피셔효과를 적용할 때 중요하게 고려해야 할 점은 이를 장기적인 시각에서 이해해야 한다는 것이다. 단기적인 인플레이션은 예측하기 어려우므로, 이러한 상황에서는 피셔효과가 적용되지 않는다.

명목이자율은 대출 시점에서 결정되는 대출에 대한 이자이다. 따라서 만약 인플레이션이 대출 기관이나 대출받는 자가 처음에 예상했던 것보다 크게 상승하면, 초기에 설정된 대출 이자율이 인플레이션을 적절히 반영하지 못하게 될 수 있다. 이러한 상황에서는 고객이 대출을 통해 받는 실질 이자율이 떨어진다.

그러나 높은 물가 상승률이 지속적으로 유지되면, 사람들의 인플레이션에 대한 기대치가 조정되고 이에 따라 대출 이자율도 인플레이션 예상치를 반영하게 된다. 그러면 실질 이자율은 이전 수준을 회복하게 될 것이다. 그래서 피셔효과를 정확하게 이해하려면, 이 효과가 명목이자율이 예상 인플레이션에 조정되는 현상이라는 점을 기억해야 한다.

"인플레이션은 가장 잔인한 세금이다."

– 폴 볼커 –

Ⅳ 인플레이션의 비용

인플레이션은 화폐를 보유하고 있는 사람들에게 일종의 세금을 부과하는 것과 유사하다. 이렇게 부과되는 세금은 사회의 자원을 가계에서 정부로 이동시키는 방식이기 때문에, 사회 전반의 비용이라고 볼 수는 없다. 그러나 대부분의 세금은 사람들이 세금 부담을 피하려는 행동을 유발하는 경향이 있다.

이런 식으로 세금은 경제주체들의 동기부여 체계를 왜곡시킬 수 있다. 이러한 왜곡으로 인해 사회 전체에 잠재적 경제 손실이 발생할 수 있다. 다른 세금들과 같이 인플레이션 또한 사람들이 소중한 자원을 낭비하도록 만들어 이로 인해 경제적 손실이 발생할 수 있다. 이러한 관점에서 볼 때, 인플레이션은 화폐 보유자에게 부과되는 간접적인 세금이자 사회 전체의 경제적 손실을 가져올 수 있는 원인이라고 볼 수 있다. 그러므로 이를 인식하고 관리하는 것이 중요하다.

01 구두창 비용

인플레이션으로 인한 세금을 최소화하기 위한 방법을 생각해보자. 인플레이션은 우리가 보유하고 있는 화폐의 실질 가치를 감소시키고, 그 가치는 결국 정부에 의해 흡수된다. 그렇기 때문에 화폐 보유량을 줄이면 인플레이션으로 인한 세금 부담을 감소시킬 수 있다.

이를 실행하는 한 방법은 자주 은행 업무를 수행하는 것이다. 예를 들어, 한 번에 50만 원을 인출하여 사용하는 대신에 10만 원씩 필요할 때마다 5번에 걸쳐 인출하여 사용하면 인플레이션으로 인해 가치가 감소하는 현금 보유량을 줄일 수 있다. 은행 업무의 디지털화는 이러한 접근 방식을 보다 편리하게 만들어 줄 수 있다. 이처럼 자주 은행 업무를 수행하여 현금 보유량을 줄이는 것은 인플레이션에 의한 세금 부담을 줄이는 효과적인 방법 중 하나라고 할 수 있다.

화폐 보유를 최소화하는 데에 발생하는 비용을 구두창 비용이라고 표현하기도 한다. 이 용어는 자주 은행에 방문하면 신발이 빨리 닳게 된다라는 개념에서 유래되었지만, 실제로는 구두창이 닳는 것이 아닌, 현금 보유를 줄이기 위해 소비하는 시간과 불편함을 대표한다고 볼 수 있다.

이 구두창 비용은 처음에는 비용의 상대적 크기가 크지 않아 그다지 중요해 보이지 않을 수 있다. 특히 디지털 금융의 발전이 급속도로 진행되는 현대 사회에서는 이 비용이 더욱 감소하고 있기 때문이다. 그러나 높은 인플레이션 상황에서는 구두창 비용이 상당히 증가할 수 있다. 특히, 극심한 인플레이션을 겪고 있는 일부 국가들에서는 이런 구두창 비용이 상당히 부담스럽게 작용할 수 있다. 예를 들어, 세계 1차 대전 이후 독일에서는 하루 만에 물가가 8배가 오른 적이 있었다. 하루 늦게 빵을 사 먹음으로써 여덟 개의 빵을 먹을 수 있는 돈이 하나 밖에 살 수 없는 돈으로 그 가치가 폭락해 버린 것이다.

요약하면, 현금 보유를 줄이기 위한 노력으로 발생하는 구두창 비용은 인플레이션율이 증가함에 따라 더욱 증가하며, 이는 인플레이션에 따른 숨겨진 경제적 비용 중 하나라고 볼 수 있다.

02 메뉴비용

기업들 대다수는 제품이나 서비스의 가격을 매일 변경하지 않는다. 일단 가격이 설정되면, 그 가격은 수주, 수개월, 또는 수년 동안 변하지 않을 수 있다. 이러한 현상의 원인 중 하나는 가격 변경에 따르는 비용 때문이다. 이를 메뉴비용이라고 부른다. 이 용어는 음식점에서 어떤 음식을 새로운 가격으로 제시할 때 메뉴판의 가격을 수정하기 위해 이를 재인쇄해야 하는 비용에서 유래되었다.

하지만, 메뉴비용은 실제 메뉴판 인쇄비용을 의미하는 것이 아니다. 더 광범위하게 이해하면, 이는 가격 변동에 따른 모든 종류의 비용을 포함한다. 가격 변경에 대한 고객들의 반응을 분석하거나, 새로운 가격 전략을 개발하고 구현하는 데 필요한 노력과 시간, 그리고 가격 변동으로 인한 고객의 불만 등도 메뉴비용에 포함될 수 있다. 이처럼 메뉴비용 때문에 기업들은 가격을 자주 변경하지 않는데, 이는 인플레이션 대응에서도 한계를 가지게 된다.

인플레이션 상황에서는 기업들이 부담하는 메뉴비용이 증가할 수 있다. 낮은 인플레이션 상태에서는 대다수의 기업들이 가격을 1년에 한 번 이상 조정하는 것이 부담스럽게 느껴질 수 있다. 그러나 인플레이션이 상승하여 기업의 비용이 급격히 증가하면, 그들은 가격을 더 자주 조정해야 할 수 있다. 특히 초고속 인플레이션이 발생하는 국가에서는 이 현상이 극대화된다. 경제 전체의 가격 상승을 따라잡기 위해 기업들은 매일, 아니면 그보다 더 자주 가격을 인상해야 할 수도 있다. 이러한 상황에서는 메뉴비용이 증가하며, 이는 기업의 경영에 부담을 주게 된다. 즉, 높은 인플레이션 상황에서는 메뉴비용이 증가하며 이는 기업의 수익성과 효율성에 부정적인 영향을 미칠 수 있다.

"당신들은 노동자들에게 가시 돋힌 왕관을 씌울 수 없습니다.
당신들은 인류를 황금의 십자가에 못 박을 수 없습니다."

– 윌리엄 J. 브라이언–

V 금본위제

금본위제는 화폐의 가치를 일정량의 금과 연동시키는 금융 체제를 의미한다. 이 체제는 1870년대부터 1920년대 초까지, 그리고 1944년부터 1971년까지, 미국이 금태환을 중지하고 브레튼 우즈 체제가 끝날 때까지 세계 통화 체제의 핵심이었다.

일반적으로 금본위제라고 하면 금화본위제와 금지금본위제를 모두 포함하는 개념으로 본다. 먼저 금화본위제는 중앙은행이 금화를 직접 만들어 시장에 유통하는 체제를 의미한다. 그러나 금화의 운반과 관리가 어려운 경우가 많아, 이러한 문제를 극복하기 위해 금지금본위제가 도입되었다. 금지금본위제에서는 중앙은행이 금화와 동일한 가치의 지폐와 동전을 발행하며, 이러한 화폐를 금으로 바꿀 수 있는 권리를 제공한다. 이 과정에서의 금의 교환을 '금태환'이라고 부른다.

금을 직접적으로 화폐로 이용한 역사는 매우 오래되었다. 왜냐하면 금화의 가치는 안정적이기 때문이다. 그러므로 충분한 금화의 유통은 건전한 국가의 경제를 운영하는데 있어 매우 중요한 역할을 했다. 아래는 역사적으로 대표적인 금화의 예들이다.

리디아 제국의 리디아 금화

동로마 제국의 솔리두스 금화

베네치아의 두카트 금화

영국의 소브린 금화

과거에는 은본위제나 복합 본위제 등 다양한 체제가 사용되었지만, 19세기에 영국이 금본위제를 도입하게 되면서 금본위제는 국제 통화 체제의 핵심이 되었다. 이 금본위제는 제1차 세계대전과 대공황을 거치는 동안 수차례 변화를 겪었다. 금본위제가 겪은 가장 큰 변화 중 하나는 금화본위제에서 금지금본위제로의 전환이었다. 이는 화폐의 가치를 금에 고정시키면서도, 금의 불편한 운반과 관리 문제를 해결하기 위한 것이었다.

이러한 변화들은 브레튼 우즈 체제가 도입되면서 더욱 강화된다. 브레튼 우즈 체제에서는 금본위제의 원칙을 계속하면서도, 통화의 국제적인 관리와 안정을 위한 IMF와 세계 은행같은 새로운 기능들을 도입했다. 이런 식으로, 금본위제는 세계 경제의 중심이었던 시절부터 지금까지 꾸준히 발전하고 변화해 왔다.

01 금본위제란?

고대와 중세 그리고 근대에 이르러서도 많은 국가들이 금과 은, 청동 그리고 철과 같은 금속들을 동전 또는 다른 특정한 형태로 주조하여 직접 화폐로 사용하였다. 대표적인 예로 기원전 12세기 히타이트 제국의 붕괴과정에서 아나톨리아에 자리 잡았던 리디아 왕국의 리디아 금화가 있다. 그리스의 역사가 헤로도토스에 따르면, 리디아인들은 금화와 은화를 사용하였다고 하는데 첫 주화는 기원전 600여년 경에 주조되었다고 한다. 리디아 주화의 화폐단위는 슬레이터였고 주화는 호박금과 은의 천연합금인 일렉트럼으로 만들어졌다. 14.1그램의 일렉트럼이 1 슬레이터였다. 1슬레이터는 병사 1인의 한 달 소득 정도였다고 알려져 있다.

로마제국에서 쓰여진 화폐는 금, 은, 청동, 구리 등을 주화로 만들어 사용했다. 로마는 조폐국을 의미하는 'Mint'라는 전문 조폐기관을 만들어 금화와 은화를 주조하였다. 로마의 조폐 기관들은 제국 곳곳에 자리 잡았고 주화에 황제의 초상을 넣었다. 이를 통해 로마인들은 주화에 새로운 황제의 초상이 나타날 때마다 황제가 바뀌었음을, 그리고 그 황제에 대한 정보를 취득할 수 있었다.

로마제국을 계승한 동로마 제국 또한 귀금속으로 주조된 주화를 사용하였다. 특히나 솔리두스라는 금화는 콘스탄티노플로 수도를 옮긴 콘스탄티누스 1세 시대에 도입되어 이전의 아우레우스 금화를 대체

하였고 이후 1,000년간 사용되었다. 솔리두스의 금 함유량은 4.48그램으로 순금으로 만드는 것이 원칙이었다고 한다. 솔리두스는 동로마제국이 위치한 그리스어권에서는 돈이라는 뜻의 노미스마와 같은 뜻으로 쓰일 정도로 제국 전역에 걸쳐 광범위하게 유통되었다. 동로마제국 전성기에는 지중해의 거의 대부분의 지역에서 솔리두스를 거래의 매개로 받아들였다고 한다.

이렇듯 인류는 오랜 기간 금을 직접 화폐로 사용하였고 이를 금화본위제라고 불렀다. 금화본위제는 고대부터 중세를 거쳐 근대 시대까지도 이용되었다. 대표적인 예가 영국의 소브린 금화였다. 소브린 금화는 1파운드 스털링의 가치를 가진 영국의 금화로, 1817년에 주조되어 전 세계에 유통되었다. 현재도 발행되고 있기는 하나 실제로 사용하기 위한 목적이라기보다는 기념주화의 목적이 더 크다.

금화본위제의 문제는 금의 무게였다. 금은 상당히 무겁다. 그러다 보니 들고 다니기가 불편했다. 또한 금을 화폐로 사용하다 보니 여러 사람의 손을 타는 과정에서 마모되었고 어떤 사람들은 화폐를 조금씩 갈아 금가루를 모아 되팔기도 하였다.

02 금핵본위제

이러한 문제점을 해결하기 위해 등장한 제도가 금핵본위제이다. 금핵본위제는 금으로 주화를 만들어 유통시키지 않는 대신 금을 대신하는 화폐를 발행하여 이를 유통시키고 발행한 화폐를 바꾸어 줄 수 있는 양의 금을 중앙은행이 보유하는 제도이다. 금핵본위제에서의 화폐는 금과 교환할 수 있는 교환권의 개념을 가진다. 이러한 행위를 금태환이라고 부르고 이렇게 발행된 화폐를 태환화폐라고 부른다.

금핵본위제는 화폐가 금으로 바꾸어지는 태환의 방식에 따라 금지금본위제와 금환본위제로 나뉜다. 금지금본위제는 금을 화폐로 주조하지 않고 화폐발행기관이 일정한 비율에 따라 정해진 가격으로 발행한 화폐를 금으로 바꾸어줄 의무를 자기는 제도이다. 이에 반해 화폐 금환본위제란 한 국가의 통화를 다른 국가에서 금을 기반으로 발행한 태환화폐와 교환할 수 있도록 하는 제도이다. 즉 금지금본위제에서는 국가가 발행하는 화폐만큼 국가는 금을 보유하고 있어야 한다. 그러나 금환본위제에서는 화폐를 발행하는 국가가 꼭 발행하는 화폐만큼의 금을 보유하고 있을 필요는 없다. 태환을 약속한 다른 국가가 충분한 금을 보유하고 있다면 말이다.

03 금본위제의 장단점

금본위제는 모든 가치의 기준을 금으로 측정하기 때문에 화폐 가치를 안정적으로 유지할 수 있다는 장점이 있다. 화폐의 가치가 안정적이기 때문에 물가 또한 안정적이게 된다. 여기에 더해 금을 기반으로 여러 나라의 화폐들의 교환비율이 고정될 수 있기 때문에 고정환율제도를 시행할 수 있고 고정환율제도를 통해 국제 환리스크를 감소시킬 수 있다. 자유무역체제에서 금본위제를 실행한다면 무역수지와 재정수지의 균형을 유지할 수 있고 경제적 충격에 대한 영향이 덜 하여 국제경제의 변동성과 불확실성을 줄일 수 있다.

그러나 금본위제의 단점은 기술이 발전하면서 채굴하는 금의 양보다 생산성 증가가 더 빨라 디플레이션이 발생할 수 있다는 것이다. 화폐의 공급량은 금의 양에 고정되어 있는데 생산하는 물건의 양이 빠르게 증가하기 때문에 물건의 가격이 떨어질 수 있다. 즉 생산량의 증가속도를 금의 생산량 증가속도가 쫓아가지 못해 통화량의 증가속도가 느려 경기변동에 대응하는 통화정책을 적절히 펼치기 어렵다는 문제가 있다. 또한 여러 국가들이 동시에 금본위제를 시행한다면 자연스럽게 금을 기반으로 하는 고정환율제도가 정착하게 되는데 이때 한 국가에서 경제위기가 발생하면 금의 가치로 인해 여러 국가들의 화폐가치가 연동되어 있기 때문에 해당 국가의 경제위기가 다른 나라로 퍼져나갈 수 있는 위험도 존재한다.

알아두면 쓸모있는 경제 지식 브레튼 우즈 체제 (Bretton Woods system, BWS)

브레튼 우즈 체제가 출범한 장소인 Mount Washington 호텔

브레튼 우즈 체제는 세계 2차 대전 이후 국제통화질서를 확립한 체제이다. 1944년 7월 미국 뉴햄프셔 주 브레튼우즈의 마운트 워싱턴 호텔에서 44개 연합국 대표들이 참석한 가운데 전후의 국제통화질서를 규정하는 협정을 체결한 데서 '브레튼우즈 체제'라 부른다. 이 체제의 목적은 전쟁의 황폐화로부터 국가들이 회복하고 장기적인 글로벌 성장을 촉진하기 위한 경제 질서와 국제 협력 체제에 합의하는 것이었다. 이 체제는 국제 통화 및 금융의 안정화를 목표로 하였으며, 세계은행과 국제 통화 기금(IMF)을 설립하는 근거가 되었다.

이 회의는 공식적으로 유엔 화폐 및 금융 회의라고 불렸는데, 1944년 7월 1일에 개최되었고 44개 연합국의 730명의 대표들이 참석하는 큰 규모의 국제회의였다. 미국의 재무부 장관이었던 헨리 모건소 주니어Henry Morgenthau, Jr.가 회의 의장으로 역임하였고, 영국 대표단의 존 메이너드 케인스가 전후 재건 및 개발을 위한 정책적 제안을 다루는 제 2 위원회를 이끌었다. 3주에 걸친 회의 끝에 1944년 7월 22일, 유엔 화폐 및 금융 회의의 최종 조약이 각국 대표들에 의해 서명되었다.

브레튼 우즈 체제는 고정환율제, 국제 경상수지 조정 메커니즘과 국제기구를 통한 국제협력 강화라는 세가지 특징으로 설명할 수 있다.

1) 고정 환율 체제 하의 각 국 화폐는 미국 달러와 고정된 환율로 교환될 수 있었으며, 여기에 더해 미국 달러는 금에 고정된 가치($35/온스)로 교환될 수 있게 고안되었다. 이는 미국 달러가 국제 화폐로서의 역할을 하는 계기가 되었다.

2) 국제 경상수지 조정 메커니즘은 특정 국가의 경상거래수지에 지속적인 흑자나 적자가 발생할 경우, 해당 국가는 환율을 조정할 수 있는 체제이다. 이러한 조정은 IMF의 승인 하에 이루어지도록 만들어졌다.

3) 국제 협력을 위해 국제 통화 기금(IMF)와 세계은행(World Bank)을 설립하고, 회원국들의 경제 발전과 통화 안정을 지원하기로 합의하였다. IMF는 환율 안정과 국제 결제의 원활화를 지원하는 반면, 세계은행은 재건과 개발을 위한 장기 금융 지원을 제공하는 역할을 하였다.

브레튼우즈 체제의 핵심내용은 미 달러를 기축통화로 한 '조정 가능한 고정환율제도'를 도입한 것이다. 그러나 1971년 닉슨 미대통령의 달러화 금태환 정지 선언으로 주요 선진국 통화제도가 변동환율제도로 이행함으로써 브레튼우즈 체제는 무너지면서 인류의 전세계적인 금본위제 도입 시도는 사실상 끝나게 되었다.

Case Study

오즈의 마법사와 금본위제

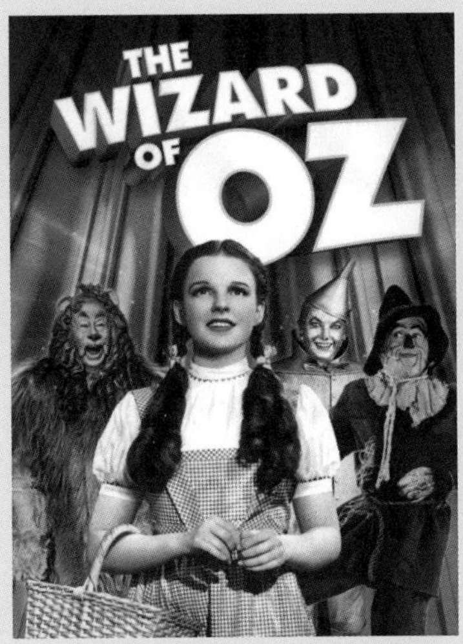

미국의 동화 작가 라이먼 프랭크 바움Lyman Frank Baum의 《오즈의 마법사The Wizard Of Oz》라는 총 14편의 스토리로 이루어진 동화는, '도로시'라는 한 소녀가 오즈의 나라에서 겪는 모험을 시간 순으로 서술한 작품이다. 1900년 간행된 이 소설은 미국 대중문화에서 가장 유명한 작품 중 하나가 되었고 이후 여러 나라의 언어로 번역되었다.

이 작품의 시작은 다음과 같다. 캔자스Kansas 주에 살고 있던 주인공 도로시는 어느 날 회오리바람이 불어 강아지 토토와 함께 오즈의 나라로 날아가게 된다. 도로시의 집은 나쁜 동쪽마녀를 깔고 떨어졌고, 동쪽마녀에게 괴롭힘을 당해온 동쪽 나라의 주민인 뭉크킨Munchkin들은 도로시에게 감사한다. 뭉크킨들과 함께 온 착한 북쪽마녀는 도로시가 집으로 돌아가기 위해서는 노란 벽돌길을 따라 에메랄드 시티로 가서 위대한 오즈의 마법사를 만나야 한다고 예언하고, 도로시는 나쁜 동쪽마녀가 남긴 은구두를 신고 에메랄드 시티로 가는 노란 벽돌길을 걸어간다.

이 소설에 등장한 주인공들과 배경 아이디어들은 라이먼 프랭크 바움의 개인적인 삶과 경험에서 나온 것이었고 알려져 있다. 그런데 경제학자들은 이 작품이 19세기 후반 미국에서 발생한 금본위제와 은본위제를 둘러싼 정치투쟁을 은유적으로 표현했다고 생각한다. 이를 이해하기 위해서는 1800년대 말 미국의 경제상황을 이해해야 한다.

1800년대 말 미국의 경제상황

1880년부터 1896년까지 미국은 전혀 예상하지 못했던 23%의 물가 하락을 경험한다. 극단적인 디플레이션으로 인해 사회 구성원들 간의 부의 재분배가 일어나는 것은 필연적이었다. 당시 서부에는 많은 농민들이 거주하고 있었는데 이들은 동부에 소재해 있는 은행들에게서 차입하여 농장을 경영하고 있었다. 물가가 급격히 하락하면서 서부의 농민들이 진 빚의 실제 가치는 높아졌고 동부 은행들의 부는 증가했다.

1891년 미국은 'Populist Party'라고 불리던 민중당이 결성되면서 정치적으로 큰 전환점을 맞게 되었다. 이들은 민중, 즉 힘없는 자들인 경제적 위기를 맞게 된 서부의 농민들의 이익을 대변하는 당이었다. 당시 미국은 금본위제를 채택하였다. 금본위제 하에서는 보유한 금의 양이 통화량을 결정하고 그에 따라 물가가 결정되었다. 민중당은 은화를 자유롭게 발행할 수 있게 해주면 당시 서부의 농민들이 겪고 있던 경제적 문제를 해결할 수 있다고 믿었고, 은도 금처럼 화폐로 통용될 수 있어야 한다고 주장하였다. 만약 민중당의 주장이 실행된다면 금보유량 만큼 제한되어있던 통화량을 은보유량만큼 추가로 늘릴 수 있기 때문에 물가가 상승하고, 농부들이 지고 있는 부채의 실질적인 부담도 감소할 것으로 기대되었다.

오즈의 마법사에 등장하는 정치경제 풍자

1964년 미국 교사인 헨리 리틀필드Henry M. Littlefield는 《오즈의 마법사》라는 작품이 1890년대 미국 경제상의 문제를 지적하기 위해 쓰였다고 분석하였다. 이 분석에 따르면, 당시 미국의 대통령이 월스트리트의 이익을 우선하며 금본위제를 고집하여 디플레이션을 일으켰다는 저자의 주장이 작품의 내용으로 반영되었다는 것이다. 또한 1990년에 경제학자 휴 록오프Hugh Rockoff는 '통화 우화로서의 오즈의 마법사(The Wizard of Oz as a Monetary Allegory)'라는 주제의 논문을 발표하였다. 이 논문에서는 《오즈의 마법사》의 각각의 등장인물과 배경이 1900년대 초기 미국의 상황과 어떻게 관련되어 있는지에 대해 상세하게 분석하였다. 그의 해석에 따라 오즈의 마법사가 어떻게 당시의 미국 사회를 반영하고 있는지 살펴보자.

- 《오즈의 마법사》의 오즈(OZ)는 금과 은의 단위를 상징하는 '온스Ounce'의 영어식 줄임말이다.
- 도로시는 평범한 미국 시민을 의미한다.
- 도로시가 오즈의 나라에 처음 도착했을 때 만나는 캐릭터인 뭉크킨들은 동부 사람들, 즉 자본가들을 상징한다.

- 도로시가 나쁜 동쪽마녀를 죽이고 신게 된 은구두는 은본위제를 상징한다. 은본위제는 화폐의 공급을 증가시키고 물가 하락을 막는 방법으로, 농부와 노동자들에게 이점이 있다.

- 오즈의 마법사를 만나기 위해 도로시와 그녀의 친구들이 걷는 노란 벽돌길은 금본위제를 상징한다. 자본가를 상징하는 뭉크킨들은 도로시에게 노란 벽돌길을 따라가라고 이야기하는데, 이는 이들이 금본위제를 지지하는 것을 나타낸다.

- 노란 벽돌길을 따라 에메랄드 시티로 가는 동안 도로시는 세 명의 친구를 만난다. 첫 번째 동반자인 허수아비는 경제정책에 무지하여 자본가들의 횡포에 무력하게 당할 수밖에 없었던 농민층을 상징하며, 두 번째 동반자인 양철 나무꾼은 일자리를 구하지 못한 수많은 산업 근로자들을 나타낸다. 마지막으로 만난 세 번째 동반자인 겁쟁이 사자는 복본위제를 주장하다 대선에서 패한 민주당 대선후보 윌리엄 제닝스 브라이언William Jennings Bryan을 상징한다. 브라이언은 은 생산자와 서민층으로부터 지지를 얻었으나, 동부의 부유한 산업가들과 금본위제를 지지하는 정치계의 반대로 그의 제안은 성공하지 못했다.

- 도로시와 그녀의 친구들에게 적대적이고 위협적인 나쁜 동쪽마녀와 서쪽마녀는 금본위제를 옹호하는 미국의 보수적인 정치세력을 의미한다. 반면 도로시와 그녀의 친구들에게 도움을 준 착한 북쪽마녀와 남쪽 마녀는 은본위제를 지지하는 진보적인 정치 세력을 의미한다.

- 오즈의 마법사가 살고 있는 에메랄드 시티는 미국의 수도인 워싱턴 D.C.를 상징한다.

- 오즈의 마법사는 당시 대통령 그로버 클리블랜드Grover Cleveland 대통령을 상징한다. 오즈의 마법사는 도로시와 친구들에게 원하는 것들을 줄 수 있다고 약속하지만, 실제로 그는 도로시처럼 미국에서 표류해 온 마법의 힘이 없는 평범한 사람이다. 그는 자신의 능력을 과대포장하며 주변 사람들을 기만하는 사기꾼의 성격을 가지고 있다.

《오즈의 마법사》 이야기는 도로시가 결국 집으로 돌아가는 길을 찾아 캔자스로 돌아가면서 허수아비, 양철 나무꾼, 겁쟁이 사자와 이별하는 것으로 마무리된다. 재미있는 점은 도로시가 노란 벽돌길(금본위제)을 따라가서 집으로 돌아가는 길을 찾은 것이 아니라는 점이다. 친절한 남쪽마녀가 도로시가 신은 은구두(은본위제)에 마법의 힘이 있다는 것을 알려주었기 때문이다. 이처럼 은구두가 도로시를 집으로 돌아가게 하는 방법이었다는 점은 결국 미국의 경제 문제를 해결할 수 있는 방법이 은 또한 통화량의 담보로 쓸 수 있게 하는 복본위제라는 것을 의미한다.

미국의 은본위제 논란

민중당의 약진과 함께 은화 자유 주조에 대한 논쟁은 1890년대 미국의 가장 중요한 정치 쟁점으로 부상한다. 이에 1896년 민주당 대통령 후보로 지명된 윌리엄 제닝스 브라이언William Jennings Bryan은 민중당의 주장을 지지했다. 민중당의 지지에도 불구하고 브라이언은 대통령 선거에서 공화당이 내세운 윌리엄 매킨리William Mckinley Jr.에게 패배한다. 그리고 미국은 그대로 금본위제를 유지하였다.

그러나 결과적으로 다행히도 통화 공급의 확대는 이루어졌다. 이에 물가는 상승하게 된다. 1898년 캐나다의 유콘 강 지류인 클론다이크 강에서 금광이 발견되고, 유콘 강과 남아프리카에서도 금공급량이 증가한 것이 통화량의 증가로 이어졌기 때문이다. 이로 인해 미국은 디플레이션으로 인해 서부의 농민들이 처했던 심각한 문제를 해결할 수 있었다.

단원 요약

- 경제학에서 화폐는 특정 자산들을 가리키며, 이 자산들은 일반적으로 사람들이 다른 사람들로부터 재화와 서비스를 구매하는 데 사용된다.
- 중앙은행은 통화 공급을 조절하는 역할을 담당한다.
- 화폐의 중립성 원리는 통화량의 증가가 장기적으로 실질 경제 변수에 영향을 미치지 않는다고 주장한다.
- 인플레이션은 경제주체들의 동기부여 체계를 왜곡시키므로, 이로 인해 사회 전체에 경제적 손실이 발생할 수 있다.
- 금본위제는 화폐의 가치를 일정량의 금과 연동시키는 금융 체제를 의미한다.

토론 과제

1. 비트코인은 화폐라고 볼 수 있을까? 이에 대해 토론하라.
2. 통화량의 변화는 단기적으로 중립적이지 못하다고 배웠다. 이에 대한 예시 들어 이야기하라.
3. 인플레이션의 장점과 단점에 대해 토론하라.

연습 문제

다음 설명이 맞으면 T, 틀리면 F에 동그라미를 표시하여라.

1. 어떤 자산을 거래 매개체로 쉽게 변환할 수 있는 정도를 나타내는 개념을 유동성이라고 한다. T / F
2. 미국 달러 지폐에는 "이 지폐는 민간과 정부의 모든 채무 결제에 사용될 수 있는 법화다"라고 인쇄되어 있다. T / F
3. 기재부는 통화 공급을 조절하는 역할을 담당한다. T / F
4. 중앙은행은 시중은행에게 지급준비금을 대여할 수 없다. T / F

5. 법정 지급준비율은 은행들이 갖고 있어야 하는 예금에 대한 최소한의 보유금 비율을 규정한다. T / F

6. 전학파 이론에 따르면, 화폐 부문에서 일어나는 사건들은 실질 변수에 영향을 미친다. T / F

7. 화폐수량설은 균형 물가 수준과 인플레이션에 대한 이해를 돕는 중요한 경제학적 이론이다. T / F

8. 명목이자율 = 실질이자율 + 인플레이션율 T / F

9. 현금 보유를 줄이기 위한 노력으로 발생하는 구두창 비용은 인플레이션률이 증가함에 따라 더욱 증가한다. T / F

10. 금화본위제는 중앙은행이 금화를 직접 만들어 시장에 유통하는 체제를 의미한다. T / F

정답 1. T 2. T 3. F 4. F 5. T 6. F 7. T 8. T 9. T 10. T

중앙은행

Ⅰ 중앙은행의 의의
Ⅱ 한국은행
Ⅲ 연방준비위원회
Ⅳ 영란은행
Ⅴ 중국인민은행

Chapter

10

"인류 역사가 시작된 이래 위대한 발명품은 3가지가 있다.
그것은 불, 바퀴, 그리고 중앙은행이다."

– 윌 로저스–

I 중앙은행의 의의

01 중앙은행이란?

중앙은행은 각 나라의 화폐 정책을 주도하고, 화폐를 발행하며, 국내 통화량을 관리하는 공공 기관이다. 간단하게 말해, 한 나라의 화폐에 관련된 모든 정책을 총괄하는 기관이라고 할 수 있다. 일반적으로 한 나라는 하나의 중앙은행을 갖는다. 그리고 그 중앙은행은 나라의 중요한 주권 중 하나인 통화주권을 행사한다. 세계 최초의 중앙은행은 1668년에 설립된 스웨덴 국립은행으로, 한국에서는 1950년에 설립된 한국은행이 중앙은행의 역할을 담당하고 있다.

스웨덴 중앙은행

한국은행

통화주권은 국가가 돈을 발행하고 그 수량을 조절하는 권리를 말한다. 언급하였듯이 이 권리는 보통 중앙은행이 수행한다. 그러나 특정 상황에서는 우리가 일반적으로 '은행'이라고 부르는 시중은행(상업은행)에 위임되기도 한다. 20세기 초 미국의 상업은행들이 그 예이다. 1837년~1864년 사이의 미국을 자유 은행 시대라고 부르는데, 이때 미국에서 자유 은행법을 기반으로 중앙은행이 아닌 민간의 은행들이 자체 지폐를 발행했다. 비슷하게 19세기 캐나다와 스코틀랜드에서도 은행들이 은행권 형태로 자유롭게 화폐를 발행했던 적이 있었다. 그리고 현재의 홍콩이나 마카오 같은 곳에서 이러한 예를 볼 수 있다. 하지만 이런 경우에도 중앙은행 기능을 하는 기관은 존재한다.

중앙은행의 주요 역할은 화폐 발행과 통화량의 조절이다. 이를 위해 기준금리를 설정하거나 지급준비율을 결정하는 등의 권한을 가지고 있다. 중앙은행의 임무는 보통 법률로 규정되어 있고, 이 법률은 물가의 안정 또는 인플레이션의 방지를 중앙은행의 핵심 목표로 정해놓은 경우가 많다. 이는 중앙은행이 경제의 상황에 따라 통화량을 적절히 조절하는 역할을 가지고 있다는 것을 의미한다. 그러나 중앙은행은 일반 은행과 달리 예금을 받거나 대출을 주는 역할은 하지 않는다. 이런 일반적인 은행을 중앙은행과 구분하기 위해 시중은행 또는 상업은행이라고 부른다.

정리하자면 중앙은행은 화폐 발행 및 통화량 조절을 위해 운영되는 은행으로, 일반적으로 한 국가는 하나의 중앙은행을 갖고 있고 자국의 화폐를 관리한다.

02 중앙은행의 역할

화폐 발행

통화주권은 화폐를 발행하는 권한으로 국가의 주요 주권 중 하나이다. 역사적으로 다양한 은행들이 독자적으로 화폐를 발행해본 적이 있기는 하였으나, 이러한 방식은 화폐의 일관성과 신뢰성을 저해하였고 이로 인해 뱅크런, 위조지폐, 지나친 인플레이션과 같은 금융 위기가 초래되었다. 이러한 문제점들을 해결하기 위해 현재는 대부분의 국가에서 한 곳의 중앙은행이 화폐를 통일하여 발행하도록 한다.

그러나 중앙은행이 화폐를 발행하는 권한을 가지고 있다고 해서 아무렇게나 돈을 찍어내는 것은 아니다. 예를 들어, 미국의 중앙은행인 연방준비제도Federal Reserve System(Fed)는 국채를 통해서만 새로운 돈을 찍어낼 수 있고, 미국 정부는 화폐 발행 권한이 없는 대신 국채 발행 권한을 가지고 있다.

앞서 언급한 20세기 초기의 자유 은행 시대의 미국, 19세기 캐나다, 스코틀랜드, 그리고 현재의 홍콩 및 마카오는 통화주권을 상업은행에 위임하는 예외적인 사례이다. 특히 홍콩에서는 HSBC, 중국은행, 스탠다드차타드은행 세 곳의 상업은행에서 화폐를 발행하고 있다. 각 은행별로 발행하는 화폐의 디자인 또한 다르다. 이러한 조치는 정부의 무분별한 화폐 발행으로 인한 통화 팽창을 방지하기 위함이다. 그러나 이렇게 세 개의 은행에서 화폐를 발행하는 홍콩에서도 홍콩 금융관리국이라는 기관이 화폐의 총량을 관리하고, 은행의 규모에 따라 발행 금액을 조절하는 등 중앙은행의 역할을 수행하고 있다.

HSBC

스탠다드차타드은행

중국은행

각 은행에서 발행한 홍콩 달러(20$)

통화량 조절

중앙은행은 일반적으로 통화량을 조절하는 권한을 가지고 있으며, 이는 기준금리와 지급준비율을 설정함으로써 이루어진다. 이러한 중앙은행의 역할은 법률에 의해 정해져 있고, 그들의 주요 목표는 물가안정 또는 인플레이션 방지이다. 이는 경제 상황에 따라 적절한 통화량을 유지함으로써 달성되는 것이다. 한국은행 홈페이지에는 "물가안정, 한국은행이 국민 여러분께 드리는 약속입니다"라는 문구가 있는데, 이는 물가 안정이 중앙은행에게 있어 아주 중요한 역할임을 나타낸다.

경제가 성장한다는 의미는 그 경제가 생산해 내는 물건의 생산량이 증가한다는 의미이다. 이는 GDP 증가로 이어진다. GDP가 증가하면 더 많이 생산한 물건들로 인해 거래가 증가한다. 그리고 거래가 증가하면 거래에 사용되어야 하는 돈의 양, 즉 통화량 또한 늘어나야 한다. 생산량이 증가하면 통화량이 늘어나 주어야 물가가 유지 될 수 있다는 의미이다. 그런데 만약 통화량의 증가가 생산량 증가보다 더 빠르면 어떨까? 돈이 물건보다 더 빠르게 늘어나면 각각의 생산품에 대한 화폐 배분이 커지게 될 것이다. 이는 물가 상승을 초래한다. 돈은 예전보다 훨씬 많은데 생산하는 물건은 예전보다 조금 많거나 그대로라면 돈의 상대적 증가만큼 가격이 올라야하기 때문이다.

이러한 이유로 인해 통화량을 줄이는 것은 물가 상승을 제어하기 위한 가장 직관적인 해결책인 것처럼 보일 수 있다. 그러나 안타깝게도 이러한 직관적이지만 단순한 접근법은 우리 사회가 가진 복잡한 경제구조의 이슈에 대해 해결책을 제공하지는 못한다. 만약 물가 상승을 제어하기 위해 통화량을 줄이면 물가가 하락하는 과정에서 화폐의 가치가 상승한다.

그리고 화폐의 가치가 오르면 시장참여자들은 화폐를 오늘 쓰고 싶어 하지 않을 것이다. 오늘은 10,000원으로 돈가스 하나를 살 수 있지만 내일은 10,000원으로 돈가스 두 개를 살 수 있다면 그냥 하루 참고 내일 돈가스를 사지 않겠는가? 이렇듯 화폐의 가치 상승은 시장에서의 화폐 순환을 억제하게 된다. 결과적으로 투자와 소비가 감소하는 것이다. 그리고 이는 경제 활동 전체를 위축시킬 수 있다. 물가를 잡으려다가 불황이 올 수 있다는 의미이다.

이러한 문제를 피하기 위해, 적절한 경제 활동을 유지하기 위해 필요한 통화량이 제공되어야 한다. 즉 물가 안정은 경제의 생산능력에 맞는 적절한 통화량을 유지함으로써 물가 상승을 제어하는 것을 의미한다. 그래서 중앙은행의 주요 역할 중 하나가 바로 통화정책을 통해 경제 활동을 관리하는 것이다.

물가 안정을 위한 통화량 조절은 기본적으로 기준금리 조정을 통해 이루어진다. 중앙은행이 기준금리를 조정하면 금융시장에서의 이자율(예: 콜금리, 채권금리, 은행의 예금 및 대출금리 등)이 그에 따라 변동한다. 그리고 시장의 이자율의 변동은 전반적인 경제 활동에 큰 영향을 미친다. 더 간단히 말하자면, 중앙은행은 주로 이자율을 조정함으로써 통화량을 관리한다는 것이다. 이러한 이자율을 기준금리라고 부른다.

통화량은 중앙은행이 직접 발행하는 화폐(본원통화) 뿐만 아니라 신용 창출 과정을 통해 늘어날 수도 있다. 예를 들어, 중앙은행이 시중에 유통되는 돈의 양을 줄이려 할 때의 상황을 생각해보자. 가장 먼저 중앙은행이 할 수 있는 것은 은행이 자금을 조달할 때 사용하는 이자율을 높이는 것이다. 이는 은행들 간에 단기간 돈을 빌려주고 받을 때 적용되는 금리인 콜금리를 높임으로써 이루어진다. 콜금리가 높아지면 은행은 더 비싼 비용으로 돈을 빌리게 되므로, 대출 금리를 높여야 한다. 대출금리가 높아지면 사람들은 덜 빌려서 사용하게 되고, 이로 인해 신용 창출이 줄어들어 통화량이 감소하게 된다.

금융안정

한국은행 홈페이지에 금융안정은 중앙은행의 태생적 기능이라고 명시되어있다. 한국은행은 중앙은행의 태생적 기능으로의 금융안정을 다음과 같이 설명한다.

한국은행에서 설명하는 금융안정: 중앙은행의 태생적 기능

금융불안을 해소하기 위해서는 일반적으로 금융시스템에 대한 대규모의 자금공급이 필요하다. 그런데 중앙은행은 독점적인 화폐발행 권한(=발권력)을 바탕으로 유동성을 즉각적으로 공급할 수 있는 능력을 보유하고 있기 때문에 역사적으로 자연스럽게 금융안정 기능을 수행해 오게 되었다. 이러한 사실은 중앙은행의 원조격인 영국 중앙은행(영란은행)의 초기 역할과 미국 연방준비제도의 탄생 배경 등을 통해서도 살펴볼 수 있다.

먼저 영란은행의 역할에 대한 초기 문헌에서 월터 배젓Walter Bagehot은 유동성Money을 확보할 방법이 없다고 판단되는 상황에서는 초기의 금융불안이 공황Panics 그리고 광기Madness로 악화될 수 있다고 주장하면서 중앙은행의 역할을 강조하였다. 또한 헨리 손턴Henry Thornton은 한 은행의 도산이 여타 은행의 예금인출사태로 확산되는 것을 방지하기 위해서는 영란은행이 충분한 유동성을 공급할 필요가 있다고 주장하였다.

한편 1979년부터 1987년 기간 중 미국 연방준비제도이사회 의장이었던 폴 볼커Paul Volcker는 미국 연방준비제도(이하 연준)의 역사적인 설립목적이 금융시스템의 안정을 확보하기 위한 것이라고 밝힌 바 있다. 구체적으로 미국 의회는 1913년 연준법 제정을 통해 지급결제시스템의 주요 참가자, 최종 유동성 공급자, 금융기관과 시장의 규제 및 감독자로서의 권한을 연방준비은행에 부여함으로써 연준이 금융안정기능을 수행하게 되었다. 그런데 연준이 이와 같이 탄생하게 된 배경에는 1790년대~1830년대 기간 중 두 차례에 걸친 중앙은행 설립 시도가 무산된 이후 주기적인 금융공황과 경제 활동의 위축을 경험하였기 때문이다.

중앙은행은 국가의 금융시스템 안정성 분석능력에서 비교우위를 가지고 있고, 위기관리에 필요한 유동성을 공급할 수 있는 역량을 가지고 있기 때문에 금융안정의 역할을 수행해야 한다.

금융 시스템의 안정을 유지하기 위해 대규모 자금의 공급이 필요한 상황에서, 중앙은행은 독점적인 화폐 발행 권한을 활용하여 필요한 유동성을 즉각적으로 제공할 수 있다. 이 능력은 중앙은행이 역사적으로 금융 안정 기능을 수행하게 된 이유이다.

상식 넓히기 튤립파동과 금융안정

자료: 얀 브뤼겔 2세, 〈튤립파동의 풍자〉, c1640

이 작품의 작가인 얀 브뤼겔 2세는 바로크 시대의 유명한 플랑드르 화가로, 그의 아버지인 얀 브뤼겔 1세와 그의 할아버지인 피터 브뤼겔로부터 예술을 배웠다. 그는 주로 바로크 풍경, 우화, 신화적 장면을 가벼운 분위기로 세밀하게 그렸다. 그는 프랑스와 오스트리아의 궁정에서 작품 의뢰를 받고 페테르 파울 루벤스, 다비트 테니르스 1세와 함께 작업한 경험이 있다. 그의 작품들은 현재 상트페테르부르크의 에르미타주 미술관, 마드리드의 프라도 미술관, 암스테르담 국립미술관, 런던의 코톨드 미술연구소 등 여러 곳에 소장되어 있다.

17세기 네덜란드에서 발생한 튤립 투기 현상, 튤립 파동은 첫 번째 '거품 경제' 현상으로 널리 인식된다. 당시 네덜란드는 황금시대를 맞이하며 새로 도입된 튤립 구근이 지나치게 높은 가격에 거래되었으며, 이는 1637년 2월에 급락하게 되었다. 그 시점에는 튤립 하나의 가격이 숙련된 장인이 한 해에 버는 수입의 10배를 뛰어넘었다. 터키에서 수입된 튤립은 1630년대 네덜란드에서 엄청난 인기를 끌었으며, 사람들은 미래의 시점과 가격을 결정하여 튤립을 매매하는 선물(先物) 거래까지 이뤄졌다. 1630년대 중반에는 튤립의 가격이 87,000유로(대략 한화로 1억 6000만 원)까지 치솟았다. 그러나 가격이 급락하기 시작하자, 튤립을 팔려는 사람들만 많아져서 결국에는 경제 거품이 터지게 되었다. 상인들은 재산을 모두 잃었고, 튤립에 투자했던 귀족들은 자신의 영지를 담보로 내야만 했다. 이러한 현상은 네덜란드가 경제 강국의 위치를 영국에게 내주게 된 원인 중 하나였다.

브뤼겔은 당시의 튤립파동을 사람들이 원숭이처럼 어리석게 행동하는 모습으로 묘사하였다. 그림에는 원숭이들이 튤립 매매를 위해 협상하거나. 무게를 재거나 돈을 세거나 이를 장부에 기록하는 모습, 심지어 튤립에 소변을 보는 모습 등이 묘사되어 있다. 또한 투기꾼들이 빚 때문에 법정에 출석하거나, 실망한 구매자가 분노하거나, 누군가가 무덤으로 옮겨지는 모습도 찾아볼 수 있다.

이러한 비이성적 버블은 이후 수차례 반복되었고 한 국가의 역량을 위협하였다. 네덜란드의 경우 튤립버블로 인해 정부가 영국과의 전쟁을 위한 자금조달에 실패하여 전쟁에서 패배하고 무역패권을 빼앗기기도 하였다. 이러한 국가적, 사회적 손실을 방지하고자 이후 세계 각국은 중앙은행에게 금융안정이라는 목표를 부여하게 되었다.

"한국은행은 물가안정목표를 정하여 국민에게 공표하고
이를 달성하기 위하여 최선을 다하고 있습니다."

– 한국은행 홈페이지 –

II 한국은행

한국은행은 대한민국의 유일한 중앙은행이다. 한국은행은 효과적이고 신뢰할 수 있는 통화 및 신용 정책을 마련하고 이러한 정책을 실행을 통해 가격 안정을 추구하고 국가 경제의 건전한 성장에 기여하는 것을 목표로 한다. 이는 대한민국 원화의 발행은행이기도 하며, 1950년 6월 12일 설립되어 현재는 서울특별시 중구 남대문로 39에 본부를 두고 있다.

01 한국은행의 역할

우리나라의 중앙은행인 한국은행은 어떤 업무를 주로 수행하고 있을까? 이에 대해 자세히 알아보자.

❶ 한국은행권 발행: 한국은행은 대한민국 원화의 발행 권한을 가지고 있다. 화폐는 한국은행의 지시에 따라 한국조폐공사에서 제조되며, 한국은행의 금고에 보관된다. 이후에는 금융 기관의 요청에 따라 한국은행 본부 및 지방 본부를 통해 유통한다. 더불어, 주화 및 기념화폐의 발행 권한도 가지고 있다.

❷ 예금 및 지급준비: 일반 은행과는 다르게, 한국은행은 금융 기관으로부터 예금을 받는다. 한국은행은 지급준비율을 설정하고 지급 결제 시스템 전반에 대해 감독하고 조정하는 역할을 수행한다. 지급 준비금을 필요한 수준 이하로 보유한 금융 기관에게는 과태료를 부과한다.

❸ 금융기관 대출: 한국은행은 '한국은행법' 제64조에 따라 금융통화위원회의 결정에 따라 금융기관에 대한 대출을 실행할 수 있다. 이에 더하여, 4명 이상의 위원이 찬성하면 긴급 여신을 결정할 수도 있다.

❹ 공개시장 증권 매매: 한국은행은 통화 및 신용 정책의 실행을 위해 국채와 유가증권을 공개 시장에서 매매하고, 대차할 수 있다. 또한 금융통화위원회의 결정에 따라 통화 안정 증권을 공개 시장에서 발행할 수 있다.

❺ 국고금 출납: 한국은행은 대한민국 국고금의 보유 기관으로서, 국가의 수입을 징수하고 국채 관련 업무를 수행하며, 정부 대행기관에 대한 예금 및 대출 업무를 관리한다. 또한 정부 증권, 문서, 고가 물품 등을 보호 예수한다.

❻ 금융기관 검사: 한국은행은 필요한 경우 금융기관에 자료 제출을 요구하거나 금융감독원에 검사를 요청할 수 있다. 필요한 경우 한국은행이 직접 검사에 참여하고 결과에 따라 시정 조치를 요구할 수 있다.

02 한국은행의 중립성과 자주성

한국은행은 통화 · 신용 정책의 연구 및 결정, 국내외 경제 · 금융 조사, 금융시스템 건전성 관리, 지급결제시스템 관리, 경제통계 산출, 원화 발권, 외환보유액의 관리, 국제금융기구와 협력 등의 업무를 담당한다. 한국은행은 또한 대한민국의 GDP(국내총생산)를 작성하여 발표하는 역할을 수행한다.

한국은행의 설립 및 운영에 관한 법률인 한국은행법은 한국은행의 목적, 형태, 정책을 이해하는 데 매우 중요한 역할을 한다. 한국은행법 제1, 2, 3조는 다음과 같다.

제1조(목적)

① 이 법은 한국은행을 설립하고 효율적인 통화신용정책의 수립과 집행을 통하여 물가안정을 도모함으로써 국민경제의 건전한 발전에 이바지함을 목적으로 한다.

② 한국은행은 통화신용정책을 수행할 때에는 금융안정에 유의하여야 한다.

제2조(법인격) 한국은행은 무자본 특수법인으로 한다.

제3조(한국은행의 중립성) 한국은행의 통화신용정책은 중립적으로 수립되고 자율적으로 집행되도록 하여야 하며, 한국은행의 자주성은 존중되어야 한다.

한국은행법을 통해 한국은행의 기본적인 임무와 목적이 통화정책의 실행과 물가안정을 통해 국민경제의 발전을 추진하는 것임을 알 수 있다. 이는 한국은행이 정치적 중립성을 유지하며, 외부 간섭 없이 자체적으로 정책을 수행해야 함을 의미한다.

중앙은행의 독립성과 자율성을 보장하는 것은 전 세계적으로 큰 이슈이다. 그 이유는 중앙은행이 국민경제의 안정적인 발전을 목표로 하면서, 동시에 유동성 제공과 자본 공급 확대를 원하는 정부와의 충돌을 피할 수 없기 때문이다. 더구나 중앙은행의 총재는 대통령에 의해 임명되는 경우가 많아, 중앙은행의 통화 및 신용정책이 정부의 영향에서 완전히 자유롭지 못할 수 있다. 이러한 이유로 중앙은행의 자율성과 독립성 보장은 정부의 중요한 역할인 것이다.

하지만 최근에는 일부 국가에서 중앙은행의 자주성이 침해받는 사례들이 발생하고 있다. 예를 들어 트럼프 미국 전 대통령이 금리 인상을 주도하던 제롬 파월Jerome Powell 연준 의장을 압박했던 사례나, 에르도안 터키 대통령이 금리 인하를 반대했다는 이유로 중앙은행 총재를 사임시킨 사건들이 있다.

정부와 중앙은행 사이의 통화신용정책에 대한 시각 차이와 이로 인한 갈등은 국가경제에서 자연스러운 현상이다. 그러나 정부가 정치적인 논리에 의한 재정정책을 중앙은행에 강제하려 하는 행동은 국가경제가 노출되어 있는 위험을 높일 수 있다. 중앙은행은 독립성을 유지하며 정책을 결정해야 하며, 이러한 독립성은 국가의 경제 안정과 발전을 위해 중요한 역할을 한다. 따라서 정부와 중앙은행 간의 적절한 협력과 상호 존중이 필요하다.

03 금융통화위원회

금융통화위원회는 한국은행의 중요한 정책을 결정하는 주요 기구이다. 이 위원회는 한국은행 총재와 부총재가 자연스럽게 참여하는 당연직 위원이며, 이외에도 기획재정부 장관, 한국은행 총재, 금융위원회 위원장, 대한상공회의소 회장, 전국은행연합회장이 각각 한 명씩 추천하는 사람들로 구성되어 총 7명의 위원으로 이루어져 있다. 위원의 임기는 4년으로, 재임도 가능하다. 중요한 금융통화 정책을 결정하는 과정에서는 정부가 금융통화위원회의 의견을 반드시 참고해야 한다.

한국은행 총재는 금융통화위원회의 의장으로서, 해당 위원회를 대표하고 회의를 주재한다. 금융통화위원회의 본회의는 의장이 필요하다고 판단하거나, 최소 두 명 이상의 위원이 요구할 경우 소집될 수 있다. 본회의에서 의결하려는 안건을 심의하기 위해서는 총 7명의 위원 중 5명 이상이 참석하고, 참석한 위원들의 과반수가 찬성해야 한다. 이렇게 금융통화위원회에서 의결이 이루어질 경우, 의결서를 작성한다. 또한, 본회의에서 논의된 내용에 대해서는 의사록을 작성하고, 통화 및 신용정책과 관련된 내용은 외부에 공개한다.

본회의 외에도 다양한 회의가 진행될 수 있다. 안건에 대한 논의를 위한 간담회, 금융 및 경제 동향에 관한 부서 보고를 듣고 의견을 교환하기 위한 협의회 등이 그 예이다. 또한, 국회에 보고하기 위한 통화신용정책 보고서, 연차 보고서, 금융안정 보고서, 한국은행의 예산 등 중요한 사항에 대해서는 별도의 심의위원회를 구성하여 상세하게 검토하도록 한다.

알아두면 쓸모있는 경제 지식

한국전쟁과 한국은행의 금괴

일제강점기 약 34년간 중앙은행의 역할을 담당했던 조선은행은 해방 후 미 군정청 소유로 넘어갔다가 1948년 대한민국 정부에 이양되었다. 이후 환은통합과 한국은행법을 통해 1950년 6월 12일이 되어서야 한국은행은 정식으로 업무를 개시할 수 있었다.

한국전쟁이 발발한 시점은 한국은행이 정식으로 업무를 시작한 지 겨우 2주 뒤였다. 이때 한국은행이 보유하고 있던 금 · 은괴는 경제 생태계를 유지하는 데 있어 중요한 자산이었다. 당시 주한 외교관들이 한국은행 외국부에서 외화예금 65만 달러를 인출한 뒤 출국을 시도하면서 한국은행의 외환보유고가 사실상 바닥을 드러내는 위기를 맞기도 하였다.

일제 해방 당시 한국은행은 금 1.3톤, 은 18.5톤을 보유하고 있었고, 미발행은행권까지 포함하면 105억 원의 자산이 있었다. 이를 안전하게 보호하기 위해 당시 한국은행의 구용서 총재는 군용 트럭을 활용해 금괴 1.1톤과 은괴 2.5톤을 한국은행 지하 금고에서 진해 해군 경리부 창고로 이동시킨다.

이후 한국은행의 직원들은 서울에서 철수하는 다른 금융기관을 지원하였고, 북한군이 서울로 진입하자 한강 인도교를 건너 이동하였다. 그들은 임시정부가 이동하는 동안 대전, 대구를 거쳐 부산까지 이동하면서 금 · 은괴와 함께 신라의 금관 등 국보 124점을 인수하여 진해 해군 경리부로 이관하였다.

이관된 금 · 은괴들은 뉴욕 연방 준비은행의 금고로, 국보들은 뱅크 오브 아메리카Bank of America로 운반되었다. 흥미로운 점은 이러한 일련의 과정이 뉴욕 연방 준비은행과 사전에 조율 없이 이루어졌다는 것이다. 한국은행은 연방 준비은행에 자산을 잘 보관해달라는 일방적인 요청을 보낸 후, 미 해군 장군을 통해 금 · 은괴를 전달하였다. 한국전쟁이 끝난 후, 국보들은 한국으로 반환되었다. 그리고 뉴욕으로 보낸 금 · 은괴는 한국이 1955년에 국제통화기금에 가입하면서 출자금으로 사용되었다.

전쟁이 시작된 직후, 한국은행이 피난 중에 미처 가져가지 못했던 16톤 이상의 금과 은, 그리고 대량의 조선은행권은 서울을 점령한 북한군에게 압탈당했다. 피난 중인 한국은행이 보유하고 있던 현금은 약 40억 원으로, 북한군이 조폐공장까지 점령하자 전쟁을 지속하던 대한민국 정부는 재정적인 어려움에 직면하게 되었다.

북한군은 서울을 점령한 후 노획한 조선은행권을 무분별하게 시중에 풀어 그 가치를 낮추었다. 북한의 화폐인 인민권마저 남한 점령지에서 통용되면서 대한민국의 경제는 큰 혼란에 빠지게 된다. 화폐 인플레이션이 발생하고, 조선은행권의 가치는 급락하였다.

한국은행은 이에 대응하여 1950년 8월 28일에 대통령 긴급명령 제10호로 '조선은행권 유통 및 교환에 관한 건'을 공포하고, 조선은행권의 유통을 금지하였다. 이후 조선은행권은 한국은행이 발행하는 한국은행권으로 1대1로 교환될 수 있도록 조치하였고, 이러한 교환이 1950년부터 1953년까지 총 다섯 차례에 걸쳐 이루어졌다. 이 과정에서 총액 777억 원의 조선은행권 중 720억 원이 한국은행권으로 교환되었다.

"미합중국의 중앙은행인 연방준비위원회는 안전하고,
유연하고 안정된 통화, 금융 시스템을 국가에 제공한다."

– 연방준비위원회 홈페이지–

III 연방준비위원회

연방준비위원회(이하 연준)는 미국의 중앙은행 시스템이다. 1913년 12월 23일, 일련의 금융 공황(특히 1907년 공황)으로 인한 금융 위기를 완화하기 위해 통화 시스템의 중앙 통제에 대한 요구가 발생한 후 연방준비법이 제정되면서 설립되었다.

미국 의회는 연방 준비법에서 통화 정책의 세 가지 핵심 목표인 고용 극대화, 물가 안정, 장기 금리 완화를 설정했다. 고용 극대화와 물가안정을 묶어 연준의 이중 임무Dual mandate라고 부르며 이들은 연준의 핵심 목표로 간주된다. 연준의 임무범위는 수십 년에 걸쳐 확장되어 왔고, 2023년 현재 은행 감독 및 규제, 금융 시스템의 안정성 유지, 예금 기관, 미국 정부 및 외국 공식 기관에 금융 서비스 제공을 포함한다. 연준은 또한 미국 및 세계 경제에 대한 광범위한 조사, 분석 및 연구를 수행하고 있다.

연준의 구성은 여러 계층으로 이루어져 있다. 연준은 대통령이 임명한 총재와 연방준비제도이사회 Federal Reserve Board of Governors(FRB)에 의해 관리된다. 이사회는 워싱턴 D.C에 위치하며 연준을 감독하는 독립적인 정부기관이다. 이사회의 주요 업무는 12개의 연방준비은행 감독, 예비자금 요구량 설정, 그리고 할인율 조정 등이다. 미국 각지에 위치한 12개의 지역 연방준비은행들은 시중은행을 규제하고 감독하는 역할을 수행한다.

연방공개시장위원회The Federal Open Market Committee(FOMC)는 통화정책을 결정한다. FOMC는 연준의 여러 조직들 중 대중에게 가장 공개되어 있는 조직으로, 이사회 7명, 뉴욕 연방준비은행 은행장, 그리고 나머지 11개 은행장 중 4명이 회전제로 참여한다. 즉 총재 7명 전원과 12명의 지역 연방준비은행 총재로 구성되어 있지만, 모두가 모여 의사결정에 대한 투표를 하는 것은 아니고 한 번에 5명의 은행 총재(뉴욕 연준 총재와 1년 임기로 순환하는 4명)만 투표하게 되어있다는 의미이다. FOMC는 1년에 8번 회의를 갖고, 공개시장 운영(정부 채권의 매입 및 매도)을 담당한다. 이런 운영은 주로 단기 금리에 영향을 미친다.

연준의 주요 책임은 통화 정책 실행, 은행의 규제 및 감독, 금융 서비스 제공, 그리고 금융 안정성 유지이다. 연준의 통화정책의 주된 목표는 최대 고용, 안정적인 가격, 그리고 적정한 장기 금리를 촉진하는 것이다. 연준은 미국의 행정부와 입법부와 함께 일하지만, 독립적으로 운영된다. 이는 연준의 결정이 대통령이나 행정부, 입법부의 승인을 필요로 하지 않는다는 것을 의미한다.

01 연준의 5대 기능

연준은 미국 경제의 효과적인 운영과 더 일반적으로는 공익을 촉진하기 위해 아래와 같은 다섯 가지 일반적인 기능을 수행한다.

❶ 미국 경제에서 최대 고용, 안정적인 물가 및 적당한 장기 금리를 촉진하기 위해 국가의 통화 정책을 수행한다.

❷ 금융 시스템의 안정성을 촉진하고 미국 및 해외에서 적극적인 모니터링과 참여를 통해 시스템 위험을 최소화하고 억제한다.

❸ 개별 금융 기관의 안전과 건전성을 촉진하고 금융 시스템 전체에 미치는 영향을 모니터링한다.

❹ 미국 달러 거래 및 지불을 용이하게 하는 은행 업계 및 미국 정부에 대한 서비스를 통해 지불 및 결제 시스템의 안전과 효율성을 촉진한다.

❺ 소비자 중심의 감독 및 조사, 새로운 소비자 문제 및 동향에 대한 연구 및 분석, 지역 사회 경제 개발 활동, 소비자 법률 및 규제 관리를 통해 소비자 보호 및 지역 사회 개발을 촉진한다.

02 연준의 특징

다른 국가들의 중앙은행과 연준과의 차이를 이야기할 때 가장 많이 언급되는 부분이 '연준의 분산된 조직'이다. 연준을 수립하던 때의 미국은 지리적으로 12개 지구로 나뉘어 있었고, 각 지구별로 각각 통합된 준비 은행을 설립해 연방의 중앙은행을 구성할 준비를 하고 있었다. 당연히 연준의 지구 경계는 1913년에 존재했던 일반적인 무역 지역 및 관련 경제적 고려 사항을 기반으로 하기 때문에 주 경계선과 반드시 일치하지는 않는다.

이러한 역사적 배경을 이유로 12개의 연방 준비 지구는 독립적으로 운영되지만 중앙 연준 이사회의 감독을 받는다. 12개 연방준비기구는 보스톤, 뉴욕, 필라델피아, 클리브랜드, 리치몬드, 아틀란타, 시카고, 세인트 루이스, 미네아폴리스, 캔사스시티, 달라스, 샌프란시스코로 이루어져 있다. 미국 지도를 놓고 보면 서부와 알래스카는 샌프란시스코 지구 하나로 운영됨을 알 수 있다.

03 미국이 중앙은행을 보는 시각

분산된 조직 구성을 통해 우리는 미국이라는 국가가 연준 설립 당시 중앙은행을 보는 시각을 엿볼 수 있다. 연방준비법의 입안자들은 의도적으로 단일 중앙은행의 개념을 거부했다. 대신 그들은 앙 운영위원회, 12개 준비 은행의 분산된 운영 구조, 공공 및 민간 특성의 조합이라는 세 가지 두드러진 특징을 가진 중앙은행 시스템을 만들어 냈다.

연준의 일부는 민간 부문 기관과 일부 특성을 공유하지만 연방준비제도이사회는 공익을 위해 설립되었다. 연준에는 이사회, 연방준비은행(준비은행) 및 연방공개시장위원회(FOMC)의 세 가지 주요 기관이 있다. 의회에 보고하고 의회에 직접 책임을 지는 연방 정부 기관인 이사회는 시스템에 대한 일반적인 지침을 제공하고 12개의 준비 은행을 감독한다. 시스템 내에서 상원의 조언과 동의를 얻어 대통령이 임명하는 워싱턴 D.C.의 이사회와 미국 전역에서 시스템을 운영하는 연방 준비 은행 및 지점 간에 특정 책임이 공유된다. 연방준비제도이사회는 행정부 및 의회 관리들과 자주 소통하지만 결정은 독립적으로 이루어진다.

미국은 미국 이전에 중앙은행을 가지고 있던 영국이나 다른 유럽 국가들과는 다르게 각 지역의 경제정책의 자치권을 인정하는 동시에 서로를 견제하고 조율하는 시스템을 준비했던 것으로 볼 수 있다.

"영국인들의 이익증진을 위해 통화 및 금융안정을 유지한다."

– 영란은행–

Ⅳ 영란은행

영란은행은 영국의 중앙은행이다. 아직까지 중앙은행에 대해 아주 많은 양의 정보를 다루었기 때문에 영란은행의 특성은 사실상 이전 내용과 겹친다. 그러나 일부러 영란은행을 이번 장에서 다루려는 이유는 영란은행은 전 세계 중앙은행들의 시작점이기 때문이다. 그러므로 이번 장에서는 영란은행이 과거에 겪었던 사례들을 스토리식으로 서술하여 독자들의 영란은행에 대한, 그리고 더 나아가서는 중앙은행에 대한 이해를 돕고자 한다.

01 전쟁으로 만들어진 영국 중앙은행

1694년에 설립된 영란은행Bank of England(BOE)은 스웨덴 국립은행에 이어 전 세계에서 두 번째로 오래된 중앙은행이다. 영란은행의 설립 배경은 17세기 프랑스의 루이 14세가 벌인 연속된 전쟁, 특히 1688년부터 1697년까지 이어진 9년 전쟁에 연관되어 있다. 이 전쟁은 프랑스 외에도 여러 국가들에게 상당한 재정적 부담을 가져다주었다.

당시 알사스 북부에 위치한 팔츠 공작 가문에 남자 후계자가 없는 것을 기회로 여긴 루이 14세는 팔츠의 영토를 본인의 것으로 요구했다. 자신의 동생인 오를레앙 공작의 부인이 팔츠 출신이라는 점이 그의 요구의 근거였다. 이에 신성로마제국, 네덜란드, 에스파냐, 스웨덴 등은 1686년에 아우크스부르크 동맹을 결성해 프랑스의 팔츠 공작에 대한 권리 요청에 대항하며 전쟁이 시작되었다. 잉글랜드는 명예혁명 이후에 전쟁에 참여하게 되었다. 9년 전쟁은 유럽 대 프랑스의 대립 구도로 보일 수 있지만, 실질적인 반프랑스의 주축은 잉글랜드와 네덜란드였다. 신성로마제국과 에스파냐는 오스만투르크와의 전쟁에 매여 있었기 때문이다.

1690년에는 잉글랜드와 네덜란드의 주력 해군 56척이 프랑스 해군 75척에게 패배하게 되어, 패배 장소인 도버해협 주변은 혼란에 휩싸이게 된다. 프랑스는 이를 기회로 잠시 도버해협을 장악하게 되며, 잉글랜드 남부 지역은 프랑스 육군이 언제든 상륙할 수 있다는 공포에 떨게 된다. 이에 잉글랜드 정부는 함선을 재건하고 해군을 강화하기 위해 120만 파운드의 군비가 필요하다고 판단하고 국채를 발행하려 했지만, 장기간의 전쟁으로 인해 자금을 빌려주려는 사람이 없었다.

이때 스코틀랜드인 윌리엄 패터슨이 무리한 제안을 하게 된다. 그는 왕실에게 필요한 자금을 조달해주는 대신, 영란은행을 설립하고, 이 은행이 정부의 대출을 독점하며, 자체 발행한 국채를 담보로 지폐를 발행하는 권리를 갖도록 요구했다.

장기간의 전쟁으로 곤란해진 잉글랜드 정부는 이 제안을 받아들인다. 패터슨은 단 12일 만에 필요한 120만 파운드를 조달해 영란은행을 설립하고, 이를 8%의 이율로 왕실에 대출해준다. 왕실은 대출받은 돈 중 80만 파운드를 해군 건설에 사용하여 당시의 위기를 극복할 수 있었다. 이런 사건들이 영란은행이 탄생하게 된 배경이다.

02 지폐발행과 위조지폐 관리

18세기 말 프랑스에서는 혁명이 일어났다. 프랑스를 이전의 앙시앵 레짐으로 돌려놓기 위한 유럽의 여러 나라들은 혁명 프랑스와 전쟁을 선포했다. 영국은 혁명 프랑스와의 전쟁으로 인한 큰 경제적 부담 때문에 금화의 수요를 충족시키지 못했다. 이로 인해 금화가 부족해져 상업 활동에 지장이 생기자, 영란은행은 1797년에 1파운드 지폐를 처음 발행하게 된다.

초기에 발행된 1파운드 지폐는 수기로 작성되어 필요한 사람들에게 직접 나눠졌고, 발행 날짜, 지급인의 이름, 발행인의 서명 등이 포함되어 있었다. 이러한 특징은 현대적인 의미에서 보면 수표와 유사한 면이 있다. 하지만 당시 1파운드 지폐는 수기로 작성되었기 때문에 위조행위가 많이 발생하였고, 이는 사회적인 문제로 부상하였다.

영국 정부는 위조 문제에 대처하기 위해 지폐 위조를 중범죄로 취급하여 엄격히 처벌하였다. 사실 이러한 법적 조치는 1821년 나폴레옹의 죽음까지, 즉 은행의 금 반출이 금지된 기간인 금지 기간 Restriction Period에만 진행되었다. 이 기간에는 300여명이 지폐 위조로 인해 사형에 처해지는 등 엄격한 규제가 이루어졌다.

지속되는 전쟁에 천문학적인 비용을 지출해야했던 영국은 전비를 조달하기 위해 돈을 더 찍어내고 싶었다. 그러나 당시 영국은 금본위제를 기반으로 하던 통화체계를 가지고 있었기에 금 보유량이 늘지 않으면 돈을 더 찍어내지 못했다. 전쟁 기간 동안 영국 정부는 만성적인 금 부족에 시달렸고, 이에 따라 이 시기 동안 영국 정부는 일시적으로 금본위제에서 벗어나는 결정을 내렸다. 1815년 워털루 전투 후, 나폴레옹 전쟁이 종결되자 금 부족 문제가 어느 정도 해소되었다. 그 후 1817년부터 영국 정부는 1파운드 지폐를 0.2354온스의 금을 포함하는 소브린Sovereign이라는 금화로 교환하기 시작하며 금본위제로 복귀했다.

1821년에는 1파운드 지폐의 발행을 중단하였고, 영국은 공식적으로 금화를 사용하였다. 이는 1차 세계대전이 발발하고 금의 소비가 급증하기 전까지 이어졌다. 전쟁으로 인한 금 소비 증가에 대응하여, 영국은 다시 은행의 금 반출을 제한하고 1파운드 지폐를 발행하였다. 이때 발행된 1파운드 지폐는 '존스Johns'라는 별명을 가졌는데, 이는 당시 재무부 상임 비서관인 존 브래드버리John Bradbury의 서명이 지폐에 포함되었기 때문이다.

03 영란은행의 화폐발행 독점

1694년, 사업가들의 120만 파운드 기금으로 설립된 영란은행은 현재의 중앙은행과는 다른 형태와 업무를 가진 은행이었다. 나폴레옹 전쟁을 시작으로 발행권을 가지게 되었으나, 영란은행의 화폐는 법화가 아니라 은행권의 형태였다. 이 은행권은 발행 은행에 요청하면 법정화폐로 변환해줄 것을 약속하는 형태의 화폐였다. 이러한 약속은 신뢰가 유지되는 한 법화와 비슷하게 취급되지만, 경제 위기나 예상치 못한 상황이 발생하면 화폐의 가치는 완전히 달라질 수 있었다.

19세기 초까지 영국의 법화는 소브린이라는 금화였고, 다양한 은행권은 이 금화로 변환될 수 있었다. 그러나 특정 시중은행의 신용에 문제가 발생하면 해당 은행권의 가치는 크게 하락하곤 했다. 이러한 상황 속에서 1833년에 영란은행은 국채를 관리하며 법화의 지위를 부여받았고, 1844년에는 필 조례가 제정되어 영란은행만이 은행권을 발행할 수 있도록 규정되었다.

이 필 조례는 두 부분으로 구성되었다. 첫째, 각 은행의 은행권 발행 한도를 1400만 파운드로 제한하고, 은행의 발행권이 상실될 경우 영란은행이 그것을 계승하게 하여 궁극적으로 영란은행이 영국 내 은행권 발행을 독점하도록 했다. 둘째, 은행 업무와 발행 업무를 분리하여 발행업을 은행업에서 독립시켰다. 이것은 현재 한국은행과 조폐공사가 각각 다른 업무를 수행하는 형태를 선도한 것이다.

필 조례 제정의 배경에는 시중은행들의 은행권 발행에 대한 재량권을 제한하여 은행권의 유통량을 금속 통화의 유통량과 같게 하려는 의도가 있었다. 이는 은행권 과다 발행으로 인해 경제 공황이 발생할 수 있으므로, 은행권 발행을 금의 유출입에 비례하여 조절해야 한다는 통화주의적 관점이 반영되었다.

필 조례의 목적은 금본위제와 마찬가지로 통화 유통량을 제한하여 화폐의 과도한 발행으로 인한 경제 위기를 방지하려는 것이었다. 그러나 실제로 필 조례는 공황을 예방하는데 크게 기여하지 못했으며, 오히려 유동성 공급을 제한하여 공황을 더욱 심화시키는 결과를 초래하기도 했다.

04 중앙은행의 최종대부자 역할

19세기에 런던은 국제적인 금융 거래의 중심지로 빠르게 성장했다. 특히 유럽에서 일어나는 여러 전쟁들로 인해 기업들은 안정적인 자금 공급원으로 런던을 찾게 되었고, 이는 런던을 국제 금융의 중심으로 만들었다.

기업들은 영국에서 대출을 받기 위해 런던에서 파운드화된 어음을 발행하였다. 어음이란 발행하는 사람이 일정한 금전의 지급을 약속하거나 또는 제3자에게 그 지급을 위탁하는 유가증권을 뜻한다. 기업들의 어음 발행에 대응하여 어음 할인업자들은 이 어음들을 할인 가격에 매입해주었다. 어음이 만기되기 전에 현재 가치로 할인하여 어음을 구매해주는 할인업자들 덕분에 기업들은 당장 필요한 유동성을 제공받을 수 있었다. 이런 거래들은 자본의 국제적인 이동을 촉진시키지만, 동시에 금융 시장의 불안정성을 높이는 요인이 될 수 있었다. 결국 1866년에는 런던의 큰 어음 할인업자인 오버랜드 가네상회 Overend Gurney가 파산하였다.

오버랜드 가네상회는 1800년에 설립되었으며, 단기 자금 융통에 초점을 두고 있었다. 그러나 1856년에 회사를 이끌었던 사무엘 가네가 사망하고 나서부터는 철도 산업 등에 대한 대규모 투자를 시작하였다. 이로 인해 1860년대 초기에는 자산 대비 부채가 늘어나 유동성 문제를 겪게 되었다.

이에 대처하기 위해 오버랜드 가네상회는 자사의 주식을 추가로 판매하여 자본을 조달하려 하였으나, 1865년에 영국 신용 시장이 어려워지며 주식과 채권 시장이 폭락하게 된다. 결국, 철도 산업 주식의 가치 하락과 함께 유동성 문제가 다시 돌아오게 되어, 오버랜드 가네상회는 영란은행에 대출을 요청하였다.

하지만 영란은행은 오버랜드 가네상회의 신용도가 낮다는 이유로 대출을 거절하였고, 이로 인해 오버랜드 가네상회는 1866년에 결국 파산한다. 이 사건은 런던에서 큰 금융 위기를 초래하였고, 영란은행과 같은 발권권을 가진 중앙은행의 최종 대부자 역할에 대한 논란을 일으키게 되었다.

알아두면 쓸모있는 경제 지식

영국 파운드화에 초상화가 들어간 이유

1960년 3월 17일, 영국 중앙은행인 영란은행은 엘리자베스 2세 여왕의 초상이 그려진 첫 1파운드 지폐를 발행했다. 이는 최초로 인물의 초상을 지폐에 도입한 것으로, 영란은행은 이를 통해 국가의 안정성과 연속성을 표현하고자 했다. 이로써 국가의 자부심과 정체성이 더욱 강조되었으며, 왕가의 문화적이고 역사적인 중요성 역시 강조되었다.

1960년 3월 17일에 발행한 1파운드 지폐
자료: 영국은행 홈페이지

이후에도 영란은행은 다양한 액면의 지폐에 여왕의 초상을 추가하였다. 1961년에는 10실링 지폐, 1963년에는 5파운드 지폐, 1964년에는 10파운드 지폐, 1970년에는 20파운드 지폐, 그리고 1981년에는 50파운드 지폐에 여왕의 초상을 넣었다. 이 지폐들은 여왕이 점차 늙어가는 모습을 보여주는 동시에, 그 변화를 보는 것 자체도 하나의 의미를 가지게 되었다.

영국을 시작으로 캐나다, 뉴질랜드 등의 영연방 국가들도 자신들의 지폐에 엘리자베스 2세의 초상을 추가하였다. 이로써 엘리자베스 2세의 초상은 총 10개국의 30여 가지 지폐에 실리게 되었고, 그녀는 이를 통해 세계에서 가장 많은 국가의 지폐에 초상이 실린 사람이 되었다. 이로 인해 많은 나라들이 자국의 위인들의 초상을 지폐에 추가하는 것을 고려하게 되었다.

화폐에 유명인사의 초상을 인쇄하는 것은 위조를 방지하는 중요한 방법 중 하나이다. 인물의 초상은 세밀하고 복잡한 패턴을 갖고 있어, 그것을 정확하게 복제하는 것이 매우 어렵기 때문이다. 일반적으로 사람들은 건물이나 풍경 등의 복잡한 이미지에서 미세한 차이를 쉽게 인식하지 못한다. 그러나 사람의 얼굴은 일상생활에서 계속해서 관찰하고 인식하는 대상이기 때문에, 사람들은 얼굴의 미세한 차이를 쉽게 감지할 수 있다.

이러한 사람들의 능력을 이용하면, 위조 지폐를 식별하는 것이 더욱 쉬워진다. 즉, 화폐에 인물의 초상을 넣는 것은 위조를 방지하는데에도 큰 도움이 된다. 이처럼 화폐에 유명인사의 초상을 인쇄하는 것은 '국가의 자부심 강조'와 '위조 방지'라는 두 가지 주요 이점을 동시에 제공한다고 볼 수 있다.

"사회주의 시장경제 체제의 개선과 함께 중국인민은행은 중앙은행으로서 중국의 거시경제 관리에 더욱 중요한 역할을 담당하게 될 것이다."

– 중국인민은행 홈페이지 –

V 중국인민은행

중국인민은행은 중화인민공화국의 중앙은행으로, 중국 본토의 금융기관을 규제하고 통화 정책을 수행하는 역할을 담당하며, 이는 인민은행법과 상업은행법에 의해 결정된다. 중국인민은행은 국무원의 직속기구이며, 마오쩌둥이 주도하는 사회주의 계획경제에 따라 모든 은행이 국유화되면서 당시 중화인민공화국의 유일한 은행이 되었다. 중국인민은행은 1948년 12월 1일 화북은행(華北銀行), 북해은행(北海銀行), 서북농민은행(西北農民銀行) 등이 통합하면서 탄생했으며, 설립 직후 위안화로 화폐를 일원화하고 모든 현금수수와 교역에서 위안화를 기준 통화로 사용할 것을 선언하였다.

1979년부터 경제개혁이 시작되면서 중국인민은행은 중앙은행 업무만 전담하고, 1998년 대규모 정부기구 개혁을 실시하면서 9개 지점만 남기고 통폐합하였다. 본점은 베이징(北京)에 있다. 현재는 중앙은행이 하는 발권(發券)은행 업무 이외에 현금의 결제 · 출납 경제계획을 위한 장단기 자금의 공급과 국고의 대행, 일반 금융과 신탁업무 등을 담당하고 있다.

01 중국인민은행의 역사

중국인민은행은 1948년 12월 1일에 화북은행, 북해은행, 그리고 서북농민은행의 통합을 통해 설립되었다. 초기 본부는 허베이성 스자좡시(石家庄市)에 위치했으나, 1949년에 베이징으로 이동했다. 1950년부터 1978년까지 중국인민은행은 중화인민공화국 내 유일한 은행으로서 중앙은행 역할과 상업은행 업무를 모두 담당했다. 중국 본토의 다른 모든 은행들, 예를 들면 중국은행 등은 중국인민은행의 부서로 구성되었거나 예금을 받지 않는 기관이었다.

1952년부터 1955년까지 정부 지분이 민간 은행에 추가되어 국가–민간 은행이 되었고, 1955년부터

1959년의 첫 번째 5개년 계획 기간 동안 중국인민은행은 민간 은행을 완전히 통제하게 되어, 민간 은행들을 중국인민은행의 지점으로 만들었다. 이는 블라디미르 레닌의 비전을 많이 닮았다. 소련의 도움으로, 민간 기업의 지분과 함께 산업 생산도 비슷한 길을 따라가면서 소련 스타일의 계획 경제가 형성되었다.

문화 대혁명 기간 동안 중국인민은행은 상업은행 업무를 중단했다. 1969년에는 국무원이 중국인민은행 본부를 재무부 내의 한 부서로 통합하는 것을 승인했다. 이에 따라 지역 중국인민은행 지점들은 지역 정부의 재무 부서로 병합되었다. 이러한 실질적인 중국인민은행의 격하는 10년 동안 지속되었다.

농촌 개발을 위한 특별 배당을 제외하고는, 이 기간 동안 중국인민은행이 모든 비즈니스 거래와 신용을 독점했다. 그러나 1978년 중국 경제 개혁의 일환으로 국무원은 중국인민은행의 상업은행 기능을 중국공업은행(ICBC), 중국은행(BOC), 중국농업은행(ABC), 그리고 중국건설은행(CCB)을 포함한 4개의 독립적인 국가 소유의 은행으로 분리했다. 1983년에는 국무원이 중국인민은행이 중국의 중앙은행으로 기능하게 될 것이라고 공포하였다.

1990년대 초반, 천위안(陳元)은 이 은행을 현대화하는 데 결정적인 역할을 했다. 그들의 중앙은행 지위는 1995년 3월 18일에 8차 전국인민대표대회의 3차 전원회의에서 법적으로 확인되었고, 그 해에 통과된 법률에 따라 다른 국무원 부서보다 더 높은 독립성을 부여받았다.

1998년, 중국인민은행은 주요한 구조조정을 겪었다. 모든 지방과 지역 지점들이 폐지되었고, 중국인민은행은 지역 행정 구역과 일치하지 않는 9개의 지역 지점을 개설했다. 2003년에는 제10차 전국인민대표대회의 상임위원회가 통화정책의 수립과 시행에서 중국인민은행의 역할을 강화하는 수정법을 승인하였으며, 이는 전반적인 금융 안정과 금융 서비스 제공을 보장하기 위한 것이었다.

02 중국인민은행의 역할

중국인민은행은 중국의 화폐 시스템에서 다음과 같은 많은 기능을 수행한다.

- 법률, 규칙, 규정 제정 및 강제
- 통화정책 수립 및 실행

- 국고 관리
- 국가의 금융시장 규제
- 신용보고산업 관리
- 국가위원회가 지시하는 기타 모든 기능을 수행

중국인민은행은 금융 기능에 대한 법률 및 규정을 작성하는 책임을 가지며, 이에는 중국의 금융 안정과 경제성장을 유지하기 위해 통화 정책을 시행하는 것이 포함된다. 추가적인 책임은 이자율 설정, 금융시장 규제, 런민비(人民幣, 인민폐) 화폐 발행, 은행 간 대출 및 은행 간 채권 시장 규제, 외환 관리, 외화 거래 기록 등을 관리하는 것이다.

중국의 공공기업은 중국인민은행에 의해 자금을 제공받는다. 이전에는 기업에 대한 자금을 국가가 보조금 이전을 통해 제공하였다. 중국인민은행의 직접 감독 하에 있는 국영은행은 보조금 이전 작업을 관리한다.

인민은행의 외환 보유고는 2004년의 4천 160억 달러에서 2022년 중반에는 약 3조 2천억 달러까지 증가했다. 이는 지난 수년 동안 지속적으로 경상수지 흑자를 기록한 결과이다. 그러나 최근에는 이러한 총 보유고가 줄어들었다. 2022년 1월에는 3조 4천억 달러였으나, 2022년 중반에는 2조 5천억 달러로 감소했다.

Case Study

1992년 '검은 수요일'

유럽은 수십 년 동안 단일화폐의 도입을 목표로 해왔다. 1970년, 유럽의 통화동맹 구축과 공동 기구의 필요성을 주장한 '베르너 보고서'가 발간되었다. 이에 따라 1979년 3월 유럽통화제도European Monetary System(EMS)가 시작되었다. 유럽통화제도는 유럽 환율 메커니즘을 포함하는 제도로, 이는 유럽 각국의 통화 간의 환율 변동을 제어하고 안정시키는 것을 목표로 하였다. 이런 시스템은 유럽연합의 통화 통합과 단일 화폐 도입을 위한 기반을 마련하였다.

1986년에는 단일 유럽 법률Single European Act이 체결되었고, 1992년에는 마스트리히트 조약이 체결되어 유럽 단일 화폐인 '유로화'의 도입이 본격화되었다. 2023년 5월을 기준으로 유로를 사용하는 국가는 유로존 소속의 20개 국가와 더불어 모나코, 바티칸, 산마리노, 안도라 등 4개의 통화 협약을 체결한 국가를 포함해 총 26개 국가, 약 3억 5000만 명이 유로를 사용하고 있다. 그럼에도 불구하고 영국은 여전히 파운드를 사용하고 있다.

영국은 처음에 유럽의 단일 통화 체제 구축에 참여하려는 의지를 보였다. 서독의 낮은 인플레이션률과 탄탄한 경제성장을 바라보며, 당시 영국은 서독의 통화 정책을 따르기로 결정했다. 1990년에 존 메이저John Major 총리가 이끄는 영국 정부는 유럽 환율 메커니즘European Exchange Rate Mechanism(ERM)에 참여하였다. 당시 영국의 기업들과 언론은 이런 결정을 지지하였으며, 영국이 유럽 경제와 통합되는 것은 필연적인 것으로 보였다.

그런데 ERM에 가입한지 얼마 지나지 않아, 1992년 9월 16일에 '검은 수요일'이라 불리는 날이 찾아왔다. 이 날, 투자자 조지 소로스George Soros와 그의 퀀텀 펀드는 파운드화가 서독의 마르크화 대비 과대평가되어있음을 이용해 엄청난 수익을 얻었다. 당시 파운드화의 확정된 환율은 1 파운드가 2.95 독일 마르크였다. ERM에 따르면 목표 환율과 실제 환율 사이의 차이가 6%를 초과하면, 당국은 시장에 개입하여 이를 조정해야 하는 규정이 있었다. 이는 파운드화가 2.773 마르크 이하로 떨어질 경우, 영국 중앙은행 및 정부는 시장에 개입할 의무가 있었다는 의미이다.

1992년 9월, 투자자 조지 소로스는 파운드와 독일 마르크 간의 환율이 잘못 설정되어 있다고 판단했다. 이러한 판단의 기반이 된 것은 1990년 10월 3일에 발표된 독일의 통일이었다. 베를린 장벽의 붕괴는 세계 평화에 크게 기여했지만, 동시에 유럽 경제 통합의 진행을 방해하는 요인이 되었다.

통일된 독일은 상대적으로 개발이 더뎠던 동독 지역에 대한 대규모 투자를 결정했다. 이로 인해 엄청난 양의 마르크화가 발행되었고, 이는 불가피하게 인플레이션을 불러왔다. 이에 대응하여 독일의 중앙은행인 분데스방크Deutsche Bundesbank는 2년 동안 총 10차례에 걸쳐 금리를 인상했다. 이 높은 금리는 전세계적인 투자 유입을 유발하며, 마르크화의 가치를 급상승시켰다.

이와 동시에, 다른 유럽 국가들은 투자 부족과 화폐 가치의 하락에 직면하게 되었다. 이 문제를 해결하려면 독일의 금리 인상에 맞추어 자국의 금리를 높여야 했지만, 금리 인상은 경제 침체를 초래할 수 있었다. 이 때문에 영국 정부와 중앙은행은 파운드화 가치의 하락과 금리 인상으로 인한 경제 침체 사이에서 큰 고민을 해야 했다.

당시 영국의 경제 상황은 매우 어려웠다. 실업률은 높았고, 투자는 줄어들고 있었다. 자국의 경제적 상황에 자신감이 부족했던 영국은 독일처럼 금리를 높이지 않았다. 그러나 당시 1파운드는 2.95 마르크로 교환비율이 고정되어 있었기 때문에, 파운드화의 가치를 감소시키는 것도 불가능했다. 환율 조정은 ERM 탈퇴를 의미했으므로, 이는 영국 정부만으로는 감당하기 어려운 상황이었다.

영국 중앙은행의 입장에서는, 시장에 풀리는 파운드화를 계속 사들여 파운드화 가치가 떨어지지 않도록 환율을 방어해야 했다. 조지 소로스는 이를 파고들었다. 1992년 9월, 소로스는 언론을 통해 파운드화가 과대평가되어 있으며 곧 큰 폭으로 떨어질 것이라고 주장했다.

이미 당시 외환 시장에서는 영국 뿐만 아니라 유럽 여러 국가의 화폐가 위기 상황에 처해 있었다. 1992년 9월 8일에는 핀란드가 마르크와의 환율 연동을 포기하였고, 스웨덴은 단기금리를 5배나 인상했다. 이탈리아의 리라와 스페인의 페세타 가치는 폭락했다. 이런 상황 속에서 영국의 유럽 환율 조정 체제 가입을 주도했던 존 메이저 총리는, 영국 중앙은행의 외환 보유고가 충분하므로 환율 방어가 가능하며, 파운드화 가치가 절하되는 일은 없을 것이라고 단언했다.

1992년 9월 15일, 조지 소로스가 이끄는 퀀텀 펀드는 대량의 파운드를 매도하며 시작된 공격에 힘을 실었다. 그들은 약 100억 달러를 소비해 파운드를 매도하였고, 이에 이어 다른 헤지펀드들도 참여해 총 1,100억 달러 이상의 파운드가 시장에 팔려나갔다. 이 과정에서 많은 헤지펀드들이 공매도 전략을 사용하였다. 공매도는 소유하지 않은 자산을 빌려 판매하고 가격이 떨어진 후에 그것을 다시 사서 원래의 소유주에게 반환하는 거래를 뜻한다.

예를 들어 만약 현재 파운드가 3마르크로 과대평가되었다면, 헤지펀드는 파운드를 빌려서 3마르크에 팔고, 파운드의 가치가 1마르크로 떨어졌을 때 1마르크에 파운드를 다시 사서 빌린 파운드를 돌려준다. 이렇게 해서 2마르크의 이익을 챙길 수 있다. 이런 대규모의 매도로 인해 파운드와 마르크의 환율은 ERM이 설정한 하한선까지 내려갔다.

영국 중앙은행은 이런 상황을 방어하기 위해 280억 파운드를 시장에 쏟아 붓고, 파운드를 사들였다. 또한 단기 금리를 10%에서 15%로 급등시켰다. 그럼에도 불구하고 파운드 매도는 계속되었고, 결국 1992년 9월 16일 영국 정부는 ERM에서의 탈퇴를 선언하며 패배를 인정해야 했다.

단원 요약

- 중앙은행은 화폐 발행 및 통화량 조절을 위해 운영되는 은행으로 국가의 금융안정 정책에 있어 핵심역할을 수행한다.
- 한국은행은 대한민국의 중앙은행으로, 효과적인 통화 및 신용 정책의 마련과 실행을 통해 가격 안정을 추구하고 국가 경제의 건전한 성장에 기여하는 것을 목표로 한다.
- 연방준비위원회는 미국의 중앙 은행 시스템이다. 1913년 12월 23일, 일련의 금융 공황(특히 1907년 공황)으로 인해 금융 위기를 완화하기 위해 통화 시스템의 중앙 통제에 대한 요구가 발생한 후 연방준비법이 제정되면서 만들어졌다.
- 영란은행은 영국의 중앙은행이다.
- 중국인민은행은 중화인민공화국의 중앙은행으로, 중국 본토의 금융기관을 규제하고 통화 정책을 수행하는 역할을 담당하며, 이는 인민은행법과 상업은행법에 의해 결정된다.

토론 과제

1. 중앙은행이 행정부로부터 독립성을 가져야 하는 이유에 대해 토론하라.
2. 금융 위기를 방지하기 위해 중앙은행이 취하는 금융안정 노력에는 무엇이 있는지 토론하라.
3. '미국의 중앙은행은 달러를 발행하지 않는다'라는 문장을 담은 베스트 셀러 도서가 있다. 이 문구가 사실인지 거짓인지 토론하라.

연습 문제

다음 설명이 맞으면 T, 틀리면 F에 동그라미를 표시하여라.

1. 중앙은행의 주요 역할은 화폐 발행과 통화량의 조절이다. T / F
2. 중앙은행은 일반 은행과 같아 예금을 받거나 대출을 주는 역할은 한다. T / F
3. 중앙은행은 일반적으로 통화량을 조절하는 권한을 가지고 있으며, 이는 기준금리와 지급준비율을 설정함으로써 이루어진다. T / F
4. 중앙은행은 사회에 금융 위기가 발생할 때, 필요한 유동성을 지원하는 최후의 대출자 역할을 수행한다. T / F
5. 금융통화위원회는 한국은행의 중요한 정책을 결정하는 주요 기구이다. T / F
6. 연방공개시장위원회(FOMC)는 통화정책을 결정한다. T / F
7. 연준은 중앙화된 조직을 가지고 있다. T / F
8. 영란은행은 영국인들의 이익증진을 위해 통화 및 금융안정을 유지한다. T / F

정답 1. T 2. F 3. T 4. T 5. T 6. T 7. F 8. T

PART 04 최신 경제학

행동경제

Chapter

11

"정보의 풍요로움은 주의력 빈곤을 만들어낸다."

– 허버트 사이먼–

I 행동경제학

01 행동경제학이란?

책의 서두에서 이야기했던 것처럼, 경제학은 경제주체들이 희소한 자원을 어떻게 효율적 분배할 것인지 의사결정을 내리는 과정을 공부하는 학문이다. 여기서 경제주체들은 최선의 의사결정을 내리기 위해서 의사결정에 필요한 모든 정보를 빠르게 모아 합리적인 판단을 내릴 수 있다고 가정한다. 이 가정은 경제학의 핵심이다. 경제학은 '인간은 합리적이다'라는 가정에서 출발했다.

그러나 우리가 실제로 현실에서 경제적 의사결정을 내렸을 때를 되돌아보자. 어떤 의사결정을 내릴 때 항상 필요한 모든 정보를 모으고, 또 그 정보를 모두 적절히 활용하였는가? 즉, 언제나 합리적으로 선택해 왔을까? 아마 대부분의 사람들은 그렇지 못할 것이다. 실제의 인간은 계산 능력과 인지 능력에 한계가 있으며, 개개인의 경험과 선호가 모두 다르다. 또한 어떤 상황에 처해있는지, 어떤 맥락과 절차를 거치는지도 의사결정을 내릴 때 중요하게 작용하기 때문에 완벽한 비용편익분석에 따라 행동하지 못한다.

이처럼 '인간은 합리적이다.'라는 경제학의 기본 토대에 대한 도전으로 행동경제학이 탄생했다. 물론 행동경제학 또한 경제학의 한 분야이기 때문에 인간의 합리성을 부정하지는 않는다. 다만 인간은 '적당히' 합리적이라고 주장한다. 즉, 인간의 합리성에는 한계가 있고 완벽하지 못하다는 것이 행동경제학의 시작점이다.

행동경제학은 일상적인 상황에서 관찰되는 현상과 인간 행동을 연구하여, 이를 경제학에 적용하는 학문이다. 이 분야는 상식적으로 이해되는 현상을 설명하고자 하며, 이후에는 경제학에 심리학적인 측면을 더하여 인간 행동을 더욱 포괄적으로 이해하고자 하는 노력이 이어졌다. 이에 행동과학적 조직론의 창시자인 허버트 사이먼Herbert Alexander Simon에 이어, 심리학자인 대니얼 카너먼Daniel Kahneman과 경제학자 리처드 탈러Richard Thaler가 노벨경제학상을 수상하였고, 행동경제학은 경제학의 확고한 한 분야로서 자리매김하고 있다.

사람들의 심리를 기반으로 경제적 현상을 분석한다는 점에서 행동경제학은 특히 정책 설계 분야에서 많은 관심을 받고 있다. 정책을 설계하는 데에는 경제학적 분석을 통한 효율성과 타당성도 중요하지만, 이를 받아들이는 사람들의 마음과 감정 또한 고려해야 하기 때문이다. 아무리 경제학적으로 합리적인 정책이라 할지라도 만약 사람들이 이를 받아들이지 않는다면 그 정책은 시행하기 어렵다. 예를 들어, 교통 혼잡 완화와 미세먼지 저감을 위해 혼잡통행료를 부과해야 한다고 전문가들은 주장하지만, 실제로 이를 실행할 수 없는 이유가 여기에 있다.

이에 세계 각국에서는 정책에 행동경제학을 본격적으로 연결시키는 작업을 수행하고 있다. 미국의 경제사회연구위원회에서 발표한 연구 결과에 의하면 약 136개국의 정부가 다양한 공공정책 분야에 행동경제학을 활용하고 있다고 한다. 뿐만 아니라 정책에 행동경제학을 접목하여 연구 및 개발하는 기구를 설립하는 데 집중하고 있다.

02 주요 행동경제학자

허버트 사이먼

허버트 사이먼은 정치학 박사이자 심리학자, 인지 과학자, 그리고 경제학자로, 신고전주의 경제학에서 가정하는 인간의 완전한 합리성에 대해 처음으로 의문을 제기한 학자였다. 그는 행동경제학자라고 볼 순 없지만 행동경제학이 태동하는 토대를 마련하는 데 중요한 역할을 한 인물이라고 볼 수 있다. 사이먼은 조직 내부에서 경제 주체의 의사결정 과정을 심리학과 접목시켜 행동학으로 풀어내어 1978년에 노벨경제학상을 수상하였다.

사이먼은 1950년대에 인간의 의사결정 과정을 연구하면서, 제한된 합리성Bounded rationality이라는 개념을 제시하였다. 이 개념은 경제학은 인간은 합리적이며 완전한 합리성을 바탕으로 가장 효율적인 상태인 최적화를 추구한다고 가정하지만, 실제 세계는 최적의 정답을 얻기에는 너무나 많은 불확실성과 상충 요인이 혼재해 있다는 데서 출발한다. 따라서 그는 보통 사람들은 어떤 결정을 내릴 때, 필요한 모든 정보를 빠르게 습득하여 자신이 내릴 수 있는 모든 경우의 수를 탐색하는 것이 아니라 지금 상태에서 가능한 것만을 탐색하고 개개인의 선호와 욕망 수준에 따라 이를 가장 충족시키는 최선의 대안을 선택한다는 것이다. 다시 말해, 경제학에서는 사람들이 완전히 합리적으로 행동한다고 가정하지만, 실제로는 우리는 제한된 합리성을 갖고 있다. 이는 우리가 합리적인 결정을 내리지만 항상 완벽하지 않은 선택을 하게 되는 것을 의미한다.

사람들의 욕구는 개개인마다 모두 다르기 때문에, 사람들은 주관적인 기준을 세워 결정을 내리고 대안을 선택한다. 이렇게 내린 결정은 반드시 최적의 해결책이라기보다는 지금 선택할 수 있는 대안 중에서 가장 만족스러운 해답일 가능성이 크다. 이러한 만족화는 좀 더 현실에 부합하는 결정을 내리도록 유도한다는 점에서 최적화보다 현실적인 방법으로 평가받는다. 물론, 의사결정 과정에 주관적이고 심리적인 요소인 선호 또는 욕망을 고려하기 때문에 비과학적인 방법이라는 비판을 받을 수 있다. 하지만 사이먼은 기존의 경제학 분야에서 주로 사용되던 최적화 방식과는 다른 만족화를 제안하면서 새로운 학문 영역인 행동과학을 창출하는 데 일조했다.

대니얼 카너먼

행동경제학의 창시자이자, 대부라고 불리는 대니얼 카너먼은 인간의 판단과 의사결정에 관한 심리학, 그리고 행동경제학에 대한 연구로 유명한 심리학자로, 2002년 경제학자가 아님에도 불구하고 경제학의 새로운 지평을 열었다는 점을 인정받아 노벨경제학상을 수상하였다. 그의 연구는 대부분 우리가 어떻게 의사결정을 하고 주변 세계를 인지하는지에 영향을 미치는 인지 편향을 탐구하는 데 집중되어 있다.

특히 평생의 친구였던 아모스 트버스키Amos Tversky와 함께 정립한 '합리적 이성이 아니라 감정의 영향으로 위험을 회피하기 위해 비합리적 의사결정을 한다'는 전망 이론Prospect theory은 세계적인 행동경제학 열풍을 낳았다. 이 외에도 카너먼은 과거 반세기 동안 수십만 명의 참여자들을 대상으로 실험을 진행하며, 50개가 넘는 이론들을 확립하였다. 전망 이론에 대해서는 조금 뒤에서 더 자세히 설명하고자 한다.

그의 주요 저서로, 행동경제학의 바이블로 자리매김한 《생각에 관한 생각》은 선풍적인 인기를 끌며 2011년 〈뉴욕 타임스〉 베스트셀러에 선정됐다. 실생활에 밀접한 흥미로운 분야이지만 비전문가에게는 너무나 어려운 분야를 쉽게 풀어 설명해주었기 때문이다.

카너먼은 위의 책에서 인간의 사고체계를 크게 민첩하고 직관적인 '시스템 1'과 느리지만 비판적이고 논리적인 '시스템 2'로 나누어 각각의 역할에 대해 설명한다. 또한 이와 비슷하게 자아 역시 '기억하는 자아'와 '경험하는 자아'로 분류하여 인간의 심리가 작동하는 기전을 밝히고, 현실 세계에서 우리가 어떻게 그 파급 효과를 체감하는지를 설명한다. 이 외에도 카너먼은 《생각에 관한 생각》에서 수십 가지의 편향과 오류를 소개하고, 의식적으로 이 결점을 상쇄하고 노력한다면 우리는 생각의 진정한 주인이 되어 합리적인 선택을 내릴 수 있다고 말한다.

이처럼 인간의 심리와 행동을 분석하여 경제학과 접목시킨 카너먼의 연구는 경제학, 심리학, 의학, 정치, 심지어 스포츠를 포함한 여러 분야에 깊은 영향을 미치고 있다. 그는 우리 시대 가장 중요하고 영향력 있는 심리학자 중 한 명이라고 이야기할 수 있다.

리처드 탈러

리처드 탈러는 대니얼 카너먼과 함께 행동경제학을 창시한 학자 중 한 명으로, 국내에서는 베스트셀러 《넛지Nudge》의 저자로 잘 알려져 있다. 전통적인 경제학이 합리적인 경제주체의 의사결정을 가정하는 것에 반해, 그는 실제 세계에서 발견되는 인간과 사회의 비합리적 행동을 연구하며 이러한 관점을 통해 경제학이 현실 세계를 더욱 정확하게 해석하고 설명하는 데 공헌했다.

특히 1987년부터 1990년까지 '경제학 전망Journal of Economic Perspectives' 이라는 학술지에 기존의 경제이론으로 이해하기 힘든 현상들을 '이상현상들anomalies'이라는 제목으로 연재하여 행동경제학을 체계화하고 확장시키는 데 크게 기여했다. 학술지에 게재된 논문들은 이후 《승자의 저주The Winner's Curse》라는 책으로 펴냈으며, 이 외의 대표적인 단행본으로는 《준합리적 경제학

(Quasi Rational Economics)》, 《똑똑한 사람들의 멍청한 선택(Misbehaving: The Making of Behavioral Economics)》 등이 있다.

탈러는 자신의 연구에 대해 경제적 행위자가 사람이고, 이를 경제 모델을 구성하는 데 고려해야 한다는 인식이 가장 중요하다고 설명했다. 2017년에는 제한적 합리성Limited rationality, 사회적 선호Social preference, 자기절제 결여Self-control라는 세 가지 개념을 제시하여 노벨경제학상을 수상했다.

제한적 합리성은 그의 주요 행동경제학적 이론인 소유 효과Endowment effect와 심리적 계좌Mental accounting 등에 잘 나타난다. 두 이론 모두 사람은 상황에 따라 비합리적인 의사결정 또는 경제적 행동을 한다는 특징을 설명한다. 사회적 선호는 인간이 경제적 이익뿐만 아니라 정의로움, 공정성과 같은 집단적 가치를 함께 추구하는 성향을 가지고 있다는 것이다. 마지막으로 자기통제 결여란 단기적인 결정과 장기적인 결정이 서로 다른 방식으로 이루어지기 때문에, 단기적으로 합리적이라고 생각하여 내린 결정이나 행동이 결국 장기적 관점에서 보았을 때는 비합리적인 상황을 초래한다는 의미이다.

탈러는 행동경제학 중에서도 특히 행동금융 · 행동재무Behavioral finance의 창시자로 손꼽힌다. 그는 사람들이 특히 금융시장에서 비합리적이고 인지편향적인 행동을 많이 보인다는 점에 주목하였다. 또한 그는 막연하게 사람들이 비합리적이라고 주장하지 않았다. 사람들은 꾸준히 합리적이지 않은 행동을 보이기 때문에, 이러한 행동들은 예측하고 모델링하는 것이 가능하다는 사실을 입증하였다. 그는 "과학기술의 발전이 삶을 간편하게 만들었지만, 다른 면에서는 오히려 복잡하게 만들었다. 우리 모두 천재가 아니므로, 선택 설계자Choice architect가 필요하다"라며, 행동경제학의 활용이 중요하다고 강조하였다.

03 행동경제학의 한계

이처럼 행동경제학은 '합리적 경제주체'라는 가정 아래 전통 경제학에서 설명하지 못하는 현상들을 현실 세계 속 인간의 심리적, 인지적, 사회적 특성을 접목하여 분석하는 분야라고 정리할 수 있다. 이에 따라 기존의 경제학을 보완하면서도 현실을 잘 설명하고 예측하는 데 유용하게 적용할 수 있다.

그럼에도 불구하고 행동경제학의 성과는 주류 경제학을 일정 부분 보완하는 정도에 그칠 뿐, 아직까지는 기존 경제학에 포함되기에는 많은 장애물이 남아있다. 그중 가장 큰 한계는 행동경제학에서 밝혀낸 이론들은 어떤 상황에서도 성립하는 일관성 있는 이론이 아니라는 점이다. 기존의 경제학에서도 마찬가지지만 일반적으로 이론이란, 새로운 상황이 발생했을 때도 높은 확률로 결과를 예측할 수 있어야 한다.

그러나 행동경제학은 기존의 경제학 이론들이 잘 성립하지 않는 특정한 상황에서 그 행동들을 설명하면서 발전해왔기 때문에 일관성 있는 함의를 이끌어내기 쉽지 않다. 예를 들어, '손실 회피 편향Loss aversion'이라는 개념은 똑같은 이익과 손실의 상황에서 사람들은 이익을 얻는 기쁨보다 손실로 얻는 괴로움을 더 크게 느끼는 경향이 있다는 것을 의미한다. 그러나 실제로는 사람들이 항상 이런 방식으로 행동하는 것은 아니다. 때로는 동일한 사람이 상황에 따라 다르게 반응하며, 이는 행동경제학이 모델링하기 어렵다.

실제로 많은 행동경제학을 연구한 논문은 어떤 특정 상황을 설정한 실험을 통해 사람들의 행동이 기존 경제학의 예측과 다르다는 것을 밝혀낸 대부분이며, 대중을 상대로 한 책 또한 기존 경제학에서 설명하지 못하는 부분을 사례를 위주로 정리된 것들이 대부분이다.

이처럼 개인이나 기업 등 경제주체들의 행동을 수식이 아닌 실험을 통해 검증한다는 것 또한 한계로 작용한다. 통제된 실험 상황은 실제 세계의 불확실성과 복잡한 요소들을 완전히 반영하지 못하며, 그 결과 실제 세계에서의 결과와 차이가 있을 수 있기 때문이다.

또한 행동경제학은 그 자체로 나름의 의미를 가지지만, 개인의 추측이나 직감 그리고 편향에 의한 왜곡은 '큰 수의 법칙Law of large numbers'에 의해 상쇄되기 때문에 결국 기존의 전통경제학 모델을 통한 예측이 맞을 것이라는 입장을 가진 사람도 많다. 실제로 전통경제학의 이론적 예측은 대체로 실제 데이터와 잘 일치한다. 통계적으로도 주류 경제학자들이 관리하는 펀드의 수익률이 행동경제학자들이 관리하는 펀드의 수익률보다 더 높은 것으로 나타난 연구 결과도 있다.

그럼에도 불구하고 수많은 경제학자, 심리학자, 사회학자들이 카너먼, 트버스키, 탈러 등의 학자들이 닦아놓은 초석 위에서 다양한 연구를 계속해나가고 있으며, 인간의 비합리적인 행동 편향들을 하나씩 밝혀내고 있다. 만일 이런 행동 편향들이 일관된 패턴을 가지고 있다는 것을 발견하고 이를 주류 경제학의 이론을 보완하는 요소로 재구성한다면, 경제학은 새로운 진전의 기회를 얻게 될 것이다.

"100달러 받는 것을 좋아하고 100달러 잃는 것을 싫어하는 이유는 그 금액이 부를 바꾸기 때문이 아니다. 단지 받는 게 좋고, 잃는 게 싫어서다. 그리고 대게는 받는 것을 좋아하는 정도보다 잃는 것을 싫어하는 정도가 더 크다."

– 대니얼 카너먼의 〈생각에 관한 생각(Thinking, Fast and Slow)〉 발췌 –

II 전망 이론

1979년 아모스 트버스키와 대니얼 카너먼은 《전망 이론: 위험 부담이 따르는 상황에서의 결정 분석(Prospect Theory: An Analysis of Decision Under Risk)》이라는 논문을 통해 처음으로 전망 이론을 제시했다. 이 이론은 경제학에서 정의하는 합리적 경제주체가 아닌 실제 사람들이 위험 부담이 따르는 선택을 앞둔 상황에서 왜 '이론적으로 합리적이지 않은' 결정을 내리는지에 대해 설명한다.

이를 위해 트버스키와 카너먼은 선택 결과를 알 수 없는 단순한 도박을 연구 도구로 활용했다. 단순해 보이는 상황일지라도, 도박은 실제 사람들이 여러 이해관계가 섞인 복잡한 상황에서 어떤 선택을 내리는지를 그대로 보여주기 때문이다. 실제로 도박은 많은 결정 이론가들에 의해 연구되는 주제이다.

전망 이론이 세상에 나오기 이전에도, 경제학에는 선택과 행동에 관련한 이론이 존재했다. 스위스의 과학자 다니엘 베르누이의 '기대효용 이론Expected utility theory'이다. 이 이론은 선택에 관한 논리를 합리성에 근거하여 설명했다.

반면, 전망 이론은 인간의 합리성을 가정하지 않고 인간이 실제로 어떤 식으로 위험 부담이 따르는 선택을 하는지를 설명한다. 이 이론은 기존의 경제학에서 사용되던 기대효용 이론을 참고하면서도, 근본적인 방식에서 효용이론을 탈피했고 볼 수 있다. 트버스키와 카너먼은 인간이 현실에서 결정을 내릴 때 기대효용 이론과 정면으로 부딪히는 점을 발견하고, 관찰한 결과를 충분히 설명할 수 있도록 기대효용 이론을 수정한 이론을 만들어냈다.

베르누이의 이론 자체가 잘못되었다는 것은 아니다. 독자들은 기대효용 이론과 전망 이론은 의사결정을 내리는 주체를 다르게 설정하고 있다는 것을 인지해야 한다. 기대효용 이론은 의사결정을 내리는 주체가 완전한 '합리성'을 가졌다고 가정하며, 전망 이론은 실제 사람들을 의사결정 주체로 본다. 즉 '최적화된 결정'이 무엇인지를 설명하는 것이 아니라 실생활의 의사결정을 설명하는 이론이다.

01 기대효용 이론

전망 이론에 대해 이해하기 위해서는 우선 이 이론의 기본이 되는 기대효용 이론부터 알아야 할 필요가 있다. 기대효용 이론에 따르면, 합리적 경제주체는 자신의 선택에 따른 결과가 확실하지 않을 때 결과에 대한 효용의 기대치 즉 '기대효용'이 가장 높은 행동을 선택한다. 베르누이가 제시한 이론은 두 가지 핵심 내용을 담고 있다.

● 결과가 불확실한 상황 속에서 사람은 기대효용을 기준으로 선택한다.

지금에 와서는 당연해 보이는 말일수도 있지만, 베르누이 이전의 많은 수학자들은 불확실한 상황에서 사람들은 결과의 기댓값(어떤 사건이 일어날 확률 × 그 사건이 일어났을 때 얻게 되는 소득)을 평가하여 가장 높은 기댓값을 가진 대안을 선택한다고 생각했기 때문에 당시 그의 주장은 획기적이고 새로운 것이었다. 다음 예시를 살펴보자.

A : 100만 원을 딸 확률이 80퍼센트, 10만 원을 딸 확률이 20퍼센트인 도박을 한다.

B : 무조건 80만 원을 받는다.

둘 중 하나를 선택한다면, 무엇을 선택하겠는가? 아마 대다수의 사람은 80만 원을 받는 쪽을 선택할 것이다. 그러나 베르누이 이전의 수학자들의 논리에 따르면 A를 선택해야 옳다. A의 기댓값은 (100×0.8)+(10×0.2)=82만 원으로, A의 기댓값이 B보다 크기 때문이다.

그렇다면 사람들은 왜 B를 선택하는가? 베르누이는 결과가 불확실한 상황에서 사람들은 위험(가능한 결과 중 최악의 결과가 나올 가능성)을 최대한 줄이는 선택을 한다고 보았다. 즉, 사람들이 결과적으로 내가 얻을 수 있는 금액의 가치가 아니라 결과에 대한 심리적 가치인 효용을 따져서 선택한다.

● **부의 한계효용이 줄어들 때 사람들은 위험을 회피하고자 한다.**

베르누이는 부가 변화하는 것에 대한 심리적 반응은 원래 가지고 있던 부의 양에 반비례하며, 그 결과 효용은 부의 로그함수라고 주장했다. 가지고 있는 부가 커지면 커질수록 똑같은 금액에 대한 효용이 점점 줄어든다는 것이다. 예를 들면, 월급으로 300만 원을 받는 한 사회초년생이 성과급으로 100만 원을 받았다. 그러다 5년차 직장인이 되어 월급이 500만 원으로 올랐을 때, 똑같이 성과급으로 100만 원을 받았다. 월급이 300만 원일 때와 500만 원일 때. 성과급 100만 원은 같은 기쁨을 줄까? 당연히 300만 원일 때 받은 성과급이 더 큰 효용을 줄 것이다.

이처럼 부의 크기가 커질수록 새로운 부의 증가에 덜 민감하게 반응한다. 때문에 사람들은 위험, 즉 자신이 선택할 수 있는 선택들 중에서 가장 최악의 선택을 피하기 위해 불확실하지만 큰 효용을 주는 선택보다는 확실하지만 적은 효용을 주는 선택을 고르게 된다.

C : 100만을 받을 가능성과 700만을 받을 가능성은 50 대 50이다.

D : 400만을 무조건 받는다.

위와 같은 상황에 놓여있다고 생각해볼 때 대부분의 사람들은 D를 선택한다. 400만 원을 기준으로 100만 원에서 400만 원으로 늘어나는 효용이 400만 원에서 700만 원으로 늘어나는 효용보다 더 크며, 가장 최악의 선택인 100만 원을 받을 위험을 피할 수 있기 때문이다. 이처럼 부의 한계효용이 줄어들 때 사람들은 위험을 회피하는 쪽을 택한다.

02 기대효용 이론과 전망 이론

베르누이의 방법은 사람들이 위험을 다루는 방식을 부의 선호도를 통해 분석한 것으로, 매우 효율적이고 효과적인 방식이라 거의 300년 동안 경제 분석에 쓰여 왔다. 그러나 카너먼과 트버스키는 이러한 기대효용 이론이 현실에서 모든 사람들의 선택에 적용하는 데에는 무리가 있다는 것을 발견했다. 여러 번의 실험을 해보니 몇몇 상황에서 실제 사람들은 이 이론대로 행동하지 않는다는 것이다. 그 이유에 대해서 이들은 크게 두 가지를 제시했다.

첫 번째로 기대효용 이론은 '부의 변화량'을 전혀 고려하지 않았다. 예를 들어, A라는 사람은 어제 100

만 원을 가지고 있었고, B라는 사람은 어제 500만 원을 가지고 있었다. 오늘 두 사람 모두 300만 원을 가지고 있다고 한다면 이 둘은 똑같이 행복할까? 당연히 아닐 것이다. 그러나 베르누의 이론에 따르면 둘의 행복은 같아야 한다. 왜냐하면 베르누의 이론은 지금 가지고 있는 부의 효용을 판단의 기준으로 삼았기 때문이다.

그러나 부의 효용은 현재 가지고 있는 부를 기준으로 얼마나 변화했는지에 따라 결정된다. 위와 같은 상황에서 현재 둘은 똑같이 300만 원을 가지고 있지만, A는 100만 원을 기준으로 오늘 300만 원이 되었기 때문에 어제보다 부가 증가했으므로 효용이 늘었을 것이고, B는 어제 500만 원을 가졌으므로 오늘 300만 원을 가지고 있으면 부가 감소했기 때문에 효용이 줄었을 것이다. 이처럼 상대적 비교의 기준이 되는 지점인 '준거점'을 반영하지 않았다는 것이 베르누이의 이론이 가지는 오류 중 하나이다.

두 번째로 기대효용 이론은 똑같이 결과가 불확실한 상황이지만, 모든 선택지가 지금의 상황에 비해 손실만을 가져다 줄 수 있는 선택을 할 때, 사람들이 위험을 회피하지 않고 감수하려는 이유를 설명할 수 없다. 다음과 같은 상황에 놓여있다고 가정해보자.

현재 수중에 400만 원을 가지고 있으며, 당신의 앞에 빨간 버튼과 파란 버튼이 있다. 빨간 버튼을 누르면 5대 5의 확률로 당신의 현재 돈 중 300만 원을 잃거나, 아무런 변화가 없는 도박을 하게 된다. 파란 버튼을 누르면 무조건 200만 원을 잃는다.

이러한 상황에서 당신은 어떤 선택을 할 것인가? 대부분의 사람들은 빨간 버튼, 즉 도박을 선택할 것이다. 그러나 기대효용 이론에 따르면, 현재 가지고 있는 돈의 반을 잃는 고통과 4분의 3을 잃는 고통(도박의 최악의 상황) 중 4분의 3을 잃는 고통이 더 크기 때문에 사람들은 파란 버튼을 눌러야한다. 이처럼 베르누이 모델은 인간의 위험회피적인 행동은 설명할 수 있지만, 손실을 감내하고 도박을 하는 행동은 설명하지 못한다.

카너먼과 트버스키는 이러한 기대효용 이론을 합리적 경제주체가 아닌 실제 인간에 적용했을 때 일어나는 오류를 밝혀내고 이를 수정한 이론을 만들어냈다. 그것이 바로 '전망 이론'이다.

03 전망 이론

전망 이론은 사람들이 결과가 확실하지 않은 상황에서 선택을 할 때 결과가 가져다주는 '효용'이 가장 큰 것을 선택한다는 점에서는 기대효용 이론과 결을 같이하지만, 선택들의 효용을 비교하는 기준점인 '준거점'이 있다는 점에서 가장 큰 차이가 있다. 카너먼과 트버스키는 사람들은 준거점을 기준으로 자신에게 가져다 줄 이익과 손실을 따져 결과적으로 효용이 가장 큰 것을 선택한다고 주장했다. 따라서 베르누이 이론에서는 효용을 결정하는 데 필요한 정보는 현재의 부의 상태뿐이지만, 전망 이론에서는 기준이 되는 상태도 알아야 한다.

카너먼과 트버스키는 이러한 전망 이론에서 이야기하는 이익과 손실 그리고 효용의 관계를 그래프로 나타내었다.

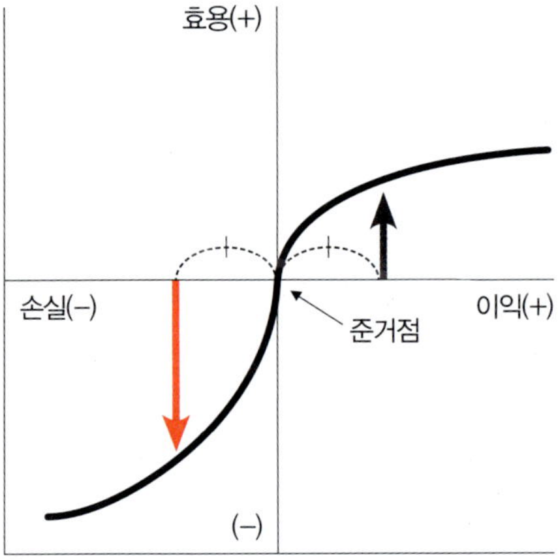

그래프를 통해 우리는 전망 이론의 핵심적인 세 가지 내용을 알 수 있다.

첫째, 그래프는 준거점을 중심으로 왼쪽과 오른쪽으로 나뉜다. 이처럼 사람들은 이익과 손실을 준거점을 기준으로 판단한다. 여기서 준거점은 '영점'이 아니라는 것을 명심해야 한다. 보통 준거점은 현재 가지고 있는 부의 상태인 경우가 많지만, 상황에 따라 기대하는 결과일 수도 있고, 동료들의 임금 인상이나 보너스처럼 나도 받을 자격이 있다고 느끼는 결과일 수도 있다.

둘째, 사람들은 이익과 손실이 커지면 커질수록 덜 민감하게 반응한다. 쉽게 이야기하자면 부가 많아지면 많아질수록 이익을 얻는 기쁨은 줄어들고, 부를 잃으면 잃을수록 손실에 대한 고통은 줄어든다는 것이다. 이는 전체적으로 그래프가 S자 형태를 이룬다는 것을 통해 알 수 있다.

마지막으로 준거점을 기준으로 S자 곡선의 두 부분은 대칭이 아니다. 이익이나 손실이 커질수록 기울기가 완만해지는 것은 같지만, 손실에서의 기울기가 이익에서의 기울기보다 더 급격하다. 즉 손실에 대한 반응은 같은 가치에 해당하는 이익에 대한 반응보다 더 강하다는 뜻이다. 손실 회피 성향이다.

04 손실 회피 성향

우리는 대부분의 시간을 선택의 과정에서 보내며, 이 선택은 대부분 손실과 이익이 공존한다. 사람들이 이익을 추구하고 손실을 회피한다는 것은 설명이 필요 없는 당연한 이야기이다. 그런데 카너먼과 트버스키는 더 나아가서 받는 것을 좋아하는 정도보다 잃는 것을 싫어하는 정도에 더 큰 중요성을 두고 있다고 주장한다. 다음과 같은 상황을 상상해 보면 쉽게 이해할 수 있을 것이다.

동전 앞면이 나오면 15만 원을 받고, 뒷면이 나오면 10만 원을 잃는 도박이 있다. 이 도박에 참여하겠는가?

이 상황에서 딸 수 있는 금액이 잃을 수 있는 금액보다 크기 때문에 도박의 기댓값은 양수이지만 대부분의 사람들은 15만 원을 따는 희망보다 10만 원을 잃는 두려움을 더 크게 느끼기 때문에 이러한 도박을 하지 않을 것이다. 카너먼과 트버스키는 이런 현상을 수차례 관찰한 끝에 손실을 이익보다 더 크게 느끼는 '손실 회피' 성향을 보인다고 결론 내렸다. 이는 비단 돈에 대한 이익과 손실만을 의미하는 것이 아니라, 어디에서든 통용된다. 진화론적으로도 위협을 기회보다 더 절박하다고 보는 생물은 생존과 번식 가능성이 더 높다.

그렇다면 사람들은 이익보다 손실을 얼만큼 더 크게 느낄까? 여러 실험을 한 결과 대개 1.5배에서 2.5배 정도 더 크게 느낀다. 물론 이는 평균이기 때문에 이보다 손실 회피 정도가 더 큰 사람도 있고, 더 적은 사람도 있을 것이다. 예를 들면 금융시장에서 직업으로서 트레이딩을 하는 전문가들은 손실에 더 관대하다. 반복적으로 손실과 이익에 노출되기 때문에 이에 대해 감정적으로 반응하지 않기 때문이다.

이처럼 손실 회피 성향은 특히 투자를 할 때 잘 나타난다. 카너먼은 사람은 손실을 아주 민감하게 받아들인다는 사실을 인지하고, '수익을 얼마나 낼 수 있을까'를 고민하는 대신 '내가 얼마를 잃어도 감당할 수 있을까'를 고민해야 한다고 말한다.

마지막으로 정리하자면, 전망 이론과 위의 그래프를 통해서 우리는 두 가지 통찰을 얻을 수 있다.

첫째, 이익과 손실이 뒤섞인 선택에서 손실이 이익보다 두 배는 더 크게 느껴지기 때문에 사람들이 위험을 극도로 회피하는 선택을 한다.

둘째, 확실한 손실과 확실하지 않지만 더 큰 손실을 비교할 때 사람들이 위험을 감수하는 이유(앞서 베르누이의 이론이 설명하지 못했던 부분)는 확실한 손실의 고통이 확실하지 않은 더 큰 손실의 고통보다 크기 때문이다. 이는 위 그래프에서 손실이 커지면 커질수록 곡선이 구부러지는 것을 통해 알 수 있다. 즉, 더 큰 손실에 덜 고통 받는다는 것이다. 200만 원을 잃는 고통은 300만 원을 잃는 고통의 50퍼센트보다 더 크다.

"우리는 계산기가 없으면 복잡한 나눗셈을 할 때 어려움을 겪고, 종종 배우자의 생일을 잊어버리며, 새해 벽두부터 숙취로 머리를 쥐어뜯는다. 우리는 호모 이코노미쿠스가 아니라 그저 호모 사피엔스일 뿐이다."

– 〈넛지(Nudge)〉 발췌 –

III 넛지

리처드 탈러의 베스트셀러 책 이름으로도 유명한 넛지는 '팔꿈치로 슬쩍 찌르다'라는 뜻으로, 어떤 행동을 유도하기 위해서 팔꿈치로 상대를 쿡쿡 찌르며 살짝 눈치를 주는 모습을 상상하면 넛지가 무엇인지 쉽게 이해할 수 있다. 이처럼 넛지는 강압적이거나 강제적이지 않게 타인의 선택을 어떠한 방향으로 유도하면서도, 선택의 자유는 여전히 타인에게 맡기는 부드러운 개입을 말한다.

넛지는 리처드 탈러와 공저자인 캐스 선스타인이 2003년 처음으로 제시한 자유주의적 간섭주의Libertarian paternalism에서부터 시작된 개념이다. 서로 상충되어 보이는 자유와 간섭이라는 단어를 역설적으로 동시에 추구하는 자유주의적 간섭주의는 개인이 올바른 선택을 할 수 있도록 간섭한다는 측면에서는 간섭주의이지만, 개인에게 선택의 자유를 맡기고 특정한 선택을 강요하지 않는다는 점에서 자유주의라고 설명할 수 있다. 기본적으로 개인의 후생 증대를 목표로 한다.

많은 행동경제학자가 말한 것처럼, 탈러와 선스타인 또한 실제 인간은 경제학에서 가정하는 합리적 의사결정을 하는 경제적 가상의 존재 호모 이코노미쿠스와 다르게, 의사결정을 내릴 때 완전한 정보와 합리성을 바탕으로 최적화된 효용을 추구하지 못한다고 이야기한다. 그 예로, 사람들은 대부분 자신을 평균 이상으로 생각하며(비현실적 낙관주의), 결정을 미루면서 현재 상태를 유지하려는 경향이 있고(현상유지 편향), 자신에게 합리적인 선택이 아님에도 불구하고 동료 및 공동체 구성원들의 압박과 비난을 받고 싶지 않은 심리에 의해 집단행동을 한다.

그러나 오히려 인간이 합리적이지 않고, 다른 사람들의 영향을 받는다는 사실 때문에 자유주의적 개입, 즉 넛지가 가능하며, 우리는 넛지를 적절히 배치하고 활용함으로써 삶의 질을 향상시키고 사회의 여러 문제를 해결할 수 있다. 심지어 어떨 때는 아주 작은, 정말 별일 아닌 요소에 의해서도 자신의 행동을 제한하기도 한다. 때문에 특정 행동을 유도하기 위해 그저 작은 장애물을 제거하는 것만으로도 매우 효과적일 수 있다.

이렇게 사람들이 결정을 내리도록 정황이나 맥락을 만드는 사람을 선택 설계자Choice architect라고 부른다. 선택 설계자는 누구나 될 수 있다. 국민이 보다 바람직한 선택을 하도록 정책을 설계하는 국가 정부도, 소비자에게 제품에 대한 긍정적인 이미지를 갖게 만들어 구매행동을 유도하는 기업도, 타인에게 간접적으로 자신의 의사를 표현하면서도 자유로운 선택을 이끌어내고자 하는 개인도 모두 선택 설계자이다. 여기서 가장 중요한 점은 설계자들은 중립적일 수 없다는 것이다. 왜냐하면 이들은 그 방식이 무엇이든 다른 사람들의 행동에 영향을 줄 수밖에 없기 때문이다.

넛지의 가장 유명하고 대표적인 사례로는 공공장소 남자화장실 소변기의 파리 그림을 들 수 있다. 남자화장실 소변기의 파리 그림은 네덜란드 암스테르담의 스키폴Schiphol 공항에서 시작되었다. 변기 밖으로 튀는 소변 때문에 바닥이 더러워지는 빈번하게 발생해서 곤란했던 공항 측은 남자화장실의 깨끗한 사용을 위해 하나의 조준점으로서 소변기에 파리 그림을 그려넣었더니 변기 밖으로 튀는 소변의 양이 80%나 감소했다는 것이다. 뛰어난 효과를 보여준 파리 그림 아이디어는 유명세를 타고 전 세계로 퍼져나갔고, 지금은 어디서든 쉽게 찾아볼 수 있다.

위의 사례처럼 많은 국가의 정부와 정책입안자들이 정책을 설계하고 시행하는 데 넛지를 유용하게 이용하고자 노력하고 있다. 이러한 경향은 영국, 호주, 미국 등의 국가를 중심으로 최근 더 강화되고 있는 것으로 보인다. 넛지는 강요나 압박 없이 사소한 개입으로 행동을 변화시키기 때문에, 이해관계자의 반발이 적을 가능성이 크다는 장점이 있다. 또한 기존의 정책에 비해 비교적 적은 비용으로 정책을 수립 및 시행할 수 있다.

2010년 영국은 이러한 행동경제학적 측면을 정책에 적용하기 위해 '넛지 팀'이라고 불리는 BITThe Behavioural Insight Team를 설립했다. 이 조직은 사람들의 행동을 더 잘 이해하고 올바르게 유도하기 위한 방법을 탐구했다. 예를 들어 자동차 등록세 고지서에 차량의 사진을 첨부하면 사람들이 등록세를 더 잘 납부한다는 것을 발견했고, 그 결과 해당 방법을 실제 정책에 도입했다. BIT는 이러한 행동경제학을 국가 정책에 도입하는 데 선두주자로 알려져 있으며, 이후 미국을 비롯한 여러 나라가 이러한 아이디어를 참고해 유사한 조직을 만들었다.

오바마 전 대통령은 복잡하거나 강제적인 정책 대신 행동경제학의 인사이트와 넛지 전략을 활용해 미국의 변화를 이끌고자 했다. 이러한 전략의 일환으로, 오바마는《넛지》라는 책의 공저자인 하버드 대학의 캐스 선스타인 교수를 2008년에서 2012년까지 규제정보국의 책임자로 임명했다. 또한, 2015년에는 국가과학기술위원회the National Science and Technology Council 아래에 행동과학 전문가로 구성된 the Social and Behavioral Sciences Team (SBST) 팀을 설립하여 정책 결정에 행동과학적 접근을 적극적으로 도입했다.

마지막으로 넛지는 사소한 개입으로 사람의 행동을 바꾸는 기술인만큼, 사용에 있어서 주의가 필요하다. 이 개념을 처음으로 소개한 리처드 탈러와 캐스 선스타인은 넛지의 효용성을 인정하는 동시에 이를 윤리적으로 사용하는 것의 중요성을 강조하였다. 즉, 사회에 긍정적인 이익을 줄 수 있는 좋은 넛지를 해야 하며, 나쁜 넛지로 인해 사람들이 이후에 후회할 만한 결정을 내리지 않도록 주의해야 한다는 것이다. (리처드 탈러는 〈넛지〉에 누군가 사인을 요청할 때마다 간곡한 청을 담아 "좋은 목적을 위해 넛지해 주세요Nudge for good."라는 말을 덧붙였다고 한다.)

탈러는 넛지를 사용할 때 다음 세 가지 원칙은 꼭 지켜져야 한다고 말한다.

❶ 모든 넛지는 투명해야 하고, 절대로 상대방을 오도해서는 안 된다.
All nudging should be transparent and never misleading.

❷ 넛지에 참여하고 싶지 않다면 쉽게 빠져나올 수 있어야 한다. 마우스 클릭 한 번만으로 그렇게 할 수 있다면 가장 좋다.
It should be as easy as possible to opt out of the nudge, preferably with as little as one mouse click.

❸ 넛지를 통해 유도된 행동이 그 영향을 받은 사람들의 삶을 더 낫게 만든다고 믿을 만한 충분한 근거가 있어야 한다.
There should be good reason to believe that the behavior being encouraged will improve the welfare of those being nudged.

국가 정부는 넛지의 원칙을 활용한 정책 구현 시 그 원칙들을 철저히 이해하고 준수하려고 노력한다. 하지만 민간 분야에서는 그렇지 않은 경우가 많다. 기업들이 넛지라는 이름을 사용하면서도 부적절하거나 옳지 못한 전략을 채택하는 경우가 종종 있다.

많은 사람들이 일상에서 흔히 접하는 구독 서비스가 대표적인 예이다. 여러 구독 기반 플랫폼들은 신규 사용자를 확보하기 위해 한 달 무료 체험 혹은 첫 달 이용권 할인을 제공하는데, 이를 받기 위해선 소비자가 신용카드 정보를 기입해야 한다. 첫 달이 끝나면 이 정보를 기반으로 자동적으로 정규 구독으로 전환되는데, 이 사실은 이용약관에만 아주 작은 글씨로만 명시되어 있다. 뿐만 아니라 구독 해지 절차를 복잡하게 만들어 놓아 이런 상황을 유지하도록 유도하는 구독 플랫폼들도 존재한다.

이런 형태의 부정적인 넛지 활용은 일상에서 쉽게 찾아볼 수 있으며, 많은 기업들이 소비자의 이익보다는 순전히 자신들의 이익만을 위해 이를 이용한다. 기업 마케팅에서 넛지가 널리 활용되는 만큼, 소비자는 이러한 유혹을 인식하고 저항할 필요가 있다. 우리가 '한 달 무료 체험'과 같은 제안을 더 주의깊게 살피고 이용하지 않으려 한다면 기업들은 이러한 전략을 사용하는 것을 자제하게 될 것이다. 그 반대로, 소비자의 입장을 고려하여 행동하는 기업이 소비자들에게 인정받고 보상받게 된다면, 이런 기업들은 시장에서 더욱 두각을 나타내며 발전할 수 있으며, 우리가 선택할 수 있는 옵션들도 더욱 개선될 것이다.

알아두면 쓸모있는 경제 지식 두 마리 토끼 잡기 : 폭스바겐의 Fun Theory

폭스바겐의 'Fun Theory'란?

사람들의 행동을 더 나은 방향으로 이끌면서도, 재미를 추구할 수 있을까? 폭스바겐의 재미 이론은 넛지의 대표적인 사례이자, 성공적인 마케팅과 사회의 긍정적 변화를 함께 달성한 사례이기도 하다.

2000년대 초 폭스바겐은 녹색 혁명에 큰 잠재력을 보고, 전기 자동차 및 연비 향상 기술을 개발하여 'BlueMotion'이라는 모델을 만들었다. 그러나 당시 초기 모델의 효율성과 자율성은 탁월하지 않았으며, 사람들은 에너지 효율적인 차량과 전기차를 사려고 하지 않았다.

그래서 폭스바겐은 BlueMotion 기술을 홍보하기 위해 야심찬 마케팅 캠페인 프로젝트를 시작했다. 이들은 직접적으로 자동차의 성능을 홍보하기보다, 한 가지 이론에 대한 실험을 진행해보기로 결정했다. 그것은 특정 활동을 더 재미있게 만들어 사람들의 행동을 바꾸는 것이었다. 폭스바겐 측은 사람들이 운전을 하면서도 가스 배출량을 줄여 환경에 긍정적인 영향을 미칠 수 있음을 알리고 싶었고, 또 이를 통해 운전의 즐거움과 기쁨을 포기하지 않아도 된다는 것을 홍보하고자 하였다.

그것이 바로 스웨덴의 한 광고회사 'Nord DDB'와 함께 설계한 "Fun Theory"라는 캠페인이다. Fun Theory 캠페인은 2009년 부드럽고 또 재미있는 개입을 통해 사람들의 행동을 긍정적으로 바꾼 모습을 담은 세 개의 짧은 영상 시리즈로 시작되었다. 이 영상은 인터넷을 통해 순식간에 퍼졌고, 폭스바겐에게 예상치 못한 인기를 가져다주었다.

첫 번째 Fun Theory : Piano Staircase (피아노 계단)

첫 번째 실험에서 이들은 지하철역에서 사람들이 에스컬레이터 대신 계단을 이용하도록 독려하려고 했다. 이를 위해 폭스바겐 팀은 에스컬레이터 옆에 일반적인 계단 대신 피아노 건반 형태를 가지면서, 센서를 통해 사람들이 오르내릴 때 마다 피아노와 똑같은 소리를 내는 계단을 설치했다. 곧 많은 사람들이 즐거운 마음으로 계단을 이용하게 되었고, 에스컬레이터 대신 계단을 이용하는 사람은 66%나 증가했다. 계단 오르기를 게임처럼 만듦으로써 폭스바겐은 사람들의 행동을 바꾸는 동시에 브랜드와 창의성을 홍보할 수 있었다.

두 번째 Fun Theory : The World's Deepest Bin (세상에서 가장 깊은 쓰레기통)

두 번째 실험에서 폭스바겐은 더 많은 사람들이 쓰레기를 길거리가 아닌 쓰레기통에 버리도록 만들고 싶어 했다. 이를 위해 고안한 창의적인 아이디어는 쓰레기통에 사람들의 관심을 이끄는 센서와 스피커를 설치하는 것이었다. 폭스바겐 팀은 사람들이 쓰레기통에 쓰레기를 넣으면 이를 센서가 감지하고, 스피커에서는 무언가가 깊은 곳에 떨어지는 소리가 흘러나오게 만들었다. 소리를 들은 사람들은 쓰레기통 주변에 모여 어디서 소리가 나오는지 알아보려 하거나, 심지어 쓰레기통 주변의 쓰레기를 주워 버리며 다시 소리를 들어보려고도 했다. 이 매력적인 쓰레기통은 하루 동안 72kg의 쓰레기를 수집할 수 있었는데, 이는 인근의 일반 쓰레기통보다 41kg이나 더 많은 양이었다.

이 캠페인을 통해 폭스바겐은 사람들의 흥미를 유발하는 소리를 만드는 것만으로 사람들이 쓰레기를 제대로 버리도록 독려함과 동시에 환경을 생각하는 기업이라는 이미지를 소비자들에게 전달할 수 있었다.

세 번째 Fun Theory : Bottle Bank Arcade Machine (재활용 분리수거 게임)

폭스바겐의 다음 목표는 더 많은 사람들이 재활용 분리수거함을 이용하도록 만드는 것이었다. 이들은 이를 위해 아케이드 게임과 재활용 분리수거함을 결합시켜 불빛, 음악, 점수판이 있는 아케이드 게임 스타일의 병 은행 기계를 만들었다. 이 기계는 아케이드 게임과 같았다. 사람들이 시작 버튼을 누르고 기계의 구멍에 병을 넣으면, 음악이 흘러나오고 점수판에 점수가 올라가는 방식이었다. 폭스바겐 팀은 재활용을 게임처럼 만들어 사람들이 병을 재활용하려고 오게 함으로써, 브랜드의 창의성과 친환경적 접근 방식을 홍보할 수 있었다. 결과 또한 성공적이었다. 인근의 기계가 두 번 이용될 때, 이 Bottle Bank Arcade Machine은 백여 명의 사람들에게 이용되었다.

Fun Theory Award : The Speed Camera Lottery (속도 측정기 복권)

세 번의 성공적인 캠페인 이후, 폭스바겐은 약간의 변화를 준 채 계속해서 Fun Theory를 진행하기로 결정했다. 사람들의 행동을 변화시키기 위해 고안된 재미있는 제품을 발명하도록 장려하기 위해 아이디어 경진대회인 'Fun Theory Award'를 개최한 것이다. 이 아이디어 경진대회는 사람들에게 큰 호응을 얻었다. 총 35개국 700여건의 아이디어가 접수되었고, 사람들은 Fun Theory에 대해 엄청난 관심을 갖게 되었다.

700여건의 아이디어 중 우승을 차지한 것은 미국에 거주하는 케빈 리차드슨(Kevin Richardson)의 "The Speed Camera Lottery (속도 측정기 복권)"였다. The Speed Camera Lottery (속도측정기 복권)은 속도위반으로 모은 벌금을 복권의 형태로 만들어 속도를 잘 지킨 운전자들에게 상금으로 줄 수 있도록 한다는 것이였다. 처벌이 아닌 포상을 통해 사람들이 운전법규를 지키도록 유도한 이 아이디어는 2011년 칸 광고제에서 수상하는 영예를 맞기도 했다.

폭스바겐은 스웨덴 도로안전협회(The Swedish National Society for Road Safety)의 도움을 받아 스톡홀름의 한 학교 앞에서 실제로 이 혁신적인 아이디어를 실험하였다. 제한 속도 30Km/h의 도로의 한가운데 속도 측정기와 카메라를 설치하고, 이보다 낮은 속도로 달린 자동차의 차주에게 차량번호를 찍은 이미지와 속도를 표시한 복권을 축하 메시지와 함께 보내주었다. 복권이 당첨되면 상금이 지급되었고, 실제 3,000불의 상금을 타간 운전자도 있었다. 3일 동안 24,857개의 자동차가 속도 측정기를 지나갔으며 실험 전 평균 속도는 32km/h, 실험기간 동안의 평균 속도는 22% 감소한 25km/h였다.

즐거움은 분명히 더 좋은 방향으로 사람의 행동을 바꿀 수 있다.

폭스바겐이 진행한 모든 캠페인의 공통점은 사소한 아이디어 하나로 많은 사람들의 행동을 변화시켰다는 것이다. 그리고 그것이 바로 '넛지'의 핵심이다. 심지어 이들은 그 사소한 아이디어에 '즐거움'이라는 요소를 추가하여 실제로 행동을 바꾸는 사람들 또한 스스로 재미를 느꼈다.

폭스바겐은 재미있는 것처럼 간단한 것이 사람들의 행동을 더 나은 방향으로 바꾸는 가장 쉬운 방법이라고 생각하며 Fun Theory 캠페인을 이어나갔다. 캠페인 영상에서 이들은 이렇게 이야기한다.

"Fun can obviously change behaviour for the better. We call it the fun theory."

"모든 인간의 행동은 기회, 천성, 충동, 습관, 이성, 열정, 욕망의 일곱 가지 중 한 가지 이상이 그 원인이 된다."

– 아리스토텔레스–

Ⅳ 심리적 편향 정리 (1)

01 손실 회피

전망 이론에 대해 설명하면서 사람들은 똑같은 가치여도 얻을 때보다 잃을 때 더 큰 고통을 느끼는 손실 회피 성향 있다고 이야기했다. 손실 회피 성향은 행동경제학의 여러 연구에서 자주 연구되는 주제 중 하나이며, 이러한 손실에 대한 민감한 반응을 토대로 또 다른 여러 가지 심리적 편향이 나타난다. 그 중 하나가 소유 효과Endowment effect이다.

소유 효과는 자신이 소유한 대상의 가치를 남들이 객관적으로 합당하다고 여기는 가치보다 더 높게 평가하는 심리적 현상을 뜻한다. 어떤 대상을 '소유'하고 있는 현재 상황이 준거점이 되기 때문에 이를 팔거나 처분하는 것이 '손실'로 작용하기 때문이다.

따라서 이러한 소유 효과는 자신에게 손실로 작용할 만큼 애착이 있는 대상에게 주로 나타난다. 예를 들어 그것은 자신이 좋아하는 가수의 앨범이 될 수도 있고, 누군가에게 선물 받은 신발이나 작은 엽서 같은 것이 될 수도 있다. 이는 즉, 소유 효과가 보통의 보편적인 거래에서는 나타나지 않는다는 것을 시사하기도 한다. 과일가게에서 과일을 사고팔 때, 과일가게의 주인은 자신의 과일을 소유물로 생각하지도 않을뿐더러 돈을 받고 과일을 판매할 때 손실이라고 생각하지 않는다.

대니얼 카너먼과 리처드 탈러는 소유 효과를 검증하기 위해 대학생들을 대상으로 재미난 실험을 진행했다. 이른바 '머그컵 실험'이다. 연구진은 한 집단의 학생들에게는 대학 로고가 새겨진 머그컵을 나눠주었고, 다른 집단의 학생들에게는 현금으로 교환 가능한 토큰을 줬다. 그리고 컵을 받은 집단에게는 그 컵을 얼마에 팔 것인지를 물었고 토큰을 받은 집단에게는 컵을 얼마에 구매할 것인지를 물었다. 놀랍게도 판매자들이 제시한 평균 가격이 구매자들이 제시한 평균 가격보다 약 두 배나 더 높았다. 컵을 소유함으로써 이미 자신이 소유한 물건을 포기하고 싶지 않다는 마음이 가격에 반영된 것이다.

소유 효과는 마케팅 전략이나 일상생활에서 자주 접할 수 있다. 예를 들어 자동차를 구매할 때 판매자가 기본 모델의 가격을 먼저 알려주고 풀 옵션의 가격을 나중에 얘기할 때보다, 풀 옵션 가격을 먼저 제시하고 기본 모델의 가격을 나중에 알려주는 방식을 택할 때 일반적으로 구매자의 구입 가격이 더 높게 나타난다. 풀 옵션을 먼저 제시함으로써 구매자는 이를 준거점으로 삼게 되고, 옵션을 빼는 것을 손실로 생각하게 되기 때문이다.

또한 많은 회사가 제품을 판매할 때 '마음에 들지 않으면 몇 개월 내에 반품 가능'이라는 조건을 붙이는 것도 비슷한 이유이다. 소비자는 이런 제안에 따라 제품을 사용해 보고 결정을 내릴 수 있을 것으로 생각하여 제품을 구매하게 된다. 하지만 제품을 며칠 사용하면서 소유 효과가 작용하게 되고, 심지어 제품이 완벽하게 만족스럽지 않아도 그것이 충분히 사용 가능하다고 판단하게 되어 제품을 계속 사용하게 되는 경우가 많다.

마지막으로, 이러한 소유 효과와 손실 회피 성향이 결합되어 나타나는 편향 중 하나가 '현상유지편향Status quo bias'이다. 이 개념은 경제학자 윌리엄 새뮤얼슨Paul Anthony Samuelson과 리처드 제크하우저Richard Jay Zeckhauser가 1988년에 쓴 논문에서 처음 소개했다. 현상유지편향은 말 그대로 현 상태 혹은 기존 결정을 그대로 유지하는 의사결정을 말한다.

이 현상유지편향은 손실 회피와 후회 회피라는 두 가지 심리적 요소에 기반을 두고 있다. 손실 회피는 앞서 설명했다시피 똑같은 이득과 손실에도 이득보다 손실을 더 크게 체감하는 것을 말한다. 그렇기 때문에 어떤 선택으로 인해 발생할 잠재적인 손실을 회피하기 위해 오히려 최소한의 현상을 유지하려는 결정을 하게 되는 것이다. 후회 회피는 잘못된 선택을 한 후 느끼는 후회의 감정을 최소화하려는 경향을 말한다. 이를 통해 사람들은 최악의 결과를 고려하고, 그로 인해 발생할 수 있는 부정적인 감정을 최소화하는 선택을 한다. 이러한 행동은 현 상황을 선호함으로써 후회를 줄이는 현상유지편향을 가져온다.

브랜드에 대한 높은 충성도는 이러한 현상유지편향을 보여주는 대표적인 예이다. 충성도가 높은 고객은 경쟁사나 다른 기업의 제품을 새롭게 시도하였을 때의 불확실성(후회와 손실) 때문에 현재 자신이 잘 알고 있는 기업의 제품을 계속 이용하려는 경향을 보인다. 따라서 많은 기업들은 소비자를 선점하기 위해 많은 노력을 기울인다. 정치 선거에서 현직 후보가 도전자보다 이길 가능성이 더 큰 것도 비슷한 원리라고 볼 수 있다. 특히 경쟁후보가 많아질수록 현직자에게 더 많은 이점이 생긴다.

02 기준점 효과

행동경제학자 카너먼과 트버스키는 사실과 전혀 상관없는 아무 의미 없는 숫자가 사람들의 판단에 어떤 영향을 미치는지 살펴보기 위해 실험을 진행했다. 그들은 1에서 100까지의 숫자가 적힌 돌림판을 준비한 뒤, 피실험자들에게 돌림판을 돌려 나온 숫자를 적게 했다. 그리고 나서 그들은 유엔에 포함된 아프리카 국가들의 수가 얼마나 될지를 추측해보게 했다. 당연히 돌림판에서 나온 숫자는 앞의 질문과 전혀 무관하기 때문에 피실험자들은 이 숫자를 무시해야 마땅했다. 그러나 피실험자들은 자신이 돌림판에서 본 숫자와 가깝게 유엔에 있는 아프리카 국가 수를 대답했다. 원래 주어진 숫자에 편향을 보인 것이다.

이를 기준점 효과Anchoring effect라고 말한다. 배가 닻Anchor을 내려 정박했을 때 닻의 주변 외에는 움직일 수 없는 것처럼, 처음 머릿속에 들어온 정보가 정신적인 닻으로 작용해서 이후의 합리적인 판단에 영향을 미치는 것이다. '닻내림 효과'라고도 한다.

이러한 실험도 있다. 15년 이상의 경력을 가진 독일 판사들에게 한 여성이 가게에서 물건을 훔치다 체포된 사건에 대한 글을 읽힌 뒤, 3 또는 9가 나오도록 조작된 주사위 한 쌍을 던지게 했다. 주사위가 멈추면 판사들은 그 여성에게 주사위의 결과보다 긴 징역을 선고할지, 짧은 징역을 선고할지를 결정해야 했다. 마지막으로 판사들은 이 여성에게 얼마나 오랜 기간 동안의 징역형을 선고할 것인지를 명시하라는 지시를 받았다. 그 결과, 주사위의 결과가 9인 판사들은 평균적으로 8개월의 징역형을, 결과가 3인 판사들은 5개월의 징역형을 선고했다. 주사위에서 나온 숫자가 기준점으로 작용한 것이다.

심리 현상 중에서 대부분은 실험을 통해서는 관찰할 수 있지만 실질적으로 측정할 수 있는 것은 드물다. 그러니 기준점 효과는 실제로 측정이 가능하며, 일상생활에서도 자주 볼 수 있는 현상이다. 대표적인 것이 '수량 한정 판매'이다.

마트나 빵집 등에서 인기가 많은 제품의 수량을 한정해서 판매하는 것은 효과적인 마케팅 전략이 될 수 있다. 똑같은 제품이라도 수량 제한이 없을 때보다 '1인당 10개 한정'이라는 문구가 붙어있을 때 제품이 더 많이 팔리는 경향이 있다. 물론 이는 기준점 효과 때문만은 아니라, 수량이 제한되면 상품이 금방 소진되어 버릴 것 같은 부담감을 만들어내어 소비자를 조급하게 만들기 때문도 있다. 그러나 '10'이라는 숫자가 임의로 선택된 것이라 해도 이 숫자는 기준점 역할을 하여 사람들의 구매 결정에 영향을 미친다.

특히 거래나 협상 과정에서는 기준점 효과가 빈번하게 활용되며 이를 이용하는 사람들도 많다. 첫 가격을 제시하는 사람이 높은 가격을 제시하면 그 높은 가격이 기준점이 되어 해당 가격 주변에서 협상이 이루어지게 되는 것이다. 따라서 가격 협상 시에는 처음에 가격을 제시하는 사람이 유리한 위치에 있다. 카너먼은 상대방이 비합리적인 제안을 하면, 그에 동등하게 비합리적인 제안으로 대응하여 나중에 줄일 수 없는 차이를 만들어서는 안 된다고 권고했다. 대신 어떻게든 상황을 조정하거나, 협상을 중단하는 등 상대방 뿐만 아니라 보인 스스로에게도 상대방의 제시 가격으로는 협상을 이어가지 않겠다는 것을 명확히 해야 한다.

심리학자인 애덤 갈린스키Adam Galinsky와 토마스 무스바일러Thomas Mussweiler는 협상 과정에서 기준점 효과의 영향을 받지 않기 위한 더욱 세밀한 전략을 제안했다. 이들은 협상하는 동안에 집중력을 유지하고 기억을 되짚어 기준점과 반대되는 주장을 찾으라고 조언하였다. 예컨대, 협상에서 두 번째로 제안하는 사람이 상대방이 수용할 만한 최소한의 제안에 초점을 맞추거나, 협상이 결렬될 경우 상대방이 부담해야 하는 비용에 주목한다면 기준점 효과는 감소하거나 완전히 사라질 수 있다. 이와 같은 의도적으로 '반대로 생각하기' 전략은 기준점 효과가 나타날 수 있는 생각을 흐트러트리기 때문에 기준점 효과를 완화하는 데 유용한 수단이 될 수 있다.

03 틀짜기 효과

틀짜기 효과 Framing effect는 똑같은 정보라 하더라도 이를 제시하는 방법이 다르면 사람들의 선택이나 판단이 달라지는 현상을 말한다. 즉, 동일한 상황을 어떻게 제시하느냐에 따라 그 상황에 대한 인식과 의사결정, 그리고 그 이후의 결과가 다르다.

이러한 틀짜기 효과에 대해 처음으로 인지한 학자는 카너먼과 트버스키다. 이들은 틀짜기 효과와 함께 긍정적인 표현과 부정적인 표현을 사용할 때 어떤 결정을 내리는가를 확인하기 위해 실험을 진행했다. 먼저 참가자를 두 그룹으로 나누고, '600명이 어떤 치명적인 질병에 걸렸다고 가정할 때, 다음의 두 가지 치료법 중 이들을 살리기 위해 어떤 것을 선택할 것인가?'라는 질문에 답하도록 했다.

첫 번째 그룹은 '200명을 살리는 A 치료법'과 '환자 전체가 살 확률이 3분의 1, 한 명도 살리지 못할 확률이 3분의 2 B 치료법' 중 하나를 선택해야 했다. 실험 결과, 첫 번째 그룹 중 72%가 A 치료법을 선택했다. 두 번째 그룹은 '400명이 사망하는 C 치료법'과 '한 명도 사망하지 않을 확률이 3분의 1, 모두가 사망할 확률이 3분의 2인 D 치료법' 중 하나를 선택해야 했다. 그 결과, 두 번째 그룹 중 78%가 D 치료법을 선택했다.

사실 위의 실험에서 언급한 모든 치료법은 '600명 중 200명이 살 수 있다'는 결과를 가지고 있다. A, B 치료법과 C, D 치료법은 '산다'는 긍정적인 표현과 '죽는다'는 부정적인 표현만이 다를 뿐이었다. 그럼에도 불구하고 어떤 표현을 쓰느냐에 따라 사람들의 선택은 완전히 달라졌다.

이를 전망 이론을 이용해 설명하자면, 첫 번째 그룹과 두 번째 그룹의 준거점이 다르기 때문이라고 볼 수 있다. 첫 번째 그룹은 600명이 사망하는 상황을 준거점으로 채택한다. 따라서 이들에게는 A, B 두 치료법은 모두 준거 상태보다 더 나은 선택지이며, 위험을 회피하기 위해 불확실한 이득보다 확실한 이득을 선택하게 된다. 반면, 두 번째 그룹은 아무도 죽지 않는 상황을 준거점으로 채택한다. 이들에게는 준거상태가 최선의 상황이며 C, D 치료법 모두 준거 상태보다 손실인 선택지이다. 그렇기 때문에 이들은 확실한 손실보다 불확실한 도박을 선택하게 되는 것이다.

일상에서 볼 수 있는 틀짜기 효과의 예로 가장 많이 언급되는 것이 생존확률이다. '수술 후 생존 확률이 90%'라는 말과 '수술 후 사망 확률이 10%'라는 말은 결국 같은 말이지만, 듣는 이로 하여금 똑같은 감정을 불러일으키지는 않는다. 대부분의 사람들이 전자의 말에 더 안심할 것이다. 비슷하게, '지방 10퍼센트를 포함한 햄'과 '90퍼센트의 지방을 제거한 햄' 중 어떤 문구에 더 끌리는가? 두 햄은 결국 똑같이 지방을 10퍼센트 포함한 햄이지만 대부분의 사람들은 후자의 문구를 더 선호할 것이다.

"화 났을 때는 아무 일도 하지 말라. 하는 일마다 잘 못 될 것이다."

– 발타사르 그라시안(Baltasar Gracian) –

V 심리적 편향 정리 (2)

01 확증 편향

편향은 어떤 사건이나 주제에 대해 가지고 있는 믿음이나 생각이 새로운 정보를 인식하거나 주장을 논리적으로 펴낼 때, 또는 의사결정을 내리는 데 영향을 주는 것을 말한다. 사람들은 모두 여러 가지 편향을 가지고 있으며, 그 중에서도 확증 편향은 비판적 사고를 방해하는 주요한 예시로 꼽힌다.

확증 편향Confirmation bias은 문제해결 과정에 있어서 자신의 신념과 일치하거나 선호하는 가설을 지지하는 정보만 선택적으로 취득하고, 그에 반하는 정보는 무시하는 경향을 의미한다. 즉 쉽게 이야기하자면, 보고 싶은 것만 보고 듣고 싶은 것만 듣는다는 것이다. 새로운 휴대폰 모델이 출시되었을 때 '휴대폰을 바꾸고 싶다'는 생각을 전제로 의사결정을 내리기 시작하면, 현재 가지고 있는 휴대폰에 대해서는 단점만을 찾게 되고, 바꾸고 싶은 휴대폰에 대해서는 장점만을 찾게 된다. 휴대폰으로 예를 들었지만, 이처럼 이미 마음을 먹은 상태에서 자신이 내릴 의사결정을 합리화하기 위해 필요한 정보만을 활용하는 경험은 모두에게 한 번쯤 있을 것이다.

그렇다면 이러한 확증 편향은 인간에게 왜 나타나는 것일까? 이를 밝혀내기 위해 심리학자이자 행동경제학자인 대니얼 사이먼스Daniel Simons와 크리스토퍼 샤브리스Christopher Chabris는 재미있는 실험을 진행했다. 그들은 흰색 유니폼과 검정색 유니폼을 입은 사람들이 농구공을 패스하는 모습을 촬영했다. 그 다음으로 실험 참가자들에게 화면에서 흰색 유니폼을 입은 팀이 몇 번이나 패스하는지 세어보라는 지시를 내렸다. 이 동영상에서 선수들이 끊임없이 공을 패스하고 있어서 실험 참가자들이 흰색 유니폼을 입은 선수들의 패스만 세는 것은 그리 쉬운 일이 아니었다. 그러나 사실 이 실험의 실질적인 목표는 참가자들이 농구공을 패스하는 사람들 중에서 고릴라 인형을 입은 사람을 인지할 수 있는지를 확인하는 것이었다. 일반적으로 동영상을 보는 이들이 체육관에 갑작스럽게 나타난 거대한 고릴라 인형을 놓치지 않을 것이라고 생각할 것이다. 심지어 실험에서는 큰 고릴라 인형이 화면 중앙을 지나가며 가슴을 두드리는 동작까지 했다. 그런데도 불구하고 실험 참가자들 중 40% 이상이 흰색 유니폼을 입은 사람들의 패스 횟수를 세는 데에 몰두하여 화면에서 고릴라를 놓쳤다고 답했다.

이처럼 사람은 어떤 문제를 해결하기 위해 집중하게 되면 많은 정신적 에너지를 쏟아야하기 때문에, 그것 외에 다른 사항들은 간과하게 된다. 즉, 어떤 일에 많은 에너지를 소비하여 피곤해진 뇌가 '원하는 것만 보고, 원하는 것만 듣게 될 수 있다'는 것이다. 또한 개인이 살아 온 경험을 바탕으로 쌓은 신념이나 가치관을 바꾸고 싶어 하지 않는 보수적인 태도 역시 확증 편향에 빠지게 만드는 요인이 될 수 있다. 새로운 정보, 그 중에서도 자신의 주장과 상충하는 정보를 받아들이고 자신의 생각을 수정하는 것은 많은 정신적 에너지를 필요로 하기 때문이다. 편안함을 추구하는 우리의 뇌는 이처럼 가치관을 재정립해야 하는 혼란스러운 상황을 피하고자 하며, 이에 따라 이미 가지고 있는 생각을 일관성 있게 유지하려고 노력한다.

확증 편향이 심할수록 자신에게 유리한 정보만 취득하고 불리한 정보는 무시함으로써 자신의 논리를 정당화하여 심리적 안정을 얻을 수는 있지만, 이는 상황을 정확하게 판단하거나 다른 사람과 소통할 때 문제를 일으킬 수 있다. 특히 최근에는 인터넷과 정보통신기술의 발달로 인해 무수한 정보를 쉽게 얻을 수 있고, 개인의 관심사에 최적화된 정보를 추천해주는 서비스가 많이 쓰이고 있기 때문에, 사람들은 예전보다 훨씬 더 자신이 원하는 정보만을 취득하기 좋은 환경에 놓여 있다. 더욱이 사람들의 관심을 끌기 위해 검증되지 않은 정보를 바탕으로 한 '가짜 뉴스'가 생산되어 소셜 미디어를 통해 확산되고 있다.

이러한 상황에서 확증 편향으로 잘못된 자기 정당화에 빠지지 않기 위해서는 우선 가장 먼저 '내게 편견이 있을 수 있다'는 사실을 인정하는 자세가 필요하며, 자신이 얻은 정보와 생각을 검증할 객관적이고 공정한 기준을 설정해야 한다. 그러기 위해서는 자신과 반대되는 의견에도 호기심을 가지고 경청하여야 하며, 의도적으로 자신의 생각이나 결정의 문제점이나 이를 반박할 수 있는 증거를 찾아봐야 한다. 마지막으로 감정적인 상태에서는 결정을 내리거나 의견을 제시할 때 편향되기 쉽기 때문에 스트레스 받는 상황, 지친 상태, 화가 나거나 흥분된 상태에서는 가능한 판단을 내리는 것을 회피해야 한다.

02 심리적 계좌

2023년 최저시급은 9,620원이다. 이를 반올림하여 1만 원이라고 생각해보자. 당신은 어느 날, 1시간 동안 아르바이트를 하여 1만 원을 벌어 집으로 돌아가는 길에 1만 원을 주웠다. 똑같은 1만 원임에도 불구하고, 이 둘은 당신에게 같은 가치로 느껴지는가?

사람들은 돈의 지출과 수입을 관리하기 위하여 통장 계좌를 개설한다. 이 계좌들은 월급을 받는 계좌, 생활비 계좌, 비상금 계좌, 저축 계좌처럼 돈을 활용하는 목적에 따라 구분된다. 이처럼 필요한 돈을 계좌에서 꺼내 쓸 때는 나름대로 명확한 체계가 있다.

그러나 이러한 계좌는 은행을 통해 개설한 실제 계좌뿐만 아니라, 우리의 머릿속에도 존재한다. 사람들은 경제적 의사결정을 할 때 마음속에 나름의 계좌들을 설정해 놓고 이익과 손실을 계산하는데, 이러한 이익과 손실의 기준들이 매우 주관적인 틀에 의해 작동한다. 즉, 사람들은 똑같은 가치의 돈이라도 서로 다른 이름을 붙여 심리적으로 '구분'하려는 경향이 있는 것이다. 이를 '심리적 계좌Mental accounting'라고 한다. 2017년 노벨경제학상 수상자인 리처드 탈러가 정의한 행동경제학적 개념이다.

다음과 같은 상황에 처해있다고 생각하고 질문에 답해보자. 심리적 계좌를 더욱 잘 이해할 수 있을 것이다.

질문1) 한 공연을 보기 위해 공연장에 찾아갔다. 공연 티켓은 10만 원이다. 그러나 공연장에 가서 보니 결제를 위해 챙겨간 10만 원을 잃어버린 사실을 알았다. 그 자리에서 다시 10만 원을 지불하고 공연 티켓을 살 것인가?

질문2) 한 공연을 보기 위해 온라인으로 10만 원을 결제하여 티켓을 구매했다. 예매한 티켓을 챙겨 공연장에 갔다고 생각했는데, 가서 보니 그 티켓을 어딘가에서 잃어버린 것을 깨달았다. 현장에서 다시 10만 원을 주고 티켓을 살 것인가?

두 경우 모두 10만 원에 해당하는 가치를 잃어버렸으며, 공연을 보기 위해 20만 원을 지불해야 한다는 사실은 같다. 그러나 어떤 상황에서 공연을 위해 다시 10만 원을 지불하기가 더 꺼려지는가? 카너먼과 트버스키가 진행한 이와 비슷한 연구에서, 질문1에 해당하는 상황에서는 응답자 중 88퍼센트가 '다시 10만 원을 지불하고 공연 티켓을 사겠다'고 대답했으나, 질문2에 해당하는 상황에서는 46퍼센트만이 그러겠다고 대답했다.

이러한 차이는 '심리적 계좌'로부터 발생한 것이다. 질문1과 2의 상황에서 우리는 모두 심리적 계좌에 공연을 위해 쓰는 비용으로 10만 원을 넣어놓았다. 이를 편의상 '공연 계좌'라고 부르기로 하자. 질문1의 상황에서 잃어버린 현금 10만 원은 아직 쓰지 않았기 때문에 공연 티켓을 구매하기 위해 챙겨갔음에도 불구하고 심리적으로 '공연 계좌'에 들어있는 돈이 아닌 것처럼 인식된다. 그래서 '공연 계좌'를 열어 티켓을 다시 구입하는 데 거리낌이 없다. 반면, 질문2의 상황에서는 '공연 계좌'에 들어있는 10만 원을 이미 지불한 상태이기 때문에 다시 또 10만 원을 써서 티켓을 구매하는 것은 과도한 지출처럼 여겨진다.

여기서 우리는 심리적 계좌의 가장 큰 특징을 알 수 있다. 머릿속에서 정해진 목적을 위해 생성된 다양한 계좌는 서로 계좌 간의 이동이 쉽지 않다는 것이다. 이는 계좌에서 이득을 봤을 때도 마찬가지로 나타난다. 마음속에 새 태블릿PC 사기 위해 만든 '태블릿 계좌'가 있다면, 태블릿PC를 할인받아 더 싼 가격에 살 수 있다고 해서 이 계좌에 남은 돈을 다른 곳에 쓰는 것이 아니라, 오히려 더 좋은 사양의 태블릿PC를 구매한다던가, 태블릿PC와 같이 쓸 다른 전자제품을 사게 된다. 결국 손실이나 이익에 상관없이, 비슷하거나 같은 성격의 계좌 내에서만 돈을 쓰려는 심리적 편향이 존재한다는 것이다.

쉽게 얻은 돈과 어렵게 번 돈 중에서 쉽게 얻은 돈을 더 빨리 소진해버리는 것 또한 심리적 계좌로 설명할 수 있다. 합리적인 경제행위자라면, 길을 가다 주운 1만 원이든 아르바이트를 해서 벌어들인 1만 원이든 돈의 가치는 동일하다고 생각하며 이 둘을 같은 계좌에 넣을 것이다. 그러나 사람들은 길을 가다 주운 1만 원은 '쉽게 얻은 돈'으로 인식하여 이를 노동으로 얻은 1만 원과는 다른 계좌로 분류한다. 그리고 이 '쉽게 얻은 돈'은 어렵게 얻은 돈에 비해 보통의 소비 패턴과 다른 방식으로 소비하는 데 주저하지 않는다.

따라서, 일반적으로 소비를 많이 하지 않는 사람도 '쉽게 얻은 돈'이 있는 계좌를 이용할 때는 과소비하는 경향을 보인다. 투자에서는 높은 리스크를 감수하며, 소비할 때는 사치품이나 꼭 필요하지 않은 물건에 돈을 쓰는 것이다. 이는 결국 '쉽게 얻은 돈'만큼 더 쉽게 소비하게 된다는 것을 의미한다.

이와 같은 불필요한 소비를 막고 합리적인 의사결정을 하기 위해서는 내가 가지고 있는 돈을 의식적으로 심리적 계좌를 통해 구분하지 않도록 노력해야 한다. 특히 돈이 들어왔을 때, 이 돈이 횡재로 얻은 것이든 노동의 대가로 벌어들인 것이든 '내가 얻은 수익' 그 자체로 바라보는 것이 중요하다.

03 권위 편향

우리는 어떤 분야에 대해 깊은 지식과 통찰을 가지고 있는 사람을 '권위자'라고 표현한다. 이들은 오랫동안 끊임없이 연구를 진행하고, 많은 경험을 쌓았기 때문에 한 분야의 전문가로 많은 사람들에게 인정받는다. 실제로 어떤 분야의 권위자가 하는 주장이나 사실은 그 분야에 대해서는 신뢰할 수 있는 것이 대부분이다.

그러나 이러한 점 때문에 사람들은 잘못된 편향을 가지기도 한다. 권위 있는 사람의 의견이라면 설령 그 사람의 전문 분야가 아니라 하더라도, 또는 근거가 빈약하거나 논리에 허점이 보여도 별 의심 없이 쉽게 믿고 따르는 것이다. 예를 들어, 특정 분야와 전혀 관련이 없는 주제에 대한 질문에도 불구하고, '대학 교수'라는 타이틀을 가진 사람의 의견이 마치 정확한 것처럼 방송에서 소개되고 사람들은 이를 쉽게 수긍할 수 있다. 이것을 '권위 편향Authority bias'라고 한다. 권위 편향은 권위자처럼 '보이는' 사람들의 주장이나 의견을 쉽게 따른다는 점 때문에 '권위에 대한 호소 편향Appeal to authority bias'이라고 불린다.

권위 편향과 관련한 재미있는 연구도 있다. 심리학자 레오나르도 빅만Leonard Bickman은 뉴욕 브루클린의 거리에서 153명의 시민들을 대상으로 권위자처럼 보이는 사람이 일반 사람보다 사람들의 행동에 얼마나 더 많은 영향을 끼치는지에 대해 실험했다. 그는 경비원 복장Guard uniform을 한 사람, 우유 배달원 복장Milkman uniform을 한 사람, 유니폼을 입지 않은 사람을 설정하여 지나가는 시민에게 어떤 지시를 내렸을 때 얼마나 따르는가를 살펴보았다.

예를 들어, 실험자(위에서 언급한 세 단계의 권위자)가 보행자에게 다가가 주차 미터기에 서 있는 낯선 사람(협조자)에게 10센트를 주라고 지시한다. 그러면서 주차 미터기에 있는 사람이 잔돈이 없고 자신도 잔돈이 없기 때문이라고 설명한다. 이때 얼마나 많은 사람이 어떤 권위자의 말을 따를 것인가?

89퍼센트의 참가자가 경비원의 지시를 따랐으며, 57퍼센트의 참가자가 우유 배달원의 지시를 따랐다.

유니폼을 입지 않은 사람의 지시를 따른 사람은 33퍼센트밖에 되지 않는다. 이는 그는 보편적으로 사람들은 민간인보다 제복Uniform을 입은 사람에게 더 큰 사회적 권한을 부여하는 경향이 있다는 점을 보여준다.

최근 홍보 및 광고 채널로 소셜 미디어가 활발히 이용되면서 과대광고, 허위광고에 노출될 확률이 더욱 높아졌다. 예컨대 의사나 약사가 아님에도 불구하고 가운을 입고 나와서 전문적인 단어와 제품과 관련된 연구 결과를 언급하며 제품의 효과에 대해 설명하고 구매를 유도하는 것이다. 이렇게 흰 가운과 같이 권위자를 상징하는 모습으로 신빙성이 있어 보이는 근거를 제시하면 사람들은 쉽게 현혹되어 합리적으로 생각하지 않고 제품을 구매하기 쉽다. 이러한 권위 편향을 극복하기 위해서는 주어진 환경이나 상황을 직접 조사하는 사실 확인 과정이 필요하며, 다른 신뢰할 수 있는 자료나 전문가가 있는지 확인하고 비교 분석하는 자세를 가져야 한다.

Case Study

코카콜라를 통해 알아보는 현상유지편향

현상유지편향의 대표적인 사례로는 1985년 코카콜라가 야심차게 선보인 신제품 'New Coke(뉴 코크)'를 들 수 있다.

1985년 업계 1위를 차지하고 있던 코카콜라는 새로운 도전을 감행한다. 당시 코카콜라의 주가는 떨어지고 있었고, 경쟁사인 펩시와 다이어트 음료 회사들이 공격적인 마케팅으로 시장 점유율을 빠르게 확장하고 있었기 때문이다. 이로 인해 코카콜라에 대한 소비자들의 인지도와 선호도는 점점 떨어지고 있었으며, 회사는 이를 그대로 두면 그동안 지키고 있던 1위 자리를 잃을 수도 있다는 위기감을 느끼게 되었다.

이런 시장 상황에 대응하기 위해, 코카콜라의 경영진은 적극적인 행동을 취하기로 결정했다. 이전의 콜라를 리뉴얼하여 새로운 콜라를 개발하는 것이었다. 사람들의 기호와 입맛이 변화하고 있다면, 코카콜라도 그 변화에 맞춰야 한다는 것이 그들의 생각이었다.

물론 1886년부터 99년간 지켜온 레시피를 단번에 바꾸는 것은 회사에게도 매우 큰 결심이 필요한 도전이자 위험한 일이었다. 이에 회사는 더욱 심도 있는 시장 조사를 진행했고, 20만 명의 소비자들을 대상으로 신제품 블라인드 테스트도 진행했다. 테스트를 통해 소비자들이 기존의 코카콜라나 다른 경쟁사 제품보다 '뉴 코크'를 더욱 선호한다는 결과가 나오자 회사는 신제품에 대한 확신을 가지게 되었다. 본격적인 제품 출시를 위해 이들은 캔의 디자인을 바꾸고, 공식 기자회견을 개최하고, 대규모 광고 캠페인을 열어 신제품의 성공을 위해 돈을 쏟았다.

그러나 '뉴 코크'의 출시는 예상과는 달리 대실패로 끝이 났다. 전문가들, 테스트 참가자들, 경영진들이 모두 성공할 것이라고 확신하였지만, 실제 소비자들은 '뉴 코크'를 거부한 것이다. 불만을 표하는 수많은 전화와 항의 편지가 회사에 도달했으며, 처음에는 호의적이었던 비평가들까지도 코카콜라의 이런 시도를 비난하였다. 기존 코카콜라를 더 이상 구매할 수 없다는 불안감에 사재기를 하는 사람도 있었으며, 심지어 집 지하실을 기존의 콜라로 가득 채우는 사람들도 생겨났다.

테스트 결과를 통해서 알 수 있듯이, 실제 모든 지표에서 오리지널 코카콜라보다 새로운 콜라에 대한 반응이 객관적으로 더 좋았다. 그러나 소비자들이 다른 경쟁사 제품이 아닌 코카콜라를 선택하는 이유는 맛 때문만이 아니었다. 새로운 제품과 기존 제품 간의 차이가 분명해지자, 새로운 것에 대한 거부감과 익숙한 것을 고수하려는 성향이 두드러지게 나타나게 된 것이다.

1985년 7월 11일, 당시 코카콜라 회장이었던 돈 키오Don Keough는 기자회견을 열어 기존의 코카콜라를 '코카콜라 클래식(Coca-Cola Classic)'이라는 이름으로 다시 생산하겠다고 발표했다. 뉴 코크를 출시한 지 정확히 79일 만이었다. 그 후 뉴 코크는 '코크 2(Coke Ⅱ)'라는 이름으로 바뀌었으나, 결국 1992년에 단종되고 말았다.

단원 요약

- 행동경제학은 인간의 합리성에는 한계가 있다는 것을 전제로, 인간의 의사결정을 경제학적 관점과 더불어 심리학적, 사회학적 시각에서 설명하는 경제학의 한 분야이다.
- 전망 이론은 경제학의 '기대효용이론'을 바탕으로 하되, 인간의 합리성을 가정하지 않고 현실에서 어떤 식으로 위험 부담이 따르는 선택을 하는지를 설명한다.
- 전망 이론을 통해서 우리는 두 가지 통찰을 얻을 수 있다. 첫째, 이익과 손실이 뒤섞인 선택에서 손실이 이익보다 두 배는 더 크게 느껴지기 때문에 사람들이 위험을 극도로 회피하는 선택을 한다. 둘째, 확실한 손실과 확실하지 않지만 그보다 더 큰 손실을 비교해야 하는 선택에서 사람들이 위험을 감수하는 이유는 확실한 손실의 고통이 확실하지 않은 더 큰 손실의 고통보다 크기 때문이다.
- 넛지는 강압적이거나 강제적이지 않게 타인의 선택을 어떠한 방향으로 유도하면서도, 선택의 자유는 여전히 타인에게 맡기는 부드러운 개입을 말한다.
- 소유 효과는 자신이 소유한 대상의 가치를 남들이 객관적으로 합당하다고 여기는 가치보다 더 높게 평가하는 심리적 현상이다.
- 현상 유지 편향은 어떤 선택으로 인해 발생할 잠재적인 손실을 회피하기 위해, 잘못된 선택을 한 후 느끼는 후회의 감정을 최소화하기 위해 현 상태 혹은 기존 결정을 유지하려는 의사결정을 내리는 것을 말한다.
- 기준점 효과는 처음 머릿속에 들어온 정보가 정신적인 닻으로 작용해서 이후의 합리적인 판단에 영향을 미치는 것을 말한다.
- 틀짜기 효과는 똑같은 정보라 하더라도 이를 제시하는 방법이 다르면 사람들의 선택이나 판단이 달라지는 현상이다.
- 확증 편향은 문제해결 과정에 있어서 자신의 신념과 일치하거나 선호하는 가설을 지지하는 정보만 선택적으로 취득하고, 그에 반하는 정보는 무시하는 경향을 의미한다.
- 심리적 계좌는 똑같은 가치의 돈이라도 서로 다른 이름을 붙여 심리적으로 구분하려는 경향을 말한다.
- 권위 편향은 권위 있는 사람 혹은 권위자처럼 보이는 사람의 의견이라면 설령 그 사람의 전문 분야가 아니라 하더라도, 또는 근거가 빈약하거나 논리에 허점이 보여도 별 의심 없이 쉽게 믿고 따르는 경향을 의미한다.

토론 과제

1. 정책 설계에 있어 행동경제학을 활용할 때 고려해야 할 점에 대해 토의하라.
2. 주변에서 볼 수 있는 좋은 '넛지'의 사례와 나쁜 '넛지'의 사례에 대해 자유롭게 설명하라.
3. 현명한 소비 혹은 의사결정을 위해 우리는 어떤 태도를 가져야 할지 토론하라

연습 문제

다음 설명이 맞으면 T, 틀리면 F에 동그라미를 표시하여라.

1. 행동경제학은 인간의 합리성을 부정하며, 인간은 비합리적이라는 가정하에 이론을 제시한다. T / F
2. 허버트 사이먼은 현실의 인간은 가장 효율적인 상태인 '최적화'를 추구하는 것이 아니라, 개개인의 선호와 욕망 수준에 따라 이를 가장 충족시키는 최선의 대안을 선택하는 '만족화'를 추구한다고 주장하였다. T / F
3. 아모스 트버스키와 대니얼 카너먼은 전망 이론을 통해 베르누이의 이론이 잘못되었음을 밝혔다. T / F
4. 전망 이론은 사람들이 결과가 확실하지 않은 상황에서 선택을 할 때 결과가 가져다주는 '효용'이 가장 큰 것을 선택한다는 점에서는 기대효용 이론과 결을 같이하지만, 선택들의 효용을 비교하는 기준점인 '준거점'이 있다는 점에서 가장 큰 차이가 있다. T / F
5. 넛지를 사용할 때는 참여하고 싶지 않은 사람이 있다면 쉽게 빠져나올 수 있도록 설계해야 한다. T / F
6. 현상유지편향은 손실 회피와 후회 회피라는 두 가지 심리적 요소에 기반을 두고 있다. T / F
7. 기준점 효과는 상대방의 제안이 비합리적일 때, 그에 맞춰 동등하게 비합리적인 제안을 해야 상대방의 영향을 피할 수 있다. T / F
8. 확증 편향은 자신에게 유리한 정보만 취득하고 불리한 정보는 무시함으로써 상황을 정확하게 판단하거나 다른 사람과 소통할 때 문제를 일으키게 할 수 있다. T / F
9. 머릿속에서 정해진 목적을 위해 생성된 다양한 심리적 계좌는 서로 계좌 간의 이동이 쉽다. T / F

정답 1. F 2. T 3. F 4. T 5. T 6. T 7. F 8. T 9. F

디지털 경제

Chapter

12

"모든 정보는 디지털로 유통된다.

사이버공간에서는 정보의 흐름을 얼마나 극대화하느냐가 관건이다."

– 빌게이츠–

I 디지털 트랜스포메이션

01 디지털화의 정의

디지털화Digitalization란 아날로그 형태의 정보나 데이터를 디지털 형태로 바꾸는 과정을 말한다. 1990년대 인터넷의 보급으로 인해 시작된 디지털화는 이제 우리 삶에 친숙한 현상 중 하나이다. 이를 통해 우리는 컴퓨터나 스마트폰 같은 디지털 기기에서 정보를 쉽게 다룰 수 있게 되었고, 더 효율적이고 생산적으로 데이터를 관리하고 조작할 수 있게 되었다.

디지털화와 비슷한 용어로 디지털 전환이 있다. 디지털화는 디지털 전환과 종종 같은 의미로 쓰이지만, 두 용어는 본질적으로 다르다. 디지털 전환은 아날로그 정보를 디지털로 바꾸는 행위를 말하는 반면, 디지털화는 좀 더 광범위한 의미를 지니는 개념으로서 디지털 기술을 활용해 이전과 다른 비즈니스 모델을 개발하고 새로운 기회와 가치를 창출하는 것을 말한다. 다시 말해 디지털화란 디지털 형태로 표현된 정보를 활용하여 업무 과정을 간소화하고, 고객과의 연결을 강화하며, 새로운 디지털 비즈니스 구조를 창출하고, 기업의 모든 분야에 디지털 기술을 결합함으로써 일어나는 모든 변화 과정을 의미한다.

디지털화는 여러 가지 측면에서 우리의 일상생활을 바꾸어 왔으며, 또 앞으로도 바꿀 수 있다. 특히 아날로그 사회를 지나 디지털화를 몸소 겪어왔던 세대는 일하는 방법, 의사소통, 쇼핑, 심지어 사람들과 어울리는 방식까지 시간이 지남에 따라 크게 변화되었음을 느낄 수 있을 것이다. 이처럼 디지털화는 전자상거래, 디지털 마케팅, 원격근무, 교육 기술, 디지털 의료 등 다양한 분야에서 활용되어 디지털 경제의 성장을 주도하고 있다.

02 디지털 트랜스포메이션의 정의

디지털 트랜스포메이션은 아날로그 정보나 과정을 디지털로 변환하고, 이를 사회의 여러 분야에 적용하는 디지털화보다 한걸음 더 나아간 개념으로, 기존의 정보나 상품, 조직, 그리고 사회와 인간의 삶 자체까지도 새로운 디지털 기술로 변혁시키는 것을 포함한다. 한마디로 정리하자면 디지털화가 기존 세계를 온라인에서 구현하는 것이라면, 디지털 트랜스포메이션은 인터넷을 통해 완전히 새로운 세계를 구축하는 것이라는 의미이다. 따라서 디지털화는 기술적인 측면에 중점을 둔다면, 디지털 트랜스포메이션은 더 넓은 사회적 측면에서의 변화를 강조한다.

4차 산업혁명의 핵심 기술들은 단순히 정보를 디지털 형태로 전환하는 것 이상의 역할을 하고 있으며, 우리 삶의 전체적인 구조를 재편하고 있다. 특히 2020년부터 유행했던 코로나 바이러스는 이러한 변화를 더욱 가속화시켰다. 이제 원격 교육, 화상 회의, 온라인 쇼핑의 증가, 인터넷 금융 거래의 확장, 온라인 비즈니스 플랫폼의 발전 등을 통해 우리의 대부분의 생활 활동이 온라인에서 이뤄지고 있다. 온라인에서의 생활은 점점 더 일반화되고 있을 뿐만 아니라, 디지털 기술의 발전은 우리가 이전에는 상상하지 못했던 속도로 일상을 변화시키고 있다.

03 디지털 트랜스포메이션 대표 사례: 배달의 민족

디지털 트랜스포메이션이 일상생활을 재편하고 있다고 이야기하면 대단한 혁명처럼 느껴질 수 있지만, 사실 디지털 트랜스포메이션은 이미 진행되고 있으며 알게 모르게 우리의 일상과 밀접하게 관계를 맺고 있다. 간단한 예를 살펴보면, 디지털 트랜스포메이션의 영향력이 얼마나 광범위하게 우리 삶에 녹아있는지를 쉽게 이해할 수 있다.

온라인 배달 서비스가 큰 인기를 끌면서, 짧은 시간 안에 포장과 방문 서비스의 수요가 급증했다. 이에 따라 배달의 민족은 최근 사용자의 요구에 부응하여 앱을 재구성했다. 이런 변화는 온라인 배달을 간편하게 해주는 플랫폼 기술이 어떻게 우리의 일상을 바꾸고, 기업들이 이 변화에 어떻게 대응하고 있는지를 직접적으로 보여주는 사례이다.

2021년 말에 배달의 민족은 자사의 앱 메인화면에 포장 및 방문 메뉴를 새롭게 도입했다. 이러한 변화는 디지털 트랜스포메이션의 중요한 특성 중 하나인 '양방향성'을 잘 보여준다. 포장 및 방문 서비스에 대한 수요가 증가함에 따라, 이러한 트렌드를 반영하여 서비스를 더욱 활성화하기 위한 조치로 메인화면에 해당 메뉴를 추가한 것이다.

즉, 배달 플랫폼의 성장으로 인해 배달 서비스 수요와 함께 늘어난 방문 및 포장 서비스에 대한 요구를 충족시켜주기 위함이다. 또한 이미 성공한 배달 플랫폼을 통해 소비자들의 소비 패턴에 영향을 미치려는 전략이기도 하다. 이렇게 디지털화는 기술이 우리의 삶을 단순히 온라인으로 전환시키는 수동적인 과정이었다면, 디지털 트랜스포메이션은 기술과 사람들의 생활이 서로 상호작용하고 영향을 주고받는 능동적인 과정으로 볼 수 있다.

디지털 트랜스포메이션은 일상 생활의 모든 부분에 영향을 미치기 때문에 파급 효과는 말로 설명하기 어려울 만큼 광범위하다. 결국 디지털 트랜스포메이션의 핵심은 디지털화된 우리의 삶이 다시 새로운 기술에 영향을 받고, 그 영향으로 인해 이제는 삶의 방식이 바뀐다는 것이다. 즉, '디지털 혁신을 통한 사회 구조와 패러다임의 변화'라고 볼 수 있겠다. 심지어 이런 변화는 양방향이기 때문에 이제는 개인에게 맞춤화된 서비스를 제공할 수 있게 한다. 이에 따라 사용하기 편리하면서도 다양한 서비스를 제공하는 플랫폼들은 맞춤형 서비스를 사용자에게 제공하면서, 공간에 구애받지 않고 산업 간의 경계를 무너뜨리고 있다.

따라서 지금 일어나고 있는 디지털 트랜스포메이션은 크게 세 가지 주요 특성으로 요약될 수 있다. 첫 번째 특성은 비대면(언택트Untact)이며 두 번째 특성은 개인 맞춤형 서비스이다. 그리고 마지막 특성은 경계의 붕괴와 플랫폼화이다.

"디지털 격차로 인해 일본은 후진국이 될 위기에 처해있다."

– 손정의 –

II 디지털 경제

01 디지털 경제로의 전환

디지털화, 디지털 트랜스포메이션, 언택트, 메타버스 등의 표현은 일관되게 하나의 명확한 메시지를 전달한다. 우리 삶의 중심이 점점 더 온라인으로 이동하고 있다는 것이다. 경제는 이 변화에서 예외가 아니며, 디지털 경제로의 변환은 피할 수 없는 추세로 나타나고 있다. 전자상거래와 같은 온라인 상거래는 이미 삶의 일부가 되어 있지만 앞으로의 변화는 더욱 신속하고 격렬하게 이루어질 것으로 보이며, 경제는 이러한 디지털 트랜스포메이션의 파도를 더욱 강하게 느낄 것으로 예측된다.

안정되고 신뢰할 수 있는 디지털 연결은 사람, 조직, 그리고 기계 간의 상호작용을 확대하는 역할을 한다. 예를 들어, 인터넷의 보급이 늘어나면서 온라인 메신저를 이용한 대화가 가능해지자, 해외 유학 중인 학생이 한국에 있는 친구와 언제든 쉽게 대화할 수 있게 되었다. 과거에는 편지로 연락을 주고받아 일 년에 몇 차례에 불과했던 두 사람의 소통이 온라인 메신저 덕분에 이틀에 한 번 심지어 하루에도 여러 차례 이루어질 수 있게 된 것이다. 이것은 단순히 디지털화의 결과가 아닌 디지털 트랜스포메이션의 진정한 효과로 볼 수 있다. 기술의 발전이 둘 사이의 의사소통 빈도를 혁신적으로 증가시킨 것이다.

특히 코로나 팬데믹에 대한 대응 과정에서 인류는 이전에 경험하지 못한 새로운 사회적 행동 과 규범을 강제로 받아들여야 했다. 이로 인해 우리 사회는 새로운 변화를 감당해야 했으며 급격한 디지털 경제로의 전환을 경험했다.

02 디지털 경제를 구성하는 경제 환경

현재 세계가 직면한 디지털 경제는 산업화 이후 정체된 세계 경제에 새로운 성장의 기폭제로 여겨지고 있다. 20세기 선진국들인 영국, 프랑스, 독일, 일본은 21세기 들어서 1~2%의 저조한 성장률을 기록하고 있지만, 이러한 상황은 경제 규모가 커서 성장률이 낮은 것이라는 설명도 가능하다. 그럼에도 불구하고 디지털화를 선도한 미국은 4~5%대의 뛰어난 성장률을 보이고 있다는 사실은 단순히 경제의 크기 때문만은 아니라, 산업화 기반의 성장동력이 점차 약화되었다는 주장을 뒷받침한다. 2023년 현재 미국은 애플, 구글, 마이크로소프트, 아마존, 메타(페이스북)와 같은 세계적인 디지털 기업들을 거느리고 있으며, 이것은 디지털 경제가 성장의 중심축임을 확인시켜 준다.

빈부격차가 커지고 대부분의 선진국이 저성장에 빠진 상황에서 중국 경제와 같이 성장을 주도하던 경제도 성장이 멈춘 상황이다. 2022년에는 코로나 팬데믹까지 겹치면서 세계의 저소득층은 빈부격차 심화로 인해 생존 위기에 처해 있다. 또한 투자자본수익률Return on Investment(ROI)을 극대화하기 위해 자사주를 매입하고 자산을 유동화하는 등의 전략을 취한 기업들도 자금 부족으로 인한 위기에 직면해 있다. 세계 2차 대전 이후 급증하며 글로벌 경제의 성장을 주도했던 국제 공급망Global supply chain은 국경 폐쇄로 인해 기능을 상실하였다. 이러한 경제적인 어려움을 해결하기 위한 가장 간단하고 상식적인 방법은 코로나 이전의 경제 상황으로 회복하는 것으로 보인다.

그러나 혁신의 등장은 종종 반동을 일으키곤 한다. 특히 정치와 사회 분야에서 이 현상이 두드러진다. 이것은 일종의 작용 반작용의 원리와 유사하다고 볼 수 있는데, 물론 반드시 힘의 균형이 이루어지는 것은 아니다. 고려 시대 말, 공민왕의 개혁 정책이 무산되고 그가 피살당하면서 우왕이 10살의 나이로 즉위한 상황에서 공민왕의 모든 개혁을 무산시키고 과거로의 회귀를 추구한 이인임의 반동의 전형적인 사례였다. 또한 근대 유럽에서 나폴레옹의 몰락 후 프랑스 혁명이 끝나면서 오스트리아의 메테르니히가 주도한 복고주의 세력 균형 체제인 빈 체제 역시 과거로 회귀하려는 노력의 사례로 볼 수 있다.

코로나 팬데믹이 초래한 비대면 사회로의 변화 역시 이런 반작용을 피할 수 없다는 것을 볼 수 있다. 사람들은 코로나 이전의 생활로 회귀하려는 노력하고 있으며, 이러한 추세는 경제, 사회, 국제 질서의 복원을 향한 움직임으로 나타나고 있다. 위드 코로나와 일상 복귀라는 이름으로 이러한 변화가 이미 진행 중임을 확인할 수 있다.

그러나 디지털 혁신의 시대에 진입하고 있는 지금, 우리는 현 상황을 보다 더 근본적인 시각으로 바라볼 필요가 있다. 선진국들이 산업화를 통해 얻은 성장률과 한국, 중국과 같은 후발주자들이 겪고 있는 구조적 한계를 고려해보면, 18세기 말 산업혁명 이래 약 200년 동안 구축된 경제 체계가 이제 그 한계에 다다르고 있음은 명백해 보인다. 코로나 팬데믹은 이러한 기존 경제 체제의 수명을 줄인 것일 뿐, 우리는 이미 1990년대 후반부터 이 체제를 혁신하려는 준비를 하고 있었다는 사실을 이해해야 한다.

따라서 현재의 위기를 극복하기 위해서는 과거의 체제로 돌아가는 것이 아니라, 새로운 판을 짜고 미래를 구축하는 데 중점을 둬야 한다. 지금까지의 낡은 경제 체제의 한계를 뛰어넘어 새로운 세기에 맞는 경제 체계를 만들어야 하는데, 우리에게는 그 해답이 바로 디지털 경제라는 것을 이미 알고 있다.

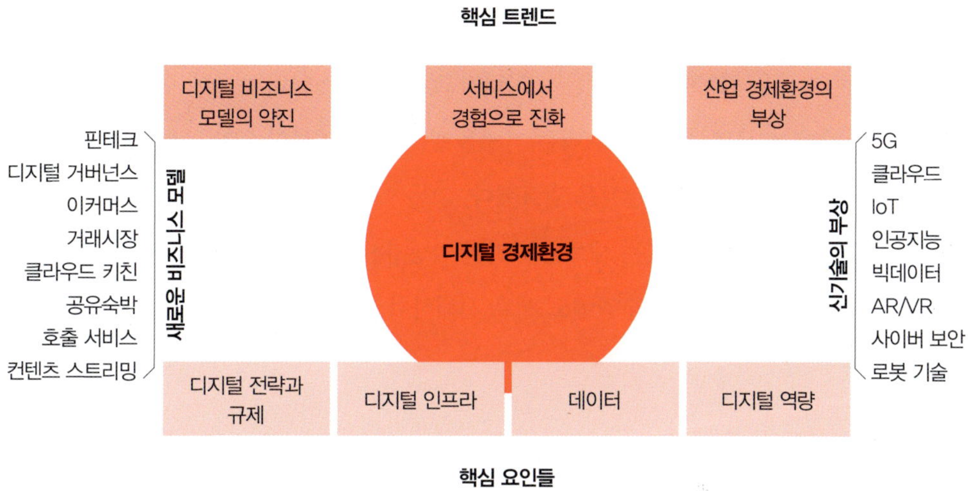

자료: Accelerating the Digital Economy: Four Key Enablers (huawei.com)

"지혜로운 사람이 시작한 일을 바보가 마무리한다."

– 워런 버핏–

Ⅲ 블록체인과 가상자산

01 블록체인 기술의 등장

2008년 9월, 미국의 투자은행인 리먼 브라더스가 파산하면서 세계적인 금융 위기가 시작되었다. 이 사태로 인해 기존의 금융 체계에 대한 믿음이 무너지고, 금융 시스템의 변화에 대한 논의가 시작되었다. 이러한 배경 속에서 '사토시 나카모토'라는 가명을 쓴 익명의 인물이 《Bitcoin: A Peer-to-Peer Electronic Cash System》이라는 논문을 발표했다. 그는 이 논문을 통해 암호화와 네트워크 기술을 결합해 기존의 화폐를 대체할 수 있는 새로운 디지털 가상자산, 즉 비트코인의 개념을 도입했다. 블록체인 기술을 이용한 비트코인이 개인 간에도 서로 신뢰하며 거래할 수 있는 환경을 만드는 새로운 방안이라는 것이다.

02 블록체인 기술의 이해

블록체인은 거래 장부를 기록하는 기술이다. 일반적으로 거래 기록은 참여자들이 직접 하지 않고, 특정한 사람들이 담당하는 경우가 많다. 예를 들어, 회사의 거래는 회계부서에서 처리하고, 네이버 페이와 같이 간편 결제 서비스로 결제한 건은 해당 은행에서 기록한다. 이렇게 중간에서 거래를 기록하는 담당자들은 거래에 직접 참여하지 않지만, 거래에 참여한 사람들은 그들을 신뢰한다. 이러한 중개자를 '신뢰할 수 있는 제3자'라고 부른다.

그러나 블록체인의 경우 거래를 기록하는 과정에서 신뢰할 수 있는 제3자의 참여가 없다. 대신, 블록체인 거래에 참여하는 사용자들이 각 거래를 블록Block이라는 단위로 만들고, 이 블록들을 다른 거래 기록(또 다른 블록)과 연결하여 사슬Chain처럼 구성한다. 이때 중요한 것은 거래 당사자가 자신의 거래를 직접 기록하는 것이 아니라, 블록체인 플랫폼을 사용하는 모든 참여자 중 누군가가 해당 거래를 기록하게 된다는 점이다.

거래를 기록하는 이 행위를 채굴이라고 표현한다. 기록하는 행위를 채굴이라고 표현하는 데에는 이유가 있다. 거래를 기록하는 데에는 시간과 노력, 즉 블록체인 시스템을 유지하는 비용이 들어가는데, 결국 누군가는 이 거래를 꼭 기록해야하기 때문에 기록해주는 사람에게는 비용에 대한 보상으로 새로운 토큰이 주어진다. 이 과정이 마치 광물을 캐내는 채굴과 유사해 보여서 이런 이름이 붙여진 것이다. 사실 채굴보다는 보상이라는 단어가 더 적절하다. 여담이지만 채굴이라는 표현이 정착된 이후로, 비트코인을 디지털 금이라고 주장하는 의견이 생겨나기도 했다.

개인들 간의 거래로 생성된 거래정보(블록)들은 거래 참여자 모두가 공유하게 된다. 이는 중앙 기관에서 관리하던 정보를 암호화된 '공공 거래장부'로 전환하여, 개인 간 거래의 신뢰도를 향상시키는 네트워크를 형성하게 된다는 것을 의미한다.

즉, 블록체인 기술을 사용하면 중앙 기관이 없는 환경에서도 신뢰할 수 있는 거래를 할 수 있게 되며, 암호화된 공공 거래장부로 인해 뛰어난 보안을 구축할 수 있다는 것이다. 이런 이유로 블록체인은 미래 산업의 중요한 성장동력으로 간주되며, 4차 산업혁명의 주요 기술 중 하나로 떠오르고 있다.

블록체인 기술의 주요 특성은 다음과 같이 요약할 수 있다.

특징	설명
탈중앙화 (분산성)	중개인이나 제3자 없이 개인, 법인 등이 직접 거래가 가능하므로, 중앙 집중화된 시스템의 구축과 유지비용을 절약할 수 있다.
보안성	플랫폼 참여자 전체가 거래 기록과 블록 데이터를 공유하고 기록하므로, 정보의 조작이 매우 어렵다.
투명성	거래 데이터가 모든 참여자에 의해 공유되고 기록되기 때문에, 그 내용은 누구나 확인할 수 있다.
익명성	개인정보 없이도 거래가 가능하므로, 익명으로 거래를 진행할 수 있다. 다만 특금법(특정 금융거래정보의 보고 및 이용 등에 관한 법률) 시행 이후 거래소를 통해 거래하기 위해서는 익명성을 포기해야 한다.
안정성	분산형 네트워크로 구성되어 있어, 일부 네트워크에 문제가 발생해도 시스템은 지속적으로 운영될 수 있다.

블록체인은 분산 데이터베이스의 일종으로, P2P[Peer to Peer] 네트워크를 통해 관리되기 때문에 거래 정보를 중앙 서버에 저장하는 대신 블록체인 네트워크에 연결된 여러 컴퓨터에 분산하여 저장하

고 보관한다. 블록체인에서 거래를 진행하려면, 그 거래가 유효한 것인지 확인하는 '작업증명Proof of Work(PoW)'이라는 절차를 거쳐야 하며, 이런 작업증명은 비트코인과 같은 가상자산을 통해 이뤄진다.

블록체인에서는 공유될 데이터가 결정되고 나면, 네트워크를 구성하는 각 지점은 서로 연결된 채로 데이터가 분산되어 저장된다. 이러한 구조는 원본 데이터의 수정을 불가능하게 만든다. 이는 인터넷 환경에서 특히 중요한데, 비잔티움 장군 문제와 같은 어려운 문제를 해결함으로써 제한된 정보 속에서의 개인 간 거래를 안전하게 만들 수 있기 때문이다. 이처럼 중앙 관리 기관을 거치지 않고도 네트워크 참여자들 사이에서 분산된 신뢰 구조를 형성할 수 있다는 것은 블록체인 기술의 중요한 특징이다.

중앙화된 기관이 필요하지 않는 구조로 되어 있다는 것은 거래 참여자들에게 여러 측면에서 이점으로 작용한다. 일반적인 거래 플랫폼은 거래의 신뢰성을 보증하는 대가로 수수료를 수취하고 거래 정보를 독점할 수 있으며, 이로 인해 사용자의 권한을 제한하고 중앙 기관의 권력을 강화한다. 예를 들어 은행이 외환시장의 정보 우위를 이용하여 금융 소비자에게 높은 외환 수수료를 요구하는 경우가 있을 수 있다. 그러나 블록체인을 이용하면 분산된 신뢰 네트워크가 형성되어 거래가 투명해지며, 참여자들은 기존 플랫폼의 제한에서 벗어나게 된다. 이로써, 거래 비용을 줄이고 더 공정한 거래 환경을 제공할 수 있다는 것이 블록체인의 주요 장점 중 하나다.

03 스마트 계약

스마트 계약Smart contract은 계약 참여자들이 미리 합의한 조건을 프로그래밍 언어로 구현하고, 이를 기반으로 자동화된 전자 계약을 실행하는 것을 말한다. 계약에 명시된 조건이 충족될 경우에만 특정 행동을 수행하도록 설계되므로, 별도의 제3자 감독이나 중개인 없이도 신뢰성 있는 거래를 진행할 수 있다. 이러한 스마트 계약은 거래 비용을 크게 줄이고 투명성을 높여 주는 장점이 있으며, 중개 수수료도 절감할 수 있다. NFTNon-Fungible Token와 같은 디지털 자산 거래에도 스마트 계약이 활용되며, 이를 통해 효율적이고 안전한 거래가 가능해진다는 점에서 주목받고 있다.

스마트 계약이라는 개념은 1994년에 컴퓨터 과학자이자 법학자인 닉 재보Nick Szabo에 의해 처음 제안되었다. 그는 계약의 이행을 검증하고 강제할 수 있는 방법에 대한 여러 기본 원칙을 제시했다. 그러다

2015년 천재 개발자 비탈릭 부테인Vitalik Buterin이 이더리움 플랫폼을 개발함으로써 실제로 스마트 계약을 실행될 수 있게 되었다. 이더리움은 프로그래밍 언어로 닉 재보가 제시한 스마트 계약 원칙을 구현할 수 있는 환경을 제공하였고, 그 결과로 스마트 계약은 새로운 가능성을 발견하며 널리 알려지게 되었다.

스마트 계약은 원산지 확인이 중요한 유통산업에서 특히나 활용 가능성이 높을 것이라 기대된다. 특히 식품과 같은 제품의 유통 과정에서 관련 업체들은 블록체인을 통해 제품의 공급자, 수송업체, 판매자, 규제 기관 등의 정보를 조회할 수 있다. 블록체인 상에서 조건이 충족될 경우, 대금 지불이 자동으로 이루어지는 알고리즘을 구현할 수 있어, 전체 과정의 투명성과 효율성을 높일 수 있다는 점에서 매우 유용하게 사용될 수 있다.

미국의 IT 기업인 IBM은 이를 실제로 사업에 적용하기도 했다. IBM은 다양한 이해관계자들과 함께 블록체인 기반의 원산지 확인 서비스인 푸드 트러스트Food trust를 운영하고 있으며, 이로 인해 공급망의 효율성이 크게 향상되었다. 예전에는 오염된 식품을 발견했을 때 그 출처와 원인을 추적하는데, 일주일 정도 걸렸지만 푸드 트러스트 시스템을 도입하면서 이 과정이 겨우 2.2초로 눈에 띄게 줄어들었다. 스마트 계약의 도입은 검증, 거래 체결, 그리고 대금 지불 과정을 자동화하기 때문에 공급망을 더욱 효율적으로 만들 수 있을 것으로 전망된다.

그러나 스마트 계약이라는 이름에도 불구하고, 이러한 컴퓨터 알고리즘으로 구성된 프로세스가 아직 법적 효력을 가지고 있지는 않다. 이 때문에 이더리움의 창시자인 비탈릭 부테린Vitalik Buterin은 '스마트 계약'이라는 표현보다는 '지속 가능한 스크립트'라는 표현이 더 정확하게 그 의미를 반영한다고 주장했다.

04 블록체인 기술의 진화

블록체인의 변화방향

블록체인 1.0	블록체인 2.0	블록체인 3.0
금융거래를 위한 화폐 로서의 블록체인	스마트 콘트랙트 플랫폼	의사 결정 및 업무영역, 다양한 영역으로 확장
공개분산원장, 합의 알고리즘 – 본권화, 탈중앙화, 투명성 보장 – 비트코인을 중심으로 디지털 화폐 및 경제 활동 시작 **한계점** – 금융거래 등 한정적인 분야에서 활용 – 낮은 확장성, 느린 거래 및 데이터 전송속도 – 합의도출이 어려운 의사결정 시스템	**스마트 계약을 통한 지능화 및 자동화** 사용자간 계약을 프로그래밍을 통해 자동화함 계약을 집행하거나 신뢰를 제공할 제3자의 개입없이 자유롭고 다양한 계약 구현 다양한 비즈니스 및 영역에서 활용할 수 있는 분산 어플리케이션 개발 **한계점** 의사결정 문제 하드포크 증명방식 트랜잭션 용량이 제한적	**내부 의사결정 기능탑재** – 가상통화 소유자들 간의 내부 합의 도출 기능 제공 **기술적 기능 향상** – 지분증명방식 합의알고리즘으로 전력소비 최소화 – Tangle 등 새로운 분산장부 기술 등장 – 블록생성주기 향상 및 하드포크 최소화 **사회전반에 블록체인 적용** – 정부정책, 의료, 운송, 스포츠, IoT등 초연결사회 구현 – 거버넌스 역할 수행

자료: 박지영(한국예탁결제원), "진화하는 가치플랫폼, 블록체인 3.0" 재구성

"가면을 씌워줘라, 그러면 진실을 말할 것이다."

– 오스카 와일드–

Ⅳ 메타버스

01 메타버스란?

1990년대 말부터 인터넷이 널리 퍼지면서 인류는 이미 비대면 시대로 접어들고 있었다. 이메일, 온라인 대화, 메신저 등의 도구 덕분에 사람들이 직접 만나지 않아도 충분한 의사소통이 가능해졌다. 점점 인터넷의 속도가 빨라지고 사용하기 편리해지며 사용자 수가 늘어나면서 사람들은 공간의 제약 없이 더욱 빠르고 쉽게 서로 소통할 수 있게 되었다.

인터넷, PC, 스마트 기기 등의 기반 위에서 발전한 가상현실(AR), 증강현실(VR), 인공지능(AI)과 같은 기술로 인해 인류는 점점 비대면 시대에 가까워지고 있다. 이런 변화는 코로나 바이러스와 팬데믹에 의해 더욱 가속화되었다. 비대면의 확산은 언택트 시대로의 빠른 전환을 이끌었으며, 이제는 온라인에서의 생활이 전혀 낯설지 않은 시대가 되었다.

메타버스는 초월을 의미하는 '메타Meta'와 세계를 의미하는 '유니버스Universe'의 합성어로, 현실을 넘어선 가상의 세계를 지칭한다. 메타버스는 4차 산업혁명과 함께 인류가 급속도로 성장시킨 첨단 기술들의 최종 결과물이라고 볼 수 있다. 4차 산업혁명의 주요 기술인 가상현실, 증강현실, 인공지능, 디지털 트윈, 사물인터넷, 빅데이터, 블록체인 등이 현실과 메타버스를 연결하는 연결고리 역할을 한다. 사람들은 이러한 첨단 기술이 사용된 PC, 태블릿, 스마트폰, AR 글래스와 같은 물리적 장치를 통해 온라인으로 구축된 가상 세계, 즉 메타버스에 접속하게 된다.

02 메타버스의 역사

요즘 들어 자주 보이는 메타버스라는 용어는 사실 새로운 것이 아니다. 이 용어는 1992년 닐 스티븐슨Neal Town Stephenson의 소설인 《스노 크래시Snow Crash》에서 처음 등장했다. 이 소설에서는 가상현실 세계를 메타버스라고 표현했으며, 이 용어는 이후에 계속해서 사용되고 있다.

이렇듯 메타버스는 꽤나 오래된 개념임에도 불구하고 사람들은 이를 요즘 들어서야 나온 개념인 것처럼 생소하고 막연하게 받아들이고 있다. 이는 현재 메타버스에 사용되는 기술이 매우 다양하고 복잡하며, 시장 또한 지나치게 파편화되어 있기 때문이다. 사실상 디지털화의 추세와 함께 메타버스로의 전환은 이미 30년 가까이 진행되어 왔으나, 이러한 변화를 체감하기 어렵고, 멀리 떨어진 미래의 일로 생각되어 VR과 AR 기술의 시연 외에는 일반 대중의 주목을 받지 못하고 있었다는 것이 현실이다.

03 메타버스가 관심을 받는 이유

기술의 발전과 팬데믹

1992년부터 시작된 메타버스 개념이 왜 30년이 흐른 지금에 와서야 주목받게 된 것일까? 이에 대한 답은 기술의 진보와 팬데믹 상황에서 찾을 수 있다.

2010년대 초 유럽의 국가부채위기 이후로, 전 세계의 국가들은 새로운 성장 동력이 필요하게 되었으며, 이는 한 나라의 번영과 몰락을 결정짓는 중요한 요소로 변모하게 되었다. 경제학에서는 생산이 노동과 자본의 투입으로 이루어지는데, 기술의 발전은 이러한 노동과 자본의 증가 없이도 생산성을 높일 수 있게 해주므로 경제성장의 핵심 요소가 된다. 이런 상황에서 세계 각국은 신성장 동력을 기술 혁신에서 찾기 시작했고, 이는 디지털 경제와 플랫폼 경제로의 전환을 촉진하는 4차 산업혁명을 이끌었다.

한국도 전 세계적인 추세와 마찬가지로 이러한 변화의 흐름에 편승하였다. 2013년 취임한 박근혜 정부는 이명박 정부가 주장했던 녹색성장과 달리, 과학기술에 상상력과 창의력을 결합하여 새로운 산업 구조와 소비 시장을 탐색하겠다는 창조경제를 새로운 성장 동력으로 설정하였다. 뒤이어 2017년 취임한 문재인 정부 역시 기술 혁신을 통한 신성장동력 추구라는 방향은 유지되었으며, 취임 초기 발표한 20대 국정전략 중 '과학기술의 발전이 주도하는 4차 산업혁명'과 '중소벤처가 중심이 되는 창업 및 혁신 성장'이 포함되었다는 점에서 이를 확인할 수 있다.

세계적으로 기술 혁신과 변화, 발전이 주도하는 경제성장 전략이 주를 이루고 있다. 이와 같은 글로벌 트렌드 속에서 정부의 적극적인 지원 덕분에 4차 산업혁명의 중심으로 여겨지는 인공지능, 빅데이터, 사물인터넷, 로봇, 드론, 가상현실, 자율주행, 양자컴퓨터 등의 기술들은 급속도로 성장하고 발전할 수 있었다.

2019년 말부터 전 세계를 휩쓴 코로나바이러스 팬데믹은 이미 메타버스로 나아가고 있던 우리 사회의 변화를 더욱 가속화시켰다. 팬데믹의 영향으로 메타버스 산업이 급속도로 확장되면서 로블록스와 같은 플랫폼의 대중 인지도가 높아졌다. 로블록스의 이용자 수는 2019년에 25% 성장한 반면, 2020년에는 무려 50%나 성장했다. 이러한 비대면 서비스가 확산되는 현상은 메타버스 뿐만 아니라 유통의 온라인화, 넷플릭스와 같은 스트리밍 서비스의 구독자 수 증가 등에서도 확인할 수 있다.

물론 팬데믹 이전에도 로블록스, 이커머스E-commerce, 넷플릭스와 같은 비대면 산업은 두 자릿수의 성장률을 보이며 이미 우리 일상에 디지털 변화를 가져오고 있었다. 그러다 팬데믹으로 인해 사람들의 비대면 활동 선호도가 급격히 높아진 결과, 디지털 삶을 가능하게 하는 이러한 산업들이 더욱 급속한 성장을 경험하게 된 것이다.

따라서 현재 메타버스의 급속한 부상은 표면적으로 보면 기술의 발전에 의해 시작된 디지털 트랜스포메이션이 코로나 팬데믹의 비대면 트렌드와 결합해 가속화된 결과로 볼 수 있다. 그러나 이 변화의 배경에는 소득의 양극화와 같은 복잡하고 해결하기 어려운 사회적 문제가 숨겨져 있다.

소득 양극화의 심화

산업혁명 이후 소득 양극화는 전 세계적으로 계속해서 심화되고 있는 현상이다. 이러한 양극화는 21세기에 들어서 더욱 빠르게 진전되었는데, 2000년에는 저소득층이 전체의 6.4%를 차지하던 것이 2020년에는 8.6%로 늘어난 것을 통해 확인할 수 있다. 한편, 고소득층의 비율은 2000년의 17.6%에서 2020년에는 15.7%로 줄어들었다. 이러한 변화는 상대적으로 더 가난한 사람들의 비율이 늘어났음을 보여준다.

국내에서도 마찬가지로 소득 양극화는 심화되고 있는데, 아르바이트로 필요한 돈을 그때그때 벌어 생활하는 프리터족, 맞벌이를 하면서도 자녀는 갖지 않는 딩크족Double Income No Kids(DINK), 현재 자신의 행복을 가장 우선시하여 하고 싶은 것을 하고 사고 싶은 것을 사는 욜로족You Only Live Once(YOLO)

과 같은 새로운 사회 현상을 통해 확인할 수 있다. 이러한 다양한 사회계층의 탄생은 계층 상승에 대한 열망이 줄어든 결과로 해석할 수 있다.

소득 양극화는 사람들이 가상 세계로 몰리게 만든다. 예를 들어, 현실 세계에서의 부동산 가격 상승은 사람들이 실제 부동산 대신 가상 세계의 부동산에 투자하게 만들었다. 2021년 12월에 출시된 '세컨서울(2nd Seoul)'이라는 가상 부동산 거래 플랫폼에서는 24시간 만에 6만 9,300개의 타일이 완판되기도 했다.

이러한 현상은 단순히 부동산 분야에만 국한되지 않는다. 현실 세계에서 명품이나 고급차와 같은 품목을 구매할 경제적 능력이 부족한 사람들은 메타버스 내에서 이러한 아이템을 구매하고 경험하면서 만족감을 얻고 있다. 여행이 어려운 이들도 메타버스를 통해 미지의 세계를 탐험하며 즐거움을 찾는다. 소득 양극화가 깊어지고 저소득층이 늘어나면서 메타버스는 사람들이 현실에서 이루지 못한 욕구와 꿈을 실현시켜주는 공간이 되고 있다.

알아두면 쓸모있는 경제 지식 스노 크래쉬

메타버스와 아바타를 상상한 첫 번째 소설

미국의 베스트셀러 SF 작가인 닐 스티븐슨이 1992년에 펴낸 장편소설 '스노 크래시'는 과학 판타지 소설로, 역사, 언어학, 인류학, 고고학, 종교, 컴퓨터 과학, 정치, 암호학 및 철학 등 다양한 주제를 탐구한다. 이 소설은 '메타버스'와 '아바타'를 서사 전개를 위한 핵심 개념으로 등장시킨다. 등장인물들은 '메타버스'라는 가상 세계로 들어가기 위해 아바타라 불리는 가상의 신체를 사용한다.

미국인 흑인 아버지와 한국인 어머니 사이에서 태어난 주인공 '히로'는 소설 속에서 가장 인기 있는 메타버스인 '블랙선'의 창립 멤버이지만, 집안 사정으로 블랙선의 지분을 매각한지 오래이다. 히로는 마피아 대부이자 피자회사 사장인 엉클엔조 밑에서 해커이자 피자배달부로 생계를 유지하고 있다. 어느 날 히로는 우연히 택배기사인 '와이티'와 만나게 되어 팀을 이룬다. 그러던 중, 히로의 옛 동료 '후아니타'가 찾아와 메타버스 세계에 '스노 크래시'라는 바이러스가 퍼지고 있으며 프로그래머들이 타겟이 되고 있다고 경고한다. 처음에는 이 경고를 무시했지만, 블랙선의 운영자인 '디파이비드'가 바이러스에 감염되는 것을 목격한 후 히로는 와이티와 함께 스노 크래시에 대한 조사를 시작한다. 조사를 통해 이 바이러스가 단지 가상 아바타에만 영향을 미치는 것이 아니라, 실제 사용자의 뇌에도 손상을 입힐 수 있다는 사실을 알게 된다. 히로는 이 문제의 근원을 파헤치며, 신경 언어 바이러스, 종교 집단, 그리고 통신회사를 운영하는 'L. 밥 라이프' 등 다양한 세력이 이 사건에 연루되어 있음을 발견하여 점점 더 위험한 상황에 직면하게 된다.

IT업계에 미친 영향

이 소설은 발표된 후에 많은 IT업계의 개발자와 경영자에게 커다란 영감을 주었다. 세계적인 온라인 가상현실 플랫폼인 '세컨드 라이프'는 린든랩의 창업자 필립 로즈데일이 소설을 읽고 영감을 받아 2003년에 출시하였다. 또한 구글의 공동창업자 래리 페이지와 엔비디아의 CEO 젠슨 황 역시 이 작품에서 영감을 받았다고 밝혔다. 이러한 영향력 덕분에 소설은 타임 주간지에서 선정한 '가장 뛰어난 영문소설 100' 목록에도 이름을 올리게 되었다.

“디지털 그림 NFT를 샀다는 건, 그림이 아니라 영수증을 산 것이다.”

– 이병욱 (서울과학종합대학원대학교 교수)–

V NFT

NFTNon Fungible Token는 대체 불가능한 토큰이라는 뜻으로 희소성을 갖는 디지털 자산을 대표하는 토큰이다. 2021년 3월, 비플Beeple의 작품 '매일: 새로운 5000일 Everydays: The First 5000 Days'이 온라인 경매에서 6,900만 달러에 팔렸다. 예술 작품이 수천만 달러에 거래되는 것은 드문 일이 아니지만, 당시에 비플은 유명한 작가가 아니었고 그의 작품 역시 크게 주목받지 않았던 상황이었기에 이렇게 높은 가격에 팔린 것은 당시 큰 이슈가 되었다. 심지어 비플의 작품은 디지털 이미지 파일이었다. 즉, 누군가가 실물 작품도 아닌 디지털 이미지(정확히는 디지털 이미지의 원본을 나타내는 NFT)에 7,000만 달러 상당의 금액을 지불했다는 것이다.

비플의 작품이 이처럼 높은 가격에 거래된 후, NFT 작품은 대중문화에 다양한 형태로 녹아들기 시작했다. 미국의 TV 코미디 프로그램인 'Saturday Night Live'에서는 이를 풍자하는 내용이 나왔고, 래퍼 스눕독과 NBA 슈퍼스타 스테판 커리 같은 유명인들도 NFT에 주목하게 되었다. 현재 NFT 거래 플랫폼(오픈씨, 니프티게이트웨이, 탑샷 등)에서는 매주 수억 달러에 달하는 NFT 작품들이 거래되고 있다.

그러나 비플의 작품을 포함하여 NFT 거래 플랫폼에서 거래되는 많은 작품들이 디지털 이미지 파일이라는 점은 이 파일들이 왜 그렇게 비싼 가격에 팔리는지 의문을 가지게 한다. 회화 작품처럼 세상에 한 점밖에 없는 실물 그림은 경합성은 약하지만 배제성은 강한 재화인 클럽재로 구분되기 때문에 소장자가 자신의 집이나 수장고에 보관한다면 다른 사람은 이를 실제로 관람할 수 없다. 많은 미술관이나 박물관 수장고에 보관되어 있는 작품 또한 마찬가지다. 반면 디지털 이미지의 경우 복제본과 원본의 차이가 없다. 따라서 NFT에 저장되어 있는 디지털 이미지를 감상하는 사람은 그 원본을 가진 사람과 결국 똑같은 이미지를 인터넷을 통해 감상하는 것이다.

디지털 이미지의 이러한 특징 때문에 많은 사람들이 그 가치에 대해 의구심을 가지는 것은 사실이다. NFT는 단순히 인터넷에 등록된 토큰이며, 이것을 돈으로 환산한다는 개념은 많은 이들에게 낯설게 느껴진다. NFT는 온라인에서 '소유권'을 주장하는 수단으로 홍보되곤 하지만, 해당 컨텐츠는 대개 디지털 이미지나 애니메이션 형태로 존재하며, 이들은 쉽게 복제하거나 무료로 다운로드 받을 수 있기 때문에 더욱 복잡한 문제가 되고 있다.

NFT가 대중의 관심과 비판을 동시에 받는 이유는 쉽게 이해할 수 있다. NFT는 기존에 흔히 경험하지 못했던 새로운 형태의 자산이기 때문이다. 그러면 NFT의 가치를 증가시키는 요소는 무엇일까? NFT 자산을 정확히 가치 평가하기 위해서는 NFT의 본질과 의미, 그리고 디지털 경제에서 NFT가 만들어낸 시장 기회에 대한 심층적인 이해가 필요하다. 이러한 이해가 바탕이 되어야만 NFT와 관련된 비즈니스 현상을 올바르게 파악할 수 있다.

01 NFT와 일반 가상자산의 차이

먼저, NFT가 무엇이길래 이런 현상을 만들 수 있는 것인지부터 알아보자. NFT는 '대체불가능한 토큰Non-Fungible Token'을 의미하며, 하나의 토큰을 다른 토큰과 대체할 수 없도록 암호화된 디지털 자산이다. 일반적으로 사람들에게 잘 알려져 있는 가상자산인 비트코인을 예로 들자면, 비트코인은 각 코인 간에 차이가 없으며 2010년에 생산된 비트코인과 2020년에 생산된 비트코인은 동일하다. 이렇게 비트코인이나 이더리움과 같이 모든 코인이 동일해 구분이 되지 않는 것을 '대체 가능Fungible하다'고 한다. 이것이 NFT와 일반 암호화 자산과의 주요한 차이점이다.

일반적인 가상자산들과는 달리 NFT는 발행되는 각각의 토큰이 대체 될 수 없는 고유한 가치를 가진다. 따라서 NFT로 발행되는 모든 토큰은 구별이 가능하다. 어제 만든 NFT와 오늘 만든 NFT는 완전히 다른 것으로 취급된다. 이이 같은 고유한 특성 덕분에 NFT는 디지털 세계에서 게임 아이템, 디지털 미술 작품, 수집품 등의 진위 확인이나 소유권 증명과 같은 분야에 주로 사용될 수 있는 것이다.

02 이더리움의 기술적 진화

이더리움은 비트코인의 한계를 극복하기 위해 만들어진 가상자산이다. 이더리움 토큰을 발행하려면 이더리움 네트워크의 특정 프로토콜을 따라야 하며, 이 프로토콜을 ERC[Ethereum Request for Comment]라고 한다. 이더리움 블록체인 네트워크에서 채택되면 하나의 표준이 되는데, 이 중에서 스무 번째로 제안되어 채택된 것이 ERC-20이다. ERC-20에 따라 발행된 토큰은 '대체가능한 토큰'으로, 이들 토큰은 동일한 가치를 가지고 있어 구매, 판매, 교환이 가능하다.

이더리움이 개발된 이후 다양한 프로토콜들이 등장했는데, 2018년 6월 21일, 이더리움 블록체인에서 새로운 표준안 ERC-721이 도입되었으며, 이것이 '대체불가능 토큰' 혹은 NFT로 알려져 있다. 캐나다 기업인 대퍼랩스는 이 ERC-721 프로토콜을 사용해 '크립토키티'라는 게임을 만들었고, 이 게임 안에서는 고유한 특성을 가진 가상 고양이를 사거나 모으거나 번식시킬 수 있다. 이러한 고양이들은 서로 다른 모양과 형태를 가지며, 때로는 상당한 가격에 거래되기도 한다. '크립토키티'와 같은 ERC-721 기반 게임 외에도 고크립토봇, 크립토도저 등의 게임들이 출시되었고, 다양한 이더리움 프로젝트에서 이 프로토콜이 적용되고 있다.

ERC-721 프로토콜은 매번 독립적인 계약이 필요하며, 이로 인해 전력 소모, 수수료, 거래 처리 속도 등에서의 비효율이 있을 수 있다는 문제가 있다. 이를 해결하기 위해 블록체인 게임 개발 회사 '엔진'이 ERC-1155라는 새로운 표준코드를 제안하였다. 이 표준은 ERC-20과 ERC-721 토큰을 결합하여 생성된 것으로, 하나의 거래로 여러 계약을 동시에 처리할 수 있다. 따라서 아이템을 대량으로 구매해야 하는 게임과 같은 분야에서 특히 유용하다고 평가받는다.

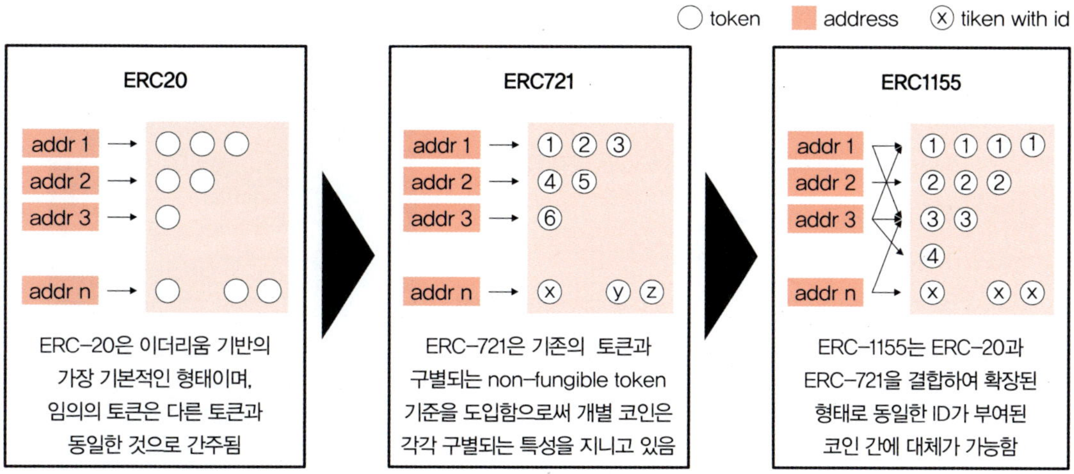

03 NFT 프로토콜

NFT를 생성하거나 거래하기 위해서는 기본분산원장Underlying distributed ledger이라 불리는 일종의 장부가 필요하다. 이 장부는 개인 간의 거래에서 거래 기록을 저장하는 역할을 한다. NFT가 발행되거나 거래될 때마다, 스마트 계약이 활성화되어 해당 거래를 확인한다. 이러한 확인이 완료되면, NFT의 데이터와 소유권 정보가 기본분산원장에 기록되며, 이 정보는 새로운 블록으로 추가되어 NFT의 거래 기록이 남게 된다. 이런 과정은 NFT의 생성과 거래를 가능하게 하는 핵심 메커니즘이다.

진행 과정 ↓

Digitization(전자화)	파일, 제목, NFT 정보와 같은 데이터를 디지털 형식으로 변환한다.
Store(저장)	블록체인 데이터베이스 내/외부에 디지털로 전환된 NFT의 원본데이터를 저장한다.
Sign(사인)	NFT의 소유자는 인코딩 된 고유번호와 거래 내용을 확인한 후 서명하여 거래수행내역을 스마트 계약으로 전달한다.
Mint &Trade(채굴과 거래)	NFT 데이터와 함께 거래 정보를 받은 스마트 계약은 이 NFT 거래 이력을 기록할 새로운 블록을 채굴하고 거래 과정을 진행한다.
Confirm(확인)	거래가 성공적으로 이루어지면 채굴이 종료되고, NFT는 특정 블록체인 주소에 영구적으로 연결되어 기록이 남게 된다.

상식 넓히기　NFT

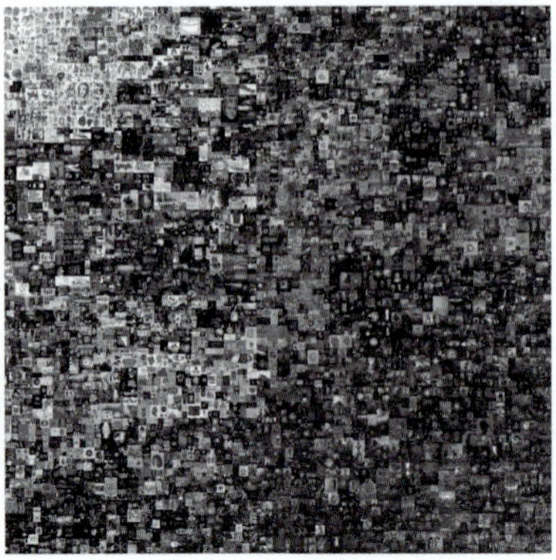

자료: Beeple, 〈EVERYDAYS: THE FIRST 5000 DAYS〉, b. 1981

지난해 유명 디지털 아티스트 비플의 'Everydays: The First 5000 Days'이 크리스티 경매에서 약 6,930만 달러(약 785억 원)에 팔렸다. 이 경매는 추정가 없이 100달러에 시작해, 1월 25일부터 15일간 진행됐다.

크리스티는 자신들의 가상자산인 이더리움으로 작품값을 지불하는 것을 허용하며, 총 353건의 놀라운 입찰을 만들어냈다. 입찰이 시작된 지 8분이 경과한 시점에서는 20명만이 입찰에 참여했고, 입찰가는 100만 달러에 멈춰 있었다. 그러나 마지막 10분 동안에 빠르게 오르며 최종적으로 4만 2,239이더리움이 되었다. 이는 약 6,930만 달러이며 한화로 785억원에 해당한다.

그간 NFT 예술 작품의 낙찰가로 순위를 산정해본다면, 이는 통틀어 예술가가 자신의 작품을 직접 시장에 내놓고 개인 투자자에게 가장 비싸게 판매한 최초의 성공적 사례에 속한다. 그러나 여기서 의문이 든다.

금방 열기가 식을 줄 알았던 NFT 시장이 다시 주목받으면서, 비플 역시 '가격 거품'에 대한 지적을 받았다. 물론, 이는 사기성 높은 투자로 NFT 작품 거래를 부추기려는 악의적인 의도를 지닌 이들을 향한 우려에서 비롯된 것일 터다. 그러나 이 논란의 본질적 문제는, 여전히 NFT 작품이 우리에게는 SNS상에서 흔히 볼 수 있을 법한 사진 한 장으로 느껴진다는 점이다. 재밌게도 실제로 이 작품은 비플이 자신의 웹사이트에 매일 업로드한 작품을 합쳐, 모자이크 형태로 재구현한 JPG 사진 한 장이 맞다.

그의 본명은 마이크 윈켈만Mike Winekelmann이며, 컴퓨터학을 전공한 미국 출신의 젊은 작가다. 애초에 그는 5천 개의 작품을 합치는 것을 목표로, 2007년 5월 1일부터 이 프로젝트를 진행했다. 그의 작품은 점진적으로 개인적 서사를 넘어 자본주의에 대한 욕망과 분노, 기술에 대한 집착과 공포, 미국 정치의 격동기 등으로 확장됐다. 당대 의식이 반영된 풍자적 유머, 풍부한 색채감과 3D 기술 도구 활용이 돋보인다.

기존의 온 가와라On Kawara와 로만 오팔카Roman Opalka와 같은 현대 미술가들처럼 시간을 기록하는 작업과 마이크 윈켈만의 작업은 비슷해 보이지만 윈켈만의 작품은 한발 더 나아가서 자신의 세계관과 시대적 의식 변화를 하나의 디지털 파일로 압축했다. 이는 약 300메가바이트(mb)로, 1080p의 고화질 영상을 10분에서 15분 정도 감상할 수 있을 정도의 컴퓨터 용량이었다. 이 작품의 소유권은 싱가포르 NFT 투자사의 어느 창업주에게로 전달됐다고 밝혀졌다.

원래 NFT는 블록체인 기술 보완을 목적으로 탄생했으며, 수많은 복제품 사이에서 원본 소유권을 주장할 수 있는 도구에 불과했다. 그러나 고유 인식 값 형성이 가능해짐에 따라, 각종 밈과 움짤, 트윗 한 줄 등도 하나의 유형 자산이 되어 '희소성'이란 가치를 얻을 수 있게 됐다. 그럼 작품에서 '희소성' 말고, 이제 우리는 어떤 진정한 가치를 찾을 수 있냐는 중요한 질문에 봉착한다.

이런 의구심에 비플은 "NFT는 거품이다. 이게 거품이 아니라면, 언젠가 거품이 될 것이다"라고 자조했다. 그러나 "예술가들은 지난 20년이 넘는 시간 디지털 기기와 기술로 예술작품을 만들어 인터넷에 배포해왔지만, 그것을 진정으로 소유하고 수집할 방법이 없었다. 이제 NFT와 함께 상황이 바뀌었다. 나는 우리 미술사의 다음 장인 디지털 예술 시작을 목격하고 있다."라고 말했다.

그의 말처럼 이런 유행과 인기는 사그라들어 언제든 0원이 될 수 있을 것이다. 미술관과 박물관에 보존되는 것만으로 작품 가치가 커지는 것이 아니듯, NFT 역시 비슷하다. 원본은 내가 소유할 수 있어도 작품의 의미와 가치는 영원히 보장되지 않는다.

비플은 인터넷 문화에 친숙하거나 디지털 아트 마니아 콜렉터가 아닌 이상, 누구에게나 생소한 미지의 작가였다. 그러나 5천일이 지난 지금도, 780여 개의 작품이 업데이트되었다. 우리는 여전히 비플의 웹사이트에서 유명 작품을 만나는 것은 물론, 그의 작업 현황을 한번에 추적할 수 있다.

Case Study

혁신을 바라보는 시각

경제학자 케네스 로고프는 그의 저서《이번엔 다르다》에서 '이번엔 다르다'라는 말이 나오면 항상 금융위기가 온다고 분석하였다. 로고프는 1930년대 대공황의 예시를 제시한다.

제1차 세계대전 이후 미국은 경제적으로 엄청난 발전을 이루며 세계의 패권국으로 등극했다. 자동차 산업을 중심으로 한 연계 산업들이 성장하며 전반적인 산업이 팽창했다. 이로 인해 경제와 고용이 성장했고, 이런 상황은 사람들에게 낙관적인 전망을 불러일으켰다. 1920년대 미국은 긍정적인 기대감 속에서 무한한 가능성을 느꼈으나, 이러한 낙관론은 지나친 투자로 이어져 인플레이션을 발생시켰다.

그 결과 발생한 것이 블랙 먼데이(Black Monday), 즉 대공황이다. 대공황이 오면서 미국이 제1차 세계 대전 이후 10년간 쌓아놓았던 경제적 부를 한순간에 날려버렸다. 모든 사람이 "이번엔 다르다. 새 시대가 온다"라고 이야기하던 때 대공황이 와서 모든 걸 없애버린 것이다. 로고프는 2008년 금융위기 또한 '이번엔 다르다', 즉 지나친 낙관론이 부른 참사였다고 분석했다.

로고프에 따르면 기술 혁신도 금융 혁신과 크게 다르지 않다. 1999~2000년에 전 세계가 해저 광케이블을 통해 인터넷으로 연결되었고, 이로 인해 사람들은 국제전화 대신 이메일과 정보 공유가 가능해진 새로운 시대에 열광했다. 인터넷 기반의 회사들이 빠르게 생겨나면서 "인터넷 파급력은 새로운 세계를 가져올 것"이라는 생각이 널리 퍼졌다.

IT 기반의 새로운 유망 분야의 등장은 새로운 경제를 펼쳐냈다. 일반적인 경제학의 이론에 따르면 규모의 경제가 이루어지면서 단가 비용이 떨어지다가 어느 순간에 비용이 다시 올라간다. 전통 산업들은 이 시점에서 생산을 멈춰야 함을 의미한다. IT를 기반으로 한 정보 산업은 전통 산업과 달리 '규모 수익의 체증'이라는 현상을 보인다고 IT 산업 옹호론자들은 주장했다. 이는 한계수익이 계속해서 올라가고 한계비용이 계속 줄어든다는 것을 의미하며, 인터넷 인프라를 한 번 깔아두면 추가 비용이 거의 들지 않기 때문에 가능하다고 여겨졌다. 이로 인해 평균 비용은 계속 떨어지고, 생산을 많이 할수록 비용은 더 떨어지게 된다.

이 특성은 IT 산업에서 매우 중요하며, 이전에 없던 새로운 경제 현상이라 할 수 있다고 주장했다. 만약 이것이 사실이라면 IT 기업은 그냥 많이 생산하면 되며, 비용이 0에 수렴하게 되기 때문에 생산 비용을 고민할 필요가 없어지게 된다.

이것이 '신(新)경제론'이다. 진정한 혁신인 것이다. 이번엔 정말 다른 줄 알았다. 신경제론의 핵심은 기술에 의한 규모의 경제, 그리고 그로 인한 비용 절약이다. 그런데 이 이야기 어디서 들어보지 않았는가? 2020년, 2021년에 한창이던 플랫폼 경제 이야기를 기억하는가? 플랫폼 경제도 똑같은 논리다. 계속해서 몸집을 키워 독점하게 되면 그때부터 돈을 벌 수 있다고 주장한 것이다. 규모가 커지면 돈을 벌 수 있다는 것이다. 규모가 커지면 돈을 벌 수 있다고 하면, '그럼 현대자동차는 그냥 계속해서 더 많이 물건을 만들어내야 하는 거 아닌가?'라는 상식적인 질문을 해볼 수 있을 것이다. 그런데 IT를 이용한 산업은 다르다는 게 이 주장의 핵심이다. 그렇다 보니 '정말 새 시대가 열렸나?'라고 생각하게 된다.

그 결과 인터넷 기업들의 주가가 오르기 시작했다. 1995년부터 2000년까지 나스닥 종합주가지수가 400%, 4배가 올랐다. 그동안 미국의 GDP가 20%도 채 성장하지 못했는데도 말이다. 제조업이나 실질적인 경제에서 생산 역량이 늘어나지 않는데 종합주가지수만 계속 올라가는 것이다. 실적 없는 회사들이 계속해서 상장되면서 가격이 쭉쭉 올라가고, 이로 인해 주가지수가 계속 끌어올려지는 현상이 벌어진 것이다. 2001년에 사람들이 깨달았다. '이것은 지속 가능하지 않다.'

버블이 꺼지면서 시장이 붕괴되고 투자자들은 5조 달러의 손실을 기록했다. 5조 달러면 우리 돈으로 약 6천조 원이다.

"희망은 전략이 될 수 없다."

우리가 어떤 기업이나 특정 기술 혹은 사회 현상에 가지는 기대감이 실현되기 위해서는 체계적인 근거가 필요하다. 그런데 단순하게 "우리가 대한민국의 결제 시스템을 독점하게 되면 우린 돈을 벌 거야. 시장 장악력으로 인해서 우리는 모든 사업을 해도 돼"라고 주장을 하는 건 사실은 아무 의미가 없다. 희망은 전략이 안 된다. 그건 그저 희망일 뿐이다. IT라는 포괄적인 개념만으로는 혁신을 만들어낼 수 없다. 왜냐하면 기술은 가치 중립적이기 때문이다. 중요한 건 '그 기술을 어떻게 활용하느냐'다. 결국 사람이 기술을 활용한다. 따라서 그 기술을 가지고 있는 사람들의 비즈니스 마인드가 중요한 것이다. 그리고 IT가 생산성 향상에 기여하는 프로세스를 이해해야만 혁신이 유효하다.

단원 요약

- 디지털 트랜스포메이션은 단순한 디지털화를 넘어서 사회, 상품, 조직, 인간의 삶을 새로운 디지털 기술로 변혁시키는 개념이다. 디지털화는 단순히 기술이 우리의 삶을 온라인으로 전환시키는 과정이라면, 디지털 트랜스포메이션은 기술과 사람들의 생활이 서로 상호작용하고 영향을 주고받는 능동적인 과정으로 볼 수 있다.
- 현재 세계는 디지털 경제를 새로운 성장동력으로 바라보고 있으며, 디지털 혁신의 시대에 진입하고 있다. 세계적인 디지털 기업들을 거느리고 있는 미국은 디지털화를 선도하면서 4~5%대의 뛰어난 성장률을 기록하고 있어, 디지털 경제가 성장의 중심축임을 보여준다.
- 블록체인은Blockchain은 거래에 참여하는 사용자들이 각 거래를 '블록'이라는 단위로 만들고, 이 블록들을 다른 거래기록(또 다른 블록)과 연결하여 '사슬'처럼 구성하는 분산원장기술을 말한다.
- 블록체인의 가장 큰 특징은 탈중앙화 즉, 거래를 기록해주는 제3자 또는 중개인 없이 직접 거래가 가능하다는 점이다. 또한 거래기록과 블록 데이터를 플랫폼에 참여하는 모두가 공동으로 소유하고 기록하기 때문에 거래기록의 조작이 어렵고, 누구나 쉽게 확인이 가능하다는 장점이 있다. 마지막으로 블록체인은 네트워크가 분산되어 있기 때문에 네트워크 일부가 손상되어도 시스템은 계속 운영될 수 있어 안정적이다.
- 메타버스는 '초월'을 의미하는 '메타Meta'와 '세계'를 의미하는 '유니버스Universe'의 합성어로, 현실을 넘어선 가상의 세계를 지칭한다. 현재 메타버스의 급속한 부상은 기술의 발전에 의해 시작된 디지털 트랜스포메이션이 코로나 팬데믹의 비대면 트렌드와 결합해 가속화된 결과로 볼 수 있다. 메타버스는 소득 양극화가 깊어지고 저소득층이 늘어나면서 메타버스는 사람들이 현실에서 이루지 못한 욕구와 꿈을 실현시켜주는 공간이 되고 있다.
- NFT는 '대체 불가능한 토큰'을 의미하며, 하나의 토큰을 다른 토큰과 대체할 수 없도록 암호화된 디지털 자산이다. 이이 같은 고유한 특성 덕분에 NFT는 디지털 세계에서 게임 아이템, 디지털 미술 작품, 수집품 등의 진위 확인이나 소유권 증명과 같은 분야에 주로 사용될 수 있다.

토론 과제

1. 디지털화와 디지털 트랜스포메이션이 일으킬 수 있는 역효과에는 무엇이 있을지 토론하라.
2. '플랫폼 경제'에 대한 찬성하는지 반대하는지에 대해 자유롭게 토론하라.
3. 메타버스에서 저작권은 왜 중요한지 토론하라.

연습 문제

다음 설명이 맞으면 T, 틀리면 F에 동그라미를 표시하여라.

1. 디지털 전환은 디지털 기술을 활용해 이전과 다른 비즈니스 모델을 개발하고 새로운 기회와 가치를 창출하는 것을 말한다. T / F
2. 지금 일어나고 있는 디지털 트랜스포메이션의 세 가지 주요 특성은 비대면, 개인 맞춤형 서비스, 경계의 붕괴와 플랫폼화로 요약할 수 있다. T / F
3. 빈부격차가 커지고 대부분의 선진국이 저성장에 빠진 오늘날, 이러한 위기를 극복하기 위해서는 새로운 경제 체계를 만들어야 하며 '디지털 경제'가 그 해답이 될 수 있다. T / F
4. 블록체인은 거래 당사자가 자신의 거래를 직접 기록할 수 있다. T / F
5. 스마트 계약은 프로그래밍 언어로 계약 참여자들이 미리 합의한 조건을 구현하여, 자동화된 전자 계약을 실행하는 것을 말하는데, 2015년 비탈릭 부테인이 이더리움 플랫폼을 개발함으로써 실제로 법적 효력이 있는 스마트 계약을 실행될 수 있게 되었다. T / F
6. '메타버스'라는 용어는 1992년 닐 스티븐슨의 소설인 《스노 크래시》에서 처음 사용되었다. T / F
7. 메타버스라는 개념이 등장한지 오랜시간이 지났음에도 불구하고 요즘 들어서야 나온 개념처럼 생소하고 막연하게 느껴지는 이유는 현재 메타버스에 사용되는 기술이 매우 다양하고 복잡하며, 시장 또한 지나치게 파편화되어 있기 때문이다. T / F

8. 대체 불가능 토큰 혹은 NFT로 알려져 있는 이더리움 프로토콜은 'ERC-20'이다. T / F

정답 1. F 2. T 3. T 4. F 5. F 6. T 7. T 8. F

APPENDIX

시사 경제 키워드 20

01 ESG

ESG는 Environment(환경), Social(사회), Governance(거버넌스)의 각 단어의 앞글자를 이어 만든 용어이다. 투자자들의 궁극적인 목표는 자신들의 투자로부터 가능한 한 높은 수익을 창출하는 것이다. 이는 곧, 주어진 투자로 인해 얻을 수 있는 수익이 더 많은 기업에 투자하는 것이 더 유리하다는 뜻이다. 예를 들어, 100만 원의 투자금을 이용해서 10만 원을 벌 수 있는 기업과 50만 원을 벌 수 있는 기업 중 투자할 곳을 선택해야 한다면, 당연히 50만 원의 수익을 내는 기업에 투자하는 것이 투자자에게 더 많은 이익을 가져다줄 것이다.

그러나 ESG 투자 전략은 이와 다른 접근 방식을 제시한다. 예를 들어, 100만 원을 투자하여 50만 원을 얻을 수 있는 기업이 환경, 사회, 거버넌스 측면에서 부정적인 영향을 끼친다면, 그 기업의 수익은 장기적으로 지속되지 않는다는 것이다. 따라서, 당장의 수익은 낮더라도 ESG 원칙을 잘 준수하고 지속 가능한 수익을 제공하는 기업에 투자하는 것이 더 현명한 선택이일 수 있다.

이러한 투자 전략은 2006년 UN 전 사무총장 코피 아난Kofi Atta Annan이 제시한 6가지의 UN 책임투자 원칙에 근거한다. 이전에는 주식을 분석하는 애널리스트나 투자자들이 기업의 재무적 성과에만 초점을 맞추었다면, 이 원칙은 비재무적 요소들도 투자 결정에 반영해야 한다는 관점을 제시했다. 이러한 맥락에서 ESG란 기업이 단순히 환경, 사회, 거버넌스 측면에서 '옳은' 경영을 해야 한다는 것이 아니라, 투자자들이 이를 잘 수행하는 기업에 투자해야 한다는 점을 강조한다. 이러한 이유로 이를 'ESG금융'이라고 부른다.

ESG의 '환경'요소는 녹색금융을 의미한다. 녹색금융은 환경 개선, 금융산업의 발전, 경제성장을 동시에 추구하는 금융을 나타낸다. 한국 정부는 2009년에 저탄소 녹색성장기본법을 통해 녹색금융을 규제하고 이로 인해 사회 전반에 녹색금융에 대한 관심이 높아졌다.

ESG의 '사회'요소는 윤리투자와 사회책임투자Social Responsible Investment(SRI)에서 유래했다. 윤리투자는 사회적 술, 담배, 카지노 운영과 같이 사회적으로 악영향을 미칠 수 있는 상장사의 주식을 피해 투자하는 것을 말한다. 이 개념을 바탕으로 1928년 파이오니어 펀드가 처음으로 죄악주를 배제하는 네거티브 스크리닝Negative screening 전략을 사용한 펀드를 선보였다. 이후 사회적 책임 투자는 회사의 사회적 성과를 평가하여 투자 결정을 내리는 방식으로 진화했다.

ESG의 '거버넌스'개념은 윤리투자에서 시작하여 기업 경영의 투명성과 최고경영진의 도덕적 자질을 중시하는 방향으로 발전했다.

요약하면 ESG는 녹색금융, 사회책임투자, 그리고 윤리투자를 통합하여 발전시킨 개념이다.

02 기업인수목적회사(SPAC)

기업공개Initial Public Offering(IPO)는 비상장기업이 유가증권시장이나 코스닥시장에 상장하기 위해 자사의 주식과 경영 내역을 외부 투자자들에게 공개하는 과정을 말한다. IPO를 통해 기업은 자금 조달, 인지도 제고, 주주의 다양화, 장기 성장을 위한 투자 등 다양한 이점을 얻을 수 있다. 그러나 IPO를 위해서는 까다로운 규제 요건을 충족해야 하며, 종종 1년 가까이의 긴 시간이 필요하다.

이에 반해, 기업인수목적회사Special Purpose Acquisition Company(SPAC)는 IPO 과정 없이 기업을 공개상장 할 수 있도록 설립된 페이퍼 컴퍼니이다.

SPAC은 기업을 상장시키는 과정을 다음과 같이 진행한다.

① SPAC의 설립: 스폰서는 아직 자산이나 영업활동이 없는 회사를 설립하고, 투자자들에게 이 회사에 투자하면 상장되지 않은 좋은 기업을 찾아 인수할 것이라고 약속한다.

② SPAC의 상장: 이 페이퍼 컴퍼니를 상장시킨다. 페이퍼 컴퍼니는 자금만 보유한 상태이며, 영업자산이나 활동은 없다. 이로써 기업의 상장이 신속하게 이루어진다.

③ 비상장 기업과의 합병: 상장된 페이퍼 컴퍼니는 비상장 우량기업과의 합병을 추진한다.

투자자들은 합병된 기업의 주식이나 워런트에서 수익을 창출하거나, 만약 합병된 기업이 마음에 들지 않으면 액면가를 회수할 수 있다. 이 과정을 통해 인수 대상 기업은 빠르게 상장할 수 있고, 스폰서는 인수 대금의 약 20%에 해당하는 수수료를 받을 수 있다. 또한 SPAC의 스폰서들은 전문 인력과 정보망을 활용하여 좋은 전망을 가진 기업을 발굴한다. 이로써 투자자들은 SPAC에 투자함으로써 경험 많은 매니저의 실력을 활용할 수 있다.

SPAC을 이용한 투자에는 주의할 점이 있다. 스폰서가 반드시 투자자의 이익을 위해 최선을 다할 것이라 보장할 수 없다는 점이 중요한 사항이다. 대다수의 투자자는 스폰서가 언제 기업을 인수할지 알 수 없다. SPAC은 일반적으로 2년 안에 인수 대상 기업을 찾지 못하면 투자자에게 돈을 반환해야 한다. 그러나 스폰서는 어떤 기업이든 인수하면 수수료를 받기 때문에, 투자자들의 이익보다는 자신의 이익을 더 우선시할 수 있다. 이로 인해 투자자들은 합병에 반대하고 자금을 회수하고자 한다.

미국에서 2021년에 발표된 SPAC 중에서는 투자자의 자금 회수 요청이 증가했다. 1분기에는 10%에서 4분기에는 58%로 늘어났다. 최근 2년 동안 SPAC은 많은 관심을 받았지만, 성과는 별로 좋지 않았다. 몇몇 성공 사례는 있지만, 전체적으로 보면 2021년에 완료된 미국 SPAC의 평균 수익률은 2022년 2월 기준으로 마이너스 36.6%를 기록했다.

명성 있는 스폰서가 이끄는 잘 설계된 SPAC은 좋은 투자 기회를 제공할 수 있지만, 항상 위험을 고려해야 한다. 따라서 투자하기 전에 스폰서의 신뢰성과 합병 거래의 세부 사항을 신중히 검토해야 한다.

03 IMF

IMF International Monetary Fund는 1944년 브레튼우즈 회의에서 설립된 국제 금융기구로, 금융 위기를 예방하고 해결하기 위해 만들어졌다. 이 회의에서는 세계대전 종료 후 글로벌 경제 안정화를 위해 IMF와 세계은행을 설립하기로 합의되었다. IMF의 주요 목적은 국제 통화 협력 촉진, 금융 안정 유지, 국제 무역 확장, 고용 촉진, 지속 가능한 경제성장 촉진, 그리고 빈곤 감소이다. 이를 위해 세계 각국에서 출자하여 기금을 조성하고, 파산 위험이 있는 국가에 긴급 대출을 제공하여 국제 금융 시장의 혼란을 방지한다. IMF는 세계 경제의 안정화와 국제 무역의 촉진에 중요한 역할을 하고 있다.

IMF는 대출이 조건으로 국가의 지출을 통제하고 기업에 엄격한 구조조정을 요구하여 많은 비판을 받는다. 이는 해당 국가의 신용도 하락과 경제 구조 재편으로 인해 일자리가 사라지고 기업이 외국에 싼 값에 팔리는 등의 문제를 야기할 수 있다. 이러한 상황은 개인이 높은 이자를 지불하며 힘든 상황에서 더 큰 고통을 겪는 것과 유사하다. 1997년 한국의 외환위기 때에도 IMF의 경제 정책에 따라 빈부격차가 심화되고 고용 불안 및 비정규직이 증가하는 등의 후유증이 발생했다.

04 유니콘 기업

유니콘 기업은 1조 원 이상의 가치를 가진 비상장 스타트업을 지칭한다. 이 용어는 스타트업이 10년 미만의 수명에도 불구하고 1조 원을 초과하는 기업가치를 가질 때 사용된다. 이런 기업들은 혁신적인 기술 개발이나 확장 가능성을 바탕으로 높은 가치를 창출한다.

이런 비상장 기업의 가치는 일반적으로 투자자들이 부여한 가치를 기준으로 한다. 예를 들어, 스타트업이 자신들의 지분 10%를 위해 1천억 원의 투자를 받았다면, 이 스타트업의 전체 가치는 1조 원으로 계산된다. 이 가치는 투자자들의 심사숙고한 판단에 근거하므로 상당히 신뢰할 만하다.

유명한 유니콘 기업으로는 미국의 우주항공기업 스페이스X, 틱톡으로 유명한 중국의 SNS 기업 바이트댄스, 그리고 국내 기업으로는 토스를 운영하는 비바리퍼블리카와 배달의민족을 운영하는 우아한형제들이 있다. 한국 정부도 유니콘 기업의 육성을 적극적으로 지원하고 있지만, 일부 전문가들은 투자자들이 위험성을 과소평가하고 있다고 우려하고 있다.

05 파이어족

파이어족은 경제적 독립Financial Independence과 조기 은퇴Retire Early를 지향하는 라이프스타일을 나타낸다. 이들은 주로 MZ 세대에서 인기를 얻고 있으며, 대부분의 사람들은 60대에서 은퇴를 생각하는 반면, 파이어족들은 30대 은퇴를 목표로 삼는다. 그러나 그들의 은퇴 후의 삶은 휴식이나 여행으로 가득 찬 것이 아니라, 경제적 자립을 중요시하는 데 주력한다.

그런데 다른 사람들보다 일찍 은퇴하고 나면, 지출은 어떻게 감당하는 것일까? FIRE 운동은 1998년에 트리니티 대학교의 금융학과 교수 3명이 발표한 '트리니티 보고서Trinity study'에서 큰 영향을 받아 자산의 4% 이하만을 사용하여 모든 비용을 커버할 수 있다고 믿고 있다. 이를 위해 고연봉 직장에서 근무하여 자금을 마련할 필요는 없으며, 모든 소비를 의식적이고 효율적으로 관리하는 것에 집중한다.

파이어족은 소득의 최대 80%까지 절약하며, 식사나 교통 등의 비용을 최소화한다. 그 결과로 더 빠르게 경제적 자유를 실현하고자 한다. 그러나 현실적인 문제들을 고려하여 필요한 경우 아르바이트를 하거나 비용이 적은 지역으로 이동하는 등의 계획을 세우기도 한다.

FIRE 운동은 조기 은퇴보다는 절약과 의식적인 소비, 그리고 자신의 가치에 대한 성찰을 강조한다. FIRE 운동의 가이드라고 할 수 있는 도서인 《돈이냐 인생이냐Your Money, or Your Life》에서는 "일하는 데 소요되는 시간을 돈으로 환산해서 생각해야 한다"라고 말한다. 즉, 결국 FIRE 운동이 추구하는 것은 '일을 하지 않는 것'이 아니라, '시간을 얻는 것'이라고 볼 수 있다.

06 기준금리

미국의 연방준비제도는 최근에 인플레이션 제어를 위해 기준금리를 0.25%에서 4%로 총 6회에 걸쳐 올렸다. 이렇게 금리가 조절되면 세계 증권 시장에 큰 변동이 생긴다. 기준금리는 중앙은행이 시중은행에 돈을 빌려주는 이자율을 의미하며, 이는 경제의 건전성을 유지하기 위해 중요한 역할을 한다. 낮은 기준금리는 시중은행이 돈을 더 싸게 빌리고 대출을 활성화해 경제를 촉진할 수 있다.

기준금리는 중앙은행이 물가 상승률과 경제 수준을 일정하게 유지하는 데 중요한 역할을 한다. 높은 물가 상승률은 돈의 가치를 낮추게 됨으로써 물가가 더 오르기 전에 물건을 최대한 많이 구매하게 부추겨서 단기적으로는 소비를 촉진할 수 있지만, 장기적으로는 시장가격을 높여 경제 위기를 일으킬 수 있다. 이를 방지하기 위해 중앙은행은 기준금리를 올려 돈의 가치를 유지한다.

반대로 물가 인상률이 지나치게 낮아져도 경기 침체를 초래할 수 있다. 물가가 떨어질수록 사람들은 현재보다 미래에 물가가 더 떨어질 것이라 기대하고 소비를 줄이고 저축을 늘리게 된다. 제품 구매 수요가 줄어들면 기업의 매출은 점점 감소하게 되고, 이러한 기업들은 고용을 줄인다. 고용 감소는 결국 가계의 소득 감소로 이어져, 소비자는 다시 소비를 줄이게 되는 악순환이 반복되는 것이다. 중앙은행은 이러한 악순환을 막기 위해 기준금리를 낮추어 시장에 통화량을 늘리고자 한다.

금리를 조정하는 것은 이처럼 한 나라의 경제상황을 좌지우지하는 중요한 결정이기 때문에 섣불리 금리를 크게 올리거나 내릴 수 없다. 따라서 우리나라의 중앙은행인 한국은행은 지속해서 경제 지표를 확인하면서 시장금리를 올릴지 내릴지 신중하게 결정한다. 또한 기준금리는 투자 수익과도 직결되어 있으므로 투자자들도 금리의 변동에 항상 주의를 기울인다.

07 지하경제

일반적으로 지하경제 혹은 암시장이라고 하면 마약 거래, 인신매매, 불법 무기 거래 등 불법적인 활동들이 쉽게 연상되곤 한다. 그러나 경제학적인 의미에서 지하경제는 정부의 공식적인 기록 밖에서 발생하는 모든 경제 활동을 의미한다. 이는 포장마차에서 팔린 붕어빵이나 본인이 가지고 있는 농장에서 재배된 채소를 판매하는 것, 현금 결제로 인한 할인 등을 포함한다.

이러한 지하경제의 활동들은 특성상 기록을 얻기 쉽지 않다. 또한, 암시장에서 마약이나 무기, 멸종위기 동식물 등의 불법 물품을 거래하는 사람들은 공식적으로 그 활동을 기록하여 공개할 이유가 없다. 그 때문에 지하경제의 규모를 파악하는 것은 굉장히 어렵지만, 경제학자들은 경제성장과 밀접하게 연관된 지표를 확인함으로써 지하경제의 규모를 추정하려고 노력한다.

그중 한 가지 방법은 국가 전체의 지출과 소득을 서로 비교해 보는 것이다. 만약 지하경제가 없다면 이 둘은 비슷해야 한다. 그러나 국민이 번 돈과 빌린 돈을 합한 것보다 더 많은 돈을 사용했다면, 그 차이는 지하경제에서 발생한 소득으로 간주할 수 있다. 또한, 경제성장과 밀접하게 관련된 지표를 관찰하는 것도 또 다른 방법이다. 예컨대, 경제성장률에 비해 전력 사용량이 상당히 증가했다면, 그 추가 전력은 지하경제 활동을 지원하는 데 사용되었을 가능성이 있다.

사람들이 공식적인 기록에서 소득이나 지출을 숨기는 주된 이유는 결국 법이나 세금을 피하기 위함이다. 금지된 물품의 거래 또는 현금으로만 이루어지는 비공식적인 거래는 탈세를 통한 이익을 추구하는 방법일 수 있다. 그러나 한편으로 지하경제를 활용하는 사람들은 법적인 보호받기 어렵다. 예를 들어, 불법적인 수단으로 장기를 이식받으면 혈액형이 맞지 않거나 병든 장기를 받을 위험이 있고, 지하경제에서 일하는 사람들은 부당한 착취를 당할 수도 있다.

게다가 지하경제로 흘러 들어가는 사람이 많아지면 국가는 세금을 충분히 거두기 어렵다. 세금 수입이 감소하면 국가는 정부 지출을 줄이거나 세율을 올리는 등의 대응 방안을 선택해야 한다. 하지만 전자는 취약계층을 보호하는 사회안전망과 인프라에 투자하기 어려워지게 될 수 있으며, 후자는 조세부담이 커진 사람들이 더 지하경제로 이동하게 될 위험이 있다.

이에 세계 각국 정부는 국가 운영에 필요한 세수를 확보하고 시장 참여자들을 보호하기 위해 암시장을 규제하고, 불법 활동을 단속하고 처벌함으로써 지하경제 양성화를 위한 노력을 지속하고 있다. 동시에, 특정 거래가 어차피 이루어질 것이라면 그것을 합법화하려는 움직임도 있다. 이는 정부가 시장 참여자들의 보호를 위해 최소한의 규제를 수행하려는 의도라고 볼 수 있다. 추적하기 어려운 특성과 법적 제재의 한계에도 불구하고, 세계 각국의 정부들은 이러한 지하경제를 드러내고 규제하기 위한 다양한 정책을 시도하고 있다.

08 분식회계

분식회계는 뉴스나 기사에서 자주 등장하는 용어임에도 불구하고 주식회사의 작동 원리를 제대로 알지 못하면 이것이 얼마나 심각한 문제인지 이해하기 어려울 수 있다. 분식회계란 무엇이며, 왜 항상 커다란 뉴스거리가 되는 것일까?

먼저 '분식(粉飾)'이라는 단어는 '분을 칠하다'라는 의미로, 자기 얼굴에 화장하는 것처럼 기업이 실제로는 문제가 많음에도 불구하고 재정상태를 더 나아 보이게 만드는 행위를 분식회계라는 말로 나타낸다. 역사상 가장 심각한 회계 부정 사건으로 꼽히는 2001년 엔론 파산 사태 이후 언론에 오른 'cosmetic accounting'이라는 용어를 일본에서 '분식'으로 번역해 사용한 데에서 유래하였으며, 이를 그대로 한국어로 번역하여 사용하고 있다.

그렇다면 왜 기업들은 회계 장부를 불법적으로 조작할까? 간단하게 이야기하자면 기업의 성장과 발전을 위해 많은 투자자로부터 더 많은 투자를 받길 원하기 때문이다. 이 내용을 조금 더 구체적으로 설명하기 위해서는 먼저 '주식회사'에 대해 알아야 한다.

주식회사는 여러 사람들이 자금을 모아 창설한 회사를 말한다. 투자자들은 이때 자금 기여의 규모에 따라 주식, 즉 회사의 지분을 받게 된다. 기업의 입장에서는 사업 자금이 많으면 많을수록 좋기 때문에 가능한 한 많은 투자를 받는 것이 이상적이다. 반면, 투자자들의 입장에서는 자신이 투자한 회사가 실패할 경우 자신의 주식이 가치가 없어질 것을 걱정할 수 있다. 따라서 투자하기 전에 해당 회사가 안정적인지, 미래에 성장 가능성이 있는지를 꼼꼼히 분석하게 된다. 그러나 회사의 현금흐름이나 제품의 판매 성공 여부와 같은 정보는 외부인인 투자자가 쉽게 알 수 없는 정보이다. 따라서 투자를 유치하고 싶은 기업들은 이런 중요한 정보를 외부에 공개해야 한다.

이것이 바로 주식회사가 회계 정보를 공개하는 이유이다. 이 경우, 기업들은 정해진 회계 기준에 따라 정보를 제공해야 하며, 정보의 정확성을 보장하기 위해 제3자가 실시하는 회계 감사를 받아야 한다.

문제는 규정을 위반하지 않는 범위 내에서 교묘하게 기업 재무를 조작하거나, 일반적으로 실무자가 아닌 사람들이 파악하기 어려운 방법으로 기업 재무를 속이는 경우이다. 이런 분식회계의 한 예로는 자산 가치 평가 방법을 본인에게 유리한 방식으로 변경하고 이를 그럴듯한 명분을 들어 정당화하려는 시도가 있을 수 있다. 또는, 매출을 부풀려 실적이 개선된 것처럼 보이게 하거나, 미완료 된 계약을 완료된 것으로 처리하여 미래의 이익을 현재로 당기는 경우, 원래부터 존재하지도 않았던 거래를 지어내어 기록하는 방법 등이 있다.

일반적으로 이러한 회계 조작은 중요한 내부 인사들만 알고 있기 때문에, 회계 부정이 겉으로 완전히 드러나게 되는 상황까지 도달하였을 때는 이미 손 쓸 수 없을 만큼 늦은 경우가 많으며, 분식회계 행위에 속아 거금을 투자한 투자자들은 큰 손해를 보게 된다. 또한 거래처들도 마찬가지로 손해를 보고, 직원들은 예기치 못한 구조조정을 겪게 된다.

게다가 분식회계는 애초에 그 자체가 불법이기도 하지만 대개 탈세, 횡령 그리고 배임 등의 더 큰 불법 행위를 위한 도구로도 사용되는 경우가 많다. 분식회계가 계속되면 투자자들은 기업에 대한 신뢰를 잃게 되고, 결국 신용도 있는 기업들도 투자받지 못하게 되어 경제성장을 방해한다. 따라서 많은 나라들이 회계 부정을 감지하고 처벌하기 위한 감독 기관을 운영하고, 관련 법률을 제정하고 있다. 그런데도 대표적인 대기업들이 분식회계를 저지르는 것을 볼 때면 아직 해결해야 할 문제가 많이 남아 있다.

09 행동주의펀드

2023년 상반기를 뜨겁게 달군 경영권 분쟁 이슈가 있었다. 바로 SM엔터테인먼트의 경영권을 둘러싼 일련의 사건들이다. 특히 카카오와 하이브가 SM엔터테인먼트를 인수하기 위해 서로 경쟁하게 되면서 이 이슈는 순식간에 뜨거운 감자로 떠올랐다. 결국 카카오가 인수하기로 결정되면서 일단락되었지만, 사실 이 'SM 사태'는 한 행동주의펀드의 SM에 대한 문제 제기가 도화선이 되었다.

행동주의펀드 '얼라인파트너스 자산운용'은 SM의 지분 1.1%를 보유하고 있는 주주로, 2021년 3월 소액주주들의 지지를 받아 SM의 감시인이 되었다. 그 후 얼라인파트너스는 두 차례에 걸쳐 SM에 '라이

크기획'과의 용역계약 문제를 개선하라고 요구했다. '라이크기획'은 이전 SM의 총괄 프로듀서였던 이수만이 설립한 회사로, SM 별도 매출액의 최대 6%를 프로듀싱 인세로 받았다. 결국 이들의 요구에 따라 SM은 2021년 10월에 프로듀싱 라이선스 계약을 조기에 종료하게 되었으며, 더불어 이전에 1명이었던 사외 이사의 수를 이사회의 과반인 4명으로 늘리게 되었다.

얼라인파트너스가 1.1%밖에 안 되는 지분을 가지고 있었음에도 이러한 변화를 일으킬 수 있었던 이유는 무엇일까? 앞서 여러 번 언급했던 것처럼, 이들이 '행동주의펀드'를 표방하고 있기 때문이다. 얼라인파트너스가 SM에 문제 해결을 요구한 근본적인 목적은 주주가치를 높이기 위함이었고, 이에 많은 소액주주들이 이들의 행동을 지지하고 힘을 실어주었다. 참고로 SM의 지분 중 60%를 소액주주들이 보유하고 있다. 그렇다면 '행동주의펀드'는 정확히 무엇일까?

행동주의펀드는 일정한 지분을 확보한 뒤, 기업에 자산매각이나 배당 확대, 자사주 매입, 구조조정, 지배구조 개선 요구 등 적극적인 주주 활동을 통해 수익을 내는 펀드를 말한다. 이들은 기관 투자자들이 소극적이고 수동적인 주주 활동에서 벗어나, 기업의 의사결정 과정에 적극적으로 개입함으로써 주주가치를 극대화하는 것을 목표로 한다. 행동주의펀드들은 기업의 지배구조를 개선 등 적극적인 주주 활동을 통해 기업가치를 향상하면, 투자자들의 이익을 극대화할 수 있는 동시에 기업의 지속 가능한 경영에도 이바지할 수 있다고 주장한다.

이러한 행동주의펀드는 2000년대 미국에서 본격적으로 시작되었다. 초기에는 자본력이 약한 기업을 대상으로 경영권 개입을 시도하였으나, 점점 자본이 모이면서 더 큰 규모의 기업들로 눈을 돌렸다. 해외에서는 GE General Electric, 포드자동차 같은 대기업이 이들의 표적이 됐고, 국내에서는 SK, 삼성, 현대차 등이 그들의 관심을 받았다.

초기 행동주의펀드는 '기업 사냥꾼' 이미지가 강했다. 국내에선 주주행동주의가 사람들에게 익숙하지 않았고, 외국계 펀드들은 과도하게 단기적인 시세차익만을 중요시했기 때문이다. 그러다 2018년에 기관 투자자가 기업의 의사결정 과정에 적극적인 참여를 권고한 모범 규준인 스튜어드십 코드Stewardship code가 도입되었고, 그 이후로 행동주의펀드는 본격적으로 활동하면서 지배구조 개선을 주도하기 시작했다. 이는 실제로 주가 상승으로도 연결되었다. KCGI의 한진칼 경영권 개입 발표 이후 2020년 한 해 동안 주가가 57% 상승했고, SM엔터테인먼트도 주가가 크게 뛰었다.

이처럼 행동주의펀드의 적극적인 개입은 기업의 투명성과 효율성을 개선하고, 복잡한 지배구조를 정리하여 전략적 경영을 실현할 수 있다. 그러나 반대로 이들이 단기적인 시세차익을 추구하여 기업에 무리한 요구를 한다면, 기업의 안정성이 저해되고 장기적인 성장에 방해가 될 수 있다. 따라서 기업과 투자자 모두 장단점을 고려하여 적절한 대응 전략을 세워야 한다.

10 경제 제재

경제 제재는 특정 인물이나 국가가 국제법을 위반했을 때 이에 대한 처벌로써 사용되는 조치이다. 국제 사회에서는 군사적인 간섭 없이 어떤 국가를 징계하려 할 때 경제 제재가 자주 활용된다. 이러한 제재는 다양한 방법으로 이루어지며 출입국 제한, 자산 압류 등이 포함된다. 주로 경제 제재의 대상이 되는 국가나 개인은 인권 침해, 핵무기 개발, 전쟁 촉발 등의 행동에 연루된 경우이다. 대표적인 예로 최근 발생한 우크라이나 · 러시아 전쟁 관련된 뉴스에서도 경제 제재에 대해 자주 언급되었다. 그렇다면 이러한 경제 제재가 실제로 얼마나 효과가 있을까? 경제 제재에는 어떤 조치들이 포함되는지, 그리고 이들이 어떤 결과를 초래하는지 알아보자.

경제 제재에는 다양한 형태가 있으며 대상 국가의 특성과 그들이 저지른 국제법 위반의 심각성에 따라 다르게 적용된다. 일반적으로 경제 제재는 무역 규제, 자산 통제와 여행 제한의 조합으로 구성된다. 무역 규제는 대상 국가와의 물품 거래를 제한하는 조치를 의미하며, 자산 통제는 대상 국가의 기업이 해외에서의 투자를 받지 못하게 하거나, 그들의 해외 계좌를 동결하는 조치를 가리킨다. 마지막으로, 여행 제한은 해당 국가의 국민이 입출국을 제한하거나, 그들이 다른 나라에서 일할 수 없도록 한다.

이러한 경제 제재는 대상 국가에 막대한 손해를 안겨줄 수 있다. 특히 지난 100년 동안 세계 경제의 발전은 대부분 자유무역에 의해 이루어졌다는 점에서 더욱 그렇다. 다수의 국가들은 국제 무역을 활용해 각자의 강점을 극대화하고 약점을 보완하며, 그 결과 신속하게 국부를 증대시킬 수 있었다. 이러한 국제 무역 네트워크에서 제외된다면, 해당 국가의 경제에는 엄청난 타격이 가게 된다.

일반적으로 경제 제재의 궁극적인 목적은 정권 교체라고 볼 수도 있다. 물론 경제적 어려움이 항상 정권 교체를 가져오지는 않는다. 특히 비민주적인 국가에서는 국민들의 경제적 고통이 정책에 큰 영향을 끼치지 못할 때가 많다. 국제 사회는 경제 제재를 사용하여 유혈 충돌 없이 분쟁을 해결하려고 하지만, 결국 진정한 힘은 사용하지 않을 때 가장 강력하다는 것을 잊어서는 안된다.

11 스태그플레이션

스태그플레이션은 'Stagnation'(정체)과 'Inflation'(물가 상승)의 합성어로, 경제가 정체되면서 동시에 물가가 상승하는 현상을 의미한다. 경제학 최악의 난제라고도 여겨지는 스태그플레이션을 이해하기 위해서는 먼저 인플레이션과 실업률 간의 관계를 이해해야 한다.

1958년, 윌리엄 필립스William Phillips라는 경제학자는 인플레이션과 실업률이 두 요소가 반비례 관계에 있다고 주장했다. 즉, 실업률이 내려가면 노동자들은 임금 인상을 요구할 수 있는 힘이 생기고, 임금 상승은 결국 수요 증가로 이어져 물가 상승을 초래한다는 것이다. 반대로 실업률이 높아지면 수요가 감소하고 물가도 내려간다는 이론이다.

그러나 1970년대, 미국 경제는 이 관계가 무너지는 현상을 경험했다. 경기가 침체되는 동시에 물가 상승도 겪게 된 것이다. 이러한 상황, 즉 일자리는 감소하면서 물가는 계속 상승하는 현상이 바로 스태그플레이션이다. 당시에 발단이 된 것은 1973년 4차 중동전쟁과 그 결과로 일어난 오일쇼크였다. 미국이 이스라엘을 지원한 것에 대한 반발로 중동 산유국들이 석유 수출을 제한하자 유가가 급증한 것이다.

반년 동안 유가가 거의 3배나 상승하였고, 이에 따라 사람들의 소비가 줄어들었다. 그럼에도 불구하고, 물가는 계속 상승했다. 유가 상승은 기업의 생산비용을 늘리는 동시에 이익을 저하했고, 이는 결국 고용 침체와 실업률의 증가로 이어졌다.

스태그플레이션이 경제학 최악의 난제로 악명이 높은 이유는 그것이 초래하는 경제적 문제뿐만 아니라, 해결 방안이 쉽게 제시되지 않기 때문이다. 보통 경기 침체가 찾아오면 정부는 기업과 가계에 돈을 빌려주고, 국가사업을 확대하여 일자리를 만드는 방식으로 대응한다. 그러나 이러한 조치로 인해 유동성이 증가하면서 물가 상승이 함께 동반되곤 한다. 따라서 이렇게 심각한 인플레이션과 높은 실업률이 같이 나타나는 비정상적인 상황에서 보통의 경기 불황이 찾아왔을 때와 같은 방식으로 대응한다면 더 심각한 물가 상승을 일으킬 수 있다. 살인적인 인플레이션과 치솟는 실업률 사이에서 옴짝달싹 못하게 되는 것이다.

그렇다면 스태그플레이션은 왜 발생하는 것일까? 케인즈학파는 오일쇼크와 같은 갑작스러운 비용 상승이 원인이라고 주장한다. 반면, 통화주의자들은 오일쇼크는 단순히 계기에 불과하며, 주요 원인은 시중에 과도하게 풀린 유동성이라고 주장한다. 실제로 스태그플레이션을 극복하는 데는 강력한 긴축 통화 정책이 효과적이었다. 미국 연방준비제도는 금리를 최대 21.5%까지 올려 물가 상승을 잡아냈다. 이로써 스태그플레이션이 종결되었지만, 그 과정에서 많은 미국인들이 직장을 잃었고, 수천 개의 기업과 은행들이 파산하는 결과를 초래했다. 이처럼 엄청난 비용을 치름으로써 문제를 극복할 수 있었다.

12 폰지 사기

1920년대 초, 이탈리아계 미국 이민자인 찰스 폰지Charles Ponzi는 자신의 이름을 후대에 길이 남길 희대의 투자 사기를 벌인다. 어느 날, 미국 국제우편 쿠폰International reply coupon 시장을 살펴보던 폰지는 쿠폰 재판매를 이용한 사업 아이디어를 하나 떠올린다. 국제우편 쿠폰을 다른 나라에서 저렴하게 대량으로 구매하고, 이를 미국으로 들여오면 환율의 차이 덕분에 더 비싼 가격으로 판매할 수 있다는 것이었다.

이러한 사업 아이디어를 앞세워 그는 투자자를 모으려고 했으나, 생각보다 투자자가 많이 모이지 않자 폰지는 자신에게 투자를 하면 90일 이내에 투자금의 두 배를 돌려주겠다는 파격적인 조건을 내걸었다. 그는 빠르게 돈을 벌 수 있다는 믿음을 사람들에게 심어주었고, 높은 이익에 혹한 많은 사람들이 그의 사업에 투자하기로 했다.

그러나 당연하게도, 90일이라는 짧은 기간에 수익을 낸다는 것이 불가능했다. 투자자들에게 지급할 높은 배당금을 실제 사업 수익으로 감당할 수 없었던 폰지는 결국 새로운 투자자들로부터 투자받은 돈을 기존 투자자들에게 배당금으로 지급하였다. 이런 소위 '돌려막기' 전략은 처음에는 아무런 문제가 없었으나, 새로운 투자자의 유입이 줄어들면서 위기를 맞게 되었다. 폰지는 신규 투자자들이 사라지자 이미 자신에게 투자해 준 사람들에게 배당금을 돌려줄 수 없게 되었고, 결국 파산하게 된 것이다. 그의 엄청난 사기 행각 때문에 많은 투자자들은 막대한 돈을 잃었고, 그는 구속되었다.

이러한 사기 수법은 오늘날까지도 이용되고 있으며, 그의 이름을 따 '폰지' 또는 '폰지 사기Ponzi scheme'라고 일컬어진다. 한마디로 정리하자면 폰지 사기는 비상식적인 고수익을 약속해 고객을 끌어모은 뒤, 모은 원금을 떼어 지급하며 이것이 투자수익인 척하는 사기를 말한다.

폰지 사기는 해외 뿐만 아니라 국내에서도 이루어졌으며, 어딘가에서는 현재진행형일지도 모른다. 최근에는 연 20%라는 지속 불가능한 수익률을 약속했던 루나-테라 코인을 비롯한 많은 가상자산이 결국 신규 투자자의 유입에 의존하는 폰지 사기라는 비판을 받기도 했다.

물론 모든 사기에 주의를 기울여야 하지만, 그중에서도 특히 폰지 사기를 조심해야 하는 이유는 일단 피해가 발생하고 나면 그들의 손실을 구제할 방법이 거의 없기 때문이다. 실제로 전문가들은 피해 금액의 10%를 회수하는 것만으로도 큰 성공으로 인식하곤 하는데, 이는 폰지 사기로 인한 원금, 혹은 그 일부를 되찾기가 대단히 어렵다는 것을 시사한다. 따라서 만약 시장수익률을 훨씬 능가하는 이익을 자신 있게 보장하는 투자 기회가 있다면, 투자자는 투자를 결정하기 전에 폰지 사기가 아닌지 반드시 의심해야 한다.

13 뱅크런

뱅크런은 대량의 예금자들이 은행에서 돈을 동시에 인출하는 현상을 의미한다. 이것은 은행이 파산하는 주요 원인이 될 수 있다.

뱅크런이 발생하는 원인은 다양하지만 대부분 은행에 대한 신뢰가 무너질 때 발생한다. 예를 들어 은행이 예금자의 자금을 가지고 위험한 투자를 한 사실이나 재무 상태를 위해 장부를 조작했다는 정보가 유출되면, 예금자들은 자신들의 돈이 위험에 처해 있다고 느낄 수 있다. 또한, 이러한 상황에 대한 근거가 없는 루머만으로도 예금자들이 불안감을 느끼고 은행에서 돈을 인출할 수 있다.

예금자들이 단체로 돈을 인출하기 시작하면 다른 예금자들도 은행이 망하기 전에 돈을 찾기 위해 몰려들 것이고, 이렇게 걷잡을 수 없이 예금 인출이 진행되면 금고가 텅 비어버린 은행이 결국 파산하게 되는 것이다.

여기서 한 가지 궁금한 점이 생긴다. 은행은 왜 예금자들에게 줄 돈이 없었을까? 사람들이 은행에 예치해 놓은 돈은 모두 어디로 갔을까? 이를 알기 위해서는 '지급준비제도'에 대해 먼저 알아야 한다.

시중은행은 고객의 예치금을 100% 현금으로 가지고 있지 않는다. 은행은 고객들의 돈을 보관해 줄 뿐 아니라, 고객들의 돈을 다양한 방식으로 투자하여 수익을 창출하고 그 일부를 고객에게 이자로 돌려준다. 그러나 만약 은행이 고객들의 예치금을 마음대로, 혹은 필요 이상 사용하게 되면 고객이 돈을 인출하려고 할 때 지급하지 못하는 사태가 발생할 수 있다. 이를 막기 위한 제도가 바로 '지급준비제도'이다.

지급준비제도란 시중은행이 보유하고 있는 전체 예금의 일정 비율 이상에 해당하는 금액을 중앙은행에 예치해 두어야 하는 것을 말한다. 전체 예금액 대비 지급준비금의 비율을 지급준비율이라고 하며, 한국의 경우 법정 지급준비율은 7%이다. 즉, 어떤 은행이 10억 원의 예금을 가지고 있다면 이 중 적어도 7천만 원은 돈을 찾으러 오는 고객들을 위해 중앙은행에 보관해야 하며, 나머지 9억 3천만 원을 운용하여 수익을 창출할 수 있다.

뱅크런이 발생하면 그 패닉이 빠르게 확산되어 다른 은행에도 퍼질 수 있다. 이러한 전염성 때문에 한 번 뱅크런이 시작되면 그것을 제어하는 것은 매우 어려운 일이다. 2011년에 발생한 부산저축은행이 뱅크런을 겪었을 때도 많은 예금자가 수년 동안 모아온 목돈을 잃게 되었다. 이를 예방하고 예금자들의 자금을 보호하기 위해, 지급준비제도와 같은 은행의 건전성을 규제하는 제도 외에도 다양한 예금자 보호조치들이 시행되고 있다.

14 양적완화와 양적긴축

양적완화란 중앙은행이 경기 부양을 위해 돈을 찍어내는 것을 의미한다. 이렇게 중앙은행이 찍어낸 돈을 시중은행에 공급하면, 시중은행은 상대적으로 낮은 이자율로 가계와 기업에 대출을 제공한다. 이러한 자금은 일자리 창출이나 주택과 자동차 구매를 위한 대출금으로 활용되며 결론적으로 수요를 창출해 냄으로써 경제 부양에 큰 도움이 될 수 있다.

하지만 양적완화에는 커다란 단점도 존재한다. 그것은 경기 과열로 인한 인플레이션이다. 즉, 물건의 양은 일정한데 돈의 공급이 지나치게 많아지면 물가가 급등하게 되는 것이다. 이로 인해 사람들은 상대적으로 가난해지게 된다. 이러한 상황을 방지하기 위해 중앙은행은 풀었던 돈을 다시 거둬들이는 양적긴축을 시행한다.

양적완화와 긴축은 마치 강한 중독성을 가진 약물 치료와 비슷하다. 이러한 정책은 경제적으로 어려운 상황에서 회복을 돕는 데에는 매우 효과적일 수 있지만, 경제에 부정적인 영향을 줄 수도 있다.

양적완화가 끝나면 중앙은행은 이미 시중에 풀린 돈을 거두어들이며 시장의 통화량은 급감한다. 이는 인플레이션 억제라는 장점을 가지고 있기는 하지만, 상대적으로 대출이 어려워지기 때문에 대출 수요 증가에 따른 대출 금리 인상이 따라오고 이에 올라갔던 자산 가격이 하락하는 것이 일반적이다.

주식 시장은 양적완화와 낮은 금리로 인해 큰 호황을 누려왔다. 저축 이자율이 지나치게 낮은 상황에서 투자자들은 주식 시장을 포함해 가상자산 등의 다른 투자 기회를 찾아 나섰다. 그러나 금리가 정상화되면 자금은 채권 시장 등으로 다시 유입될 것이며, 이에 따라 주식 시장은 강한 매도세를 겪을 수 있다. 또한, 대출을 활용해 투자한 사람들이 대출 상환에 어려움을 겪게 되면 투자를 청산하여 하락세를 더 부추길 가능성이 있다. 특히 부동산 시장의 경우, 높은 대출을 기반으로 집을 구매하는 사람들이 많으므로 주택담보대출의 변동금리가 상승하면 이자 부담으로 인해 파산 위험에 직면할 수 있다.

양적긴축으로 인한 불경기 탓에 일자리를 잃기라도 한다면 개인들은 더욱 큰 타격을 입게 될 수 있다. 중앙은행들이 인플레이션을 통제하기 위해 유동성 공급자에서 유동성 흡수자로 전환되면 세계 경제는 제동이 걸리게 될 수 있다.

15 바이아웃

2022년 4월, 테슬라의 CEO이자 세계 최대의 갑부 일론 머스크Elon Musk가 트위터 모든 지분을 44억 달러(약 54조 원)에 인수하겠다고 밝혔다. 이처럼 상장 기업의 절반 이상의 지분을 사들여 경영권을 완전히 획득하는 것을 바이아웃Buyout이라고 한다.

이렇게 이미 상장된 큰 기업을 사들이기 위해서는 어마어마한 가격을 지급해야 할 것을 알면서도 헤지펀드나 초고액 자산가, 혹은 심지어 그 기업의 임직원들이 바이아웃을 시도하는 이유는 바로 잠재된 기업 가치를 실현하기 위해서이다. 이들은 기업이 잘못 운영되고 있으며, 이를 바로잡고 올바른 길로 이끈다면 주가가 크게 상승할 것이라고 믿는다. 그러기 위해서는 인력 구성이나 전략 등을 개편하여야 하며, 궁극적으로 경영권을 확보해야 한다.

저평가된 기업을 성장시켜 더 높은 가격에 되팔 수 있다는 것은 매우 매력적인 제안이지만, 이에는 큰 비용과 위험이 따르게 된다. 먼저, 상장된 회사의 경영권을 확보하기 위해서는 충분한 주식을 모아야 하는데, 이는 쉽지 않은 일이다. 특히 머스크의 트위터 인수 건처럼 거대기업의 주식을 100% 매수하여 자진 상장폐지 시키는 경우는 더욱 어렵다.

따라서 이를 위해 은행에서 대규모의 부채를 끌어오는 경우가 많다. 이를 차입매수Leveraged Buyout

(LBO)라고 부르며, 많게는 인수 대금의 80%가 빚으로 구성되기도 한다. 당연히, 막대한 부채는 엄청난 위험을 수반한다. 게다가 거래를 이루어내기 위해서는 현재 기업의 시가총액보다 더 높은 인수 가격을 제시해야 한다, 그래서 바이아웃 투자자는 현재 시총보다는 높지만, 향후 자신이 실현할 수 있는 기업의 잠재 가치보다는 낮은 가격을 제안해야 한다.

만약 바이아웃 투자자가 기업의 모든 주식을 인수한 뒤 상장 폐지하려고 한다면, 기존 주주들은 어떻게 될까? 우선, 바이아웃 투자자는 시장에서 주식을 매입하여 지분을 모을 수 있다. 이때 대량의 주식을 구매하면 주가는 계속 상승하고, 자본시장 규제에 따라 대주주로서의 신분이 공개되면 주가는 폭등할 것이다.

이런 상황을 방지하기 위해, 바이아웃 투자자는 보통 기업의 이사회를 설득한다. 이사회는 주주들이 선출한 의사결정 대리자들로, 바이아웃이 성사되면 주주들은 이사회의 결정에 따라야 한다. 만약 이사회가 바이아웃을 거절한다면, 바이아웃 투자자 측은 이사회를 건너뛰고 주주들에게 '텐더 오퍼'를 제안하게 된다. 텐더 오퍼란, 현재보다 높은 가격으로 주식을 매입하겠다는 일괄적인 제안을 의미하며, 승낙한 주주는 즉시 이익을 실현할 수 있다.

마지막으로, 바이아웃으로 인해 자신들의 위치를 위협받는 기존 경영진들은 어떻게 될까? 많은 주식회사들은 인수를 방어하기 위하는 다양한 전략을 세워놓았다. 주당 가치를 떨어뜨리는 대신 주식 수를 늘려서 50% 이상의 지분을 획득하기 어렵게 하는 '독약Poision Pill', 경영진 교체 시 쫓겨나는 경영진에게 큰 퇴직금을 지급하는 '황금 낙하산Golden Parachute', 그리고 위기의 경영진을 도와주는 우호적인 투자자에게 자동으로 인수당하는 '백기사White Night'가 대표적이다.

머스크가 트위터를 인수한 것처럼, 상장기업의 바이아웃 시도는 일반인들에게도 흥미로운 투자 기회를 제공하곤 한다. 그러나 바이아웃 과정에서의 협상은 양측이 서로 유리한 계약을 만들기 위한 끈질긴 밀고 당기기 과정이며, 때때로 계약이 불발되기도 한다. 따라서 개인투자자들은 성공적인 투자를 위해 바이아웃의 성사 가능성을 신중하게 판단하고 꾸준히 지켜봐야 한다.

16 안전자산

흔히 경기가 불안정할 때는 안전자산에 분산투자를 하라고 한다. 여기서 '안전자산'이란 무엇을 의미할까? 엄밀한 정의로는 '무위험 자산'이 바로 안전자산이다. 그러나 일반적으로 안전자산에는 자산피난처가 포함되어 보다 광범위하게 사용되기도 하며, 때로는 부적절하게 가상자산이 잘못 묶이기도 한다. 이들 각각의 정의와 각 정의에 부합하는 자산들이 무엇인지 살펴보자.

먼저 가장 사전적인 정의의 안전자산인 무위험 자산은 이름에서도 알 수 있듯이 위험이 없는 자산이다. 이 말은 즉, 약속된 기대수익률을 반드시 달성한다는 것을 의미한다. 주식과 같은 위험자산은 기대수익률이 20% 일지라도 실제 수익률은 이보다 높거나 낮을 변동성이 있다. 반면 무위험자산은 무조건 기대수익률을 충족시킨다. 대표적인 예로 미국 국채가 있다. 2022년 4월 기준, 미국 국채 10년물의 만기 수익률은 2.7%이다. 국채의 가격은 만기까지 변동할 수 있지만 최종적으로는 약속된 수익률을 반드시 제공한다. 그러나 수익률에서도 금방 알 수 있듯이 위험을 부담하지 않는 만큼 주식 같은 위험 자산보다 수익률은 낮다.

사실 미국 국채조차도 완벽한 무위험은 아니다. 미국 정부가 절대 파산하지 않는다고는 100% 장담할 수 없기 때문이다. 또한, 보유 기간 동안 받는 이자를 어떻게 재투자하는지에 따라서도 수익률에 변동이 있을 수 있다. 그러나 이런 변동성은 매우 작아서 미국 국채는 대체로 무위험 자산으로 인식된다. 독일이나 스위스와 같은 높은 신용등급을 가진 국가의 채권도 이에 해당한다.

흔히 안전자산을 말할 때는 더 넓은 의미에서 '자산피난처'를 포함하는 경우가 많다. 이는 경기 침체나 주가 하락 시에도 자신의 가치를 유지하거나 심지어 증가하는 자산을 의미한다. 대표적인 예로 금이 있다. 금은 중앙은행이 찍어내지 못하므로 그 가치를 안정적으로 인정받는다. 역사적으로 금은 불경기, 특히 강한 인플레이션 환경에서 가격이 상승했다. 금 외에 현금도 자산피난처로 간주된다. 현금은 주식과 달리 가치가 급변하지 않으며, 주가가 급락하는 시기에 저렴한 가격에 자산을 매수할 '총알' 역할을 하기도 한다.

정말 넓은 의미로, 경기방어주 또한 자산피난처로 묶이기도 한다. 생필품이나 사회 인프라를 제공하는 기업들은 경기 침체에도 소비자들의 수요를 상대적으로 덜 잃는 경향이 있기 때문이다. 이들의 안정적인 실적과 높은 배당 수익은 특히 주가 하락장에서 빛을 발한다.

마지막으로, 종종 안전자산으로 잘못 분류되는 경우가 있는데, 그것이 바로 가상자산이다. 비트코인이나 이더리움 같은 가상자산들은 증시와 별개로 가격이 움직이는 것처럼 보여 안전자산으로 여겨질 수 있지만, 이것은 안전자산의 진정한 의미를 잘못 이해한 결과이다. 가상자산들은 극도의 가격 변동성을 보이는 고위험 자산이며, 경기 불확실성이 커질 때 급격하게 가격이 하락할 가능성이 크다. 더욱이 가상자산이 투기 목적의 상품으로 대두되면서 점차 증시의 움직임과 연계되는 경향이 보인다.

안전자산이 무엇이고 어떤 종류의 자산이 있는지, 그리고 각각의 자산이 가지는 특성이 무엇인지를 파악하는 것은 매우 중요하다. 경기 침체의 원인에 따라서 안전자산이라고 여겼던 투자상품이 예상과는 반대로 움직일 가능성이 있기 때문이다. 그리고 끝으로 급락장에서는 결국 모든 자산이 같은 방향으로 움직인다는 사실 또한 명심해야 한다.

17 기본소득

기본소득은 개인의 소득이나 자산에 상관없이 모든 성인에게 동등하게 지급되는 정부 지원금을 말한다. 2008년 금융위기 이후 전세계적으로 소득 불평등이 계속 증가하면서, 이 문제를 해결하는 대안으로 기본소득이 대두되었다.

자유시장경제의 중심 국가인 미국에서도 2020년 앤드류 양Andrew M. Yang이 대통령 후보로 출마하면서 모든 성인에게 매월 1,000달러를 지급하겠다는 공약을 내 걸었다. 그는 결국 낙선했지만, 그의 공약은 세계적으로 기본소득에 대한 인식을 증가시켰다. 게다가, 같은 해에 바이든 행정부는 경기부양을 위해 3천조 원의 예산을 확보했는데, 이는 2년 동안 모든 미국 성인에게 매월 1,000달러를 지급하는데 충분한 금액이었다. 이 사실은 재정적인 이유로 과거에는 불가능하다고 여겨졌던 기본소득에 대한 논의를 다시 활성화했다.

기본소득제도에 대한 현실적이고 효과적인 논의를 위해서는 이 제도의 효익, 재정 부담, 그리고 인플레이션과의 관계를 반드시 포함해야 한다. 먼저, 기본소득이 가져다줄 수 있는 긍정적인 효과는 분명하다. 부유층보다 상대적으로 저소득층에게는 매월 제공되는 백만 원의 기본소득은 매우 큰 가치를 가질 것이다. 특히 대학생이나 각종 고시생이 자기 능력을 발전시키는 데 필요한 공부를 수행하는 데 중요한 자원이 될 수 있다.

그러나 적은 금액으로 너무 커다란 효과를 기대하는 게 아니냐는 목소리가 찬성과 반대 측 모두에게서 제기되고 있기도 하다. 대부분의 선진국에서는 1인 가구가 도시에서 생활하기 위해 필요한 생계비가 이미 1,000달러를 넘겼기 때문이다. 더구나 기본소득을 국가재정으로 감당할 수 있는지도 쟁점이다. 기본소득제를 유지하기 위해서는 세금 인상이 필수적이다. 이를 위해 고소득층의 소득세를 올리거나, 초고액자산가들에게 재산세를 부과해야 한다는 주장도 나오고 있다.

하지만 증세 법안이 입법부를 통과하더라도, 이것이 반드시 세수 증대로 이어질 것이라는 보장은 없다. 비록 증세하게 되면 부유층이 해외로 이탈한다거나, 높은 세금이 기업가정신을 해친다는 주장은 너무 과장되었다는 것은 여러 연구에서 지적되었으나, 기본소득과 같이 막대한 재정 부담을 동반하는 정책은 전례 없는 규모의 세금 인상을 필요로 하며 이는 소수의 초고액자산가 뿐만 아니라 일반 고소득층조차도 세금을 회피하려는 결과를 초래할 수 있다.

기본소득제도가 마주해야 할 마지막 장애물은 인플레이션이다. 기본소득을 통해 시장에 막대한 돈이 풀리면, 처음엔 수요 증가와 경기 활성화가 이루어질 수 있다. 그러나 결국에는 상품의 공급 부족으로 인해 물가가 상승하게 된다.

기본소득을 지지하는 사람들은 돈을 공급한 만큼 세금을 통해 회수하면 될 것이라고 주장한다. 그러나 실제로 그런 방식이 작동하더라도 기본소득제도의 본래 취지에 따라 세금은 주로 부유층에게 집중되어 부과될 것이다. 이 결과로 인해 서민 생활 물가는 급증하고, 저소득층의 실제 생활 수준은 오히려 악화될 가능성이 크다.

그렇다면 기본소득제도 도입을 주장하는 것은 완전히 말도 안 되는 이야기일까? 기본소득제도 자체가 반드시 효과적이라고 말할 수는 없지만, 그에 대한 논의는 매우 유익하다. 정부가 시장에 전혀 개입하지 않는 경제와 기본소득을 지급하는 경제 사이에서 현실을 반영하는 최적의 정부 정책이 있을 것이다. 이러한 최적점을 찾는 과정에서 기본소득에 대한 논의는 중요한 부분을 차지한다.

18 경제적 해자

일반적으로 '투자'를 떠올리면 가장 먼저 뒤따라 생각나는 것이 주식투자일 것이다. 그만큼 많은 사람들이 주식투자에 관심이 있으며, 이를 통해 수익을 내고자 한다. 그렇다면 어떤 기업의 주식을 사는 것이 수익을 내는 데 도움이 될 수 있을까? 투자의 귀재라고 불리는 워런 버핏이 주장한 투자 아이디어 '경제적 해자'를 통해서 이를 설명해 보고자 한다.

'경제적 해자Economic Moats'는 워런 버핏이 1980년대에 버크셔 해서웨이 연례보고서에서 최초로 언급하면서 알려지게 되었다. 경제적 해자에서 '해자(垓子)'란 과거 중세 시대에 적의 침입을 막기 위해 성 밖을 둘러 파서 못으로 만든 곳을 의미한다. 일본의 오사카성 같은 곳을 떠올리면 쉽게 이해할 수 있을 것이다.

따라서 경제적 해자는 한 마디로 성을 지키기 위해 만들어진 연못처럼, 경쟁사로부터 기업을 보호해 주는 높은 진입장벽과 확고한 구조적 경쟁 우위를 뜻한다. 적의 침입을 효과적으로 막기 위해서는 못의 넓이와 깊이가 중요한 것처럼, 넓고 깊은 경제적 해자를 가진 기업일수록 다른 경쟁사에 비해 높은 가치를 지니며 지속 가능한 경영을 이어나갈 수 있다.

경제적 해자를 판단할 수 있는 기준으로는 보통 무형자산, 네트워크효과, 고객 전환비용, 원가 우위와 규모의 경제 등을 꼽을 수 있다. 가장 먼저 무형자산이란 물리적 실체는 없으나 미래에 기업의 경쟁력을 높여주고 경영상의 이익을 제공해 줄 수 있는 자산을 뜻한다. 브랜드, 특허, 법적 라이선스 등이 여기에 속한다. 이 무형자산을 보유한 회사는 이들만이 가진 독점적인 권리를 통해 고객들로부터 많은 가치를 창출해 낼 수 있다. 워런 버핏은 그중에서도 브랜드 가치를 중요하게 생각하였다. 애플이나 코카콜라와 같은 기업의 제품이 브랜드 이름만으로 타 경쟁업체가 넘볼 수 없는 우위를 지닌 것을 보면 그가 왜 브랜드를 중요하게 생각하였는지 쉽게 알 수 있다.

네트워크효과는 어떤 재화나 서비스를 이용하는데 있어서, 이미 그것을 사용하고 있는 집단의 네트워크가 크게 작용하는 현상을 말한다. 따라서 네트워크효과가 나타나는 기업 혹은 사업은 이용자가 많으면 많을수록 그 재화나 서비스의 가치는 더욱 상승한다. SNS가 가장 대표적이다. 우리나라 국민 대다수는 스마트폰으로 소통할 때 '카카오톡'을 활용한다. 이미 많은 사람들이 '카카오톡'을 이용하고 있기 때문에, 소통을 위해서는 다른 플랫폼이 아닌 '카카오톡'을 사용할 수밖에 없게 된다. 이런 네트워크효과가 나타나는 기업은 이용자가 많아지면 많아질수록 큰 노력 없이도 독점적인 지위를 누릴 수 있게 되고, 이것은 경제적 해자로 작용한다.

고객 전환비용은 말 그대로 고객이 다른 기업의 재화나 서비스를 구매하는 데 드는 유, 무형의 비용을 말한다. 예를 들어, 애플의 아이폰을 이용하던 사람이 새로 휴대전화를 구매하려고 할 때 아이폰이 아닌 삼성의 휴대전화를 선택하는 사람이 얼마나 될까? 애초에 고려 대상에조차 넣지 않는 경우를 많이 보았을 것이다. 개인의 선호 문제도 있겠지만, 새로운 운영체제에 적응하는 시간, 이전에 이용하던 아이폰과 연동되지 않아, 새로 전화번호와 파일을 저장해야 하는 시간 등 이를 전환하는 데 수반되는 비용이 크기 때문이다. 이렇게 높은 전환비용은 기업 입장에서 기존의 고객이 경쟁사로 옮겨가는 것을 막을 수 있으며, 소비자는 브랜드를 바꾸려는 시도하기 어려워진다.

마지막으로 어떤 기업이 경쟁사보다 제품이나 서비스를 만드는 데 원가가 더 적게 들어가, 고객에게 낮은 가격에 이를 꾸준히 제공한다면 시장에서 우위를 점할 수 있을 것이다. 결국 이렇게 원가 우위를 점할 수 있는 것은 규모의 경제 덕분이며, 이로 인한 가격 경쟁력은 튼튼한 경제적 해자를 만들 수 있다.

워런 버핏은 '깨뜨릴 수 없는 해자로 둘러싸인 성'처럼 경제적으로 견고한 기업을 찾는다고 말한다. 주식 투자를 염두에 둔 사람이 있다면, 경제적 해자를 보유한 기업을 발굴해 투자해 보는 것은 어떨까?

19 기축통화

기축통화란 가치가 안정적으로 유지되며 세계 금융 거래의 기준점이 되어주는 통화를 말한다. 이는 단지 한 나라에서만 인정받는 것이 아니라 세계 여러 국가에서 그 가치와 신뢰성을 인정하며, 국제 무역 시장에서 공통적으로 사용되는 '국제 화폐'이기도 하다. 많은 사람들이 '국제 화폐'라는 표현을 들었을 때 달러를 연상하게 되는데, 이는 틀린 생각이 아니다. 실제로 달러는 국제 시장에서 높은 신뢰도를 가지며, 유럽 연합, 영국, 일본, 중국 등 강대국의 화폐를 압도하는 영향력을 가지고 있다.

기축통화인 달러가 어떻게 그러한 지위에 오르게 되었는지를 이해하기 위해서는 역사를 살펴보아야 한다. 예전부터 전세계적으로 가치의 기준은 원래 금과 은이었다. 이에 따라 근대 열강들은 금과 태환 가능한 지폐를 발행하기 시작했다. 그중에서도 미국은 두 차례의 세계대전으로 유럽의 경제가 망가지는 동안 가장 큰 금 보유고를 가질 수 있게 되었고, 세계 전체의 금 보유고 역할을 수행하게 되었다.

그러나 2차 대전 이후 세계화가 가속화되고 전 세계의 경제가 빠르게 성장하면서, 경제성장이 금의 채굴량을 넘어서는 일이 발생했다. 경제에 충분한 '혈액', 즉 달러를 순환시키기엔 금이 부족해진 것이다. 금은 마음대로 만들어낼 수 없는 희소자원이기 때문에, 이 문제를 해결하기 위해서는 달러와 금의 교환비를 낮춰야 했다. 그러나 이렇게 하면 달러의 신뢰성이 떨어지게 된다. 그래서 1971년, 미국은 금과 달러의 직접적인 태환을 중단하겠다고 선언하는 특단의 조치를 내렸다.

이러한 충격적인 선언은 전 세계를 놀라게 했지만, 그럼에도 불구하고 달러는 여전히 그 가치를 유지하고 있다. 그 이유는 달러의 가치가 이제는 금이 아니라 미국 정부의 신뢰성에 의해 결정되기 때문이다. 미국의 국제정치, 군사, 외교적 지위와 탄탄한 경제력이 금을 대신하여 달러의 가치를 유지하는 핵심적인 요소가 된 것이다. 더욱이 이제 미국은 금 보유고에 구애받지 않고 필요한 만큼 달러를 발행할 수 있다. 세계적인 강대국으로서의 지위를 유지하는 한, 미국 정부는 달러를 발행하여 상품을 구매할 수 있는 권력을 가지게 된 것이다.

'국제 화폐'인 달러의 발행권을 통해 미국은 글로벌 경제에 결정적인 영향력을 행사하며, 자국기업이 세계 시장에서 경쟁력을 유지하는 데 큰 역할을 한다. 그러나 이러한 기축통화의 장점을 누리는 데는 대가가 따르는데, 그것은 바로 막대한 무역 적자이다. 또한, 화폐 가치의 담보가 금에서 '신뢰'로 바뀐 오늘날, 미국은 다른 나라들이 고의로 환율을 조작하는 것을 막는 세계 경찰의 역할과 책임도 맡고 있다.

달러가 강력한 위치에 있는 것은 그것이 기축통화의 지위를 차지하고 있기 때문이지만, 그 반대의 인과관계도 성립한다. 세계 최고의 경제력과 압도적인 군사력, 그리고 정치 및 외교적 위신은 달러가 자연스럽게 '국제 화폐'로서의 지위를 차지하도록 만들었다. 세계 경제의 리더가 언제까지 미국일지는 알 수 없으나, 미국이 국제적으로 강력한 영향력을 행사하는 한, 달러 또한 기축통화로서 경쟁자들이 뛰어넘을 수 없는 위치를 유지할 것이다.

20 규제 샌드박스

규제는 다양한 산업과 경제 활동, 그리고 사회 전반에서 중요한 역할을 한다. 예를 들어, 모든 기업들이 동일한 규칙을 따르도록 함으로써 공정한 경쟁을 유지할 수 있도록 하며, 소비자와 환경을 보호하고, 사회적 불평등을 감소시키는 데 도움이 될 수 있다. 그러나 동시에 규제를 유지하기 위해서는 큰 비용이 소모되며, 새로운 기술 혹은 서비스가 시장에 진출할 때 장애물이 되기도 한다.

이에 많은 나라들이 기존의 규제로 인해 시도하지 못했던 새로운 기술이나 서비스가 출시될 때, 이것의 안정성과 효과를 검증하기 위해 일정 기간 규제를 면제하거나 유예시켜주는 제도를 도입하기 시작했다. 그것이 바로 '규제 샌드박스'이다. 아이들이 샌드박스, 즉 모래 놀이터에서 뛰어놀 듯 규제 없는 환경에서 기업들이 다양한 아이디어를 마음껏 펼쳐볼 수 있는 혁신의 실험장을 만들어 주는 것이다. 이 과정에서 규제 당국은 수집된 데이터를 토대로 소비자를 보호하면서도 새로운 사업과 혁신적인 아이디어를 포용할 수 있는 방향으로 규제를 개선해 나갈 수 있다.

규제 샌드박스에 지정된 서비스는 일상생활에서도 쉽게 접할 수 있다. 은행에서 계좌를 개설할 때 직접 은행을 방문하여 창구에서 개설하는가? 이제 계좌를 개설하거나 카드를 만들 때 애플리케이션을 이용하시는 사람들이 더 많을 것이다. 본인 확인할 때 신분증을 스캔하고 안면인식 하는 서비스들은 모두 규제 샌드박스에 지정된 서비스이다.

2016년 영국이 처음으로 도입한 규제 샌드박스 제도는 현재 한국을 비롯하여 싱가포르, 호주, 일본 등 60여 개국에서 운영하고 있다. 한국은 먼저 이 제도를 도입했던 국가의 모델을 더욱 발전시키고 확대하여 국내 상황에 맞는 한국형 규제 샌드박스를 운영하고 있다. 또한 대부분의 국가는 금융 분야에서만 도입하고 있으나, 우리나라는 금융은 물론 실물경제 분야(ICT, 산업 등)도 함께 운영하고 있어 다양한 분야를 포괄한다는 점에서 가장 앞선 제도에 해당한다고 볼 수 있다.

그러나 규제 샌드박스가 모든 분야에 적용될 수 있는 것은 아니며, 규제 당국과 기업 간의 원활한 소통과 안전장치가 필요하다. 따라서 아무리 신기술을 적용한 혁신 사업이라고 하더라도 국민의 생명과 안전을 해칠 수 있거나, 환경을 파괴하는 경우 이러한 특례가 제한되거나 취소될 수 있다.

또한 어디까지나 이 제도는 일시적인 규제 완화를 제공하는 것으로, 기업이 새로운 기술이나 서비스를 시장에 안정적으로 선보이기에, 충분한 시간을 가지지 못할 수 있다. 이 기간이 끝나면 규제 완화 또는 면제가 즉시 종료되므로, 기업이 적응하고 장기적으로 계획을 세우는 데 어려움을 겪을 수 있다. 따라서 모든 제도든 마찬가지로, 규제 샌드박스 또한 적용 가능성과 한계를 고려하여 적절히 운영되어야 한다.